성과관리

한국 제도편

공동성 엮음

고관규 · 공동성 · 김민정 · 김월중 · 김철태 · 박희정
서현정 · 성제훈 · 심오택 · 윤기용 · 이석문
이진원 · 이태성 · 정국조 · 최창원 · 홍자은

도서출판 대영문화사

머리말

지난 20년 동안 미국과 한국에서 성과관리를 연구하고 가르쳐 왔다. 미국 정부성과관리 재탄생의 시발지인 실리콘 밸리 서니베일(Sunnyvale) 시와 이웃한 캘리포니아 주립대학교(SJSU)에서 15여년을 성과관리 연구자이자 자문가로서 활동했으며, 이후 2005년에 한국 대학으로 옮겨왔다. 그 당시 한국에서는 이미 성과관리가 왕성하게 추진되고 있었기 때문에 저자도 늦게나마 한국의 성과관리제도 구축 및 개선과정에 참여할 수 있었다. 다양한 노력에도 불구하고, 종합적으로는 많은 한계를 느낀 시기였다.

당시 한국에서는 BSC(Balanced Scorecard)가 유행하여 '성과관리=BSC의 적용'으로 인지되고 있었다. BSC의 창시자인 카플란(Robert Kaplan)과 노튼(David Norton)이 부담스럽게 느낄 정도로 한국은 BSC의 추종자가 되어가고 있었던 것이다. 무엇보다도 짧은 시간에 많은 것을 이루고자 하는 우리의 욕심은 성과관리의 몸집을 점점 더 거대하게 만들었다. 또한 일부 정부기관이 기관의 장기적 발전 혹은 국가적 발전에 저해되는 것을 알면서도 성과평가를 잘 받는 것에 치중하는 모습을 보면서, 성과관리의 전문가로서 절망을 느끼기도 했다.

이미 너무나 커져버린 성과관리제도를 종합적으로 손보기에는 어려운 상태에 있다고 해도 과언이 아니다. 문제점을 알면서도 고치지 못하는 상태가 된 것이다. 실제로 공무원의 입장에서는 안 할 수 없는, 하지만 제대로 하기 위해서는 시간과 개인적 실익이 부족한 과업이 바로 성과관리일 것이다. 이제는 최고 의사결정자가 관심을 가지고 대대적인 수정을 요구해야 한다. 그렇지 않으면 한국의 성과관리는 과거 지향적인 보상 및 처벌 수단으로 전락할 수 있다.

한국 중앙정부는 약 10년 간 성과관리를 진행해 왔다. 하지만 아직 성과관리의 '성과'를 말하기는 어렵다. 성과관리를 통해 좋아진 것은 무엇인가? 성과관리를 하지 않았다면 한국의 경제는 과연 나빠졌을까? 성과관리를 하지 않았다면 국민 개개인의 삶은 과연 나빠졌을까? 성과관리를 하지 않았다면 한국 공무원의 역량은 나빠졌을까? 저자는 무엇보다도 이렇게 묻고 싶다. '한국 정부는 과연 성과관리를 하기는 한 것인가?' 소리는 요란했지만, 제대로 된 성과관리를 했다고 보기 어렵다.

저자의 판단에 성과관리를 제대로 하는 기관은 거의 없다. 대부분 미래 지향적 성과관리보다는 과거 지향적 성과평가를 하고 있다. 따라서 한국에서의 성과관리는 성과평가라 해도 과언이 아니다. 물론 미래 지향적 성과관리에서 성과평가는 꼭 필요한 부분이다. 다만 우리의 성과평가는 편협한 성과의 개념을 적용하고 있다는 점이 우려된다. 성과의 개념이 경제성 · 효율성 · 효과성에 치우쳐 있어 공공 부문의 핵심적 가치라 할 수 있는 공익성(doing the right thing)이 제대로 평가되지 않고 있다. 따라서 해야 할 일을 하는 공무원은 도리어 무능하다는 평가를 받기 쉽다. 아니, 해야 할 일이 무엇인지 많은 공무원이 알고 있지만, 개인적으로 불이익을 받을 수 있기에 오히려 모르는 척하게 되는 경우가 생기는 것이다. 중요한 문제는 성과평가제도가 공무원들의 이러한 행태를 부추긴다는 것이며, 그보다 더 큰 문제는 의사결정자들이 그리고 학자들이 이러한 문제의 심각성을 제대로 알지 못하고 있다는 것이다.

위의 문제점을 극복하기 위해서는 대통령, 국회의원, 공무원, 외부 전문가 모두가 성과관리의 기본 취지를 정확히 이해하고, 이를 실제 제도에 어떻게 구현할 수 있는가에 대한 경험적 지식을 체계적으로 축적하는 데 노력을 기울여야 한다. 이를 위해 한국의 주요 성과관리제도 및 운용 실태와 이에 준하는 외국 제도 및 운용 실태를 효과적으로 학습할 수 있는 책이 필요하다. 이 책은 이러한 요구를 충족하기 위한 노력에서 시작되었다. 아직은 부족한 점이 많지만, 이제는 누군가 해야 할 일이기에 부끄

러움을 무릅쓰고 시작했다. 앞으로 계속 수정하고 보완하여 좀 더 나은 개정판을 출간할 계획이다.

이 책이 만들어지는 과정에서 실무와 학계에 계신 많은 분의 헌신적인 도움이 있었다. 이분들께 감사의 말씀을 드린다. 특히 실무집필진 선정 및 행정직 지원을 아낌없이 해준 국무총리실 이진원 과장과 성제훈 연구관에게 감사드린다. 또한 수많은 편집과 교정에 기꺼이 힘을 보태준 국정관리대학원의 김진영, 조경훈, 김성민, 이명우, 박한솔 군에게도 감사의 뜻을 전한다.

끝으로 이 책을 망설임 없이 출판하기로 결정하신 대영문화사 임춘환 사장 및 출판사 관련자 모두에게 감사의 마음을 표한다.

2013년 1월

엮은이 공동성

차 례

Chapter 01

정부업무평가 개요*

제1절 정부업무평가 변천사

1 정부업무평가의 도입 배경

국내·외 정책 환경의 급격한 변화와 국민의 행정에 대한 수요가 지속적으로 다양화·복잡화되면서 정부의 정책과 기능 역시 확대되어 왔다. 동시에 제한된 예산과 인력으로 추진되는 정부 정책의 목적과 수단은 적절한지, 시행 과정은 효율적인지, 집행 결과 달성하고자 하는 목표는 실현되었는지 등에 대한 면밀한 분석과 평가를 통해 정부 부문의 경쟁력과 국가 경영의 효율성을 제고해야 할 필요성도 제기되었다.

이에 따라 우리나라는 1961년 5·16 직후 공공 분야에 심사분석제도가 도입, 실시된 이래 심사분석, 심사평가, 정책평가, 국정평가 및 기관평가 등 유사하고 다양한 개념과 형태로 정부업무평가를 실시해 왔다.

---

* 심오택: 국무총리실 사회통합정책실장
최창원: 국무총리실 정책분석평가실 평가관리관
이진원: 국무총리실 정책홍보과장
서현정: 국무총리실 정책분석평가실 평가제도 담당 사무관

2 정부업무평가의 연혁

정부 업무를 평가하는 업무는 정부 정책과 사업의 추진 과정 및 집행 성과 등을 점검·분석하고 평정하여 그 결과를 정책 개선 등에 반영함으로써 국정 운영의 효율성과 책임성을 높이는 주요한 행정관리 수단이라고 할 수 있다.

정부 업무에 대한 심사분석제도가 처음 도입된 것은 1961년이고, 그 이후 정부는 사회적 수요와 정책적 필요에 효과적으로 대응하기 위해 지속적으로 제도를 정비해 왔다. 2006년 4월 통합 정부업무평가제도가 도입되기 전까지를 크게 4단계(도입, 과도, 재정비, 발전 단계)로 구분할 수 있다.

먼저, 도입 단계는 정부 업무에 대한 평가라는 개념이 우리 정부에 처음 도입된 시기로 「정부의 기획 및 심사분석에 관한 규정」(대통령령 제947호)에 근거하여 당시 내각수반(현 국무총리) 기획조정실(1961. 9~1981. 10)의 심사분석제도로 정부업무평가가 첫출발을 했다.

1961년 9월 내각수반 하에 내각기획통제관을 신설하고 최초로 심사분석제도를 도입하여 기획조정실에서 정부 정책에 대한 평가 기능을 수행했으며, 매년 정부 업무 전반에 관한 「기본운영계획」을 수립하고 집행 결과에 대해 분석·평가 실시했다. 평가의 객관성과 전문성을 위해 평가교수단 등을 활용했으며, 예산사업을 대상으로 사업 추진 관련 진도분석, 추진상 문제점 및 대책을 제시하는 '과정평가'가 중심이었다. 이 평가제도는 1981년 제5공화국 출범 후 대대적인 정부조직 개편 시(1981. 11) 그 기능을 경제기획원에 이관하고 폐지되었다.

과도기 단계는 경제기획원의 심사분석(1981. 11~1994. 12)과 행정조정실의 정책평가(1990. 4~1994. 12)로 이원화된 심사분석과 정책평가의 공존 기간이다. 심사분석 업무가 1981년부터 경제기획원으로 이관되어 부처 업무에 대한 심사분석은 부처 자율로 수행하도록 하고, 기획원은 각 부처의 심사분석 결과를 종합·조정하는 데 주력했다. 이 당시는 사업 진도 위주의 분석 및 공기업 등 투자기관의 경영평가에 역점을 두었다.

10년 정도 제도를 운영하면서 경제기획원의 심사분석제도로는 전 정부적 차원의 국정 흐름을 진단하고 분석하는 데는 한계가 있다는 지적에 따라, 경제기획원의 심사

분석제도를 보완하고, 총리의 내각 통할 기능을 강화하기 위해 행정조정실에 정책평가 기능을 신설(「정부 주요 정책평가 및 조정에 관한 규정」, 총리령 제364호, 1990. 4)하여 시행했다. 행정조정실은 주요 국정 현안 과제의 원활한 추진과 성과를 높이기 위해 각 부처 정책의 적합성, 시의성, 정책 추진의 효과성·능률성, 국민 만족도 등에 대해 종합적으로 평가했다.

국무총리실의 정책평가와 경제기획원의 심사분석을 비교하면, 정책평가는 국정 전반에 걸친 주요 정책의 추진 상황을 점검하고 문제점을 발굴하여 해당 부처의 차기 업무계획에 반영함으로써 정책의 실효성 제고를 목적으로 하고 있는데 반해, 심사분석은 개별 단위사업 및 예산사업을 대상으로 사업 진도와 부진 원인을 분석하여 해당 사업을 합리적으로 추진하는 데에 목적을 두고 있다. 양 제도는 대상 과제의 선정 기준과 평가 목적에서 차이점이 있었으나, 정책 추진의 합리성이라는 측면에서 상호 보완성을 지니고 있었다.

재정비 단계는 심사평가제도로의 일원화 기간(1994. 12~1998. 2)으로서 이 시기에는 대통령령인 「정부업무의 심사평가 및 조정에 관한 규정」(대통령령 제14531호, 1994)에 근거하여 국무총리실 행정조정실장실에서 심사평가 기능을 담당했다. 1994년 정부조직 개편과 더불어 경제기획원이 재무부와 통합하여 재정경제원으로 출범하면서 당시 경제기획원이 주관하던 심사분석 기능을 국무총리실 행정조정실로 이관받아 그동안 경제기획원과 국무총리실로 이원화되어 수행했던 심사분석과 정책평가 기능이 국무총리실에서 심사평가 기능을 통합하여 수행했다. 이런 과정을 통해 '심사평가제도'로 운영함으로써 정부 업무 성과에 대한 분석과 평가를 강화하여 정부 시책 및 사업 추진의 효율성을 높이고, 정부 시책의 책임성을 확보할 수 있었다. 이 당시 당해 연도 평가 대상으로 선정된 주요 시책에 대해서는 '정기평가'와 그리고 국정 운영과 관련하여 필요하다고 인정되는 사안에 대한 '수시평가'로 구분하여 운영했다.

다음은 발전 단계로서 1998년에 들어 국무총리실의 행정조정실을 국무조정실로 바꾸고, 국무조정실 내에 심사평가조정관실을 둬서 정부업무평가제도를 주관하게 되었다. 아울러, 기존의 심사평가제도를 대폭 개편하여 각 부처의 업무 추진 성과와 추진 의지 등 기관 역량, 국민의 만족도 등을 종합적으로 평가할 수 있는 기관평가제도가 도입되었다. 기관평가제도는 공공 부문에 경쟁 체제를 도입하고 유인 체계를 구축함으로써 행정의 효율성과 책임성을 제고하는 것에 주요 운영 취지를 두고 있다.

2000년 12월에는 「정부업무 등의 평가에 관한 기본법」을 제정하여 정부업무평가의 법적 근거를 처음으로 마련했으며, 다음해 5월부터 동법에 의한 평가를 본격적으로 실시했다. 이 시기에는 평가의 전문성, 객관성을 확보하기 위해 정책평가위원회 및 평가전문위원을 구성 운영했으며, 평가의 타당성과 신뢰성 확보를 위해 평가 대상 분야별로 평가 기준과 평가지표를 설정하여 평가를 추진하도록 했다. 아울러 평가 결과의 예산, 조직 등에 반영할 수 있도록 환류 체계를 재정비했다.

현재는 정부업무평가의 통합 단계로 명명할 수 있다(2006. 4~현재). 2003년 출범한 참여정부는 2003년 7월 국가평가 인프라 구축을 행정개혁 로드맵 과제의 하나로 선정하고 국정평가인프라구축기획단을 중심으로 정부업무평가제도에 대한 전반적인 개편을 추진했다. 이에 종전의 법을 대체한 국정평가기본법(안)을 마련하여 국회에 제출하고 일 년여 동안의 국회 심의 등을 거쳐 2006년 4월 「정부업무평가 기본법」을 제정 시행하게 되었다. 「정부업무평가 기본법」은 그간 개별적·중복적으로 실시되던 각종 평가의 통합 실시를 규정함으로써 평가 대상기관의 부담을 경감하고, 자체 평가 중심의 평가를 통해 자율적 정책 개선이 이루어지도록 했으며, 평가 결과의 예산, 조직 및 인사관리 등에 의무적으로 반영하도록 함으로써 평가의 실효성을 확보하도록 하는 등 그간 제기되어 온 정부업무 평가제도의 문제점을 획기적으로 개선했다.

2006년 「정부업무평가 기본법」의 도입 이후에도 세부적으로는 적지 않은 변화가 있어 왔다. 2008년도 이후에 연도별로 변화된 중요한 사항은 아래와 같다.

<2008년>

– 서열화 원칙의 폐기 및 제한적 적용
– 정부업무평가위원회 실무위원회 폐지 및 분과위 구성

<2009년>

– 특정평가 강화(녹생성장 등 신설)
– 수시 현안평가의 강화
– 자체평가의 자율성 확대 및 부담 경감

<2010년>

– 특정평가의 확대(일자리 정책 등)
– 정책 과제별 중요도와 난이도의 고려

<2011년>

– 서민생활 안정 등 특정평가 영역의 강화 및 변화

– 자체평가의 자율성 강화(주요 정책 및 재정사업의 통합)

– 전자통합평가 시스템의 활성화(e-ipses)

<2012년>

– 자체평가의 강화(행정관리 역량평가 등)

– 평가 대상기관 확대(국가과학기술위원회 등)

이상에서 설명한 정부업무평가제도의 변천 과정을 정리하면 아래 표와 같다.

표 1-1 정부업무평가제도의 변천 개요

단계 내용	도입	과도		재정비	발전	통합
시기	1961.9～ 1981.10	1981.11～ 1990.3	1990.4～ 1994.12	1994.12～ 1998.2	1998.3～ 2006.3	2006.4～현재
정부 변화	박정희 (3, 4공화국)	전두환 (5공화국), 노태우 (6공화국)	노태우 (6공화국) ～김영삼 (문민정부)	김영삼 (문민정부)	김대중 (국민의 정부)	노무현 (참여정부) ～ 이명박
담당기관	국무총리 기획조정실	국무총리 행정조정실 경제기획원 심사분석국		국무총리 행정조정실	국무총리 국무조정실 정책평가위원회	국무총리 국무조정실 정부업무평가 위원회
제도명	심사분석제도	심사분석제도		심사평가제도	정부기관평가 제도	정부업무평가 제도
주요 특징	사회경제적 기반 열악 정부 형태 변화 (의원내각제→ 대통령제)	평가제도 2원화 정부투자기관경영평가제도 도입(1984년)		평가제도 일원화	외환위기 법률적 근거 마련 지방자치단체 합동평가제도 도입(1998.4)	성과 중심 국정 운영 평가제도 통합
	5・16 직후 1961년 정부 부문에 최초로 심사분석제도	1981년에 심사 분석 업무를 경 제기획원 심사 평가국으로 이관	행정조정실 에 정책평가 기능 신설	정부조직 개편 에 따라 경제 기획의 심사 분석 업무와	국민의 정부 출 범과 함께 심사 평가제도를 대폭 개편	참여정부 출범 이후 통합적 정 부업무평가제 도 및 성과

정부 업무평가 내용	를 도입하여 기획조정실에서 정부정책의 평가 기능을 수행			행정조정실의 정책평가업무를 통합하여 심사평가 기능 수행 -정부투자기관평가는 경제기획원에서 계속 수행	하여 「기관평가제도」 도입	관리제도 도입 추진
근거	정부의기획 및 심사분석에 관한 규정 (대통령령 제6143호 1972. 4)	정부기획 및 심사분석에 관한 규정 (대통령령 제10821호 1982.5)	정부 주요 정책평가 및 조정에 관한 규정 (총리령 제364호 1990.4)	정부업무의 심사평가 및 조정에 관한 규정 (대통령령 제14531호1995.2)	정부업무 등의 평가에 관한 기본법(법률 제6347호 2001.1)	정부업무평가 기본법(법률 제7928호 1906)

출처: 정부업무평가백서.

제 2 절 현행 정부업무평가

1 정부업무평가의 기본 개념

정부업무평가는 '정부 업무'와 '평가'를 합친 용어로 「정부업무평가 기본법」에 그 정의가 나와 있다. '평가'는 "일정한 기관 · 법인 또는 단체가 수행하는 정책 · 사업 · 업무 등에 관하여 그 계획의 수립과 집행 과정 및 결과 등을 점검 · 분석 · 평정하는 것"이라고 정의하고 있으며, '정부업무평가'는 "국정 운영의 능률성 · 효과성 및 책임성을 확보하기 위하여 다음 각 목의 기관 · 법인 또는 단체가 행하는 정책 등을 평가하는 것"으로 정의하고 있다.

이러한 법률상 정의에 따르면, 정부업무평가는 국정 운영의 능률성, 효과성, 책임성을 확보하기 위해 중앙행정기관, 지방자치단체, 공공기관 등이 행하는 정책, 사업, 업무 등에 관해 그 계획의 수립과 집행 과정 및 결과 등을 점검 · 분석 · 평정하는 것을 말한다고 볼 수 있다.

정부업무평가는 계획(plan), 집행(do), 평가(see)의 정책집행 과정 중 평가에 해당된다. 계획은 조직이 추구하고자 하는 목표의 설정, 목표 달성을 위한 수단을 개발하는 활동이고, 집행은 결정된 정책을 실행하는 것이며, 평가는 일반적으로 집행된 정책이 당초 설정한 목표나 효과를 달성하고, 효율적으로 추진되었는지 등을 분석하고 평정하는 것으로 볼 수 있다.

정부업무평가는 정책 추진 과정 및 결과에 대한 사후적 점검이라는 점에서 감사원 감사와 유사한 측면이 있다. 그러나 감사가 준사법적 행위로서 업무 추진의 합법성 및 책무성 확보에 중점을 두는 데 비해, 정부업무평가는 정부 정책의 성과 및 효율성 제고를 목적으로 한다는 점에서 차이가 있다.

정부업무평가의 수행 방식에 따라 자체평가, 특정평가, 재평가 등의 용어를 사용한다. 자체평가는 중앙행정기관, 지방자체단체가 소관 정책 등에 대해 일정 절차를 거쳐 상향식으로 스스로 수행하는 평가를 말하며, 특정평가는 국무총리가 중앙행정기관을 대상으로 법령 및 정부업무평가 시행계획 등에서 정한 일정 범위의 정책 등을 정부업무평가위원회를 통해 하향식으로 평가하는 것을 말한다. 재평가는 이미 실시된 자체평가의 결과에 대해 자체평가를 수행한 기관 이외의 기관이 별도의 절차를 통해 평가를 실시하는 것으로서 이미 실시된 자체평가의 객관성 및 공정성 확보를 위해 제한적으로 실시되는 평가를 말한다.

2 정부업무평가의 목적 및 기본 원칙

1) 정부업무평가의 목적

정부업무평가의 목적은 통합적인 성과관리 체계의 구축 및 자율적인 평가 역량의 강화를 통해 국정 운영의 능률성·효과성 및 책임성 확보를 통해 정책 등의 품질을 제고함으로써 공공기관이 수행하는 정책 등의 최종 고객인 국민의 만족도 향상을 목적으로 하고 있다. 통합적인 성과관리 체계의 구축을 위해 기존에 각 개별법을 통해 수행되던 평가를 통합하여 실시하고, 그 결과를 기관, 조직 및 개인에 대한 성과측정 및 보상 등에 활용하도록 하고 있다. 이와 더불어 각 중앙행정기관 및 지방자치단체는 해당 기관이 수행하는 정책 및 사업 등에 대해 계획을 수립하고 이를 스스로 평가함으로써 자체적인 평가 역량 강화를 도모하고 있다.

2) 정부업무평가의 기본 원칙

정부업무평가의 기본 원칙으로는 우선 통합적 정부업무평가제도의 구축을 들 수 있다. 통합적 정부업무평가는 「정부업무평가 기본법」 제정의 가장 주된 취지로서 각 중앙행정기관이 시행하는 각종 평가에 대해 법률 또는 대통령령에 근거하여 평가를 실시토록 함으로써 평가의 남설 및 중복 평가를 지양하고 있다.

또한 중앙행정기관이 시행하는 평가를 통합하여 실시함으로써 개별적인 평가로 인한 평가 대상기관의 부담 및 중복 평가로 인한 비효율성 제거를 원칙으로 하고 있다. 통합적 평가의 실시를 위해서는 평가 시기를 가급적 일원화하고, 평가 대상을 조정하는 한편, 평가지표 체계의 일관성을 유지하도록 하고 있다.

평가의 실시와 관련된 기본 원칙으로는 평가의 자율성, 독립성, 객관성, 전문성, 참여 기회 보장 등을 들 수 있다. 중앙행정기관, 지방자치단체 등이 실시하는 평가는 각 기관이 자율적이고 독립적으로 수행해야 하며, 평가 결과의 객관성, 전문성 제고를 위해서는 외부 전문가 등의 참여를 통해 이를 확보할 수 있도록 하고 있다. 아울러 평가 대상이 되는 해당 정책의 관련자가 평가에 참여할 수 있도록 하여 평가의 공정성 및 수용성을 제고할 수 있도록 하고 있다.

3 정부업무평가의 추진 체계

1) 국무총리

정부업무평가 추진을 위해 국무총리는 정부 업무의 성과관리 및 정부업무평가에 관한 정책 목표와 방향을 설정한 중장기 계획인 정부업무평가 기본계획을 수립함으로써 평가의 기본 방침 및 추진 방향을 결정한다. 또한 정부업무평가 기본계획을 기초로 정부업무평가위원회의 심의·의결을 거쳐 연도별 시행계획인 정부업무평가 시행계획을 수립한다. 이를 평가 대상기관에 통보함으로써 매년도 평가 추진을 위한 실행 방안을 마련하여 시행하는 역할을 담당하고 있다.

평가의 실시와 관련하여 국무총리는 중앙행정기관을 대상으로 실시하는 특정평가의 실시 주체이다. 특정평가의 대상이 되는 정책 및 사업 등에 대한 평가계획을 정부업무평가 시행계획 등에 반영하고, 평가 협조기관 및 관련 단체 등을 활용하여 특정평가를 실시한다.

또한, 중앙행정기관이 실시한 자체평가 결과에 대해 확인 · 점검 결과 평가의 객관성 · 공정성에 문제가 있어 다시 평가를 실시할 필요가 있을 경우에는 정부업무평가위원회의 심의 · 의결을 거쳐 재평가를 실시한다.

그 밖에 정부업무평가의 원활한 수행을 위해 평가 대상기관에 대해 정부업무평가 기본계획 및 시행계획의 수립 · 시행에 필요한 자료 제공 등을 요구할 수 있으며, 통합적인 평가 수행을 위해 전자통합평가 시스템을 구축하고 각 기관 및 단체가 이를 활용할 수 있도록 하고 있다.

2) 정부업무평가위원회

정부업무평가의 실시와 평가 기반 구축을 체계적 · 효율적으로 추진하기 위해 국무총리 소속으로 정부업무평가위원회를 두고 있다. 위원회는 국무총리와 법령에서 규정하고 있는 일정 경력의 민간인을 공동위원장으로 하고 있으며, 정부위원과 민간위원으로 15인 이내로 구성된다. 정부위원의 경우 중앙행정기관을 대상으로 하는 자체평가의 각 부문을 주관하는 국무총리실, 기획재정부, 행정안전부의 장을 위원으로 하고 있으며, 민간위원은 대학, 연구기관 등의 전문가로 위촉하도록 하고 있다.

정부업무평가위원회는 재적위원 과반수 출석 및 출석위원 과반수의 찬성으로 의결하도록 하고 있다. 심의 대상이 되는 평가 결과 또는 업무에 관여하는 등 이해관계가 있을 경우 그 사안에 대해서는 제척 또는 회피할 수 있는 규정을 마련하고 있다. 위원회는 정부업무평가의 기획 · 조정 · 총괄에 관한 사항 등을 심의 · 의결하는 것을 주요 임무로 한다. 국가 차원의 중장기 평가 기반의 구축 · 추진에 관한 사항, 정부업무평가 기본계획 및 시행계획의 수립에 관한 사항, 정부업무평가제도와 관련된 성과관리에 관한 사항, 평가 결과의 보고에 관한 사항, 평가 관련 기관 간 협조 및 평가 업무의 조정 등에 관한 사항, 자체평가 및 특정평가의 운영 및 개선 등에 관련된 사항 등을 그 심의 대상으로 하고 있다.

3) 평가총괄 관련 기관

중앙행정기관의 자체평가에 관한 업무를 효율적으로 수행하기 위해 「정무업무평가 기본법 시행령」에서 정하고 있는 평가 부문별 총괄 관련 중앙행정기관에 대해 자체평가 결과의 확인 및 점검을 요청할 수 있도록 하고 있다. 현행 자체평가는 주요 정책과제, 재정 성과, 기관 역량 등 3대 부문으로 구분된다. 각 부문을 총괄하는 중앙행정기관은 정부업무평가위원회의 요청에 따라 각 중앙행정기관이 수행한 자체평가 결과의 객관성 및 공정성 등에 대해 확인·점검을 실시하고 이를 위원회에 보고하게 된다.

자체평가 결과에 대한 확인·점검 시 필요한 경우 정부업무평가위원회는 평가총괄 관련 기관에 대해 민간 전문가의 참여를 요청할 수 있도록 하고 있다. 평가총괄 관련 기관은 부문별 평가지침 및 평가지표의 작성, 자체평가 결과의 확인·점검 및 재평가 실시 여부 등 자체평가의 운영에 필요한 사항에 대해 정부업무평가위원회에 의견을 제시할 수 있도록 하고 있다.

4 정부업무평가의 종류 및 절차

정부업무평가는 평가기관을 기준으로 중앙행정기관, 지방자치단체, 공공기관 평가로 구분할 수 있다.

1) 중앙행정기관 평가

48개 중앙행정기관을 대상으로 하는 평가는 해당 기관이 추진하는 주요 정책과제, 재정 성과, 행정관리 역량 등에 대해 스스로 실시하는 자체평가와 국무총리가 평가를 통한 지속적인 관리 필요성이 인정되는 정책 및 시책 등에 대해 실시하는 특정평가, 여러 부처가 관련된 주요 현안 과제를 단기간에 집중 평가하는 정책현안 과제분석이 있다.

표 1-2 중앙행정기관을 대상으로 한 정부업무평가 개요

<table>
<tr><th>평가 종류</th><th colspan="2">평가 대상(평가 부문)</th><th>평가 시행기관</th><th>평가총괄 관련 기관</th></tr>
<tr><td rowspan="3">자체평가</td><td colspan="2">주요 정책(성과관리 시행계획)</td><td rowspan="3">중앙행정기관의 장
(자체평가위원회)</td><td>국무총리실</td></tr>
<tr><td colspan="2">재정사업*(성과계획서)</td><td>기획재정부</td></tr>
<tr><td colspan="2">행정관리 역량*</td><td>행정안전부</td></tr>
<tr><td rowspan="8">특정평가</td><td rowspan="3">정책과제</td><td>핵심 과제</td><td rowspan="8">국무총리
(정부업무평가위원회)</td><td rowspan="8">국무총리실</td></tr>
<tr><td>일자리 창출 과제</td></tr>
<tr><td>녹색성장</td></tr>
<tr><td rowspan="3">국정관리 역량*</td><td>정책관리 역량</td></tr>
<tr><td>정책 소통 · 홍보</td></tr>
<tr><td>규제개혁</td></tr>
<tr><td rowspan="2">국민 만족도</td><td>정책 만족도</td></tr>
<tr><td>민원 만족도</td></tr>
<tr><td>정책현안 과제분석</td><td colspan="2">다수 부처가 관련되고 국민적 관심도가 높은 시책, 사회적 파급 효과가 큰 주요 사업</td><td>국무총리</td><td>국무총리실</td></tr>
<tr><td colspan="5">* 자체평가내 재정사업평가는 2011년 이후 주요 정책과제로 통합되어 수행되고, 행정관리 역량평가는 특정평가 내 국정관리 역량평가로 편성되어 수행됨</td></tr>
</table>

자료: 정부업무평가백서(2012).

(1) 자체평가

① 평가 개요

'자체평가'라 함은 중앙행정기관 또는 지방자치단체가 소관 정책 등을 스스로 평가하는 것을 말하며, 중앙행정기관의 장은 그 소속기관의 정책 등을 포함하여 자체평가를 실시해야 한다.

「정부업무평가 기본법」은 평가의 자율성 보장 및 자율적인 평가 역량 강화를 위해 각 중앙행정기관의 장으로 하여금 소속기관의 정책 등을 포함하여 자체평가를 실시하도록 의무화하고 있다. 자체평가의 효율적 운영과 평가의 객관성 및 공정성 확보를 위해 자체평가 지표 및 매뉴얼 등은 정부업무평가위원회가 평가총괄 관련 기관과의 협조를 통해 개발·보급하고 있다.

표 1-3 2011년과 2012년의 정부업무평가의 특징 비교

구분	변경 사항	2011년	2012년
자체 평가	평가 대상기관 조정	▪ 39개 중앙행정기관	▪ 41개 중앙행정기관 – 국가과학기술위원회, 원자력안전위원회 추가
	평가 부문 정비·조정	▪ 정책(관련 예산 포함) 부문 평가 * 성과관리 시행계획상 관리과제	▪ 3개 부문 평가 ① 정책 부문 *성과관리 시행계획상 관리과제 ② 재정사업 부문 *성과계획서상 관리과제 ③ 행정관리역량(조직·인사·정보화) 부문 *2011년도에는 특정평가로 실시
특정 평가	평가 대상기관 조정	▪ 39개 중앙행정기관	▪ 41개 중앙행정기관 – 국가과학기술위원회, 원자력안전위원회 추가
	평가 부문 정비·조정	▪ 8개 부문 평가 ① 핵심 과제 ② 일자리 창출 과제 ③ 서민생활 안정 과제 ④ 녹색성장 과제 ⑤ 정책관리 역량 ⑥ 규제개혁 ⑦ 정책홍보 ⑧ 국민(정책·민원) 만족도	▪ 7개 부문 평가 ① 핵심 과제 ② 일자리 과제 ③ 녹색성장 과제 ④ 정책관리 역량 ⑤ 규제개혁 ⑥ 정책홍보 ⑦ 국민(정책·민원) 만족도
	평가 대상 조정 (정책관리 역량)	① 정책 이슈 선제적 관리 ② 나눔과 배려 관련 정책 수행 *장애인 고용, 중소기업 제품 구매 등	① 정책 이슈 관리 ② 정책 조정·통합 관리 *부처 간 협력, 대국회 활동 등
		③ 이해관계자 지지 확보 ④ 부처간 협력 ⑤ 통계 선진화 노력 ⑥ 업무계획 이행·관리 ⑦ 대국회 활동 ⑧ 행정관리 효율화 노력 *조직·인사·정보화 관리 등 ⑨ 공직 기강 확립 노력	③ 특정 시책 이행 관리 *나눔과 배려, 공직 기강 확립 노력 등 ④ 정책집행관리·지원 *업무계획 이행·관리 등

자료: 국무총리실 정부업무평가 기본계획(2011, 2012)을 참조하여 자체 작성.

자체평가를 실시하는 중앙행정기관의 장은 정부업무평가 시행계획을 기초로 하여 자체평가의 대상이 되는 정책, 사업, 업무 등을 스스로 선정하되, 그 기관의 임무를 달성하기 위한 기본적·필수적 정책, 성과 목표 달성을 위해 필요한 정책, 자체평가 결과와 조직·예산 등 성과관리를 위한 연계가 필요한 정책 등을 포함하여 평가 대상을 선정한다.

일반적으로 정책 부문, 재정사업 부문, 행정관리 역량 부문 등 3개 영역으로 구분되며, 각 부처는 동 부문별로 자체평가를 실시해야 한다.[1]

① 정책 부문: 매년 작성하는 성과관리 시행계획의 관리과제를 대상으로 하여 부처에서 자율적으로 평가를 시행한다. 관리과제 단위의 자체평가를 기본으로 하되, 필요 시 추가적으로 성과관리 시행계획의 성과목표 단위로도 자체평가 실시가 가능하며, 성과목표별 성과지표 등을 활용하여 성과목표 단위로 정책효과 등을 분석·평가하여 기관의 성과 창출을 위한 전략 수립 등에 활용하도록 하고 있다.

② 재정사업 부문: 각 부처의 일반재정, R&D 및 정보화사업 중 2012년도 성과계획서상 1/3에 해당하는 사업을 기획재정부·국가과학기술위원회와 협의하여 선정한 후 평가한다. 단, 인건비·기본경비 등 평가 실익이 없는 경우는 제외한다.

③ 행정관리 역량 부문: 중앙행정기관의 정책과 서비스 수준에 영향을 주는 조직, 인사, 정보화 등 관리 능력을 평가한다.

자체평가가 3개 부분으로 나뉘어 있는데 반해, 평가의 대상이 되는 계획서는 통합과 연계 과정을 거치고 있다. 특히, 국무총리실의 성과관리시행계획은 정부 업무 전반을 포괄하는 종합적인 성격[2]의 계획서로서 성과계획서상의 재정사업과 관련 성과지표를 지속적으로 포함하고 있으며, 2013년부터는 인사, 정보화 등 행정관리 역량 부분도 성과관리 시행계획서로 흡수하는 방안을 추진하고 있다. 이렇게 성과관리 시행계획을 바탕으로 하는 자체평가는 그 결과를 개인 성과급에 반영하도록 하고 있어,

---

1) 2011년에는 행정관리 역량평가가 특정평가로 평가되었으나, 2012년부터는 자체평가로 환원되었다.

2) 성과관리 시행계획은 정부 업무인 정책 달성을 위한 계획서 및 정책 달성을 위한 주요한 수단으로서 법 제개정, 규제 실시 및 개혁, 행정관리, 예산집행, 이해관계자 및 국회 설득 등이 있을 수 있다. 따라서, 성과관리 시행계획은 이러한 행정 수단을 포괄하는 내용이 포함되어 있어야 완전해진다고 볼 수 있다.

평가와 환류가 행정조직 구석구석에 뿌리내리고 있다고 볼 수 있다.

한편 자체평가의 원활한 실시를 위해 중앙행정기관의 장은 평가 담당조직 및 자체평가위원회를 구성·운영해야 하며, 자체평가의 객관성 및 공정성 확보를 위해 자체평가위원회 구성원의 2/3 이상을 외부 민간위원으로 구성하도록 하고 있다. 자체평가위원회에 참여하는 민간위원은 평가 또는 각 부처 소관 업무에 전문적인 지식과 경험이 풍부한 자를 선정하는 것을 원칙으로 하고 있으며, 자체평가위원회의 운영에 필요한 사항은 각 중앙행정기관의 자율에 맡겨져 있다.

② **평가 절차**

중앙행정기관의 장은 정부업무평가위원회의 심의·의결을 통해 마련된 정부업무평가 시행기획에 기초하여 당해 기관의 자체평가 대상 및 구체적인 평가 방법, 자체평가위원회의 구성 및 운영에 관한 사항 및 자체평가 결과의 정책·예산·인사 등 활용 방안에 관한 사항을 담은 자체평가계획을 수립하고 매년 4월 말까지 정부업무평가위원회에 제출한다. 각 중앙행정기관의 자체평가계획을 제출받은 정부업무평가위원회는 제출된 계획의 적정성 등을 검토하고, 계획의 보완 또는 자료의 추가 제출이 필요할 경우 이를 요청할 수 있는 절차를 두어 자체평가 계획의 충실성을 제고할 수 있도록 하고 있다.

자체평가의 실시는 평가 실시 시점을 기준으로 이전 연도에 추진된 정책 및 사업 등을 대상으로 실시하는 것을 원칙으로 한다. 각 기관은 자체평가의 객관성 및 공정성 제고를 위해 자체평가위원을 대상으로 하는 정책설명회 개최, 정책 추진 현장에 대한 주기적인 점검 등을 실시할 것을 정부업무평가위원회에서는 적극 권장하고 있으며, 또한 자체평가위원회의 활성화와 자체평가의 내실화 부문을 별도로 평가를 실시함으로써 새로운 정부업무평가제도의 조기 정착을 도모하고 있다.

각 중앙행정기관은 전년도 정책 및 사업 등에 대한 자체평가 결과를 매년도 3월 말까지 정부업무평가위원회에 제출하고, 정부업무평가위원회에서는 자체평가 결과의 객관성과 공정성에 대해 확인·점검을 실시하게 된다. 정부업무평가위원회의 확인·점검 결과 자체평가가 객관적이고 공정하게 이루어진 것으로 판단될 경우 최종 심의·의결을 통해 각 부처의 자체평가 결과는 최종 확정이 된다. 그러나 확인·점검 결과 평가 결과의 객관성·공정성에 문제가 있어 다시 평가할 필요성이 있다고 판단

표 1-4 자체평가 주요 정책과제별 평가지표 및 측정 방법

평가 항목	평가지표	측정 방법
성과 달성도	성과지표의 목표달성도	• 성과관리 시행계획에 제시된 성과지표의 목표치 달성도
	성과지표의 적절성	• 성과지표의 대표성 확보 및 목표치의 적극적 설정 정도
계획 수립의 적절성	계획 수립 시 사전조사, 의견 수렴의 충실성	• 관련 통계 현황 · 사례 조사 및 이해관계자(정책수요자) · 전문가 의견 수렴 정도
	정책분석의 적절성	• 정책 효과 또는 장단점 분석과 분석 결과 도출된 개선 · 보완 필요 사항에 대한 대비책 수립 여부
시행 과정의 적절성	추진 일정의 충실성	• 과제별 추진계획 준수 여부
	행정 여건 · 상황 변화에 대한 대응성	• 모니터링 등을 통해 파악된 여건 · 상황 변화에 적시에 적절히 대응했는지 여부
	관련 기관 · 정책과의 연계성	• 관련 기관 · 정책과의 연계 및 협조 체제를 구축하고 이를 운영했는지 여부
정책 효과성	정책영향이 발생한 정도	• 계획 수립 시 예상한 정책 효과 발생 여부 • 해당 과제가 상위 목표(성과목표) 달성에 기여한 정도

출처: 국무총리실 정부업무평가 기본계획(2011, 2012)을 참조하여 자체 작성.

되는 경우에는 정부업무평가위원회의 심의 · 의결에 따라 재평가를 실시하여 최종 평가 결과를 확정할 수 있다.

(2) 특정평가

① 평가 개요

특정평가는 국무총리가 중앙행정기관을 대상으로 국정을 통합적으로 관리하기 위해 필요한 정책 등을 평가하는 것을 말한다. 특정평가는 국무총리가 국정의 통합적 운영을 위해 실시하는 하향적 평가라는 점에서 자체평가와 구분된다.

특정평가의 대상은 2개 부처 이상의 중앙행정기관 관련 시책, 주요 현안 시책, 혁신관리 및 대통령령이 정하는 대상 부문에 대해 실시하도록 하고 있으며, 대통령령에서는 각 중앙행정기관이 공통적으로 추진해야 하는 시책으로서 지속적으로 관리가 필요한 부문, 기관 또는 정책 등의 추진에 대한 국민의 만족도를 측정하는 부문으로

그 대상을 구분하고 있다. 그 밖에 정부업무평가위원회에서 중앙행정기관을 대상으로 평가의 필요성이 인정되는 부문 또한 평가를 실시할 수 있다.

구체적인 평가 대상은 매년 초에 수립되는 정부업무평가 시행계획을 통해 확정·공개되는데, 2012년도의 경우는 7개 분야로 나누어 평가했다.

① 핵심 과제: 서민생활 안정·공생 발전 등 핵심 시책과 관련된 과제 등 기관별 대표적 정책과제의 추진 노력 및 성과를 점검·평가함으로써 정책 추동력을 확보하고 국정 운영 방향에 부합하는 국정 성과 창출을 주요 목적으로 한다.

② 일자리 과제: 정부 재정 지원을 통한 직접 일자리 창출 과제와 직업훈련·고용서비스·창업 지원 과제 등의 추진 노력 및 성과를 점검·평가함으로써 고용창출 및 안정 정책의 성과 창출을 도모한다.

③ 녹색성장 과제: 녹색성장 비전 선포(2008.8.15) 이후 4년 성과를 마무리하고, 녹색성장 5개년계획(2009~2013)이 성공적으로 완수될 수 있도록 성과 및 국민 체감도를 집중 점검·평가하여 미비점 보완 및 개선책 마련을 주요 목적으로 한다.

④ 정책관리 역량: 기관의 정책활동을 추진할 때 외부 관계 기관과의 협조와 지지 확보를 위한 활동 측면을 포괄하는 것으로 "국회 및 이해관계자 지지 확보"와 "부처 간 협력도" 등으로 구성되어 있으며, 국무총리실 내 담당 직원이 1차적인 리뷰를 통해 정량지표에 대한 평가를 수행하고, 이후 국무총리실이 구성한 민간 전문평가단을 통해 최종적인 평가가 이루어진다.

⑤ 규제개혁: 국민 부담 완화와 편의 제고를 위한 기관의 규제개혁 추진 노력 및 성과를 평가함으로써 중앙행정기관의 규제개혁 추진 노력을 유도한다.

⑥ 정책홍보: 범정부적 핵심 과제에 대한 충실한 홍보계획 수립 및 기관 간 협력 홍보 활성화를 위한 노력 및 성과를 평가함으로써 국정 성과에 대한 대국민 체감도를 제고하는 것을 목적으로 하고 있다.

⑦ 국민 만족도: 평가 대상기관이 수행한 활동의 성과를 고객으로서 국민의 만족도 수준을 통해 평가하는 것으로 각 기관이 수행한 핵심 정책을 대상으로 한 '정책 만족도 조사'와 각 기관에서 수행한 민원 서비스에 대한 만족도를 조사하는 '민원 만족도 조사'로 구성되고 있고, 외부 전문 조사기관에 위탁하여 실시한다.

표 1-5 연도별 중앙행정기관 특정평가 부문

연도	특정평가 부문
2012년(7개)	핵심 과제, 일자리 과제, 녹색성장 과제, 정책관리 역량, 규제개혁, 정책홍보, 국민 만족도
2011년(8개)	핵심 과제, 일자리 창출, 서민생활 안정, 녹색성장, 정책관리 역량, 정책홍보, 규제개혁, 국민 만족도
2010년(7개)	핵심 과제, 일자리 창출, 녹색성장, 정책관리 역량, 정책홍보, 규제개혁, 정책 · 민원 만족도
2009년(6개)	핵심 과제, 녹색성장, 정책관리 역량, 정책 소통 · 홍보, 규제개혁
2008년(2개)	규제개혁, 정책 · 민원 만족도

출처: 정부업무평가백서(2012).

표 1-6 핵심 정책과제 및 일자리 창출과제 평가지표

단계	평가 항목	평가지표
정책형성 (15)	정책목표의 적합성	정책목표의 명료성 (3) 상위 정책과의 연계성 (2)
	정책 수단의 적정성	정책 수단의 충실성 (2) 정책 내용의 타당성 (3)
	계획 수립의 적절성	형성 과정의 민주성 (2) 형성 과정의 협조성 (3)
정책집행 (25)	추진 과정의 합리성	자원 투입의 적절성 (6) 가용 자원의 경제성 (6)
	추진 과정의 충실성	추진 일정의 준수성 (7) 추진 과정에서의 상황 대응성 (6)
정책성과 (60)	성과측정 방법의 타당성	성과지표의 대표성 (8) 성과목표치의 적극성 (7)
	정책 산출의 적실성	성과목표 달성도 (25) 정책 서비스 전달의 정확성 (5)
	정책 결과의 파급성	효과성 (10) 효율성 또는 형평성 (5)

출처: 정부업무평가백서(2012).

표 1-7 녹색성장 과제 평가지표

구분	평가 항목	평가지표
정책형성 (15)	계획 수립의 적절성	• 계획 수립 시 사전조사 및 의견 수렴의 충실성 • 정책목표 · 수단 · 효과 등에 대한 정책분석의 적절성 • 성과지표 및 목표치의 적절성
정책집행 (25±3)	시행 과정의 적절성	• 추진 일정의 충실성 • 정책 상황 변화에 대한 대응성 • 유관기관 · 정책과의 협조 노력
	정책 확산 노력	• 관련 교육, 대국민 소통 · 홍보, 녹색생활 확산 노력(가감점)
정책성과 (60)	성과 달성도	• 성과목표 달성도 • 정책효과성

출처: 정부업무평가백서(2012).

표 1-8 정책관리 역량 평가지표

항목	평가 항목(예시)
관계 역량 (25)	• 국회 및 이해관계자 지지 확보 노력 • 부처 간 협력도
이슈 관리 역량 (30)	• 선제적 이슈 발굴 노력 • 갈등 과제 관리 노력 및 성과 • 위기관리 실태
입법 역량 (25)	• 주요 법안 처리를 위한 노력 및 성과 • 행정입법 제 · 개정의 신속성
정책 인프라 구축 (20)	• 중장기 계획 수립 및 관리 • 통계 선진화 기반 조성

* 2009년 "관계 역량, 개혁 역량, 법령 제개정 적시성 및 우수성"의 지표 하에서 각각 "노력 정도와 성과 정도"를 통해 평가되었으나, 2010년 "관계 역량, 이슈 관리 역량, 입법 역량, 정책 인프라 구축" 등 네 가지의 기본 요소와 더불어 각 요소별 세부 평가 항목으로 수정됨.

출처: 정부업무평가백서(2012).

표 1-9 규제개혁 평가지표

구분	평가지표	배점	비고
추진 기반의 적실성(15)	• 규제개혁 추진 역량 • 규제개혁 과제 발굴의 적극성	15	정량/정성
시행의 적정성(30)	• 신설 · 강화 규제의 적절성 • 홍보와 의견 수렴의 적극성	30	정량/정성
규제개혁 성과(35)	• 규제개혁 이행 실적 • 규제개혁 효과	35	정량/정성
규제개혁 만족도(20)	• 규제개혁 고객 만족도	20	정성/정량

출처: 정부업무평가백서(2012).

표 1-10 정책 소통 · 홍보 평가지표

구분	평가지표	배점	비고
정책홍보 기획 (20)	• 주요 정책 홍보계획의 충실성(10) • 범부처 홍보계획과의 연계(5) • 홍보협의체 활용도(5)	20	정성/정량
정책홍보 활동 (35)	• 뉴미디어 홍보 활용도(20) • 대언론 브리핑 충실도(5) • 외신 대상 홍보활동 수준(5) • 홍보 콘텐츠 활용도(5)	35	정성/정량
정책 소통 · 홍보 활동 성과(45)	• 주요 정책 기획홍보 성과(25) • 정책 기사 반영도(10) • 기관장 홍보활동 수준(10)	45	정성/정량

출처: 정부업무평가백서(2012).

표 1-11 정책만족도 평가지표

평가 항목		평가지표(세부 설문 내용)
항목 만족도 (70%)	민주성	• 정책 수립 · 집행 과정에서 고객의 의견 수렴 및 공개와 소통을 통한 정책 협조 노력 정도
	적정성	• 전략목표, 성과목표, 정책 수단 등 정책의 구체적 내용이 적정하게 설정된 정도
	대응성	• 정책 추진 과정에서 정책환경의 변화를 극복하고 문제점을 시정 · 보완하기 위해 노력한 정도
	효과성	• 정책이 당초에 의도한 계량 · 비계량적 성과가 실제로 나타난 정도
체감 만족도(30%)		• 해당 정책 전반에 대해 느끼는 직관적 · 총체적 만족도

출처: 정부업무평가백서(2012).

표 1-12 민원 서비스 만족도 평가지표

평가항목		평가지표(세부 설문 내용)
항목 만족도 (70%)	접근성	• (인터넷) 민원 신청 시 인터넷 홈페이지 접근과 서식 입력이 쉽고 간편한 정도
		• (일반) 민원 담당공무원과의 면담 · 통화와 서식 작성이 쉽고 간편한 정도
	신속성	• (인터넷 · 일반) 민원 담당공무원이 관련 업무를 신속하게 처리한 정도
	대응성	• (인터넷) 인터넷 민원 시스템에서 민원처리 진행 상황을 쉽게 알 수 있는 정도
		• (일반) 민원 담당공무원이 친절하고 정중하게 민원인을 응대하는 정도
	공정성	• (인터넷 · 일반) 민원 처리 결과의 근거나 이유가 합리적이고 공정한 정도
체감 만족도(30%)		• (인터넷 · 일반) 해당 민원 서비스 전반에 대해 느끼는 직관적 · 총체적 만족도
* 민원 난이도		• 본인 민원의 처리를 위해 해당 기관이 겪을 것으로 예상되는 어려움의 정도에 대한 민원인의 인식

출처: 정부업무평가백서(2012).

② **평가 절차**

특정평가를 실시하기 위해 국무총리는 정부업무평가 시행계획에 당해 연도 특정평가의 기본 방향에 관한 사항, 특정평가의 대상 · 방법 · 평가 결과의 활용 및 조치에 관한 사항 등을 반영해야 한다. 그리고 특정평가의 시행에 앞서 구체적인 평가 방법, 평가 기준, 평가지표 등을 마련하여 이를 평가 대상기관에 통보하고 공개해야 한다.

특정평가는 자체평가와 달리 국무총리에 의한 하향식 평가로서 평가 대상기관은 특정평가 부문별로 평가 실시에 필요한 실적 자료 등을 제출하고, 이를 근거로 평가를 실시하게 된다. 다만, 각 중앙행정기관이 추진한 정책 등의 국민 만족도 조사의 경우에는 관련 전문기관에 의뢰하여 평가를 실시한다.

이때 평가 실시를 위해 국무총리는 특정평가의 대상기관에 필요한 자료를 요구하거나 평가 업무 수행자로 하여금 특정평가 대상기관을 방문하여 평가에 관한 자료를 확인 · 점검하게 할 수 있다.

중앙행정기관을 대상으로 한 특정평가 각 부문별 평가 결과는 정부업무평가위원회의 심의 · 의결을 거쳐 최종 확정되며, 국무총리는 특정평가 결과에 대해 위원회가 의결한 때에는 이를 특정평가 대상기관에 통보해야 한다. 또한 평가 결과를 전자통합평가 체계 및 인터넷 홈페이지 등을 통해 공개해야 한다.

(3) 정책현안 과제 분석

① 정책현안 과제 분석 개념

정책현안 과제 분석이란 다수 부처 관련 시책, 국민적 관심도가 높은 시책, 사회적 파급 효과가 큰 국가 주요 사업 등에 대한 분석적 평가를 통해 유용한 정책정보를 생산하고 정책·제도 개선을 도모하는 평가 과정을 말한다.

정책현안 과제 분석은 「정부업무평가 기본법」 제2조 및 제20조에 근거한 특정평가의 한 유형이다. 평가 주체 면에서 국무총리의 주관 하에 실시되므로, 중앙행정기관이 스스로 소관 정책을 평가하는 '자체평가'와 구분되며, 평가 시기 면에서 연중 수시로 필요한 정책을 평가하게 되므로, 연중 계획된 절차에 따라 부문별로 실시되는 (협의의) '특정평가'와도 구분된다.

② 연도별 변화

정책현안 과제 분석은 '특정과제 평가'라는 명칭으로 1998년도부터 실시되었다. 이후 '특정시책 평가', '수시현안 평가' 등의 명칭으로 실시되어 오다가 2011년도부터는 현재와 같이 '정책현안 과제 분석' 또는 '정책현안 평가'로 지칭되고 있다. 명칭은 다양하게 변화되어 왔지만, 종래 기관평가의 틀을 벗어나 다수 부처가 관련된 주요 시책을 분석하여 그 개선 방안을 제시한다는 기본 목적은 같다. 다만, 2008년 이후 정책현안 과제 분석·평가의 중요성이 더욱 강화되었는데, 그 이유는 최근 행정이 복잡·다기화되면서 다수 부처가 관련되는 이른바 융합 행정의 사례가 증가하고 있고, 기존의 정규적 평가로는 정책의 신속한 개선에 한계가 있기 때문이다.

③ 평가 결과 활용

정책현안 과제 분석 결과 보고서에는 평가 대상이 되는 정책 및 사업의 문제점과 개선 방안이 제시되며, 개선 방안은 일반적으로 관계 부처와의 실무 협의를 거쳐 국무총리가 주재하는 국가정책조정회의에서 확정되었다. 확정된 개선 방안은 소관 부처별로 세부 이행계획을 수립하여 추진하게 되며, 추진 상황은 국무총리실에서 매년 주기적으로 사후 점검을 실시했다.

과거에는 평가 결과를 소관 부처에 통보하거나 정부업무평가위원회에 보고하는 것으로 과제를 마무리하기도 했으나, 평가 결과의 적극적 활용과 개선 방안의 이행력 담보를 위해 2009년 이후 국가정책조정회의를 적극 활용했다.

④ 연도별 실적

이명박 정부 이후의 실적을 보면, 2008년에는 총 9개의 과제를 평가했다. 방과 후 학교, 영어마을 등 사회적 이슈로 부각되던 정부 정책이 주된 대상으로 사회적 소수자에 대한 정책을 다룬 과제가 많았다.

2009년은 가장 활발하게 정책현안 과제 평가가 실시되었다(19건). 청년 인턴, 대학생 창업 지원, 사회 서비스 일자리, 희망근로 프로젝트 등 정부 일자리 창출 사업에 대한 평가가 다수를 이루었다.

2010년은 총 8개 과제를 평가했다. 주로 사회적 취약계층을 대상으로 하는 과제가 많았다. 한약재 관리, 가축 분뇨 처리 등 관리 사각지대에 있는 정책을 발굴하여 개선 방안을 제시하기도 했다.

2011년은 총 7개의 과제를 분석·평가했는데, 지자체 경전철 조성사업, 농공단지, 장사제도, 물류시설 등 정책 사각지대에 있거나 잠재적 문제점이 있는 사업을 적극 발굴하여 개선을 도모한 점이 두드러졌다.

2012년 상반기에는 총 6개의 과제를 분석·평가했다. 주로 사회적 취약계층을 대상으로 하는 정책을 개선하고자 했다. 특히 민간 응급이송 체계, 건강기능식품 관리실태 등 장래에 사회적 문제로 부각될 우려가 있는 분야를 개선하고자 했다.

2) 지방자치단체 평가

지방자치단체가 추진하는 국가 주요 시책 등의 추진 성과를 분석·평가함으로써 국정 운영의 효율성을 제고하는 한편, 자치단체의 주요 업무 추진 성과를 스스로 평가하고 문제점을 발굴·시정함으로써 지방행정의 책임성을 확보하기 위해 지방자치단체 평가를 실시하고 있다. 지방자치단체에 대한 평가는 지방자치단체의 자체평가와 중앙행정기관 위임사무 평가인 합동평가로 구분된다. 지방자치단체의 장은 고유사무에 대해 2/3 이상이 민간인으로 구성되는 자체평가위원회를 거쳐 자체평가를 실시해야 한다. 합동평가는 국가위임사무, 국고보조사업, 국가 주요 시책 등에 대해서는 원칙적으로 중앙행정기관(행정안전부 주관)이 평가하도록 하는 것이며, 합동평가가 곤란한 경우 예외적으로 관계 중앙행정기관이 개별평가를 실시할 수 있다.

(1) 중앙행정기관에 의한 평가

① 평가 개요

중앙행정기관에 의한 지방자치단체 평가는 지방자치단체 또는 그 장이 위임받아 처리하는 국가사무, 국고보조사업, 그 밖에 대통령령이 정하는 국가의 주요 시책 등에 대해 행정안전부 장관이 정부업무평가위원회의 심의·의결을 거쳐, 관계 중앙행정기관의 장과 합동으로 실시하는 합동평가와 업무의 특성·평가 시기 등으로 인해 별도로 평가를 실시해야 하는 불가피한 사유가 있는 경우에는 평가 대상·방법 등에 관해 정부업무평가위원회와 협의하여 관계 중앙행정기관이 개별적으로 실시하는 개별평가의 두 가지 형태로 이루어진다. 평가 대상은 지방자치단체 또는 그 장이 위임받아 처리하는 국가사무, 국고보조사업, 국가적인 정책 목표와 방향을 제시해야 할 필요가 있는 시책, 중앙행정기관과 지방자치단체 간에 긴밀히 협력하여 추진해야 할 필요가 있는 시책 등을 대상으로 한다.

② 평가 절차

행정안전부 장관은 국가위임사무 등에 대해 합동평가를 실시하고자 하는 때에는 관계 중앙행정기관의 장과의 협의 및 법 제21조 제4항에 따른 지방자치단체합동평가위원회의 심의를 거쳐 합동평가실시계획을 수립해야 한다.

평가의 실시는 합동평가의 경우 행정안전부 장관은 지방자치단체에 대한 합동평가를 효율적으로 추진하기 위해 행정안전부 소속하에 지방자치단체합동평가위원회를 설치·운영할 수 있다. 개별평가의 경우 해당 중앙행정기관이 직접 평가를 실시하도록 하고 있다. 지방자치단체에 대한 합동·개별평가를 실시한 경우에는 평가 결과를 지체 없이 정부업무평가위원회에 보고·제출토록 규정하여 평가 결과에 대한 객관성·공정성의 검증 및 통합적인 평가 추진을 가능하도록 하고 있다.

(2) 지방자치단체 자체평가

① 평가 개요

지방자치단체의 장은 그 소속기관의 정책 등을 포함하여 소관 사무에 대해 자율적으로 평가를 실시하며, 대상 기관은 광역지방자치단체 및 기초 지방자치단체를 모두 포함한다. 평가 대상은 해당 지방자치단체가 수행하는 정책 및 사업 전반이며, 소속기관이 수행하는 사업 및 업무 등도 평가 대상에 포함된다.

② 평가 절차

지방자치단체의 장은 정부업무평가 시행계획에 기초하여 소관 정책 등의 성과를 높일 수 있도록 자체평가계획을 매년 수립해야 한다. 자체평가 계획에는 ① 당해 중앙행정기관의 임무, 전략목표 및 성과 목표에 관한 사항, ② 당해 연도 주요 정책 등의 내용에 관한 사항, ③ 자체평가의 기본 방향에 관한 사항, ④ 자체평가조직 및 자체평가위원회의 구성・운영에 관한 사항, ⑤ 자체평가 대상 및 방법에 관한 사항, ⑥ 자체평가 결과의 활용 및 조치에 관한 사항 등을 포함하여 작성해야 한다. 지방자치단체의 장은 자체평가조직 및 자체평가위원회를 구성・운영해야 하며, 평가의 공정성과 객관성을 담보하기 위해 자체평가위원의 3분의 2 이상은 민간위원으로 해야 한다. 한편, 「정부업무평가 기본법」에서 행정안전부 장관은 평가의 객관성 및 공정성을 높이기 위해 평가지표, 평가 방법, 평가 기반의 구축 등에 관해 지방자치단체를 지원할 수 있도록 규정하고 있다.

3) 공공기관 평가

공공기관에 대한 평가는 공공기관의 특수성・전문성을 고려하고 평가의 객관성 및 공정성을 확보하기 위해 공공기관 외부의 기관이 실시하도록 규정하고 있다. 「정부업무평가 기본법」에서는 공공기관에 대한 평가를 개별 법률에 의한 공공기관 평가와 소관 중앙행정기관의 장이 정부업무평가위원회와 협의하여 실시하는 공공기관 평가로 구분하여 시행하고 있다.

(1) 개별 법률에 의한 공공기관 평가

① 평가 개요

개별 법률에 의한 공공기관 평가는 「국가재정법」 등 7개 법률에서 평가 대상기관을 명시하고 있으며, 개별 법률에 의한 공공기관 평가는 「정부업무평가 기본법」에 의한 공공기관 평가로 보도록 규정하고 있다.

② 평가 절차

공공기관 평가를 실시하는 기관은 공공기관에 대한 평가 계획을 사전에 수립하여 그 평가계획을 정부업무평가위원회에 제출하여야 하며, 정부업무평가위원회는 제출된 평가계획에 대하여 의견을 제시할 수 있다(「정부업무평가 기본법」 제22조 제4항,

제5항).

공공기관에 대한 평가를 실시하는 기관은 개별 법률 등에 규정된 절차에 따라 평가를 실시하고, 그 결과를 지체 없이 정부업무평가위원회에 제출하여야 한다(「정부업무평가 기본법」 제22조 제6항).

(2) 소관 중앙행정기관에 의한 평가

① 평가 개요

「정부업무평가 기본법」 제22조 제2항의 규정에 의한 평가 대상이 아닌 공공기관에 대하여는 소관 중앙행정기관의 장이 평가계획을 수립하여 평가를 실시할 수 있다(「정부업무평가 기본법」 제22조 제3항).

② 평가 절차

「정부업무평가 기본법」 제22조 제3항에 의해 소관 공공기관에 대한 평가를 실시하고자 하는 중앙행정기관의 장은 자체평가위원회의 심의를 거쳐야 한다(「정부업무평가 기본법 시행령」 제19조). 소관 중앙행정기관에 의한 공공기관 평가의 경우에도 개별 법률에 의한 공공기관 평가와 동일하게 평가 계획을 사전에 수립하여 그 평가계획을 정부업무평가위원회에 제출하여야 하며, 정부업무평가위원회는 제출된 평가계획에 대하여 의견을 제시할 수 있다(「정부업무평가기본법」 제22조 제4항, 제5항).

또한 공공기관에 대한 평가를 실시하는 기관은 개별 법률 등에 규정된 절차에 따라 평가를 실시하고, 그 결과를 지체 없이 정부업무평가위원회에 제출하여야 한다(「정부업무평가 기본법」 제22조 제6항).

5 정부업무평가 결과의 공개 및 활용

1) 평가 결과의 공개 및 보고

「정부업무평가 기본법」에 따른 각종 평가 결과는 전자통합평가 시스템 및 인터넷 홈페이지 등을 통해 일반에 공개하도록 하고 있다. 평가 결과를 공개하는 주체는 자체평가의 경우 해당 중앙행정기관의 장, 특정평가의 경우 국무총리 등 평가 실시 주체가 직접 공개를 해야 한다.

평가 결과 보고를 위해 국무총리는 각종의 평가 결과를 종합한 평가결과보고서를 국무회의에 보고하거나, 별도의 평가보고회를 개최하여 보고하도록 하고 있다. 또한, 각 중앙행정기관의 장은 전년도 정책 및 사업 등에 대한 최종적인 자체평가 결과를 국회의 소관 상임위원회에 보고함으로써 정책 책임성 제고를 도모하고 있다.

2) 평가 결과와 예산 · 인사 등의 연계

정부업무평가 결과의 환류를 통해 정책 개선 및 성과관리 도모를 위해 각 중앙행정기관의 장은 평가 결과를 조직 · 예산 · 인사 및 보수 체계 등에 반영해야 한다. 특히 평가 결과를 다음 연도의 예산 요구 시 반영함으로써 재원을 효율적으로 배분해야 한다. 그리고 정부의 재정 운용을 총괄하는 기획예산처 장관은 평가 결과를 예산 편성 시 활용하도록 함으로써 평가 결과 활용의 실행력을 담보하고 있다.

3) 평가 결과에 따른 시정 조치 및 보상

중앙행정기관은 평가 결과, 문제점이 발견된 경우에는 이에 대한 조치 계획을 수립하여 당해 정책의 중단, 축소 등 시정 조치를 하거나 자체적인 감사를 실시하고, 그 결과를 정부업무평가위원회에 제출해야 한다. 반면, 평가 결과에 따라 우수 사례로 인정되는 소속 부서 · 기관 및 조직구성원에 대해서는 포상, 성과급 등 경제적 인센티브 및 인사상의 우대 조치를 취할 수 있다. 또한, 우수기관에 대해서도 정부 차원에서 표창 수여 및 포상금 지급을 통해 정책의 성과 제고 노력을 유도할 수 있도록 하고 있다.

6 정부업무평가와 정부업무성과관리 연계 분석

성과관리를 논의할 때 성과평가는 중요하게 다루어지고 있으나, 학자들의 입장에 따라 성과관리와 성과평가를 동일시하는 입장과 성과평가를 성과관리의 하위 요소로 보는 입장으로 나누어지고 있는 상황이다. 성과관리를 광의의 시각으로 바라보게 되면 성과평가가 성과관리의 하위 요소로 다루어지게 되며, 협의의 시각에서는 성과관

표 1-13 정부업무평가 결과 환류 종류별 현황

[정부업무평가 결과 환류]

□ 관련 근거

○「정부업무평가기본법」 제28조와 제29조에서는 중앙행정기관의 장이 평가 결과를 조직·예산·인사 및 보수 체계에 연계·반영하고, 특히 정책 등에 문제점이 발견된 때에는 시정 조치 등을 하도록 규정

□ 분야별 환류 현황

(1) 정책 개선

○ 각 기관의 장은 평가 결과에 따른 문제점 개선을 위한 조치계획을 수립하고 필요 시 차기 성과관리계획에 반영하며, 국무총리실 등은 이행 상황 추진 실적을 확인·점검

(2) 예산편성

○ 재정사업의 평가 결과를 5등급으로 분류하고 그 결과를 예산 편성 시 차등화하여 반영

* 재정사업의 평가 등급: 매우 우수(90점 이상), 우수(89～80), 보통(79～60점), 미흡(59～50점), 매우 미흡(50점 미만)

– 우수 이상의 경우 예산편성 시 예산 증액, 미흡 이하는 10% 이상 삭감 또는 사업 폐지를 원칙으로 함

(3) 인사·성과급

○ 정부업무평가 결과를 인사와 성과급 지급의 근거가 되는 직무성과 계약평가에 반영

– 직무성과 계약평가 결과를 성과급 결정 시 기초 자료로 활용

* 과장급 이상은 성과연봉, 기타 중·하위직은 성과상여금

〈성과급 지급 등급별 지급액(고위공무원의 경우)〉

지급 등급	S	A	B	C
인원 비율	20%	30%	40%	10%
지급률 (지급액)	15% (1,207만 원)	10% (805만 원)	6% (483만 원)	0%

* 지급액=2010년도 기준지급액(80,518천 원)×지급률

– 2008년도부터 성과급 지급 시 주요 정책 평가 결과의 실질적 반영 비율을 현행보다 대폭 상향 조정하도록 제도 개선

* 예: 실·국장 성과급 책정 시 40% 이상 반영 또는 연도별 단계적 상향 조정 목표치 제시 등

o 개인별 성과관리카드에 정부업무평가 결과 등을 누적 기록하여 승진, 채용 등 인사관리에 활용

(4) 조직관리

○ 평가 결과에 따라 인력 증원·복수 직급 정원 상한 조정 등 각 부처 조직관리 자율권의 범위를 차등 적용

○ 평가 결과가 미흡한 부처는 조직 정밀분석을 실시하여 부처별 특성에 맞는 조직관리 전략 및 방법 제시

자료: 정부업무평가백서(2012).

리가 곧 성과평가로 볼 수 있다.

「정부업무평가 기본법」에서는 '성과관리'를 정부 업무를 추진함에 있어서 기관의 임무, 중·장기 목표, 연도별 목표 및 성과지표를 수립하고, 그 집행 과정 및 결과를 경제성·능률성·효과성 등의 관점에서 관리하는 일련의 활용으로 규정하고 있다(「정부업무평가 기본법」 제2조 6호). 또한 동법 제4조 제1항에서 성과관리는 정책 등의 계획 수립과 집행 과정에 대해서는 자율성을 부여하고 그 결과에 대해서는 책임이 확보될 수 있도록 규정하고 있어, 성과평가가 성과관리의 한 부분임을 명확히 하고 있다.

7 정부업무평가제도의 성과 및 개선 보완 사항

1) 제도 운영의 성과

(1) 공공 부문 전반에 업무 효율화 및 효율성 제고와 국민 책무성 확보에 기여

정부의 인력과 재원이 한정된 상황에서 행정에 대한 수요는 지속적으로 증가하는 행정 업무 전반의 효율성 및 효과성 제고는 정부의 항구적인 주요 과제라고 할 수 있다. 정부업무평가제도의 도입은 기존 투입 위주의 행정정책을 성과 중심 행정으로 전환시키는 계기를 마련했다.

특히, 정책 수립 과정과 이를 집행하는 관행, 최종적으로 국민에 미친 정책의 효과성 등을 체계적으로 평가할 수 있게 됨에 따라, 우리나라 행정의 선진화 및 효율화에 크게 기여했다고 평가할 수 있다. 평가된 결과를 다음 연도 예산이나 인력 배치, 조직관리 및 개인성과급 등에 반영함에 따라, 정부 구성원들이 책임감을 갖고 국민의 입장에서 정책을 추진하고 관리할 수 있는 시스템을 정부업무평가제도가 정부 내에 확립시켰다고 볼 수 있다.

(2) 국무총리의 국정 통할 기능 강화에 기여

국무총리의 국정통할권을 어떤 식으로 확보하고 실행해 나갈 것인가는 그동안 정부의 행정제도 및 조직개편 과정에서 주요한 관심 대상으로 인식되어 왔다. 국정 통할을 위해서는 우선적으로 중앙행정기관, 지방자체단체, 공공기관 등에서 이루어지

성과관리 [정부업무평가 기본법]

• 각 기관이 임무를 달성하기 위해 목표를 설정하고 계획을 수립한 후, 집행 · 평가하여 환류하는 일련의 과정

※ 평가는 성과관리의 한 부분으로, 「정부업무평가 기본법」에서 평가 대상과 목적에 따라 평가 체계를 구체적으로 기술

대통령

국무총리

정부업무평가위원회(§9, §10)
- 위원장: 국무총리, 민간위원 공동
- 위원: 국무총리실장, 기획재정부 장관, 행정안전부 장관, 민간 전문가 등 15인 이내(위원장 포함)

중앙행정기관 평가

① 자체평가(§14)
-기관장 책임하에 '자체평가위원회'에서 평가
(총리실이 실태 점검)
② 특정평가[국무총리](§19, §20)
-평가 시행 전 평가 방법 · 기준 · 지표 등은 대상기관에 통지 · 공개
-평가 결과는 정평위가 의결
③ 주요 현안정책 평가[국무총리]
-다수 부처 관련 현안 정책 수시 선정, 분석(§19, §20)

지방자치단체 평가

① 지자체 자체평가(§18)
-지자체장 책임 하에 고유사무 전반을 평가
② 합동평가-개별평가(§21)
(합동평가)-§21①
-국가위임사무를 관계 부처 합동으로 평가(행정안전부 주관)
-합동평가 계획은 정평위 제출(3월) 평가 결과는 정평위 보고
(개별평가)-§21⑤
-합동평가가 어려운 경우 관계 중앙행정기관이 소관 업무 개별 평가
-평가 대상 방법은 정평위와 협의, 평가 결과는 정평위 제출

공공기관 평가

① 개별 법률에 의한 평가(§22②)
-기획재정부 등이 공공기관 운영에 관한 법률 등 7개 개별 법률에 의해 경영성과를 평가
② 지정 공공기관 평가(§22③)
-소관 중앙행정기관장이 정부업무평가위원회와 협의하여 실시
* 평가계획 및 평가 결과는 정평위에 제출(§22④, ⑥)

특정평가 분야

평가분야	내용
1. 핵심 과제 (총리실)	기관별 대표 과제
2. 일자리 창출 과제 (총리실)	기관별 일자리 창출 과제의 집행 · 성과 등 평가
3. 녹색성장 과제 (총리실, 녹색위)	녹색성장 관련 기관별 추진계획 이행 성과 등 평가
4. 정책관리 역량 (총리실, 행안부 등)	기관 간 협력, 이슈 · 위기 · 갈등관리, 입법 역량, 정책 인프라 등 평가
5. 정책홍보 (총리실)	홍보기획, 홍보 관련 기관 간 협력, 뉴미디어 홍보
6. 규제개혁 (총리실)	규제개혁 추진 노력 및 성과 등 평가
7. 정책 · 민원만족도 (총리실)	기관별 핵심 정책에 대한 국민 · 전문가 평가 기관별 민원행정 서비스에 대한 민원인 평가

개별 법률에 의한 공공 기관 평가: 총 622개 기관

근거법률(7)	평가 대상 공공기관 유형	평가 주관기관
① 공공기관의 운영에 관한 법률	공기업 및 준정부기관(100개)	기획재정부 장관 (공공기관운영위원회)
② 국가재정법	기금(64개)	기획재정부 장관 (기금운용평가단)
③ 과학기술기본법	기초기술, 산업기술 연구회, 산하 정부출연연구기관 등(12개)	관계 중앙행정기관의 장 (교과부 장관, 지경부 장관, 방사청장)
④ 과학기술 분야 정부출연 연구기관 등의 설립 · 운영 및 육성에 관한 법률	과학기술 분야 정부출연연구기관(26개)	2개 연구회 (기초기술, 산업기술연구회)
⑤ 정부출연연구기관 등의 설립 · 운영 및 육성에 관한 법률	정부출연연구기관(27개)	경제, 인문사회연구회
⑥ 지방공기업법	지방공기업(379개)	행정안전부 장관, 시 · 도 지사
⑦ 지방자치단체출연연구원의 설립 및 운영에 관한 법률	지방자치단체 출연연구원(17개)	지방자치단체장

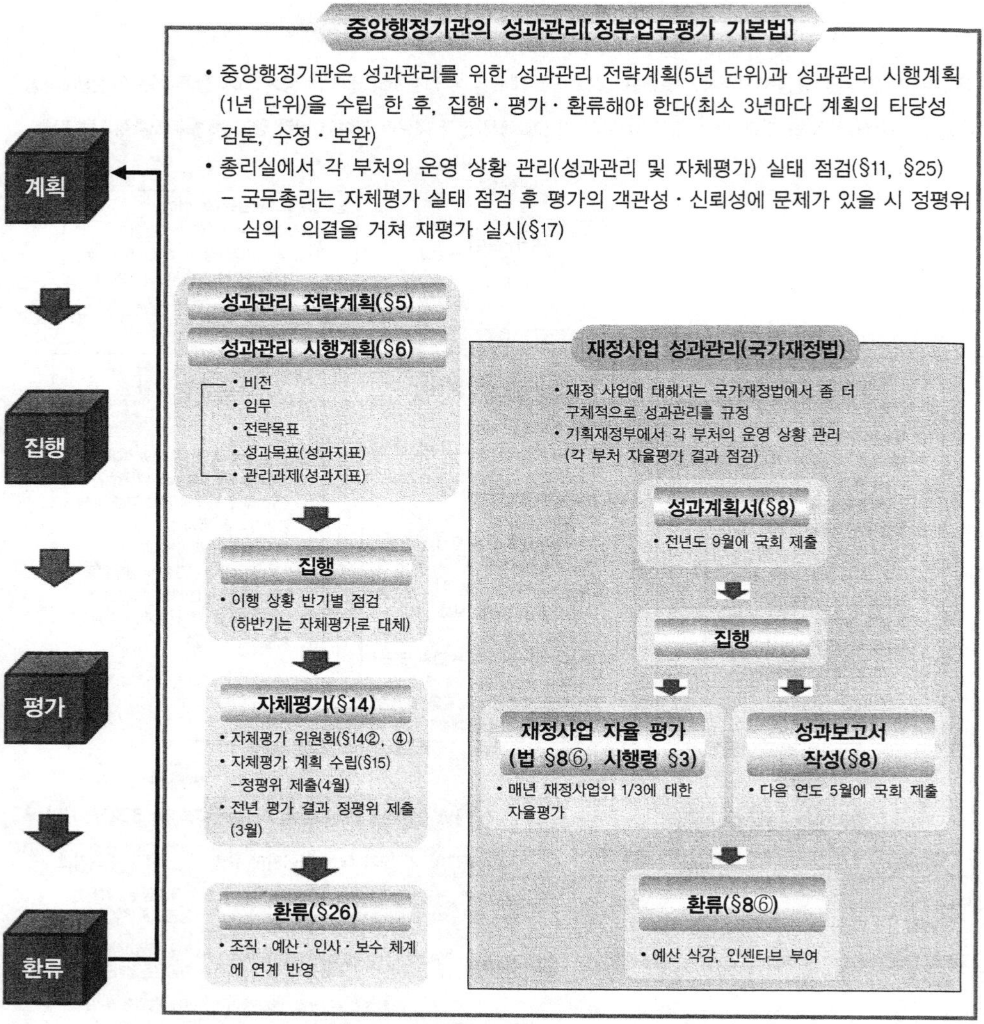

는 정책이 제대로 수립되고 일정에 맞게 추진되고 있으며, 원래의 목적대로 국민생활 및 국가경쟁력 향상에 기여하고 있는지를 공정하고 객관적으로 평가하는 것이 필요하다고 할 수 있다.

이러한 평가를 토대로 국무총리는 문제점이 있는 분야에 대해서는 개선을 요구할 수 있고 잘하고 있는 분야는 격려하여 좀 더 강력한 추진 동력을 확보하도록 함으로써 국정 운영의 능률성, 효과성 및 국민 책무성을 향상시킬 수 있다. 결국, 국무총리의 국정통할권 실행의 기본전제로 정부업무평가제도의 발전은 필수적이라고 할 수 있으며, 이 제도를 법률화시켜 관리하고 있는 현행 시스템은 헌법 정신에도 부합된다고 할 수 있다.

(3) 주요 정부 정책 추진의 원동력 확보

정부업무평가제도는 정부가 당면한 경제·사회적 환경에 적극적으로 대응할 필요가 있는 사항에 대해서는 특별한 대책을 수립하고 이의 차질 없는 추진을 위해 평가 대상으로 선정하여 관리할 수 있도록 하고 있는 등 정책이 중단 없이 추진될 수 있는 원동력을 마련해 주고 있다. 가령, 2008년 세계 경제위기 이후 정권 차원에서 핵심적 관리가 필요한 청년 일자리 마련과 서민생활 안정을 위한 물가관리, 재정 지원 및 복지 시스템 개선 등을 정부업무평가제도 내 특정평가 등의 평가 대상으로 포함시켜 관리토록 함으로써, 정책 추진 과정의 문제점을 진단하고 정책의 목적이 시장에서 제대로 실현되고 있는지를 지속적으로 모니터링하여 정책이 중단 없이 추진될 수 있도록 했다. 더욱이, 분기별 또는 반기별로 평가 결과를 대통령과 국무총리에 보고함으로써, 관련 중앙행정기관의 기관장과 구성원들이 좀 더 강력한 의지를 갖고 정책을 추진해 나가게 했다.

(4) 한국의 선진 정부업무평가제도의 해외 공유로 국위 선양

한국의 정부업무평가는 선진국과 비교해도 손색이 없는 수준에 이르러 해외 여러 국가에서 벤치마킹하고 있다. 근자에는 인도네시아, 가나, 알제리, 몽골, 파나마 등 아시아, 아프리카, 남미의 많은 개발도상국 공무원들이 우리의 정부업무평가제도 및 성과관리제도와 운영 경험을 학습하기 위해 국무총리실을 방문했다. 한국을 방문했던 해외 공무원들은 성과관리 계획 작성 후 체계적으로 집행하고, 객관적이고 공정한 평가를 통해 결과를 환류하는 한국의 평가 및 성과관리제도에 깊은 관심을 표명하고, 이를 자국에 적용하기 위한 의지를 나타내었다.

또한, 한국의 발전경험 공유사업(Knowledge Sharing Program: KSP)의 일환으로 정부업무평가 및 성과관리의 주요 내용, 운영 경험, 평가 방법 등을 매뉴얼화하여 더 많은 개발도상국에서 우리의 정부업무평가와 성과관리제도를 벤치마킹할 수 있도록 추진 중에 있다.

2) 개선 보완 사항

(1) 중앙행정기관 평가

① 범정부적 국정과제에 대한 심층 분석 · 평가 시스템 구축

중앙행정기관에 대한 특정평가 등은 개별 부처 단위로 이루어지고 있어, 범정부적으로 이루어지는 국정과제에 대한 체계적인 평가는 실시되지 못하고 있는 현실이다. 국무총리의 국정 통할 권한의 실질적 보장과 정권 차원의 힘있게 추진할 필요가 있는 범정부적 정책과 사업에 대해서는 현재의 정부업무평가 시스템을 개편하여 별도의 국정과제 평가 시스템 구축을 모색해야 할 것이다. 즉, 점정부적 정책 · 사업에 대해서는 다수 중앙행정기관에 대한 통합적 평가 체계를 구축하여 종합적 평가정보를 제공하는 것이 필요하다고 할 수 있다. 아울러, 유사한 정책과 사업에 대해 특정평가, 연두업무 계획과제 점검 등을 통해 중복적으로 점검 및 평가를 실시하는 경우가 있어 피평가기관의 부담 완화와 평가행정의 비효율성을 방지하기 위해 이러한 평가 및 점검제도를 체계적으로 정비하고 연계하는 방안을 마련해야 할 것이다.

② 특정평가 제도 개선으로 효율적 국정관리 지원

핵심 과제와 일자리 과제, 정책관리 역량 평가 등 특정 평가 시 평가 대상이 중복되는 경우가 발생할 수 있어, 부문별로 평가 필요성 등을 고려하여 특정평가 부문을 합리적으로 정비할 필요가 있다. 가령, 중복되는 부분은 서로 배제하여 평가하는 방안과 중복되는 부분에 대해서는 한쪽 평가로 갈음하는 방안 등이 검토될 수 있다. 아울러, 특정평가는 객관성과 전문성에 바탕을 두어야 하므로 평가 담당자들의 전문 능력 개발 시스템을 마련할 필요가 있다.

③ 개별평가 통합 · 연계를 통한 통합적 정부업무평가제도 확립

부처가 법률 등에 근거하지 않고 자의적으로 타부처의 정책 등을 평가하지 못하도록 「정부업무평가 기본법」 제3조 제1항의 실효성을 확보할 수 있는 방안을 마련하고 시행해야 한다. 평가의 남설은 피평가기관의 부담을 증가시켜 행정의 비효율성을 초래할 수 있으므로, 개별 중앙행정기관들이 다른 행정기관의 정책이나 사업을 평가하는 제도를 신설하고자 하는 경우, 사전 검토하는 절차를 마련할 필요가 있다. 또한 주요 정책에 대한 개별부처 차원의 평가를 통합하고 간소화하여 국정관리를 위해 반드시 필요한 평가만 실효성 있게 추진할 필요가 있다.

④ 자체평가 운영 내실화를 통해 효율성·책임성 제고

자체평가위원회 등 자체평가 조직 운영을 내실화하여 자율적 평가 역량을 강화해야 한다. 자체평가 부분(주요 정책, 재정사업, 행정관리 역량) 및 평가 대상, 평가 기준, 평가 방법·절차, 평가 결과 활용 등을 보완하여 자체평가제도의 효율화를 추진할 필요가 있다. 이를 위해 자체평가 지표 개발 및 활용, 자체평가 결과의 실효성 및 공정성 확보 방안을 마련하여 시행할 필요가 있다. 한편, 일부 기관의 자체평가 등에서 나타나는 관대화 현상 등은 비록 소수의 사례일지라도 평가제도 전체의 신뢰성을 저하시킬 수 있으므로 이를 방지할 수 있는 방안을 마련하여 시행할 필요가 있다.

(2) 지방자치단체 평가

① 합동평가

[지자체 종합평가로서의 위상 제고]

지방자치단체 평가는 다른 평가와는 달리 지역 주민과 직접적인 관련성이 높고 업무 특성상 종합적인 행정이 이루어지기 때문에 평가 시 무엇보다 고려되어야 할 사항은 평가 설계 과정에서 각 평가 분야별 대표성과 연관성을 가지도록 설계되어야 한다. 예를 들어 지자체에서 중점을 두고 있는 지역경제 분야의 시책을 보면 지역산업 진흥, 국유재산 관리·처분, 서민경제 지원 3개 시책으로 구성되어 있으나, 지자체의 경제 분야 업무 비중이나 추진량에 비해 부족한 면이 있으며, 국유재산 관리·처분의 경우 지역경제 분야의 대표성을 갖기에는 미흡하다. 이는 평가 대상 업무에 대한 타당성 문제뿐만 아니라 평가 결과에 대한 수용성에도 많은 영향을 미친다고 볼 수 있으므로 종합평가로서의 위상을 제고하기 위한 노력이 지속되어야 한다.

[중앙부처와 지자체간 평가에 대한 공감대 형성]

특정 정책이나 시책 등의 성과를 제고하기 위해서는 평가기관과 피평가기관 간의 평가에 대한 공감대가 형성되어야 한다. 이러한 공감대가 형성되기 위해서는 평가의 민주성과 함께 합리적인 평가지표가 개발되어야 한다. 현행 평가 시스템은 중앙부처에서 평가 대상 업무와 평가지표를 정하는 하향식 구조를 가지고 있어 지자체나 지역 주민의 의사가 반영되기 어려운 면이 있다. 따라서 평가 대상 업무를 선정하는 단계부터 지자체와 지역 주민의 의견을 수렴하는 절차를 체계화하고 제도화하여 상·하향 구조가 상호 결합될 수 개선할 필요가 있다. 또한 지자체별로 예산, 인구, 면적, 기초 자치단체 수 등 주어진 여건이 다르다는 점을 감안하여 지나치게 획일화된 상대평가 방식의 평가지표를 개선하여 가중치를 부여하거나 절대평가를 통해 향상도·개선도를 측정하는 등 다양한 평가지표를 개발하려는 노력이 뒤따라야 한다.

② 개별평가

「정부업무평가 기본법」에 지방자치단체 평가는 합동평가가 원칙임에도 불구하고 개별평가가 남설되고 있는 실정이다. 이를 방지하기 위해 합동평가에 포함 여부 등을 검토하고, 합동평가와 연계 방안 등을 마련할 필요가 있다. 또한 중앙행정기관에 의한 지방자치단체 개별평가가 불가피한 경우에는 「정부업무평가 기본법」에 의한 국무총리실의 정부업무평가위원회의 협의를 거쳐 체계적이고 효율적인 평가가 되도록 해야 할 것이다.

(3) 공공기관 평가(출연연구기관 평가를 중심으로)

① 평가단 선임 및 운영 과정의 객관성 및 공정성을 제고

최소한 평가 당해 연도에 대해, 연구기관(피평가기관) 연구보고서 등 외부 참여자에 대한 점검을 통해, 연구보고서 참여자가 평가위원으로 선임될 수 있는 가능성에 대해 방지 대책 마련이 필요하다. 아울러, 공정하고 효율적인 평가를 위해 피평가기관 의견 수렴 등을 통한 평가위원 사후평가제 실시 등 평가위원 풀을 관리하는 방안을 마련할 필요가 있다.

② 평가 방법 등을 효율화할 필요

평가 기준 및 평가 내용 등의 단순화를 위해 피평가기관 부담 경감 및 효율성 제고 차원에서 평가하고자 하는 핵심 내용 중심으로 평가 내용 및 제출 자료 등을 간소화한다. 아울러, 관련 규정(「정부출연법」 및 「정부업무평가 기본법」) 취지에 부합되도록 평가를 완료한 후에는 지체 없이 정부업무평가위원회에 보고하여 차년도 평가계획 수립시 정부업무평가위원회 등 전문가의 의견이 반영될 수 있도록 하여 평가 방식 등을 좀 더 효율화할 필요가 있다.

참고 문헌

국무조정실(2002). 정부업무평가 백서. 국무조정실. 정책평가위원회.

국무총리실(2007~2012). 정부업무평가 기본계획. 국무총리실.

———(2007). 정부업무평가 백서. 국무총리실 정부업무평가위원회.

———(2012). 정부업무평가 백서. 국무총리실 정부업무평가위원회.

금재덕 · 양승범 · 이정욱 · 조문석 · 정장훈 · 이승구(2012). 정부성과관리 운영 실태 및 성과 분석. 국무총리실.

유금록 · 공병천 · 오철호 · 윤수재 · 이광희 · 홍형득(2012). 정부업무평가제도 운영 성과에 대한 진단과 발전 방안 연구.

정부업무평가위원회 홈페이지: www.evaluation.go.kr

Chapter 02

정부업무평가: 특정평가*

제 1 절 특정평가의 개념

특정평가는 국무총리가 중앙행정기관을 대상으로 국정을 통합적으로 관리하기 위하여 필요한 정책 등을 평가하는 것을 말한다(「정부업무평가 기본법」, 제2조). 즉, 국무총리가 국정의 통합적 관리를 위해 중앙행정기관 대상으로 정책 성과, 국민만족도 등을 입체적·종합적으로 평가하는 것이다. 특정평가는 국무총리에 의한 하향식 평가라는 점에서 중앙행정기관 스스로 평가하는 자체평가와 구별된다. 매년 정부업무평가위원회의 심의·의결을 거쳐 확정된 「정부업무평가 시행계획」을 통해 평가 대상 부문 등이 확정된다.

제 2 절 연도별 평가 부문 변화

특정평가의 목적이 국정을 통합적으로 관리하기 위한 것이므로 이 목적 달성을 위

---

* 이진원: 국무총리실 정책홍보과장
고관규: 국무총리실 총무비서관실

표 2-1 연도별 특정평가 평가 부문 변화

<table>
<tr><th></th><th>2008년</th><th>2009년</th><th>2010년</th><th>2011년</th><th>2012년</th></tr>
<tr><td rowspan="8">평가 부문</td><td rowspan="6"></td><td rowspan="4">① 핵심 과제 및 녹색성장 (신설)</td><td rowspan="2">① 핵심 과제</td><td>① 핵심 과제</td><td rowspan="2">① 핵심 과제</td></tr>
<tr><td>② 서민생활 안정 과제(신설)</td></tr>
<tr><td>② 녹색성장</td><td>③ 녹색성장</td><td>② 녹색성장</td></tr>
<tr><td>③ 일자리 창출 과제(신설)</td><td>④ 일자리 창출 과제</td><td>③ 일자리 과제</td></tr>
<tr><td>② 정책 소통 · 홍보 (신설)</td><td>④ 정책 소통 · 홍보</td><td>⑤ 정책홍보</td><td>④ 정책홍보</td></tr>
<tr><td>③ 국정관리 역량 (정책관리 역량) (신설)</td><td>⑤ 정책관리 역량</td><td>⑥ 정책관리 역량</td><td>⑤ 정책관리 역량</td></tr>
<tr><td>① 규제개혁</td><td>④ 규제개혁</td><td>⑥ 규제개혁</td><td>⑦ 규제개혁</td><td>⑥ 규제개혁</td></tr>
<tr><td>② 국민 만족도</td><td>⑤ 정책 및 민원 만족도</td><td>⑦ 국민 만족도</td><td>⑧ 국민 만족도</td><td>⑦ 국민 만족도</td></tr>
</table>

출처: 정부업무평가백서(2012).

표 2-2 특정평가 평가 부문별 평가 내용

평가 부문	평가 내용
① 핵심 과제	기관별 대표적 정책과제의 추진 노력 및 성과를 점검 · 평가
② 서민생활 안정 과제	친서민 정책과제에 대한 추진 노력, 성과 및 효과 등을 종합평가
③ 녹색성장	녹색성장 국가전략 및 중앙부처 추진계획의 추진 성과 등을 평가
④ 일자리 창출 과제	일자리 대책의 추진 노력 및 성과를 평가
⑤ 정책홍보	각 중앙행정기관의 정책홍보 추진 노력과 성과를 평가
⑥ 정책관리 역량	기관의 주요 업무 추진 관련 필수적인 정책활동의 관리 노력 및 성과를 평가
⑦ 규제개혁	각 중앙행정기관의 규제개혁 추진 노력 및 성과에 대해 중점평가
⑧ 국민 만족도	부처의 주요 정책 및 민원행정 서비스 만족도를 각각 평가
⑨ 정책현안 과제분석	정부 역점 · 현안 시책 중 분석적 평가가 필요한 정책

출처: 정부업무평가백서(2012).

해 필요한 정책 등을 특정평가 분야로 선정하여 평가하기 때문에 특정평가 평가 부문은 시대적 상황에 따라 지속적으로 변해 왔다. 이 과정에서 평가 대상기관의 업무 특성을 최대한 반영하여 차별화된 평가가 실시되도록 했고, 평가 방법, 평가 기준, 평가지표를 지속적으로 개발・보완하여 평가의 통합 및 객관성・공정성을 제고하도록 했다.

2008년에는 규제개혁과 국민 만족도만 평가했으며, 2009년에 '핵심 과제 및 녹색성장', '정책 소통・홍보', '국정관리 역량(정책관리 역량)'을 신설했다. 2010년에는 핵심 과제를 핵심 과제, 녹색성장, 일자리 창출 과제로 구분하여 평가했다. 2011년에 핵심 과제 내에 '서민생활 안정 과제'를 신설했다가 2012년에 제외했다.

제 3 절 특정평가의 설명

1 개요

특정평가의 평가 대상을 2007년까지는 분석과제의 소관기관으로 했으나 2008년부터는 분석 대상 개별 정책으로 변환했고, 평가 결과의 활용도 2007년까지는 기관별 종합 서열화에 활용하던 것을, 2008년부터는 정책 개선과 향후 유사 정책을 위한 정책정보 및 정책적 시사점을 도출하는 데 활용하도록 했다. 그에 따라 2008년의 평가 목적은 정책 개선과 향후 유사 정책에 대한 정책적 시사점 도출을 위해 처방적・분석적으로 평가로 두었고, 평가 방향은 다수 부처 관련, 국민적 관심도가 높은 시책, 사회적 파급 효과가 큰 국가 주요 사업 등에 대한 분석적 평가 및 사후관리를 통해 유용한 정책정보 생산 및 정책・제도 개선을 도모하는 데 두었다.

2009년 특정평가에서는 주요 국정 과제의 성공적 마무리를 위해 전 부처가 행정역량을 집중할 수 있도록 국정관리 역량을 평가 대상으로 신설했고, 주요 현안에 대한 현장 중심의 수시 정책 점검 및 분석 강화로 정책의 개선을 도모했다. 2011년도는 세계적인 경제위기에 따른 서민생활 보호에 정부 차원의 관심과 역량을 집중하기 위해 서민생활 안정 과제를 신설했으며, 2012년에는 중앙행정기관 신설(국가과학기술위원회 · 원자력안전위원회)에 따라 평가 대상기관을 조정(39→41개)했다. 특히, 핵심 및 일자리 과제 등 주요 국정 과제에 대한 상반기 평가를 강화하여 미흡 원인 등이 적기(適期)에 개선토록 조치함으로써 연내 국정성과 창출을 극대화하고자 했다.

2 정책홍보

1) 정책홍보 평가 개요

2004년부터 2007년까지 '정책홍보관리 평가'로 시행되었다가 2008년에는 폐지되었고 2009년부터 다시 '정책 소통 · 홍보평가'로 신설, 정부업무평가 특정평가 부문에 포함하여 실시했다.

정책홍보의 목적은 국정 운영의 기본 방향을 반영한 중앙행정기관의 대내외 소통 · 홍보성과 측정과 정책홍보를 통한 추진력을 높이기 위함이었으며, 집행적이고 관리적인 홍보활동 위주의 기계적 · 정량적 평가를 지양하고 정책 소통의 실질적인 효과를 중시하는 산출 · 결과 위주의 정성적 평가에 중점을 두어 평가했다.

2) 평가 대상기관 및 평가 대상 과제

41개 중앙행정기관을 대상으로 평가하되, 부처별 특성이 반영될 수 있도록 기관 규모와 업무 특성 등을 고려하여 평가 대상기관을 분류하여 평가의 형평성과 수용성을 높이고자 했다.

3) 평가 방법 및 내용

평가의 공정성과 객관성을 위해 산 · 학 민간 홍보 및 정책전문가 중심으로 구성된 '정책홍보평가단'을 운영하여 평가의 공정성과 객관성을 확보하고, 평가지표의 특성에 따라 정량평가와 정성평가를 병행 활용했다. 부처별 특성으로 특정 평가 항목이 적용되지 않는 경우 일반적인 결측치 처리 기준에 따라 평가하고 정량평가는 7점 척도로, 정성평가는 100점 만점으로 평가한 후 지표별 배점 점수로 환산했다. 구체적인

표 2-3 2012년 정책홍보 평가 항목과 평가지표

단계	평가 항목	평가지표
기획	1. 정책홍보 기획 · 협력 (10)	1-1. 주요 정책과제 홍보계획의 충실성(10)
활동	2. 정책홍보 · 소통 활동 (48)	2-1. 범정부적 협력 홍보 실적(5) 2-2. SNS 등 온라인 소통(20) 2-3. 정부매체 활용 실적(8) 2-4. 주요 정책 온/오프라인 오보 대응(10) 2-5. 외신 대상 홍보활동 실적(5)
성과	3. 정책홍보 성과 확산 (42)	3-1. 주요 정책 기획홍보를 통한 우수 사례 도출 실적(20) 3-2. 정책 브랜딩에 대한 국민평가(5) 3-3. 정책성과백서 등 정책 기록(7) 3-4. 기관장 홍보활동(10)

출처: 정부업무평가백서(2012).

평가지표는 <표 2-3>과 같다.

3 정책관리 역량

1) 정책관리 역량 개요

정책관리 역량은 국정관리 역량 평가(정책관리 역량, 정책 소통 · 홍보, 규제개혁)의 일환으로 2009년도에 신설되었으며, 각 부처 주요 정책 추진 과정에서 필수적인 관리 노력 및 성과를 평가함으로써 정책성과 창출을 촉진했다.

2012년 정책관리 역량 평가는 중앙행정기관 신설(국가과학기술위원회, 원자력안전위원회)에 따라 평가 대상기관을 조정했고, 피평가기관의 평가 부담 완화와 기관의 자율적 평가 역량 제고 및 성격상 정책관리 역량의 범주에 포함시키기 힘든 부처 자율적 운영관리 실태 점검에 속하는 '행정관리 효율화 노력'을 자체평가로 전환하는 등 평가 항목에 대한 합리적 조정을 추진했다.

2) 평가 대상기관 및 평가 대상

40개 중앙행정기관(장관급 21개, 차관급 19개[1])을 대상으로 정책 이슈 대응 노력 등의 '정책 이슈 관리', 부처 간 협력도·대(對)국회 지지 확보 및 대응 노력·이해관계자 지지 확보 및 대응 노력의 '정책 조정·통합관리', 나눔과 배려 관련 정책 수행 노력(장애인 고용·중증장애인 생산품 우선구매·공공구매 활성화를 통한 중소기업 제품 구매 실적)·공직 기강 확립 노력·통계 기반 정책관리 노력의 '특정 시책 이행 관리', 업무계획 이행 관리 노력의 '주요 정책 집행관리'를 평가했다.

3) 평가 방법

정부업무평가위원회를 중심으로 '정책관리역량평가단'[2]을 구성하고 평가 업무의 효율적 추진을 위해 5개 분과(경제Ⅰ·경제Ⅱ·사회문화·일반행정·외교통일안보)로 나눠 운영했다. 전문가 평가단은 각 부처에서 제출한 실적 자료를 토대로 평가지표의 특성에 따라 정량·정성평가를 병행하고, 피평가기관의 소명 기회 제공 등을 위해 '부처 업무 설명회'를 개최했다. 평가 항목 중 '정책 조정·통합관리'에 가장 큰 비중을 두어 평가했고, 구체적인 평가 항목과 평가지표는 <표 2-4>와 같다.

표 2-4 정책관리 역량 평가 항목과 평가지표

평가 항목(배점)	평가지표(배점)
1. 정책 이슈 관리(15)	1. 정책 이슈 대응 노력(15)
2. 정책 조정·통합관리(40)	2-1. 부처 간 협력도(20)
	2-2. 대(對)국회 지지 확보 및 대응 노력(10)
	2-3. 이해관계자 지지 확보 및 대응 노력(10)
3. 특정 시책 이행관리(35)	3-1. 나눔과 배려 관련 정책 수행 노력(15)
	3-2. 공직 기강 확립 노력(15)
	3-3. 통계 기반 정책관리 노력(5)
4. 주요 정책 집행관리(10)	4. 업무계획 이행·관리 노력(10)

출처: 정부업무평가백서(2012).

---

1) 검찰청을 법무부에 포함하여 평가.
2) 정부업무평가위원, 민간 전문가, 총리실 정책분석평가실 담당관 참여.

4 규제개혁

1) 규제개혁 평가 개요

규제개혁평가는 2005년도 정부업무평가에 처음 도입했으며, 2006년부터는 정부업무평가 특정평가 부문에 포함하여 실시해 왔다. 2012년도에는 그동안 과정 중심의 평가를 성과 중심의 평가로 전환하기 위해 부처의 전체 규제개혁 과제에 대한 '종합성과평가'와 부처가 제출한 규제개혁 과제 중 파급 효과가 큰 핵심 규제에 대한 '중점과제 성과평가'로 이원화하여 평가를 실시했다. 또한, 부처별 등록 규제 수의 차이와 규제개혁의 가능성, 등록 규제 수를 기준으로 평가하기 곤란한 불가피한 사정 등을 종합적으로 고려하여 평가를 실시하게 되었다.

2) 평가 대상기관 및 평가 대상 과제

총리실, 법제처, 권익위, 검찰청, 조달청, 행복청, 통계청, 병무청, 방사청 등 등록규제가 5개 이하인 9개 기관과 규제개혁 평가가 곤란하다고 인정된 4개 부처(통일부, 원자력안전위원회, 농진청, 기상청)를 제외한 28개 중앙행정기관을 대상으로 평가했다. 종합성과평가의 경우 2012년도 규제개혁 종합계획에 포함된 전체 과제를, 중점과제 성과평가의 경우 부처의 대표적인 핵심 규제와 관련된 과제[3]를 대상으로 평가를 실시했다.

3) 평가 방법 및 내용

규제개혁위원회 민간위원, 민간 전문가 등으로 구성된 '규제개혁평가단'을 운영하고, 평가지표의 특성에 따라 정량·정성평가를 적절히 병행 활용한다. 총리실 규제개혁실 담당관이 부처 제출 실적 자료를 1차적으로 점검하고 이를 토대로 규제개혁평가단이 평가 결과(안)을 확정하여 정부업무평가위원회에 상정·의결한다. 평가지표는 종합 성과평가와 중점과제 성과평가로 나누어 구성하고 구체적인 내용은 <표 2-5>와 같다.

---

3) 등록 규제 수를 기준으로 배분하되, 각 부처의 특수성을 감안하여 설정(1~4개).

표 2-5 규제개혁(2012) 평가 항목과 평가지표

① 종합 성과평가(70%)

단계	평가 항목(배점)	평가지표(배점)
계획	1. 계획 수립의 적절성(30, ±5)	1-1. 규제개혁 분야의 적절성(20)
		1-2. 규제개혁 과제 발굴률(10) * 전략 과제 발굴 · 검토 · 수용 기여도(±5)
집행	2. 규제개혁 추진 역량(15)	2-1. 자체규개위 내실화 정도(10)
		2-2. 규제개혁 교육 실적(5)
	3. 추진의 적극성(5)	3-1. 규제 관련 국민 및 기업 애로 제기 사항 수용률(5)
	4. 입법절차 준수의 적절성(5)	4-1. 입법(행정)예고 시 규제영향분석서 첨부 비율(2)
		4-2. 규제영향분석서 내용의 충실성(3)
	5. 홍보의 적극성(15, ±5)	5-1. 규제개혁 과정에서의 홍보의 적극성(15)
규제개혁 성과	6. 규제개혁 이행 실적(10, ±5)	6-1. 규제개혁 과제 이행률(10) * 행정조사 정비 실적(±5)
	7. 규제개혁 효과성(20)	7-1. 규제개혁 고객 불만족도 조사(20)

② 중점과제 성과평가(30%)

단계	평가 항목(배점)	평가지표(배점)
계획	1. 계획 수립의 적절성(30, ±3)	1-1. 과제 선정의 적절성(30) * 목표 설정의 적극성(±3)
규제개혁 성과	2. 규제개혁 효과성(70)	2-1. 규제개혁 홍보(15)
		2-2. 규제개혁 효과(35)
		2-3. 규제개혁 고객만족도(20)

출처: 정부업무평가백서(2012).

5 국민만족도

1) 정책 및 민원만족도 평가 개요

국민만족도 평가는 각 중앙행정기관의 주요 정책과 민원행정 서비스에 대한 국민의 만족도를 직접 조사 · 평가함으로써, 민의에 입각한 정책 추진을 도모하고 대국민 행정 서비스의 품질을 향상시키는 데 목적이 있다. 2007년도의 '고객만족도'에서 '국

민만족도'로 명칭이 바뀌었으며, 세부적으로는 정책과 민원만족도로 구분하여 평가하고 있다. 2012년도에는 정책만족도 조사 시 일반 국민의 체감만족도 반영 비율을 상향 조정(30%→50%)하여 조사집단별 특성이 좀 더 잘 반영될 수 있도록 했다.

2) 평가 대상기관 및 평가 대상 과제

2012년도 평가 대상기관은 41개 중앙행정기관을 대상으로 하며, 평가 대상 과제는 ① 정책만족도의 경우, 각 중앙행정기관별 핵심 과제 98개(부 단위 3개, 청 단위 2개)를 대상으로 했고, ② 민원만족도의 경우, 부처별 일반·인터넷 민원행정 서비스 전체를 대상으로 했다.

3) 평가 방법 및 내용

평가 방식은 민간 전문조사기관에 의뢰해 설문조사를 실시함으로써 평가의 전문성과 객관성을 확보하고자 했다. 우선 정책 만족도의 경우, 일반 국민을 주된 대상으로 하되, 분야별로 관련 민간 전문가를 조사 대상에 포함시켜 평가 결과의 신뢰성을 제고하도록 했다. 평가지표는 크게 항목만족도와 체감만족도로 구성되었는데, 구체적인 내용은 <표 2-6>과 같다.

표 2-6 국민(정책·민원)만족도(2012) 평가 항목과 평가지표

평가 항목		평가지표(세부 설문 내용)
항목 만족도 (70%)	민주성	• 정책 수립·집행 과정에서 고객의 의견 수렴 및 공개와 소통을 통한 정책 협조 노력 정도
	적정성	• 전략목표, 성과목표, 정책 수단 등 정책의 구체적 내용이 적정하게 설정된 정도
	대응성	• 정책 추진 과정에서 정책환경의 변화를 극복하고 문제점을 시정·보완하기 위해 노력한 정도
	효과성	• 정책이 당초에 의도한 계량·비계량적 성과가 실제로 나타난 정도
체감만족도(30%)		• 해당 정책 전반에 대해 느끼는 직관적·총체적 만족도

출처: 정부업무평가백서(2012).

한편 민원행정 서비스 만족도의 경우, 일반 민원과 인터넷 민원의 민원인 모집단을 확보한 후 무작위 표본추출을 통해 설문조사를 실시했는데, 2012년도에는 각 기관별로 250명 이상의 표본을 추출하여 설문을 조사했다. 평가지표는 주요 정책과 마찬가지로 항목만족도와 체감만족도로 구성되었는데, 세부 내용은 <표 2-7>과 같다.

표 2-7 민원행정 서비스(2012) 평가 항목과 평가지표

평가 항목		평가지표(세부 설문 내용)
항목만족도(70%)	접근성	• (인터넷) 민원신청 시 인터넷 홈페이지 접근과 서식 입력이 쉽고 간편한 정도
		• (일반) 민원 담당공무원과의 면담 · 통화와 서식 작성이 쉽고 간편한 정도
	신속성	• (인터넷 · 일반) 민원 담당공무원이 관련 업무를 신속하게 처리한 정도
	대응성	• (인터넷) 인터넷 민원 시스템에서 민원처리 진행 상황을 쉽게 알 수 있는 정도
		• (일반) 민원 담당공무원이 친절하고 정중하게 민원인을 응대하는 정도
	공정성	• (인터넷 · 일반) 민원 처리 결과의 근거나 이유가 합리적이고 공정한 정도
체감만족도(30%)		• (인터넷 · 일반) 해당 민원 서비스 전반에 대해 느끼는 직관적 · 총체적 만족도
* 민원난이도		• 본인 민원의 처리를 위해 해당 기관이 겪을 것으로 예상되는 어려움의 정도에 대한 민원인의 인식

출처: 정부업무평가백서(2012).

6 일자리 과제

1) 일자리 과제 평가 개요

범정부적으로 추진 중인 일자리 대책의 추진 노력 및 성과를 평가함으로써, 개선 · 보완책을 마련하는 등 정책의 효율성을 제고하기 위해 2010년도부터 정부업무평가 특정평가에 포함하여 실시하게 되었다. 2012년도에는 일자리 창출 과제 추진하면서 부처 간 연계 노력에 가중치를 두어 부처 중복으로 인한 비효율성을 낮추기 위해 평가지표를 수정했다.

2) 평가 대상기관 및 평가 대상 과제

기관별 2012년 성과관리 시행계획상 관리과제 중 예산 규모가 일정 수준 이상인 일자리 관련 과제를 추출하여 11개 기관의 32개 과제를 평가 대상으로 선정했다.

3) 평가 내용

정부업무평가위원, 민간 전문위원, 평가실 담당관이 공동으로 참여하는 '일자리 과제평가단'을 구성했다. 일자리 과제 평가의 효율성·타당성 제고를 위해 평가단을 4개 분과로 편성했으며, 각 분과는 정평위원이 분과 위원장을 맡게 되었다.

평가지표는 정책 형성·집행·성과·만족도를 기준으로 25:30:35:10으로 설정하여 전년에 비해 추진·전달 체계의 적절성과, 집행 과정에서 유관기관과 협조 노력 및 모니터링에 대한 평가를 강화했다.

구체적인 평가지표는 <표 2-8>과 같다.

표 2-8 일자리 과제(2012) 평가 항목과 평가지표

단계	평가 항목(배점)	평가지표(배점)
정책형성	1. 정책설계의 적절성 (15)	1-1. 목표의 타당성 및 목표치 설정의 적극성 (10)
		1-2. 사업 내용 및 추진계획의 적절성 (5)
	2. 정책 추진 기반의 확보 (10)	2-1. 자원 배분 및 추진·전달 체계의 적절성 (10)
정책집행	3. 추진 과정의 적절성 (30)	3-1. 추진계획의 진척도 (12)
		3-2. 유관기관·정책과의 협조 노력(10)
		3-3. 모니터링 및 소통·홍보 노력 (8)
정책성과	4. 목표달성도 (20)	4-1. 목표치 달성도 (20)
	5. 정책 효과 (15)	5-1. 파급 효과·기여도 (15)
정책성과	4. 목표달성도 (10)	6-1. 해당 과제 만족도 (10)

출처: 정부업무평가백서(2012).

7 녹색성장

1) 녹색성장 평가 개요

저탄소 녹색성장의 효율적이고 체계적인 달성을 위해 관련 부처의 추진 노력 및 성과를 평가함으로써 정책의 추동력을 확보하기 위해 2009년도에 처음 평가를 실시했다.

2012년도는 녹색성장 비전 선포(2008. 8. 15) 이후 4년 성과를 마무리하고, 녹색성장 5개년 계획(2009~2013)이 성공적으로 완수될 수 있도록 하기 위해 녹색성장 성과 및 국민적 체감도를 집중 점검 · 평가함으로써 정책 추진상 미비점을 보완하고 개선책을 마련하는 것을 평가의 목적으로 했다. 평가 과제에 대해서는 과제별로 중요도와 난이도를 고려한 가중치를 적용함으로써 평가과제 간 평가 결과의 타당성을 제고하고자 했다.

2) 평가 대상기관 및 평가 대상 과제

평가 대상기관은 녹색성장과의 업무상 연관성을 감안, 녹색성장 중앙 추진계획을 수립한 24개 중앙행정기관으로 선정했다. 구체적인 기관은 다음과 같다.

표 2-9 녹색성장 평가 대상기관(2012)

구분	기관명
부 단위 (15개)/ 청 단위 (9개)	기획재정부, 교육과학기술부, 외교통상부, 국방부, 행정안전부, 문화체육관광부, 농림수산식품부, 지식경제부, 보건복지부, 환경부, 고용노동부, 여성가족부, 국토해양부, 방송통신위원회, 금융위원회 조달청, 통계청, 방위사업청, 소방방재청, 농촌진흥청, 산림청, 중소기업청, 식품의약품안전청, 기상청

출처: 정부업무평가백서(2012).

평가 대상 과제는 24개 기관의 총 40개 과제를 선정했다. 온실가스 감축 목표관리 4대 관장기관(환경부, 지경부, 농식품부, 국토부)은 2~5개의 과제를 배정했고, 기타 부처는 업무 특성에 따라 1~2개의 과제를 배정했다. 또한, 각 기관 의견 수렴을 통해 평가 과제 및 평가 과제 간 가중치를 확정했다.

3) 평가 방법 및 내용

평가의 전문성과 객관성을 위해 정부업무평가위원회와 녹색성장위원회가 공동으로 민간 전문가 중심의 '녹색성장평가단'(29명)을 구성했다. 각 부처가 제출한 서면 자료를 토대로 평가하되, 필요 시 현장조사를 실시했으며 정량·정성 평가를 병행했다. 녹색성장평가단이 일차적으로 평정한 결과를 총리실과 녹색성장기획단이 공동으로 확인·점검 후 최종 평가 결과는 녹색성장위원회의 보고를 거친 후, 정부 업무평가위원회에 상정, 심의·의결 과정을 거쳐 확정되었다.

평가 항목 및 평가 기준에 대한 배점은 아래와 같으며, 정책 성과 달성도 평가에 역점을 두어 성과목표 달성도(30점) 및 정책 효과성(20점)에 높은 배점을 두었다.

표 2-10 녹색성장 평가 항목과 평가지표(2012)

단계	평가 항목	평가 기준(배점)	배점 합계
계획	1. 계획 수립의 적절성	1-1. 정책 목표의 명료성 (5) 1-2. 정책 내용의 타당성 (5) 1-3. 성과지표 및 목표치의 적절성(10)	20
추진	2. 추진 과정의 적절성	2-1. 추진 과정의 효율성 (5) 2-2. 추진 일정 준수 정도 (10) 2-3. 추진 과정상 협조 노력 (10)	25
	3. 정책 소통·확산 노력	3-1. 정책 소통·교육·홍보 노력 (5)	5
산출/결과	4. 성과 달성도	4-1. 성과목표 달성도 (30) 4-2. 정책 효과성 (20)	50

출처: 정부업무평가백서(2012).

8 핵심 과제

1) 핵심 과제 평가 개요

특정평가 8개 부문 가운데 가장 큰 부분을 차지한다고 할 수 있으며, 정부업무평가

제도가 시작된 이래 '주요 정책평가'로 추진되어 오다, 2008년도에 일시적으로 폐지되었다.

다시 각 중앙행정기관의 주요 정책 과제 추진 노력과 정책 성과를 점검 · 평가하여 정책 추진의 동력 확보 및 국민책무성을 강화할 필요가 있어, 2009년부터 '핵심 과제 평가'로 부활하게 되었다. 핵심 과제 평가의 목적은 기관 간 경쟁을 통해 정책 추동력을 확보하고 국정 운영 방향에 부합하는 국정성과 창출을 유도하는 한편, 국정 통할 수단으로서 평가제도를 활용하고자 하는 데 있다고 할 수 있다.

핵심 과제 평가 방향은 지나치게 계량화된 평가를 지양하고, 정책의 과정과 성과를 정성적 · 질적으로 판단하는 데 중점을 두되, 민간 전문가의 적극적 참여와 객관적인 데이터 및 참고 자료를 평가 시 활용하도록 하여 객관성을 최대한 확보하도록 했다.

평가는 각 부처에서 제출한 평가 대상과제의 추진 과정과 성과 등에 관한 자료를 기초로 상 · 하반기 2회에 걸쳐 실시했는데, 평가 시기별로 평가 대상기관, 평가 대상과제 및 평가지표를 다소 다르게 설정되었다.

2) 평가 대상기관

평가 대상기관은 2011년도에 정부조직 개편으로 신설된 국가과학기술위원회와 원자력안전위원회를 포함하여 총 40개 기관을 대상으로 하고 있으며, 업무 성격에 따라 5개 분과(경제 I, 경제 II, 사회문화, 일반행정, 외교 · 통일 · 안보)로 분류했다.

- 장관급 기관(21): 부(15) 및 장관급 기관*(6)
  - * 방송통신위원회, 국가과학기술위원회(신규), 원자력안전위원회(신규), 공정거래위원회, 금융위원회, 국민권익위원회

표 2-11 5개 분과별로 부처 구분

분과	소관 부처
경제 I	공정위, 금융위, 기재부, 국과위, 관세청, 통계청 국세청, 조달청
경제 II	지경부, 방통위, 농식품부, 국토부, 중기청, 특허청 농진청, 산림청
사회문화	문화부, 환경부, 교과부, 복지부, 여가부, 문화재청, 고용부, 식약청
일반행정	행안부, 안전위, 법무부, 권익위, 경찰청, 방재청, 법제처, 행복청
외교 · 통일 · 안보	국방부, 보훈처, 외교부, 통일부, 병무청, 방사청 해경청

출처: 정부업무평가백서(2012).

• 차관급 기관(19): 외청*(17) 및 차관급 기관**(2)
  * 대검찰청은 법무부에 포함, ** 법제처, 국가보훈처)

3) 평가 대상 과제

평가 대상 과제는 이명박 정부의 주요 국정 과제를 성공적으로 마무리하면서 각 부처의 정책 성과를 가시화할 수 있는 핵심 정책 과제를 선정하되, 특히 100대 국정 과제, 대통령 신년 국정연설 및 부처별 업무보고 핵심 실천 과제를 우선 선정하도록 했다. 그 결과, 2012년도에는 각 부처의 주요 정책이 포함된 총 98개를 평가 대상 과제로 선정했으며, 장관급 기관은 3개, 차관급 기관은 2개로 하되, 장관급 기관 중 기관 규모나 업무 범위 등을 고려하여 국가과학기술위원회, 원자력안전위원회, 국민권익위원회는 2개 과제를 선정했다.

4) 평가 방법 및 내용

평가의 객관성과 전문성을 확보하기 위해 대학교수, · 국책 · 민간 연구기관 연구원 등 민간 전문가로 '핵심과제평가단'을 구성하여 운영했으며, 과제당 2명의 민간 전문위원을 위촉하도록 하여 민간 전문위원 수는 196명으로 설정되었다.

평가지표는 정책형성-정책집행-정책성과의 각 정책 단계별로 세부지표를 설정했는데, 상반기에는 대부분의 정책이 추진 과정에 있는 점을 감안하여 정책 성과 부분보다 정책형성 및 집행 부분 비중을 높게 설정했다.

평가는 각 부처가 제출한 10월 말 기준 과제별 추진 실적 자료를 토대로 정책 단계별 평가지표에 따라 정성평가를 실시했는데, 평가 시행 전에 각 분과별로 '부처 업무 설명회'를 개최하여 민간 전문가들의 담당 과제에 대한 이해도를 높이는 계기를 마련했다. 2012년도 평가는 상반기와 하반기로 두 차례에 걸쳐 실시했는데, 특히 2012년도는 이명박 정부의 마지막 해이고, 정부기관의 세종시 이전, 대선 일정 등 시기적 특수성을 고려하여 상반기 평가에 역량을 집중했다. 상반기 평가는 6월 말 추진 실적을 기준으로 평가단이 직접 참여한 가운데 과제별 평가 방식으로 진행되었고, 하반기 종합평가는 10월 말 추진 실적을 기준으로 기관별 평가 방식으로 진행되었다. 구체적인 평가 항목과 평가지표는 <표 2-12>, <표 2-13>과 같다.

표 2-12 핵심 과제 상반기 평가지표 및 평가 사항(2012)

구분	평가지표(배점)	평가 사항(배점)
정책형성	정책목표의 적절성(6)	• 정책목표의 구체성 및 적절성(2) • 성과지표 목표치 설정의 적절성 및 성과지표의 대표성(4)
	정책 수단의 적절성(6)	• 정책 수단의 적절성(6)
	분석 · 의견 수렴 적절성(8)	• 정책분석과 대비책 마련의 충실성(4) • 의견 수렴 적절성(4)
정책집행	추진 일정 충실성(15)	• 추진 일정 준수 여부(15)
	상황 변화 대응성(20)	• 모니터링을 통해 파악된 상황 변화 대응의 적절성(15) • 홍보의 효과성(5)
	관련 기관 · 정책과의 연계성(10)	• 관련 기관 · 정책과의 연계 및 협조 체제 구축 여부(10) * 관련 기관 · 정책과의 연계 및 협조가 필요하지 않은 경우 평가 제외
정책성과	정책목표 달성도(20)	• 계획 수립 시 설정한 정책 · 사업목표 달성도 (20)
	정책 효과성(15)	• 정책 추진으로 의도한 정책 효과의 실제 발생 수준(15)

출처: 정부업무평가백서(2012).

표 2-13 핵심 과제 하반기 평가지표 및 평가 사항(2012)

구분	평가지표(배점)	평가 사항(배점)
정책형성	정책목표의 적절성(6)	• 정책목표의 구체성 및 적절성(2) • 성과지표 목표치 설정의 적절성 및 성과지표의 대표성(4)
	정책 수단의 적절성(6)	• 실질적 정책 수단의 적절성(4) • 실행적 정책 수단의 적절성(2)
	분석 · 의견 수렴 적절성(8)	• 정책분석과 대비책 마련의 충실성(4) • 의견 수렴 적절성(4)
정책집행	추진 일정 충실성(9)	• 추진 일정 준수 여부(9)
	상황 변화 대응성(15)	• 모니터링을 통해 파악된 상황 변화 대응의 적절성(12) • 홍보의 효과성(3)
	관련 기관 · 정책과의 연계성(6)	• 관련 기관 · 정책과의 연계 및 협조 체제 구축 여부(6)
정책성과	정책목표 달성도(25)	• 계획 수립 시 설정한 정책 · 사업목표 달성도 (20) • 계획 수립 시 설정한 성과지표 달성도(5)
	정책 효과성(15)	• 정책 추진으로 의도한 정책 효과의 실제 발생 수준(15)
	정책 만족도(10)	• 정책 만족도(조사 결과) (10)

출처: 정부업무평가백서(2012).

5) 핵심 과제 평가지표별 측정 방법 및 측정 기준

평가지표	1-1. 정책목표의 적절성(6점)
측정 방법	ㅇ (정책목표 적절성) 정책목표가 상위목표에 부합하고 정책 수단에 구체적인 방향성을 제시하며, 정책문제를 해소하기에 적정한 수준인지 여부 [정책목표의 구체성 및 적절성(2)] • 정책목표가 ⓐ 상위목표에 부합, ⓑ 정책목표가 정책문제를 해소하기에 적정한 수준, ⓒ 정책목표가 정책 수단에 방향성을 제시할 만큼 구체적 ① ⓐ, ⓑ, ⓒ 세 가지를 모두 충족 : 2 ② ⓐ, ⓑ, ⓒ 중 두 가지만 충족 : 1 ③ ⓐ, ⓑ, ⓒ 중 한 가지 이하만 충족 : 0 ㅇ (성과지표의 목표치 설정의 적절성) 성과목표별 성과지표의 목표치가 적극적으로 설정되었는지 여부 ㅇ (성과지표 대표성) 성과목표별 성과지표가 정책 내용을 포괄적으로 대표하고, 구체적이며, 성과목표와 직접적인 연관성이 있는지 여부 [㉠ 성과지표 목표치 설정의 적절성(2) ㉡ 성과지표의 대표성(2)] • (성과지표의 목표치 설정의 적절성) 최근 실적치가 있는 경우, 신규 사업인 경우 등 다양한 상황에 따라 정량・정성적으로 판단 ① 적극적으로 설정 : 2 ② 적극적으로 설정하지 않음 : 0 • (성과지표 대표성) ⓐ 성과목표와 성과지표 간의 연관성, ⓑ 성과지표가 성과목표의 내용을 포괄적으로 나타냄, ⓒ 정책 이외의 내・외부 환경 요인에 의해 성과지표가 쉽게 변화하지 않음, ⓓ 성과지표의 정의가 정확하고 이해하기 쉬우며, 측정이 용이함 ① ⓐ, ⓑ, ⓒ, ⓓ 네 가지를 모두 충족 : 2 ② ⓐ, ⓑ, ⓒ, ⓓ 중 세 가지만 충족 : 1 ③ ⓐ, ⓑ, ⓒ, ⓓ 중 두 가지 이하만 충족 : 0
측정 기준 (착안 사항)	ㅇ (정책목표 적절성) 정책목표와 상위목표 및 하위 정책 수단 간의 논리적 연계성과 정책목표 수준의 적정성 여부 판단 - 정책목표가 상위 목표에 부합하는지 여부 판단 - 정책목표가 정책 수단에 방향성을 제시할 만큼 구체적인지 여부 판단 - 정책목표가 정책문제를 해소하기에 적정한 수준인지 여부 판단 ㅇ (성과지표의 목표치 설정의 적절성) 성과목표별 성과지표가 적정한 수준으로 설정되었는지 여부 판단 ㅇ (성과지표 대표성) 성과목표별 성과지표가 정책 내용을 대표하고 있는지 여부 판단 - 성과지표와 성과목표 간의 연관성 여부 판단 - 성과지표가 성과목표의 내용을 포괄적으로 나타내는지 여부 판단 - 성과지표가 성과목표 달성을 위해 추진하는 정책 이외의 내・외부 환경 요인에 의해 쉽게 변화하지 않는지 여부 판단 - 성과지표의 정의가 정확하고 이해하기 쉬우며, 측정이 용이한지 여부 판단
평가 근거	부처 제출 자료, 총리실 관련 자료

평가지표	1–2. 정책 수단의 적절성(6점)
측정 방법	ㅇ (실질적 정책 수단 적절성) 정책 수단의 내용이 정책목표를 달성하는 데 적합하게 설정되었는지 여부 **실질적 정책 수단의 적절성(4)** • (실질적 정책 수단 적절성) ⓐ 성과목표 달성에 필요한 핵심적인 사업 등 적정한 정책 수단을 포함, ⓑ 관리과제 등 정책 수단이 성과목표 달성에 충분 ① ⓐ, ⓑ 두 가지를 모두 만족: 4 ② ⓐ, ⓑ 중 한 가지만 만족: 2 ③ 어느 것도 만족하지 못함: 0 ㅇ (실행적 정책 수단 적절성) 정책 수단의 실행을 위한 순응 확보 수단・기구・예산・인력・법・공권력 등 지원수단 확보・투입 여부 * 쌀값 안정을 위한 '정부미 공급 증대'는 실질적 정책 수단이며, 이러한 실질적 정책 수단을 실현하기 위해 '매점매석 등에 대한 조사・처벌' 등 순응 기제를 동원하는 것은 실행적 정책 수단임 **실행적 정책 수단의 적절성(2)** • (실행적 정책 수단 적절성) 관련 기구・예산・인력・법・공권력 등 실질적 정책 수단의 실행 수단 ⓐ 적기 마련, ⓑ 적절성 확보 ① ⓐ, ⓑ 두 가지를 모두 만족 : 2 ② ⓐ, ⓑ 중 한 가지만 만족 : 1 ③ 어느 것도 만족시키지 못함 : 0
측정 기준 (착안 사항)	ㅇ (실질적 정책 수단 적절성) 실질적 정책 수단의 내용이 – 성과목표 달성에 필요한 핵심적인 사업 및 정책 수단을 포함하고 있는지 여부 판단 – 관리과제 등 정책 수단이 성과목표 달성에 충분한지 여부 판단 ㅇ (실행적 정책 수단 적절성) 관련 기구・예산・인력・법・공권력 등 실행적 집행 수단이 – 적기에 마련되었는지 여부 판단 – 적절한 수준의 집행 수단이 마련되었는지 여부 판단
평가 근거	부처 제출 자료, 총리실 자체 자료 등

<table>
<tr><td>평가지표</td><td>1-3. 분석 · 의견 수렴 적절성(8점)</td></tr>
<tr><td>측정 방법</td><td>ㅇ 정책 효과, 장 · 단점, 이해관계자 분석과 분석 결과에 대한 대비책 수립 여부
정책분석과 대비책 마련의 충실성(4)
• ⓐ 정책 효과, 장 · 단점 분석, ⓑ 이해관계자 분석, ⓒ 분석 결과 개선 · 보완 사항에 대한 대비책 마련
① ⓐ, ⓑ, ⓒ를 모두 이행, 내용도 충실 : 4
② ⓐ, ⓑ, ⓒ를 모두 이행, 내용은 일부 미흡 : 3
③ ⓐ, ⓑ, ⓒ 중 일부 미이행, 내용은 충실 : 2
④ ⓐ, ⓑ, ⓒ 중 일부 미이행, 내용도 일부 미흡 : 1
⑤ 기타 : 0
ㅇ 관계 부처 협의, 관련단체, 전문가 의견 수렴 여부
의견 수렴의 적절성(4)
• ⓐ 이해관계자, 관련 단체, 전문가 의견 수렴, ⓑ 부처, 당청 등 유관 기관과의 협의 · 조정
① ⓐ, ⓑ 관련 필요 요소를 모두 이행, 내용도 충실 : 4
② ⓐ, ⓑ 관련 필요 요소를 모두 이행, 내용은 일부 미흡 : 3
③ ⓐ, ⓑ 관련 필요 요소 중 일부 미이행, 내용은 충실 : 2
④ ⓐ, ⓑ 관련 필요 요소 중 일부 미이행, 내용도 일부 미흡 : 1
⑤ 기타 : 0</td></tr>
<tr><td>측정 기준
(착안 사항)</td><td>ㅇ (정책분석 적절성) 계획 수립 과정에서 정책 효과, 장 · 단점, 이해관계자 분석이 적정하게 이루어졌는지 판단
– SWOT 분석, PESTLE 분석 및 BC 분석 등의 정책 효과 분석 또는 종합적 · 구체적인 장 · 단점 분석을 실시했는지 여부 판단
* PESTLE 분석: 정책대안의 정치적, 경제적, 사회문화적, 기술적, 법적, 환경적 영향 등을 분석
– 관련 통계 현황이나 사례조사를 했는지 여부 판단
– 정책 대상자 특히, 이해관계자에 대한 사전분석이 충분한지 여부 판단
– 분석 결과 개선 · 보완 사항에 대한 대비책을 마련했는지 여부 판단
* 반드시 계획 수립 단계에 실시한 것만 인정. 다만, 계속사업의 경우 상황 변화가 없는 경우에는 기존에 실시한 분석도 인정
ㅇ (의견 수렴 적절성) 목표 달성을 위한 정책(사업) 계획을 수립하는 과정에서 이해관계자 · 관련 단체 · 전문가의 의견수렴은 충분한지 여부 판단
* 공청회, 토론회, 간담회, 협의회, 설문조사나 관련 전문가 회의 등을 통해 의견을 수렴하고 이를 정책에 반영하기 위한 사전 검토 실적이 있는 경우 인정
– 정책(사업) 계획 수립과 관련하여 관계 부처 · 당청 등 관련 기관 간 협의는 충실하게 이루어졌는지 여부 판단
* 당청 간 협의 미실시 등으로 혼란 발생, 부처간 협의 없이 정책 발표를 하여 차질을 빚었는지, 정책(사업) 유관 기관과 사전에 긴밀한 협조를 소홀히 하여 추진 지연 및 혼란 발생 여부 등
* 계속사업의 경우 상황 변화가 없는 경우에는 이전에 시행한 협의도 인정</td></tr>
<tr><td>평가 근거</td><td>부처 제출 자료, 총리실 자체 자료 등</td></tr>
</table>

평가지표	2-1. 추진 일정 충실성(9점)
측정 방법	ㅇ 성과목표 달성을 위한 관리과제의 세부 추진계획에서 제시한 추진 일정을 준수했는지 여부 추진 일정 준수 여부 • 성과목표 달성을 위한 관리과제의 세부 추진계획에서 제시한 추진 일정 관련 ① 모든 일정 준수 : 9 ② 대부분 일정 준수(90% 이상 준수) : 6 ③ 일부 일정 미준수(70% 이상 준수) : 3 ④ 상당한 일정 미준수(70% 미만 준수) : 0
측정 기준 (착안 사항)	ㅇ 성과관리 시행계획에 수립한 성과목표별 관리과제의 세부 추진계획에 따라 일정을 완료했는지 여부 판단 – 추진일정 준수 여부는 기계적 판단을 지양하고 추진 내용의 충실성 여부와 연계하여 정량·정성적으로 판단 – 외생적 요인에 의한 일정 지연의 경우에는 그 사유와 영향력 등을 감안하여 판단 * 일정 지연 관련 외생변수 예시 · 국제적 환경 변화(교역시장, 환율, 유가 및 원자재 가격, 국제적 환경규제, 대북 관계 등)에 의해 지연된 경우 · 상급기관(대통령자문위원회 등 포함) 등에 의한 추진 방식 변경 등 · 국회 파행으로 인한 개회 일정 지연 등으로 법률안 통과 등 목표를 미달성한 경우
평가 근거	부처 제출 자료, 총리실 자체 자료 등

평가지표	2-2. 상황 변화 대응성(15점)
측정 방법	ㅇ 모니터링을 통해 파악된 여건·상황 변화에 적기에 적절히 대응했는지 여부 **모니터링을 통해 파악된 상황 변화 대응의 적절성(12)** • ⓐ 정책집행 과정 모니터링, ⓑ 여건·상황 변화 대처의 적시성, ⓒ 여건·상황 변화 대처의 적절성 ① ⓐ, ⓑ, ⓒ를 모두 이행, 내용도 충실 : 12 ② ⓐ, ⓑ, ⓒ를 모두 이행, 내용은 일부 미흡 : 9 ③ ⓐ, ⓑ, ⓒ 중 일부 미이행, 내용은 충실 : 6 ④ ⓐ, ⓑ, ⓒ 중 일부 미이행, 내용도 일부 미흡 : 3 ⑤ 기타 : 0 * 여건·상황 변화가 없는 경우, 정책집행 과정 모니터링 충실성 여부 판단 ① 충실히 수행 : 12, ② 일부 미흡 : 6, ③ 상당히 미흡 : 0 ㅇ 정책이나 사업 내용에 대해 이해관계자 및 일반국민을 상대로 한 홍보가 효과적으로 이루어졌는지 여부 **홍보의 효과성(3)** • ⓐ 홍보의 적시성, ⓑ 홍보 내용의 적절성, ⓒ 홍보의 효과성 ① ⓐ, ⓑ, ⓒ 세 가지 모두 충족 : 3 ② ⓐ와 ⓒ 또는 ⓑ와 ⓒ 충족 : 2 ③ ⓒ만 충족 : 1 ④ 기타 : 0
측정 기준 (착안 사항)	(상황 변화 대응의 적절성) ㅇ 정책집행 과정의 모니터링 수행의 충실성 판단 – 현장 점검 등을 통해 정책의 집행 현장을 점검하고 확인하고 있는지 여부 판단 * 모니터링은 정책에 대한 PCRM, 인터뷰를 활용한 만족도 조사, 여론조사뿐만 아니라 간담회, 공청회, 설명회, 국회 및 언론의 지적 사항 등을 포함한 온·오프라인 활동을 포함 ㅇ 여건·상황 변화에 적기에 대처했는지 여부 판단 – 정책 추진 시 현안 사항에 대해 BH, 당, 관련 부처 등 관계 기관과 수시로 의견 조율을 통해 적기에 대응했는지 여부 판단 * 상황 변화가 발생하지 않은 경우 모니터링 여부만으로 판단 ㅇ 여건·상황 변화에 적극적으로 대응하여 문제점을 해결했는지 여부 판단 – 추진 과정에서 당초 의도하지 않은 부작용에 대한 대응 정도 판단 * 상황 변화가 발생하지 않은 경우 모니터링 여부만으로 판단 (홍보의 효과성) ㅇ 정책 내용에 대한 적기 홍보가 이루어졌는지 여부 판단 ㅇ 정책의 핵심 내용이 적절하게 선정·전달되었는지 여부 판단 – 홍보로 이슈를 주도했는지 여부 판단 – 비판·부정적 보도에 대해 적극적으로 대응했는지 여부 판단 ㅇ 홍보로 인한 언론·여론의 반응은 긍정적인지 여부 판단
평가 근거	부처 제출 자료, 총리실 자체 자료 등

평가지표	2-3. 관련 기관 · 정책과의 연계성(6점)
측정 방법	ㅇ 관련 기관 · 정책과의 연계 및 협조 체제 구축 및 운영 여부 * 관련 기관 · 정책과의 연계 및 협조가 필요하지 않은 경우 평가 제외 관련 기관 · 정책과의 연계 및 협조 체제 구축 여부 • ⓐ 관련 기관 · 정책과의 연계 및 협조 체제 구축, ⓑ 관련 기관 · 정책과의 연계 및 협조 체제 운영 ① ⓐ, ⓑ 관련 필요 요소를 모두 이행, 내용도 충실 : 6 ② ⓐ, ⓑ 관련 필요 요소를 모두 이행, 내용은 일부 미흡 : 4 ③ ⓐ, ⓑ 관련 필요 요소 중 일부 미이행, 내용은 충실 : 2 ④ 기타 : 0
측정 기준 (착안 사항)	ㅇ 관련 기관 · 정책과의 연계 및 협조 체제를 구축했는지 여부 판단 * 관련 기관 · 정책은 부처 내부와 부처 외부(관계 부처 등)를 포함한 개념이며, 사업계획서 등에 협조 체계가 명시적으로 기술되어야 함 ㅇ 관련 기관 · 정책과의 연계 및 협조 체계가 적절하게 운영되었는지 여부 판단 * 관련 기관 및 정책과의 협의 실적과 협의 결과에 대한 검토 실적이 함께 있는 경우 충족
평가 근거	부처 제출 자료, 총리실 자체 자료 등

평가지표	3-1. 정책목표 달성도(25점)

측정 방법

ㅇ (정책목표 달성도) 해당 과제가 설정한 정책 · 사업목표를 어느 정도 달성했는지 여부

계획 수립 시 설정한 정책 · 사업목표 달성도(20)

• ⓐ 계획 수립 시 설정한 정책 · 사업목표 달성도, ⓑ 성과의 질적 수준을 종합하여 판단

달성도 / 성과품질	달성 (100% 이상)	일부 미달성 (90% 이상)	상당 부분 미달성 (90% 미만)
충실	19~20	17~18	14 미만
보통	17~18	15~16	12 미만
낮음	15~16	13~14	10 미만

ㅇ (성과지표 달성도) 성과지표의 목표치를 어느 정도 달성했는지 여부

계획 수립 시 설정한 성과지표 달성도(5)

• 성과목표의 성과지표 달성도

① 120% 이상 : 5

② 120% 미만~100% 이상 : 4

③ 100% 미만~80% 이상 : 3

④ 80% 미만 : 2 미만

* 성과지표가 법률 제 · 개정인 경우 ① 시행령 · 시행규칙까지 제 · 개정 120% 이상, ② 시행령까지 제 · 개정 120% 미만~100% 이상, ③ 법률만 제 · 개정 100% 미만~80% 이상, ④ 법률 제 · 개정안 국회 제출 80% 미만

* 성과지표가 2개 이상인 경우에는 각각의 달성도를 평균하되, 이때 달성도 120% 이상의 성과지표는 120%로 계산

측정 기준 (착안 사항)

ㅇ (목표 달성도) 객관적인 통계 · 근거 자료를 토대로 관리과제 등 정책 수단(내용)의 추진 실적을 종합하여 정량 · 정성적으로 판단

- 목표 대비 추진 실적의 양적인 수준 외에도 질적 수준을 판단
- 목표 달성과 연계되어 정책(사업) 추진 과정에서 발생한 외생 변수에 대해서는 목표 달성에 미친 영향을 감안하여 판단
- 목표가 법령 제 · 개정, 대책 마련 등 비계량적인 경우 진척도, 난이도, 영향력 · 파급 효과, 외부평가(전문가, 여론 등) 등을 종합적으로 고려하여 판단

ㅇ (성과지표 달성도) 성과목표의 성과지표를 어느 정도 달성했는지 여부 판단

- 10월 말 기준으로 예년의 분기별 · 월별 추세를 감안하여 연말까지의 추정치를 고려하여 판단
- 성과목표의 수단인 관리과제별 성과지표 달성도도 참고하여 판단

평가 근거	부처 제출 자료, 총리실 자체 자료 등

평가지표	3-2. 정책 효과성(15점)
측정 방법	ㅇ 해당 과제의 정책 서비스가 의도한 대상집단에 제대로 제공되었는지 등 궁극적 정책 효과가 발생한 정도 * 전문가 의견, 여론 등을 기초로 정성적으로 판단 정책 추진으로 의도한 정책 효과의 실제 발생 수준 • 정책 효과성이 매우 뛰어난 수준 : 13~15점 • 정책 효과성이 뛰어난 수준 : 10~12점 • 정책 효과성이 통상적 수준 : 7~9점 • 정책 효과성이 미미한 수준 : 4~6점 • 정책 효과성이 매우 미미한 수준 : 1~3점
측정 기준 (착안 사항)	ㅇ 가능한 객관적인 통계·근거 자료에 의한 당초 예상·의도한 정책 효과(policy effectiveness) 또는 정책영향(policy impact) 대비 실제 발생 수준에 대한 정량적 판단 위주로 하되, 유발된 효과의 질적 충실성, 유사 분야 국제지수 등에 대한 정성적 판단을 병행, 종합적으로 평정 – 정량적 판단 : 정책 추진의 최종 결과물, 수요자 만족도, 전문가 설문 및 여론조사, 시장 파급 효과, 국제경쟁력 지수 등 외국과의 비교, 잠재성장률, 관련 주식·펀드 시장 현황 등 계량화 가능한 기준들을 종합적으로 고려하여 의도한 효과 대비 실제 발생한 정도를 판단 * 궁극적 정책 효과성에 대한 계량화가 곤란한 경우, 성취된 효과의 가치, 난이도 등을 종합적으로 고려하여 평가 – 정성적 판단 : 학계 및 전문가의 의견·논문, 산업계 및 기업들의 반응, 일반 국민의 인식, 국회의 평가, 국내외 언론보도 논조, 정책 담당자들의 자평, 경쟁력지수 등 국제사회의 평가 등을 종합적으로 고려하여 실제 발생한 효과의 영향력과 질적 수준을 판단 ㅇ 정책목표를 달성하거나 성과가 나타난 경우에도, 달성 과정에서 집행 비용(경제적·사회적)이 많이 소요된 경우는 이를 감안
평가 근거	ㅇ 정책효과 발생 수준·정도에 대한 측정 방법 및 결과에 대한 계량적·비계량적 근거 자료

평가지표	3-3. 정책 만족도(10점)
측정 방법	ㅇ 평가 대상 과제에 대한 전문가, 일반 국민의 만족도 정책 만족도(조사 결과) ㅇ 전문성 · 객관성 · 공정성 확보를 위해 민간 전문 조사기관을 통해 조사 • 정책만족도 조사 결과를 10점 만점으로 환산
측정 기준 (착안 사항)	ㅇ 정책에 대해 전문가, 일반 국민이 느끼는 만족도에 대한 조사 결과를 반영 - 정책 수립 · 집행 과정에서 고객의 의견 수렴 및 공개와 소통을 통한 정책 협조 노력 정도 - 전략목표, 성과목표, 정책 수단 등 정책의 구체적 내용이 적정하게 설정된 정도 - 정책 추진 과정에 정책환경의 변화를 극복하고 문제점을 시정 보완하기 위해 노력한 정도 - 정책이 당초에 의도한 계량 · 비계량적 성과가 실제로 나타난 정도 - 해당 정책 전반에 대해 느끼는 직관적 · 총체적 만족도
평가 근거	만족도 조사 결과

출처: 정부업무평가백서(2012).

제 4 절 특정평가제도의 성과 및 개선 보완 사항

1 제도 운영의 성과

1) 중앙행정기관 간 경쟁 체제 확립으로 정책 효과성 및 국민책무성 제고

정부의 주요한 정책, 규제개혁, 민원 서비스 등을 대상으로 하는 특정평가의 경우 평가 결과 공표 시 대체로 우수, 보통, 미흡으로 구분하여 중앙행정기관을 그룹핑하고 있다.

이러한 공시 방법은 보통과 미흡 기관에 경쟁심을 자극해 앞으로 좀 더 효과적이고 효율적인 정책목표 달성을 위해 업무를 개선할 수 있는 동기를 부여하고 있다. 특히, 국무회의 또는 별도의 보고대회를 통해 평가 결과를 중앙행정기관이 서로 공유하도록 하고, 국민들에 평가 결과를 공개하고 있는 등 정책의 효과성과 효율성 제고 및 국민에 대한 책무성을 높이고자 지속적으로 노력하고 있다.

2) 주요 정책의 추진 동력 확보

정권 차원에서 관심을 기울일 필요가 있는 정책을 특정평가 항목으로 추가하여 집중적인 점검과 평가를 실시할 수 있는 등, 관련 정책을 확고히 추진할 수 있는 주요한 수단으로서 특정평가의 가치를 인정할 수 있다.

가령, 이명박 정부 들어 핵심 과제로 인식된 녹색성장과 일자리 관련 정책은 특정평가의 중요한 부분으로 편입되어 정책 추진 과정상 문제점과 개선 방안 및 성과 등을 체계적으로 평가하고 있다. 분기별 또는 반기별로 평가되는 두 과제의 경우 관련 중앙행정기관의 관심이 더욱 집중되고 있으며, 평가 결과를 대통령과 국무총리에 보고하고 있어, 기관장의 강력한 의지에 따라 다른 정책에 비해 추진상 지원을 많이 받는다고 볼 수 있다.

2 개선 보완 사항

1) 특정평가제도의 안정성 확보 필요

이명박 정부 출범과 함께 특정평가의 중요성에 대한 인식 부족으로 초창기에는 정부의 주요 정책 등에 평가가 제대로 이루어지지 못했다. 이후 평가를 통한 정책의 추진 동력을 확보하고 문제점 및 개선 방안을 제시하는 것이 중요해짐에 따라, 특정평가 부분이 강화되기 시작했으며, 현재는 정부 차원의 주요한 과제의 집중적인 관리와 중앙행정기관들이 제대로 일을 하고 있는지를 판단하는 주요한 수단으로서 그 중요성을 자리매김했다.

이처럼 특정평가가 정권의 변화에 따라 그 중요성에 대한 고민 없이 피평가기관의 부정적인 시각에 의해 폐지 또는 축소되는 것은 평가제도의 안정적 발전을 저해하여 정부 업무의 효율성과 효과성 및 국민책무성을 후퇴시킬 수 있다. 특히, 국무총리의 내각통할권의 주요한 수단으로서 정부업무평가제도가 활용되고 있는 점을 감안하면, 특정평가제도의 안정은 책임 있고 원활한 국정 운영에 필요 충분 조건이라고 할 수 있다.

2) 실효성 높고 내실 있는 정책 대안 제시 필요

특정평가는 당해 연도에 이루어진 정책의 추진 성과 및 문제점 등을 평가하고 있어, 다년도에 걸쳐 이루어지는 정책의 경우, 평가와 개선책 제시에 한계가 있을 수 있다. 한 해의 평가 결과만을 토대로 정책의 실효성을 논하는 것이 성급할 수 있으며, 계획 대비 성과가 다소 늦게 나타나는 정책의 경우 평가 결과는 미흡일 수 있으나, 예산, 조직, 인사에서 더 많은 지원이 필요한 경우도 있을 수 있다. 이러한 문제 제기를 개선하기 위해서는 특정평가 시 관련 자료 등을 시계열적으로 분석하고 정책 외적 변수에 대한 고려도 필요하다고 할 것이다. 아울러, 현재의 국무총리실의 평가담당 인력을 보강하여 중앙행정기관에 시의적절한 컨설팅이 이루어질 수 있는 기반을 마련해 주는 것도 중요하다고 할 수 있다.

3) 평가 결과의 환류 체계 강화 필요

특정평가의 목적을 달성하기 위해서는 평가 결과가 적시에 환류되어 정부 업무 개선 및 정책 추진의 효율성과 효과성이 제고되어야 한다. 현재는 평가 결과 중 미흡한 과제에 대해서는 일부 예산을 삭감하고 있으며, 부처의 자체평가에도 반영되어 개인 성과에도 일부 반영되고 있다. 하지만, 이러한 환류가 제도화되어 있지 않고 부처별로 자율에 맡기고 있어, 특정평가를 통한 국정의 통합적 관리와 정책 추진의 원동력을 지속적으로 확보하기 위해서는 환류 체계를 좀 더 세밀화하고 시스템화할 필요가 있다.

참고 문헌

국무조정실 (2002). 정부업무평가 백서. 국무조정실 정책평가위원회.

국무총리실 (2007~2012). 정부업무평가 기본계획. 국무총리실.

———(2007). 정부업무평가 백서. 국무총리실 정부업무평가위원회.

———(2012). 정부업무평가 백서. 국무총리실 정부업무평가위원회.

금재덕・양승범・이정욱・조문석・정장훈・이승구 (2012). 정부성과관리 운영 실태 및 성과분석. 국무총리실.

유금록・공병천・오철호・윤수재・이광희・홍형득 (2012). 정부업무평가제도 운영 성과에 대한 진단과 발전 방안 연구.

정부업무평가위원회 홈페이지: www.evaluation.go.kr

Chapter 03

정부업무 성과관리*

제 1 절 정부업무 성과관리 체계

1 기본 개념

성과관리는 한 집단 및 개인의 성과를 관리하는 제도라 할 수 있다. 여기서 성과는 결과(results) 중심의 성과를 말하며, 집단은 하나의 공동체로서 일반적으로 조직이라 할 수 있다. 공공 부문에서는 부서, 부처/기관, 정부, 그리고 국가 등을 포함한다. 마지막으로 관리라 함은 포괄적인 개념으로 인적 자산(human capital), 일하는 방식(process), 제도(laws, norms, values) 등에 관한 관리를 포함하며, 기능적 차원에서 기획, 예산결정, 집행, 평가, 환류, PR(public relations) 등도 포함한다.

공공 부문의 성과관리는 민간 부문의 성과관리와 유사하다고 할 수 있다. 다만, 공공성이라는 가치가 강조되고, 일하는 방식에서 민주성이 전제되며, 국민에 대한 책무성 강화를 위한 제반 절차가 요구되는 등 공공 부문만의 특수성을 가진다는 점에서

---

* 심오택: 국무총리실 사회통합정책실장
최창원: 국무총리실 정책분석평가실 평가관리관
이진원: 국무총리실 정책홍보과장
김월중: 국무총리실 정책분석평가실 성과관리 담당 사무관

민간 부문의 성과관리와 다소 차이가 있다.

성과관리를 성과평가와 동일시하는 경우가 많은데, 성과평가는 성과관리의 한 부분으로서, 성과관리를 잘 할 수 있기 위한 중요한 정보를 제공하는 역할을 하기는 하지만, 동일한 개념은 아니다. 즉, 성과관리를 제대로 하기 위해서는 '얼마나 잘 하고 있는가' 또는 '어느 정도 하고 있는가'에 대한 측정/평가가 필요하고 이에 해당되는 것이 성과평가라 할 수 있다.

「정부업무평가 기본법」 제2조는 성과관리를 "정부 업무를 추진함에 있어서 기관의 임무, 중·장기 목표, 연도별 목표 및 성과지표를 수립하고, 그 집행 과정 및 결과를 경제성·능률성·효과성 등의 관점에서 관리하는 일련의 활동을 말한다."고 규정하고 있다.

즉, 성과관리란 각 기관이 그 임무 달성을 위해 전략적 관점에서 계획을 수립하고, 한정된 자원을 효율적으로 활용하여 업무를 추진한 후, 조직의 역량과 성과를 정확히 측정하여 그 결과를 정책의 개선이나 자원 배분, 개인의 성과 보상에 반영함으로써 조직의 전반적인 효율성을 높이고자 하는 것을 말한다. 다시 말해 성과관리는 정부업무 추진의 효율성·책임성 제고를 위해 '계획-집행-점검-평가-환류'가 유기적으로 연계되어 운영되는 일련의 과정을 의미한다.

2 정부업무 성과관리의 목적 및 기본 원칙

1) 정부업무 성과관리의 목적

정부업무 성과관리의 궁극적인 목적은 국정 운영의 능률성·효과성 및 책임성 확보를 통해 정책 등의 품질을 제고함으로써 공공기관이 수행하는 정책 등의 최종 고객인 국민의 만족도를 향상시키는 것이라 할 수 있다. 구체적으로 말하면 다음 다섯 가지로 정리할 수 있다(공동성, 2012).

(1) 국민책무성 강화

정부업무 성과관리의 가장 중요한 목적은 국민에 대한 책무성(accountability to citizens) 강화라고 할 수 있다. 정부의 성과는 국민의 입장에서 규정되고 평가되어야 하며, 궁극적으로 국민을 위한 성과가 되어야 한다. 이런 차원에서 정부는 정책 추진 과정에서 국민의 참여를 보장하는 한편, 정책 추진 결과(results)를 국민에게 공개하고 국민의 평가를 받음으로써 국민에 대한 책무를 충실히 이행해야 하며, 이를 효과적으로 지원하는 제도가 성과관리라 할 수 있다.

(2) 미래 지향적 관리

성과관리가 하나의 성공적인 제도로 정착되기 위해서는 정부 및 각 기관의 성과 향상이 지속적으로 이루어지는 데 기여할 수 있는 도구로서 역할을 해야 한다. 정부는 장기적 비전(vision)을 제시하고 이를 달성하기 위한 전략을 설정(strategic planning)하여 제대로 실행(execution)해야 한다. 성과관리제도는 이러한 각 과정을 지원하는 관리 시스템이라 할 수 있다. 즉, 성과관리제도는 지속적 성과 향상을 위한 미래 지향적(mission/vision driven) 제도이다.

(3) 체계적인 업무 개선

성과관리는 업무 개선을 위한 내부관리(internal control) 제도라고 할 수 있다. 위에서 언급한 '미래 지향적 관리'는 체계적인 업무 개선이 계속적으로 이루어질 때 가능하다. 성과관리의 핵심은 성과가 높은 이유와 낮은 이유를 파악하여, 가장 과학적이고 현실적인 대안을 찾아내는 데 있다. 즉, 성과의 고저에 따른 상벌보다는 성과 고저의 원인 파악이 더 중요하다고 할 수 있다. 또한 이러한 지식이 축적될 때 장기적으로 조직 역량은 향상되고 업무 개선이 체계적으로 이루어질 수 있다.

(4) 조직구성원의 역량 강화

성과관리는 성과의 고저에 따라 조직구성원을 보상·처벌하는 것이 아니라, 성과가 낮은 경우, 그 원인을 파악하여 향후 성과를 제고할 수 있도록 지원하고, 또는 보직을 조정하여 각 개인이 최고의 성과를 낼 수 있도록 도와주는 제도이다. 이러한 관리철학은 장기적으로 조직구성원의 역량을 강화할 수 있다.

(5) 성과 중심의 조직문화 형성

성과관리가 제대로 정착하기 위해서는 성과 중심의 조직문화가 장기적으로 형성되어야 한다. 이는 아직까지도 근절되지 않은 관행이라 할 수 있는 정실주의, 연공서열, 연고주의 등을 완화하고 조직관리의 핵심을 성과에 두는 것이다. 성과 중심의 조직문화는 조직구성원의 사기를 앙양하고 인사관리 및 보수 체계를 합리화하며, 상관에 대한 충성을 국민에 대한 충성으로 변화시키는 등의 긍정적인 효과를 거둘 수 있다.

2) 정부업무 성과관리의 기본 원칙

「정부업무평가 기본법」에 따르면 정부 업무에 대한 성과관리는 다음과 같은 기본 원칙에 따라 실시하도록 하고 있다.

첫째, '통합 성과관리 체계'의 구축(제1조)이다. 즉, 부분적·단편적 성과관리 방식을 개선하여 기관의 업무 전반을 대상으로 기관·부서·개인의 성과관리가 연계된 통합 성과관리 체계를 구축하도록 하고 있다.

둘째, 최대한의 자율성 부여와 엄격한 책무성 확보(제4조)이다. 즉, 정책 등의 계획 수립과 집행에 대해서는 최대한 자율성을 부여하되, 결과에 대해서는 책임이 확보될 수 있도록 하여 정부 업무의 성과와 정책 품질, 국민만족도를 제고하는 것이다. 특히, 계획 수립 시 관련 기관, 이해관계인 및 조직구성원들과 전략 목표 및 성과 목표 설정에 관한 의견 조율 등 충분한 합의를 거쳐 수립해야 한다.

셋째, 목표와 전략에 입각한 사업계획과 업무관리(제5조, 제6조)이다. 즉, 효율적 성과관리를 위해 임무에 대한 명확한 규명과 이에 근거한 구체적인 전략과 목표를 사전에 설정해야 한다.

넷째, 평가 결과를 정책 개선 및 자원 배분에 환류(제28조~제30조)해야 한다. 즉, 제시된 목표와 달성도에 대한 평가 결과를 정책 개선, 인사·조직·재정 등에 환류하는 등 성과와 보상 등을 구체적으로 연계해야 한다.

3) 정부업무 성과관리 추진 체계 및 주요 내용

정부업무 성과관리는 '성과관리계획 수립 - 집행·점검 - 평가 - 환류' 체계로 구성된다. 정부 각 기관은 기관의 임무와 목표, 구체적 실행 수단을 포함한 성과관리 계획을 수립하여 목표와 지표를 사전에 제시하고 목표 달성을 위한 일련의 활동을 추진한 후 실적을 평가하고 그 결과를 정책 과정에 환류하는 과정으로 성과관리를 구체화하여 운영한다.

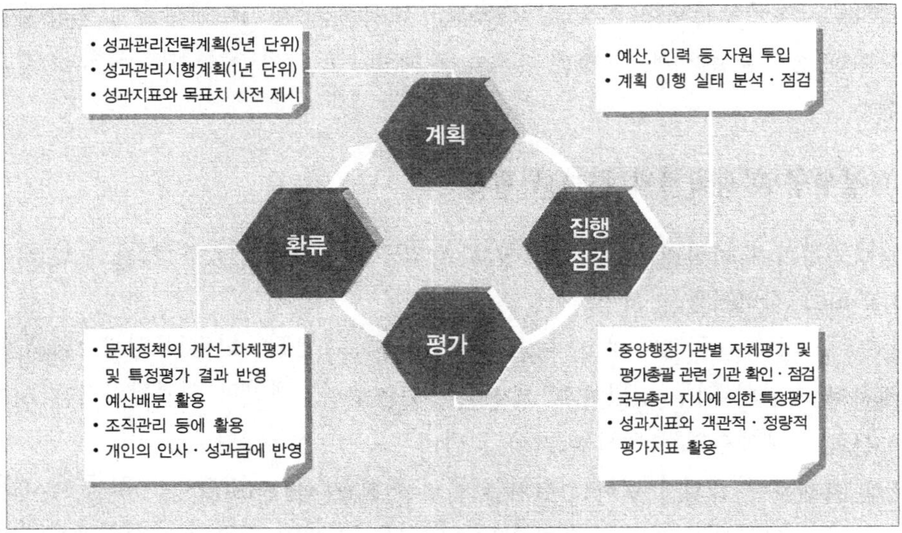

그림 3-1 정부업무 성과관리 체계도

출처: 정부업무평가백서(2012).

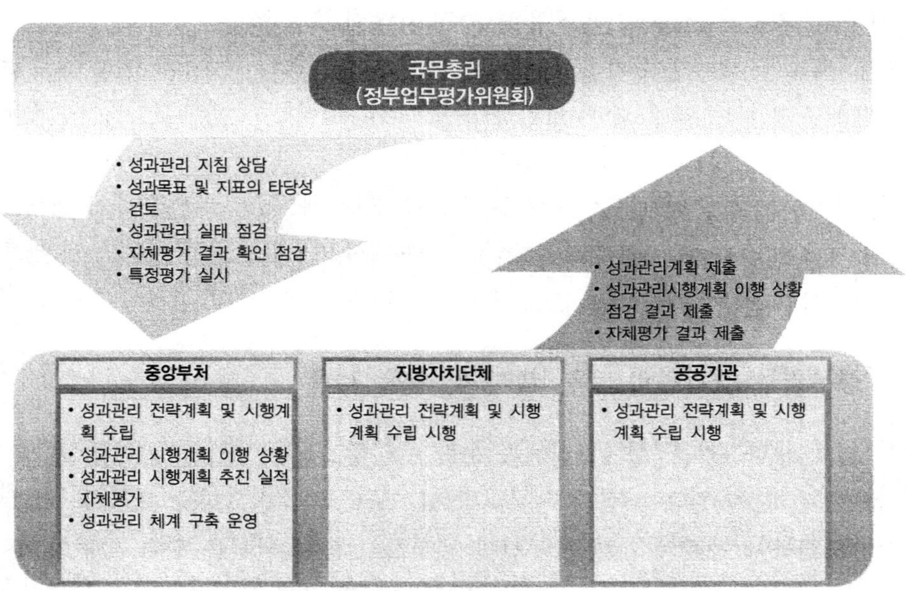

그림 3-2 정부업무 성과관리 추진 체계도

출처: 정부업무평가백서(2012).

「정부업무평가 기본법」에 의거하여 각 기관은 기관별 목표를 구체화하는 '성과관리 전략계획'과 '성과관리 시행계획'을 수립하며, 정책집행을 통해 사전에 계획된 정책목표를 실현하고 연말에는 제시된 목표를 얼마나 달성했는지를 자율적으로 평가한다. 평가 결과는 정책 개선, 예산, 조직, 인사, 보수 등에 환류하는 구조를 기본으로 한다.

(1) 계획 수립

중앙행정기관은 5년 단위의 '성과관리 전략계획'과 1년 단위의 '성과관리 시행계획'을 수립해야 한다. 성과관리 전략계획은 중앙행정기관의 장이 소속기관을 포함한 당해 기관의 전략목표 달성을 위해 수립하는 5년 단위의 중·장기계획으로서, 최초 수립 이후 최소 3년마다 수정·보완해야 한다. 성과관리 전략계획에서는 기관의 임무·전략목표 등을 설정하고 동 계획과 관련이 있는 법령에 의한 중·장기 계획을 포함할 수 있고, 「국가재정법」에 의한 '국가재정 운용계획'을 반영해야 한다.

성과관리 전략계획의 실행계획인 '성과관리 시행계획'은 중앙행정기관의 장이 '성과관리 전략계획'에 기초하여 당해 연도의 성과목표를 달성하기 위해 수립하는 연도별 시행계획으로서, 당해 연도의 성과목표·관리과제·성과지표 및 재정 부문의 과거 3년간 성과 결과 등을 포함해야 한다.

국무총리 소속 정부업무평가위원회는 중앙행정기관의 목표 체계와 성과지표의 적절성을 검토·조정하는 등 성과관리계획 수립을 지원할 수 있다. 중앙행정기관의 장은 성과관리계획 수립 시에 국정 과제, 부처 업무계획, 대통령 지시 사항 등과 긴밀히 연계해야 하며, 계획 수립 후 이를 지체 없이 국회 소관 상임위원회에 보고해야 한다.

한편, 지방자치단체의 장 및 공공기관의 장은 「정부업무평가 기본법」에서 정하는 중앙행정기관의 성과관리에 준해 성과관리 시행계획을 수립·시행할 수 있다.

(2) 집행·점검

중앙행정기관은 주어진 자원을 효율적으로 배분하여 정책을 추진하고 과제의 추진과정과 실적 등 이행 상황을 점검하여 목표 달성에 차질이 없도록 관리해야 한다. 국무총리실은 중앙행정기관의 성과관리에 대한 운영 실태 확인·점검을 통해 정부 내 성과관리 발전을 지원·유도할 수 있다.

(3) 평가(자체평가, 특정평가 등)

중앙행정기관은 매년 평가계획을 수립하고, 연말 실적을 기준으로 다음해 1~3월 기간 중 자체평가를 실시해야 한다. 성과관리 시행계획의 관리과제와 과제별 성과지표는 중앙행정기관 자체평가의 대상 과제 및 성과지표로 활용된다.

국무총리는 정부 내에서 지속적 관리가 필요한 시책, 다수 부처 관련 시책, 현안 시책 등에 대해 특정평가를 실시할 수 있다.

(4) 평가 결과의 환류

기관 차원에서는 정책 개선 또는 예산편성에 반영하거나 조직관리에 활용하고, 개인 차원에서는 개인 성과 및 인사와 연계하거나 성과급 지급에 반영이 가능하다. 특히, 예산과의 연계 측면에서 성과가 미흡한 사업은 원칙적으로 10% 이상 예산을 삭감하거나 폐지하고, 성과가 미흡하지는 않으나 객관적으로 입증되지 않은 사업은 증액을 허용하지 않고 있다.

제 2 절 정부업무 성과관리의 주요 내용

여기에서는 이명박 정부의 성과관리 방식 변화를 관찰하기 위해 2008년과 2012년까지의 성과관리를 검토했다.

1 2008년 성과관리 주요 내용

1) 전년도 대비 주요 변경 사항

첫째, 2007년도의 경우, 「정부업무평가 기본법」이 2006년 4월에 시행됨에 따라 불가피하게 성과관리계획 수립지침 시달 및 계획 수립 일정이 하반기로 늦춰지게 되었으나, 2008년도에는 성과관리와 예산과의 연계성을 강화하기 위해 계획 수립 시기를 예산 일정에 맞춰 운영했다. 특히, 성과관리 체계의 일원화를 위해 「정부업무평가 기본법」에 의한 '성과관리 시행계획'과 「국가재정법」에 의한 '성과계획서'를 통합·운영하게 되었다.

둘째, 임무-비전-전략목표-성과목표-관리과제 간의 논리적 연관 관계에 대한 설명을 강화하고, 목표 설정 시 추상적이고 모호한 표현을 지양하도록 했다. 각각의 목표가 임무 달성에 어떻게 연계되는지를 좀 더 상세히 설명하도록 하고, 계획 기간 동안 성과의 개선 여부 또는 성취 수준을 확인할 수 있을 정도로 목표를 명확히 설정하도록 했다.

셋째, 성과측정의 객관성과 정확성 확보를 위해 목표치 설정 근거를 명확히 하고 성과 목표별 성과지표를 반드시 제시하도록 했다. 성과지표별로 목표치 설정 근거를 상세히 제시하고 성과지표 개발 및 연구 노력, 통계 인프라 확충, 성과 데이터의 신뢰성 확보를 위한 방법 등을 제시하도록 했다. 또한, 성과정보의 다각적 분석을 위해 관리 과제별 성과지표 외에도 성과목표의 성과를 종합적·직접적으로 측정할 수 있도록 성과 목표별 성과지표를 반드시 제시하도록 했다.

2) 성과관리 계획 수립

2008년도에는 성과관리 계획 수립 시기를 예산순기에 맞춰 운영하기로 함에 따라 성과관리 계획 수립지침을 2007년 3월에 시달했으며, 정부업무평가위원회의 사전 검토 및 국회 예산심의 결과 등을 반영하여 최종적으로 확정된 각 부처별 성과관리 시행계획은 2008년 1월에 제출되었다.

〈2008년 성과관리 계획 수립 관련 주요 일정〉

- 성과관리 계획 작성 지침 각 부처 시달: 2007년 3월
- 각 부처별 성과관리 계획(안) 제출: 2007년 7월
- 부처 제출 계획(안)에 대한 정부업무평가위원회 사전 검토: 2007년 7월 18일~8월 30일
  - * R&D는 과기부(국과위)에서 검토 후 정부업무평가위원회 별도 보고(2007년 12월 21일)
- 정부업무평가위원회 검토 결과를 반영하여 각 부처 계획(안) 보완: 2007년 10월~12월
- 정부업무평가위원회 사전검토 의견 부처별 반영 현황 제출: 2007년 12월
- 국회 예산심의 결과를 반영하여 계획 확정·제출: 2008년 1월
- 2008년 성과관리 시행계획을 기초로 각 부처 2008년 연두 업무 계획 수립·보고: 2008년 2월

성과관리계획을 수립해야 하는 기관에는 정부업무평가의 대상이 되는 48개 중앙

행정기관 모두가 포함되었다. '성과관리 계획'에는 당해 기관이 임무 달성을 위해 추진하고자 하는 전반적인 업무를 포괄하여 작성하되, 평가 및 개인 성과관리와의 연계성 확보를 위해 주요 정책과제 · 재정 성과 · 인사 · 조직 · 정보화 등 자체평가 부문을 고려하여 작성하도록 했다.

각 부처에서 수립한 성과관리 계획(안)에 대해서는 정부업무평가위원회에서 사전 검토를 하고, 부처에서는 정부업무평가위원회의 검토 의견을 반영하여 성과관리 계획(안)을 수정 · 보완한 후, 연말 국회 예산 심의 결과를 반영하여 최종적으로 계획을 확정했다. 주요 내용은 다음과 같다.

48개 기관에서 262개의 전략목표, 970개의 성과목표, 4,229개의 관리과제, 6,992개의 성과지표를 확정했고, 기관 평균 전략목표 5.5개, 성과목표 20.2개, 관리과제 88.2개, 성과지표 145.7개를 설정했다.

표 3-1 2008년도 성과관리 계획 수립 현황 (단위: 개, 괄호 안: %)

전략목표	성과목표	부문	관리과제	성과지표					
				합계	투입	과정	산출	결과	정량지표
262	970	주요 정책	2,271 (53.7)	3,385 (100)	61 (1.8)	401 (11.8)	1,721 (50.8)	1,202 (35.6)	2,492 (73.6)
		재정 성과	1,403 (33.2)	2,666 (100)	54 (2.0)	151 (5.7)	1,067 (40.0)	1,394 (52.3)	2,224 (83.4)
		R&D	180 (4.3)	498 (100)	7 (1.4)	21 (4.2)	280 (56.2)	190 (38.2)	475 (95.4)
		HRD	52 (1.2)	88 (100)	0 (0.0)	1 (1.1)	29 (33.0)	58 (65.9)	66 (75.0)
		정보화	358 (8.5)	707 (100)	2 (0.3)	53 (7.5)	360 (50.9)	292 (41.3)	524 (74.1)
		인사	108 (2.5)	133 (100)	3 (2.3)	9 (6.8)	56 (42.1)	65 (48.9)	87 (65.4)
		조직	89 (2.1)	101 (100)	3 (3.0)	8 (7.9)	55 (54.5)	35 (34.6)	82 (81.2)
		합계	4,229 (100)	6,992 (100)	123 (1.8)	622 (8.9)	3,259 (46.6)	2,988 (42.7)	5,409 (77.4)

* 주요 정책과 HRD에 중복된 12개 관리과제는 이중 집계됨.
출처: 정부업무평가백서(2007).

표 3-2 2008년도 기관 평균 관리과제 및 성과지표 현황 (단위: 개)

구분	계	주요 정책과제	재정 성과	정보화	인사	조직
기관 평균 관리과제	88.2	47.3	29.2	7.5	2.3	1.9
기관 평균 성과지표	145.7	70.5	55.5	14.7	2.8	2.1

* 재정 성과에 R&D, HRD를 포함
출처: 정부업무평가백서(2007).

관리과제는 주요 정책과제 부문이 2,271개(53.7%)로 가장 많았고, 재정 성과 부문(R&D 180개, HRD 52개 포함)이 1,403개(33.2%), 정보화 부문이 358개(8.5%)였다. 관리과제별 성과지표 유형별로는 산출·결과지표가 6,257개(89.3%), 정량지표는 5,409개(77.4%)였다.

2007년도 성과관리 계획 수립 결과와 비교할 때 특기할 만한 사항은 다음과 같다. 먼저 성과관리 전략계획은 매 3년마다 수정·보완하도록 하고 있으나, 2008년도에는 중·장기적 방향성 강화, 전략·성과목표의 구체화·명확화, 정책 상황 반영 등을 이유로 48개 전 부처가 전략계획을 수정·보완했다. 전략목표는 소폭 감소(2개)했으며, 성과목표는 다소 큰 폭으로 감소(33개)했다. 성과관리 시행계획은 전략계획보다 조정폭이 컸으며, 특히 관리과제 수가 2007년 4,749개에서 2008년 4,229개로 대폭 감소했다. 2007년도 48개 기관이 제시한 총 4,749개 관리과제 중 930개(19.6%)를 삭제하고, 531개를 추가했으며, 500개(10.5%) 과제를 수정·보완했다. 주요 조정 사유는 사업 완료·예산 상황 등 정책 추진 여건 반영, 유사·중복 과제 통·폐합, 일상적인 지원 업무 등 불필요한 과제 정비, 신규 발굴 과제 반영 등이다.

표 3-3 2007년과 2008년 성과관리 계획 비교 (단위: 개)

구분	2007년 계획	수정 반영 소계	추가	수정·보완	삭제
전략목표	268 (48개 기관)	33 (21개 기관)	2	27	4
성과목표	1,022 (48개 기관)	322 (44개 기관)	85	119	118
관리과제	4,749 (48개 기관)	1,961 (48개 기관)	531	500	930

출처: 국무총리실 성과관리 수립계획 보고(2007, 2008)를 참고하여 자체 작성.

3) 성과관리 시행계획 이행 상황 자체점검

「정부업무평가 기본법」 제6조 제4항은 중앙행정기관의 장에게 '성과관리 시행계획'에 대한 이행 상황을 반기별로 점검하도록 의무화하고 있다. 이에 따라, 국무총리실에서는 2008년도 자체평가 대상 과제(주요 정책 · 일반재정 · R&D · 인사 · 조직 · 정보화)에 대해 관리과제별 계획 대비 추진 사항, 목표달성도 등 '2008년도 성과관리 시행계획'에 대한 상반기 이행 상황 점검을 7월 말까지 차질 없이 추진하도록 독려했다. 점검 방법은 전자통합평가 시스템(e-IPSES)을 활용하도록 했다.

4) 성과관리 운영 실태 점검

국무총리실에서는 중앙부처의 성과관리 수준을 진단하고 정부 내 성과 중심 문화 정착을 위해 2008년 11월 40개 중앙행정기관을 대상으로 2008년도 성과관리 운영 실태에 대한 점검을 실시했다.

이를 위해 정책분석평가실 내에 성과관리 전문가를 포함한 '성과관리 실태점검 · 평가단'을 구성하여 서류 점검 및 현지 점검을 병행 실시했다. 성과관리제도 운영, 성과관리계획, 성과관리 점검 · 평가 및 환류 등 4개 분야 10개 항목에 대해 점검을 실시했고, 특히 성과관리 실태에 대한 종합 분석을 위해 전문가 및 평가담당관을 대상으로 총 8개 설문 항목에 대한 설문평가를 병행했다. 구체적인 점검 항목 및 배점은 아래와 같다.

각 부처의 성과관리 운영 실태 점검 결과를 토대로 성과관리 수준을 진입 → 형성 → 확산 → 발전 → 성숙의 5단계로 진단했는데, 중앙부처에 대한 통합성과관리제도를 도입(2007년)한 지 얼마 되지 않은 관계로 대부분 부처가 초기 단계인 형성 또는 확산 단계에 있는 것으로 나타났다. 집행 업무와 지방 소속기관이 많은 청 단위 기관에서는 성과관리가 상대적으로 우수한 반면, 정책부서인 부 단위 기관은 성과관리 수준이 대체적으로 낮은 것으로 평가되었다.

또한, 각 기관별 성과관리에 대한 관심 및 수용도 수준에 격차가 큰 것으로 나타났는데, 해양경찰청 · 관세청 등의 경우 성과관리 문화가 성숙되어 기관 내 체질화 단계에 들어섰고 일부 부처의 경우 정부조직 통폐합에 따른 체제 미정비로 성과관리가 부진한 것으로 나타났다.

표 3-4 성과관리 실태 점검 항목 및 배점

구분	점검 항목	점검 지표	배점
성과관리 제도 운영 (28)	① 성과관리 역량	• 성과관리 관련 규정 운영 등 내실화 노력 • 성과지표 개선 노력	8
	② 성과관리 문화	• 성과관리 체계 확산 노력 • 성과관리 관련 홍보 • 성과관리 교육	10
	③ 성과관리 리더십	• 기관장의 성과관리 의지와 노력 • 성과관리 담당조직 및 담당자 격려 등	10
성과관리 계획 (40)	④ 계획의 체계성	• 임무 · 비전, 전략목표 등 목표 체계의 타당성 • 관리과제 선정의 적절성	12
	⑤ 성과지표의 적절성	• 성과지표의 정책대표성 및 목표치 적합성 • 성과목표별 성과지표의 적절성 • 기관 대표지표, 국제평가지수 활용도	15
	⑥ 계획 수립의 적절성	• 계획 구성 항목의 충실성 • 정부업무평가위원회 권고 사항 반영 정도	13
성과관리 점검 · 평가 및 환류 (20)	⑦ 점검 · 평가의 충실성	• 성과관리계획 이행 상황 점검의 충실성 • 개선 방안 마련 등 후속 조치 이행 • 성과 향상 및 국민책임성 확보	10
	⑧ 환류의 적절성	• 평가 결과 환류의 적절성 • 평가와 성과관리의 연계 노력	10
종합 (12)	⑨ 종합 평정	• 성과관리에 관한 정성적 종합평가	8
	⑩ 우수 사례	• 부처 성과관리 우수 사례	4
	합계		100

출처: 정부업무평가백서(2012).

점검 항목별로는 성과관리 관련 제도 마련 등 역량 강화 부문과 성과관리계획의 목표 체계성 분야는 양호한 반면, 성과관리 교육 · 홍보 등 성과관리 문화 정착을 위한 노력 및 성과지표의 적절성 분야는 상대적으로 미흡한 것으로 나타났다.

점검 결과 시사점으로, 아직까지 대부분의 정부기관의 성과관리 수준이 초기 단계인 만큼 성과관리 강화를 위해 제도 개선 및 각 기관별 노력이 필요하며, 특히 점검 결과에서 부진한 것으로 나타난 성과관리 문화 확산 노력과 성과지표의 적절성 확보를 위한 대책, 성과관리에 대한 기관장의 관심도 제고가 필수적인 것으로 분석되었다. 그 밖에 ① 여러 부처가 관련된 정책에 대한 성과관리 강화, ② 기관별 대표 성과

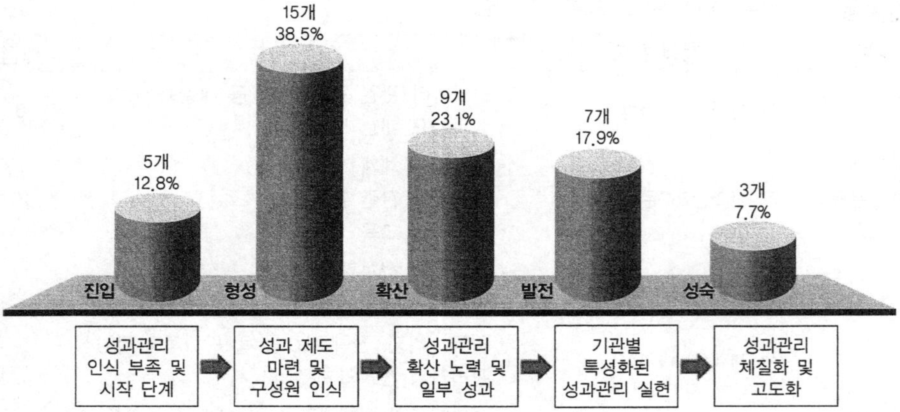

그림 3-3 각 부처 성과관리 수준 현황

출처: 정부업무평가백서(2012).

지표 개발 및 관리, ③ 공정하고 합리적인 성과 평가 및 환류 체계 마련, ④ 국무총리실·기재부·행안부 등에서 운영 중인 유사한 성과관리제도 간 연계·통합 등이 과제로 제시되었다.

점검 결과는 정부업무평가위원회에 보고(2008.12.19)되었고, 해양경찰청, 국민권익위원회 등 성과관리 우수기관에 대해서는 표창 수여 및 포상금을 지급했다.

2 2009년 성과관리 주요 내용

1) 전년도 대비 주요 변경 사항

첫째, 인사·조직 부문을 성과관리 계획 수립 범위에서 제외했다. 정부업무평가제도 개선(2008.5)으로 인사·조직 부문이 정보화 수준·재정 운용·정보 공개 등과 함께 기관 역량 항목으로 통합되고, 별도의 목표와 과제 체계로 운영할 실익도 적어 이 부문을 폐지했다.

둘째, 성과목표별 성과지표를 설정하도록 했다. 성과목표 수준에서 의도한 성과를 통합적 시각에서 파악할 수 있도록 관리과제별 성과지표와 구별되는 별개의 성과목표별 성과지표를 의무적으로 설정하되, 가급적 기관대표 성과지표를 적극 활용하도록 했다.

셋째, 성과관리 계획 작성 항목을 간소화했다. 성과관리 전략계획 중 'Ⅳ. 환류 등 관련 계획'을 구성 항목에서 제외하고 성과관리 시행계획의 구성 항목인 'Ⅲ. 세부 추진 계획'과 'Ⅴ. 과제별 설명자료'를 통합하여 작성하도록 했다.

넷째, 회계·기금별 성과계획을 추가했다. 즉, 「국가재정법」(제8조)상 중앙관서의 장 및 기금관리 주체의 성과계획서 제출 의무 규정에 따라 회계·기금별 성과계획을 추가하도록 했다.

다섯째, 효율성 지표를 단계적으로 도입하도록 했다. 즉, 사업의 효율성 분석을 위해 가능한 범위 내에서 재정사업(R&D, 정보화 포함) 부문 관리과제의 성과지표로 1개 이상의 효율성 지표를 제시하도록 했다.

2009년도 성과관리에서 특이한 점은 성과관리 계획 수립 지침 시달 시 계획 수립과 관련한 가이드라인이 함께 제시되었다는 점이다. 주요 내용은 다음과 같다.

① 실천 가능하고 구체적인 '액션 플랜' 중심의 계획 수립으로 가시적 성과목표 달성을 지향할 것, ② 성과관리 전략계획(2008~2012)은 가급적 3년 주기로 타당성을 검토하여 수정·보완할 것, ③ 성과지표의 정책 대표성, 목표 수준의 적정화에 중점을 두고 계획을 수립할 것, ④ '환류 등 관련 계획'에 정부업무평가 결과의 성과급 반영 강화 방침(2008년도 정부업무평가 시행계획, 2008.5)을 고려하여 반영 비율을 상향 조정하도록 하고, 직급별 반영 비율과 반영 방법을 상세히 제시할 것, ⑤ 2009 회계연도부터 정부의 예산요구서 국회 제출 시 성과관리시행계획 제출이 의무화됨에 따라 계획과 예산과의 연계를 고려하여 계획을 수립(「국가재정법」 제34조)할 것.

2) 성과관리 계획 수립

새정부 출범에 따른 정부조직 개편 일정을 고려하여 2009년 성과관리 계획 수립 지침은 전년보다 다소 늦은 2008년 5월에 부처에 시달되었고, 연두 업무보고와 국회 예산 심의 결과를 반영하여 최종적으로 확정된 각 부처별 성과관리 계획은 2009년 3월에 제출되었다.

이명박 정부 출범과 함께 단행된 정부조직 개편에 따라 성과관리 계획 수립 대상 기관은 전년보다 8개 기관이 감소한 40개 중앙행정기관이 되었다. '성과관리 계획'에

〈2009년 성과관리 계획 수립 관련 주요 일정〉

- 성과관리 계획 작성 지침 각 부처 시달: 2008년 5월
- 각 부처별 성과관리계획(안) 제출: 2008년 6월
- 각 부처 계획(안)에 대한 정부업무평가위원회 사전 검토: 2008년 7월~8월
  - * 정부업무평가위원회 심의 · 의결(2008년 9월 19일)
- 각 부처 계획(안) 보완 후 국회 제출: 2008년 10월
- 2009년 성과관리 시행계획 최종본 작성지침 시달: 2009년 1월
- 업무보고 · 국회 예산 심의 결과를 반영하여 시행계획 확정 · 제출: 2009년 3월

는 당해 기관이 임무 달성을 위해 추진하고자 하는 전반적인 업무를 포괄하며, 주요 정책 과제 · 재정 성과 · 정보화 부문으로 구분하여 작성하도록 했다.

각 부처에서 수립한 성과관리계획(안)에 대해서는 정부업무평가위원회에서 사전 검토를 하고, 부처에서는 정부업무평가위원회의 검토 의견을 반영하여 성과관리계획(안)을 수정 · 보완한 후, 대통령 연두업무보고와 국회 예산 심의 결과를 반영하여 최종적으로 계획을 확정했다. 주요 내용은 <표 3-5>와 같다.

40개 기관에서 총 198개의 전략목표, 711개의 성과목표, 3,619개의 관리과제, 6,316개의 성과지표를 확정했다. 기관 평균 전략목표 5.0개, 성과목표 17.8개, 관리과제 90.5개, 성과지표 157.9개를 설정했다(<표 3-6>).

표 3-5 2009년 성과관리계획 수립 현황

(단위: 개, 괄호 안: %)

전략 목표	성과 목표	관리과제 현황			성과지표							
		부문		과제 수	합계	지표 성격					정량 지표	정성 지표
						투입	과정	산출	결과	효율성		
198	711	주요 정책과제		1,958	2,928	52	250	1,647	971	8	2,123	805
		재정 성과	일반 재정	1,233	2,323	67	82	974	1,080	120	1,879	444
			R&D	173	570	4	6	391	121	48	540	30
			정보화	255	495	7	24	230	199	35	371	124
		합계		3,619	6,316	130	362	3,242	2,371	211	4,913	1,403

출처: 정부업무평가백서(2012).

표 3-6 2008년, 2009년 성과관리 계획 현황 비교 (단위: 개)

구분	전략목표		성과목표		관리과제		성과지표	
	전체	기관 평균	전체	기관 평균	전체	기관 평균	전체	기관 평균
2009년 (40개 기관)	198	5.0	711	17.8	3,619	90.5	6,316	157.9
2008년 (40개 기관)	218	5.5	816	20.4	3,949	98.7	6,638	166.0

출처: 정부업무평가백서(2012).

관리과제의 성격별로는 주요 정책과제가 54.1%(1,958개), 재정사업(R&D, 정보화 포함)은 45.9%(1,661개)로 주요 정책과제의 비중이 더 컸다. 관리과제별 성과지표 유형별로는 산출·결과지표가 88.8%(5,613개), 정량지표는 77.8%(4,913개)였다.

2008년도 계획과 비교하면, 전략목표, 성과목표, 관리과제, 성과지표 모두 전년도에 비해 전반적으로 감소했는데, 이는 2009년 계획부터 기관 역량과 관련된 인사·조직 부문이 계획에서 제외되고, 유사 목표·과제의 통·폐합 등에 따른 것으로 분석되었다.

3) 성과관리 시행계획 이행 상황 자체 점검

「정부업무평가 기본법」 제6조 제4항은 중앙행정기관의 장에게 '성과관리 시행계획'에 대한 이행 상황을 반기별로 점검하도록 의무화하고 있다. 이에 따라, 국무총리실에서는 2009년도 자체평가 대상 과제(주요 정책·일반재정·R&D·인사·조직·정보화)에 대해 관리과제별 계획 대비 추진 사항, 목표달성도 등 '2009년도 성과관리 시행계획'에 대한 상반기 이행 상황 점검을 7월 말까지 차질 없이 추진하도록 독려했다. 점검 방법은 전자통합평가 시스템(e-IPSES)을 활용하도록 했다.

4) 성과관리 운영 실태 점검

2009년에도 정부기관의 성과관리 수준을 제고하고, 성과관리 제도 개선 및 발전 방향을 모색하기 위해 40개 중앙행정기관을 대상으로 2009년 성과관리 운영 실태에 대한 점검을 실시했다.

이를 위해 정책분석평가실 내에 성과관리 전문가가 포함한 '성과관리 수준진단 TF'을 구성하고 서류 점검 및 현지 실태 점검을 병행 실시했다. 점검 항목은 전년

표 3-7 2009년 성과관리 운영 실태 점검 항목 및 배점

구분(배점)	점검 항목	착안 사항	배점
성과관리제도 운영 (39)	① 성과관리 역량	• 성과관리 내부규정 운영 등 내실화 노력 • 성과지표 개선 노력 • 성과목표별 성과지표 개선 우수 사례	17
	② 성과관리 문화	• 성과관리 체계 확산 노력 • 성과관리 교육	10
	③ 성과관리 리더십	• 기관장의 성과관리 의지와 노력 • 성과관리 조직 및 지원 현황	12
성과관리계획 (23)	④ 계획의 적절성	• 임무 · 비전, 전략목표 등 목표 체계의 타당성 • 계획 수립 과정의 적절성 • e-IPSES 활용도	15
	⑤ 성과지표의 적절성	• 성과목표별 성과지표의 타당성 • 성과목표별 성과지표의 적절성	8
성과관리 점검 · 평가 및 환류 (25)	⑥ 점검 · 평가의 충실성	• 성과관리계획 이행 상황 점검의 충실성 • 성과 향상 및 국민책임성 확보	10
	⑦ 환류의 적절성	• 평가 결과 환류의 적절성 • 평가 결과 성과급 반영 여부	15
종합 (13)	⑧ 종합평정 및 우수 사례	• 성과관리에 관한 정성적 종합평가(향상도 포함) • 부처 성과관리 우수 사례	13
	합계		100

출처: 정부업무평가백서(2012).

도와 유사하나, 성과관리 제도 운영 및 점검 · 환류 단계의 비중을 강화했다. 또한 각 부처의 성과관리 수준을 5단계로 진단하는 이외에도 전년도와 비교하는 수준 향상 정도 진단도 병행했다. 구체적인 점검 항목 및 배점은 <표 3-7>과 같다.

점검 결과, 중앙행정기관의 평균적인 성과관리 수준은 확산 단계에 있는 것으로 분석되었는데, 집행 업무가 대부분인 청 단위 기관의 성과관리 제도 운영이 상대적으로 우수한 반면, 정책 부서인 부 단위 기관은 성과관리 수준이 대체적으로 낮은 것으로 나타났다. 또한 기관별로 성과관리에 대한 관심과 수용도 수준에 여전히 큰 격차를 보이고 있었다. 환경부 · 관세청 등의 경우 성과관리 문화가 성숙되어 체질화 단계에 이른 반면, 기획재정부 · 여성부 등 일부 부처의 경우 성과관리에 대한 인식 및 관심 제고가 필요한 것으로 나타났다.

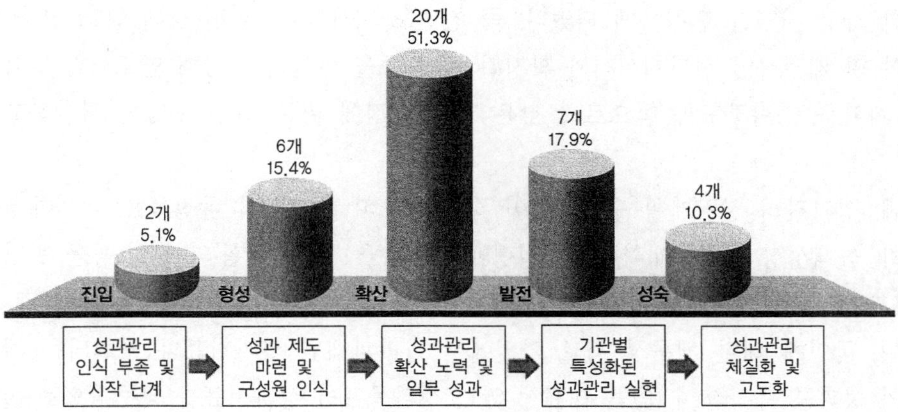

그림 3-4 각 부처 성과관리 수준 현황

출처: 정부업무평가백서(2012).

2008년도 수준 진단 결과와 비교하면, 중앙부처의 평균적인 성과관리 수준은 지난 해에 비해 소폭 상승한 것으로 나타났는데, 이는 새 정부 출범 이후 2년여에 걸쳐 성과 창출을 위한 조직 통합과 시스템 정비에 기인한 것으로 분석되었다. 특히, 성과관리 수준이 전반적으로 부진했던 부 단위 기관의 상승폭이 청 단위에 비해 높게 나타났다.

점검 항목별로 보면, 성과관리 계획의 목표 체계성 등 계획의 적절성 부문과 성과지표의 적절성 분야는 우수한 반면, 성과관리 교육 등 성과관리 문화 정착을 위한 노력 부문과 점검·평가의 충실성 분야는 상대적으로 미흡했다.

점검 결과는 12월 초 정부업무평가위원회에 보고되었고, 환경부·법무부 등 우수기관에 대해서는 표창을 수여하고 및 포상금을 지급했다.

3 2010년 성과관리 주요 내용

1) 전년도 대비 주요 변경 사항

첫째, 성과관리 시행계획과 성과계획서를 분리하게 됨(2009.5)에 따라 성과관리 시행계획 작성 시기를 변경하게 되었다. 즉 전년도 자체평가 결과, 당해 연도 연두 업무계획 및 재정사업 성과계획서와 확정된 예산 등을 반영하여 당해 연도 2월 말까지 최종 계획을 수립하도록 함으로써 잦은 계획 수정에 따른 업무 부담을 경감하고자 했다.

둘째, 성과관리 전략계획 수립 3년이 경과함에 따라 그간의 국정목표, 국가재정운용계획, 녹색성장 5개년 계획, 다른 법령에 의한 '중·장기 계획'의 변경 등을 반영하여 성과관리 전략계획을 수정·보완하도록 했다.

셋째, 국민에 대한 책무성 확보 차원에서 관리과제별 성과지표와 구별되는 기관 전체의 성과를 측정할 수 있는 대표성 있는 성과목표별 성과지표를 의무적으로 설정하도록 했다.

넷째, 성과관리 시행계획상 관리과제와 예산사업 간 연계 강화를 위해 각 관리과제별로 대응하는 예산사업을 명시하도록 하고, 예산사업별 관리과제 설정 현황을 첨부하도록 하여 예산사업의 누락 여부를 자체적으로 검증하도록 했다.

다섯째, 성과관리 시행계획상 R&D 성과지표는 관리과제별로 3~5개씩 설정하도록 하여 R&D 성과평가 시 그대로 활용할 수 있게 했다.

여섯째, 사업의 효율성 분석을 위해 가능한 범위 내에서 재정사업 부문 관리과제의 성과지표로 1개 이상의 효율성 지표를 제시하도록 했다.

2) 성과관리 계획 수립

2010년부터는 성과관리 시행계획과 성과계획서를 분리하여 작성하고 성과관리 계획 작성 시 성과계획을 활용하도록 하게 됨에 따라, 성과관리 계획 수립지침은 전년보다 늦어진 2010년 1월에 부처에 통보되었다.

2010년의 경우에는 성과계획서와 분리하여 작성하는 첫해이니만큼 각 부처에서 제출한 성과관리계획(안)에 대해 정부업무평가위원회에서 2010년도 연두 업무계획과의 연계성 여부, 목표 체계 등 계획 전반의 논리적 연계성, 구성의 타당성 여부 등을 중점적으로 검토했다.

2010년 계획 수립상 특이 사항은 2010년 자체평가 시부터 과·팀 단위별로 1개 이상의 과제를 자체 평가하도록 했으나, 부처별로 정책과제가 누락된 과·팀이 있어 평가 결과가 개인 성과로 연계되기에 어려움을 고려하여 기존 성과관리 계획에 대한 보완을 추가로 실시한 점이다.

즉, 각 부처의 2010년도 성과관리 시행계획에 과 · 팀(TF 포함) 단위별로 1개 이상의 과제가 포함되도록 추가 보완하도록 했으며, 이때 대상 과 · 팀 단위의 기준은 성과계약제 적용 여부로 판단하도록 했다.

〈 2010년 성과관리계획 수립 관련 주요 일정〉

- 성과관리계획 작성 지침 각 부처 시달 : 2010년 1월
- 각 부처별 성과관리계획(안) 제출 : 2010년 1월 31일
- 각 부처 계획(안)에 대한 정부업무평가위원회 사전 검토 : 2010년 2월
- 검토 결과를 반영하여 부처별 계획 수정 · 보완 및 확정 : 2010년 3～4월
- 성과관리계획 보완 지침 시달 : 2010년 5월
- 부처별 성과관리계획 보완 제출 : 2010년 5월

성과관리 계획 수립 대상기관은 전년도와 같은 40개 중앙행정기관으로 각 부처에서 수립한 성과관리계획(안)에 대해서는 정부업무평가위원회의 검토를 거쳐, 부처에서는 정부업무평가위원회의 검토 의견을 반영하여 성과관리계획(안)을 수정 · 보완하여 최종 계획을 확정했다. 주요 내용은 다음과 같다.

40개 기관에서 200개의 전략목표, 669개의 성과목표, 3,622개의 관리과제, 6,798개의 관리과제 성과지표를 확정했다.

표 3-8 2010년 성과관리 계획 수립 현황 (단위: 개, 괄호 안: %)

전략목표	성과목표	부문		관리과제 수	성과지표							
					합계	지표 성격					정량지표	정성지표
						투입	과정	산출	결과	효율성		
200	669	주요정책		1,753	2,984	69	179	1,689	1,049	15	2,279	705
		재정성과	일반재정	1,457	2,709	141	199	910	1,340	117	2,162	547
			R&D	194	679	12	17	254	351	50	635	44
			정보화	218	426	5	20	161	225	16	314	112
		합계		3,622	6,798 (100)	227 (3.3)	415 (6.1)	3,014 (44.3)	2,965 (43.6)	198 (2.9)	5,390 (79.3)	1,408

출처: 정부업무평가백서(2012).

기관 평균 전략목표 5.0개, 성과목표 16.7개, 관리과제 90.5개, 관리과제 성과지표 169.9개를 설정했다.

2009년 계획과 비교하면, 전략목표·성과목표·관리과제 수준은 유사하며, 관리과제별 성과지표는 다소 증가했다.

표 3-9 2009·2010년 성과관리 계획 현황 비교 (단위: 개)

구분	전략목표		성과목표		관리과제		성과지표 (관리과제)	
	전체	기관 평균	전체	기관 평균	전체	기관 평균	전체	기관 평균
2010년	200	5.0	669	16.7	3,622	90.5	6,798	169.9
2009년	198	5.0	711	17.8	3,619	90.5	6,316	157.9

출처: 정부업무평가백서(2012).

3) 성과관리 시행계획 이행 상황 자체 점검

「정부업무평가 기본법」 제6조 제4항은 중앙행정기관의 장에게 '성과관리 시행계획'에 대한 이행 상황을 반기별로 점검하도록 의무화하고 있다. 이에 따라, 국무총리실에서는 각 부처에 공문을 시행하여 2010년도 자체평가 대상 과제에 대해 관리과제별 계획 대비 추진 사항, 목표달성도 등 '2010년도 성과관리 시행계획'에 대한 상반기 이행 상황 점검을 7월 말까지 차질 없이 추진하도록 독려했다. 점검 방법은 전자통합평가 시스템(e-IPSES)을 활용하도록 했다.

4) 성과관리 운영 실태 점검

총 40개 중앙행정기관을 대상으로 2010년도 성과관리 운영 실태 및 계획 수립·환류 등에 관한 사항을 점검했다. 이를 위해 성과관리 전문가 등을 포함한 성과관리 진단 TF를 구성하여 서면 검토 및 현지 실태 조사를 병행 실시했다. 전년도와 마찬가지로 4개 분야 10개 항목을 중심으로 성과관리 수준을 점검했으며, 정성적 측면에서의

표 3-10 2010년 성과관리 실태 점검 항목 및 배점

구분(배점)	점검 항목	점검 지표	배점
성과관리 역량 (27)	① 성과관리 문화	• 성과관리 체계 확산 노력(토론회, 홍보 등) • 성과관리 관련 교육	7
	② 성과관리제도 운영	• 성과관리 내부규정 운영 등 내실화 노력 • 성과지표 개선 노력 • 부처 성과관리 우수 사례	12
	③ 성과관리 리더십	• 기관장의 성과관리 의지와 노력 • 성과관리 조직 및 지원 현황	8
성과관리 계획 (40)	④ 계획의 체계성	• 임무 · 비전, 전략목표 등 목표 체계 타당성 • 관리과제 선정의 적절성	12
	⑤ 성과지표의 적절성	• 성과지표의 정책대표성 및 목표치 적합성 • 기관 대표지표의 설정 및 관리 노력 • 성과지표의 적절성 확보 노력	15
	⑥ 계획 수립의 적절성	• 계획 구성 항목의 충실성 • 계획 수립 과정의 적절성 확보 노력	13
점검평가 및 환류 (25)	⑦ 점검 · 평가의 충실성	• 성과관리계획 이행 상황 점검의 충실성 • 개선 방안 마련 등 후속 조치 이행	10
	⑧ 환류의 적절성	• 평가 결과 환류의 적절성 • 평가 결과의 개인성과급 반영 • 각종 성과관리제도 간 연계 노력	15
설문 및 우수 사례 (8)	⑨ 전문가 설문	• 성과관리에 관한 정성적 종합평가: 설문	4
	⑩ 성과 우수 사례	• 성과 향상 및 대국민 책임성 확보 우수 사례	4
합계			100

출처: 정부업무평가백서(2012).

종합평가를 위해 각 부처 자체평가위원을 대상으로 설문평가를 실시했다. 구체적인 점검 항목 및 배점은 <표 3-10>과 같다.

점검 결과, 대부분 부처의 성과관리 수준은 형성 또는 확산 단계에 가장 많이 분포되어 있는 것으로 나타났다. 기관별로는 집행 업무와 소속기관이 많은 청 단위 기관에서 성과관리가 상대적으로 우수하고, 정책 부서인 부 단위 기관의 성과관리 수준은 대체로 낮은 것으로 평가되었다. 또한, 각 기관별 성과관리에 대한 관심과 수용도 수

준의 격차가 여전히 큰 것으로 나타나고 있었으며, 특허청 · 관세청 등의 경우 성과관리 문화가 성숙되어 체질화 단계에 있었고, 기획재정부 · 금융위원회 · 법제처 등 일부 부처의 경우 정책과제 업무 특성상 성과관리 적용의 어려움 및 인식 부족 등으로 성과관리 초기 단계인 진입 단계에 머무르고 있는 것으로 평가되었다.

점검 항목별로는 성과관리 관련 제도 마련 등 역량 강화 부문과 성과평가 결과를 통한 성과급 반영 등 환류 부분은 양호한 반면, 성과관리 계획의 체계성, 성과지표 적절성 분야는 상대적으로 취약한 것으로 나타났다.

또한 아직까지 정부 내 성과관리 정착이 일부 미비한 것으로 나타나 성과관리 강화를 위해 제도 개선 및 각 기관별 노력 강화가 필요하고, 특히 성과관리 계획 수립 및 성과지표 적절성 확보 노력이 필수적인 것으로 평가되었다.

그 밖에도 ① 여러 부처가 관련된 정책에 대한 성과관리 강화, ② 기관별 대표 성과지표 개발 및 관리, ③ 지속적인 성과지표 개선 노력 강화, ④ 유사한 성과관리제도 간 연계 · 통합 강화 ⑤ 특히, 부서장과 및 기관장의 성과관리 향상을 위한 관심 강화 등이 정책과제로 나타났다.

점검 결과는 2010년도 12월 17일 정부업무평가위원회에 보고되었으며, 우수기관에 대한 별도의 표창 및 포상은 실시되지 않았다.

4 2011년 성과관리 주요 내용

1) 전년도 대비 주요 변경 사항

첫째, 100대 국정 과제, 부처 업무계획, 대통령 지시 사항 등에서 제시된 과제들을 기관별 성과관리계획에 반드시 반영하도록 했다. 구체적으로는 성과관리 계획의 성과목표별 관리과제와 100대 국정과제, 부처 업무계획, 대통령 지시 사항 간의 관계를 명시적으로 제시토록 했다.

둘째, 주요 정책과 재정사업(일반재정 · R&D · 정보화)으로 구분되어 있던 관리과제 부문을 통합하여, 성과목표별 관리과제는 성과목표 달성을 위한 다양한 형태의 정책 · 사업을 망라하여 작성하도록 했다. 즉, 관리과제는 예산 · 비예산 정책 · 사업을 포괄하며, 예산 수반 정책·사업은 관련 예산 내역을 제시하도록 했다. 또한 관리과제는 성과목표 달성을 위해 성과관리의 필요성이 있는 정책·사업을 대상으로 선정하도록 했다.

셋째, 관리과제별 추진계획 작성 시 정책·사업의 수혜자 및 이해관계집단, 기대효과, 관련 예산사업 내역을 제시하도록 했다.

넷째, 성과목표별 성과지표의 대표성 제고 및 활용 확대를 위해 성과목표별로 제시하는 성과지표의 경우 관리과제별 성과와 구분되는 통합적 성과의 파악을 위해 대표성을 제고토록 했으며, 기관별 '정책기조와 정책성과' 분석 시 성과목표별 성과지표 중 대표성이 있는 주요 성과지표를 활용하도록 했다.

마지막으로 의무적으로 제시하도록 했던 관리과제별 성과지표의 설정 여부를 부처 업무 특성에 따라 자율적으로 결정하도록 했다.

2) 성과관리 계획 수립

〈2011년 성과관리 계획 수립 관련 주요 일정〉

- 성과관리 계획 수립 지침 각 부처 시달: 2011년 1월
- 각 부처별 성과관리 시행계획(안) 제출: 2011년 2월
- 각 부처 성과관리 시행계획(안)에 대한 정부업무평가위원회 사전 검토: 2011년 2월
  - * 정부업무평가위원회 심의·의결(2011년 4월 19일)
- 성과관리 시행계획 확정: 2011년 4월

성과관리 시행계획 수립 대상기관은 전년과 동일한 40개 기관이었다. 각 부처에서 수립한 성과관리계획(안)에 대해서는 정부업무평가위원회에서 사전 검토를 하고, 부처에서는 정부업무평가위원회의 검토 의견을 반영하여 성과관리계획(안)을 수정·보완한 후 최종적으로 계획을 확정했다. 주요 내용은 다음과 같다.

40개 기관에서 전략목표 197개, 성과목표 645개, 관리과제 2,161개, 성과지표 4,554개를 제시했다.

기관 평균 전략목표 5개, 성과목표 16개, 관리과제 54개, 관리과제 성과지표 92.6개를 설정했다.

성과지표 유형별로는 산출·결과지표가 4,124개(90.8%), 정량지표는 3,325개(73.2%)였다.

표 3-11 2011년도 성과관리 계획 수립 현황 (단위: 개, 괄호 안: %)

전략목표	구분		성과지표					
			소계	지표 성격				정량 지표
				투입	과정	산출	결과	
197	성과목표	645	840	7 (0.8)	29 (3.5)	264 (31.4)	540 (64.3)	601 (71.5)
	관리과제	2,161	3,704	65 (1.8)	311 (8.4)	1,663 (44.9)	1,657 (44.7)	2,724 (73.5)

출처: 정부업무평가백서(2012).

2010년도 계획과 비교하면, 전략목표는 유사한 수준이나, 성과목표는 상당폭 감소했고 관리과제와 관리과제별 성과지표는 대폭 증가했는데, 이는 2011년부터 주요 정책과 재정사업(일반재정 · R&D · 정보화)을 통합하여 관리과제를 구성한 것이 주원인인 것으로 분석되었다.

표 3-12 2010 · 2011년 성과관리 계획 현황 비교 (단위: 개)

구분	전략목표		성과목표		관리과제		성과지표(관리과제)	
	전체	기관 평균	전체	기관 평균	전체	기관 평균	전체	기관 평균
2011년	197	4.9	645	16.1	2,161	54.0	3,704	92.6
2010년	196	4.9	713	17.8	1,981	49.5	2,967	74.2

출처: 정부업무평가백서(2012).

3) 성과관리 시행계획 이행 상황 자체 점검

「정부업무평가 기본법」 제6조 제4항은 중앙행정기관의 장에게 '성과관리 시행계획'에 대한 이행 상황을 반기별로 점검하도록 의무화하고 있다. 이에 따라, 국무총리실에서는 2011년도 성과관리 시행계획상 관리과제에 대해 관리과제별 계획 대비 추진 사항, 목표달성도 등 '2011년도 성과관리 시행계획'에 대한 상반기 이행 상황 점검을 7월 말까지 차질 없이 추진하도록 독려했다. 점검 방법은 전자통합평가 시스템(e-IPSES)을 활용하도록 했다.

4) 성과관리 운영 실태 점검

2010년까지는 중앙행정기관에 대한 성과관리 수준 진단을 자체평가 운영 실태 점검과 별개로 시행해 왔으나, 점검 대상의 유사성으로 인해 중복 점검으로 인한 기관 업무 부담이 과중하다는 의견을 반영하여, 2011년부터는 자체평가 운영 실태 점검과 통합하여 실시하게 되었다. 이에 따라, 점검시기도 자체평가 운영 실태 점검 시기에 맞춰 2012년도 초에 실시했다.

점검 대상은 성과관리 시행계획 수립 대상기관인 40개 중앙행정기관으로 하고 서면 점검과 현지 점검을 병행하여 3개 항목 10개 지표를 중심으로 점검을 실시했다.

표 3-13 2011년 성과관리 및 자체평가 실태 점검 항목 및 배점

점검 항목(배점)	점검지표	배점
① 계획의 적절성 (25)	• 성과관리 계획의 체계성	5
	• 성과관리 및 자체평가계획 수립의 적절성	5
	• 지표 구성의 적절성	15
② 운영의 내실성 (30)	• 자체평가위원회 운영의 충실성	10
	• 평가 결과 분석의 적절성	10
	• 기관 역량 제고 노력도	5
	• 평가관리 시스템(e-IPSES) 활용도	5
③ 자체평가 결과의 객관성 및 환류의 적정성 (45)	• 평가 결과의 신뢰성(Sample 조사)	20
	• 평가 결과의 관대화	10
	• 평가 결과 환류의 적절성	15
합계		100

출처: 정부업무평가백서(2012).

점검 결과, 각 부처의 운영 내실화를 위한 지속적인 노력으로 성과관리 및 자체평가 운영 수준은 전반적으로 향상된 것으로 평가되었다.

집행 업무와 지방소속기관이 많은 청 단위 기관이 상대적으로 양호한 반면, 정책부서인 부 단위 기관은 청 단위에 비해 다소 소극적으로 운영하고 있는 것으로 나타

났다. 특히, 우수기관의 경우 '기관장 관심도' 점수가 우수하여 기관장의 관심과 지원이 성과관리 · 자체평가 운영 수준과 연관성이 있는 것으로 분석되었다.

법무부 · 병무청 · 농진청 등 10개 기관은 평가 항목 전반에서 균형 있게 우수한 것으로 나타났다. 환경부 · 농진청 등은 매년 운영 수준이 우수하여 성과관리가 정착 단계에 있고, 법무부 · 복지부 등은 운영 수준이 매년 향상되는 추세를 보이고 있었다. 반면, 일부 기관은 기관장 관심 부족 · 조직 신설에 따른 체제 미정비 등으로 인해 운영 수준이 전반적으로 미흡한 것으로 나타났다.

점검 결과는 정부업무평가위원회를 거쳐 국무회의에 보고되었으며, 우수기관에 대해서는 표창 수여(장 · 차관급 상위 각4개 기관) 및 포상금이 지급(장관급 5개, 차관급 5개)되었다.

5 2012년 성과관리 주요 내용

1) 전년도 대비 주요 변경 사항

첫째, 성과관리 과정별 지침(계획)을 통합하여 기존에 계획 수립 · 수정, 이행 상황 자체점검, 운영 실태 확인 · 점검 등 성과관리 과정별로 시기에 따라 각각 작성 · 시달되던 지침(계획)[1]을 '성과관리 운영지침'으로 통합하여 매년 초에 시달하도록 하고, 성과관리 계획 수립에 관한 사항 이외에는 필요시 과정별 세부 시행계획을 별도 시행하도록 했다.

둘째, 2011년에 국가과학기술위원회, 원자력안전위원회가 신설됨에 따라 성과관리 계획 수립 대상기관이 40개 기관에서 42개 기관으로 늘어났다.

셋째, 2011년도와 마찬가지로 관리과제는 예산 · 비예산 정책(사업)을 포괄하여 작성하되, 성과계획서와의 연계를 강화하기 위해 '관련 예산사업' 항목을 '관련 재정사업' 항목으로 변경하고, 성과관리 시행 계획상 관리과제와 연관성이 있는 성과계획서상 재정사업(관리과제)을 모두 포함하도록 했다. 또한, 재정사업과 관련된 성과지표

1) 성과관리계획 수립 지침(1월), 상반기 이행 상황 자체점검 지침(6월), 성과관리 계획 수정 지침(9월), 성과관리 운영 실태 확인 · 점검계획(익년도 1월).

표 3-14 2011 · 2012년 성과관리 시행계획상 관리과제 비교

2011년 성과관리 시행 계획상 관리과제	2012년 성과관리 시행계획상 관리과제
구분 없이 통합 작성 • 주요 내용, 추진계획 • 관련 예산사업 • 성과지표 및 측정 방법	구분 없이 통합 작성 • 주요 내용, 추진계획 • 관련 재정사업 (I -1-일반재정①) • 성과지표 및 측정 방법 * 재정사업과 관련된 성과지표도 추가

를 성과관리 시행계획에서 공통지표로 사용토록 함으로써 재정사업 자율평가와의 연계를 강화하고 성과계획서와 공통지표를 사용토록 함으로써 평가 중복성 부담을 해소하기 위해 노력했다.

넷째, 성과목표별로 제시하는 성과지표는 하위 관리과제 성과와 구분되면서 관리과제 전체를 포괄하고 통합적 성과를 나타낼 수 있는 대표성 있는 것으로 설정하도록 하고, 기관별 성과관리 시행계획의 '정책기조와 정책성과' 분석시 성과목표별 성과지표 중 대표성이 있는 주요 성과지표를 활용토록 했다.

다섯째, 성과관리 시행계획 수정은 기관의 업무 부담을 감안하여 9월로 앞당겨 조기에 완료하도록 했다.

마지막으로, 성과관리 운영 실태 확인 · 점검(2010년 성과관리 수준 진단)과 자체평가 운영 실태 확인 · 점검을 통합하여 실시함으로써, 별도 실시에 따른 기관 부담을 완화하고 실태 점검의 효과성을 제고하도록 했다.

2) 성과관리 계획 수립

2012년도에는 성과관리계획 수립지침을 '성과관리 운영지침'으로 통합하여 2012년 1월에 부처에 시달했다. 성과관리 시행계획 수립 대상기관은 전년보다 2개(국가과학기술위원회, 원자력안전위원회)가 늘어난 42개 중앙행정기관이 해당되었다.

42개 기관에서 전략목표 200개, 성과목표 630개, 관리과제 2,106개, 성과지표 4,631개를 확정했다. 기관 평균 전략목표 4.8개, 성과목표 15개, 관리과제 50.1개, 관리과제 성과지표 88.1개를 설정했다. 성과지표 유형별로는 산출 · 결과지표가 4,173개(90.1%), 정량지표는 3,683개(79.5%)였다.

〈2012년 성과관리 계획 수립 관련 주요 일정〉

- 성과관리 계획 수립 지침 시달: 2012년 1월
- 각 부처별 성과관리 시행계획(안) 제출: 2012년 2월
- 성과관리 시행계획(안) 사전검토: 2012년 2월 27일~3월 16일
  - * 정평위원, 평가실 내 소관부처 국장 · 과장 · 담당관 참여하는 TF를 구성하여 분과별 협의 · 조정: 2012년 3월 12일~16일
- 정부업무평가위원회의 사전 검토 결과를 반영한 2012년 성과관리 시행계획을 자체평가위원회의 심의 · 의결을 거쳐 각 부처 성과관리 계획 보완 및 확정 · 제출: 2012년 4월

표 3-15 2012년도 성과관리계획 수립 현황 (단위: 개, 괄호 안: %)

전략목표	구분		성과지표					
			소계	지표 성격				정량 지표
				투입	과정	산출	결과	
200	성과목표	630	929	17 (1.8)	71 (7.6)	355 (38.2)	486 (52.3)	735 (79.1)
	관리과제	2,106	3,702	54 (1.5)	316 (8.5)	1,779 (48.1)	1,553 (42.0)	2,948 (79.6)

출처: 정부업무평가백서(2012).

2011년 계획 대비 전략목표는 유사한 수준이나, 성과목표 · 관리과제 · 관리과제별 성과지표는 다소 감소했다.

표 3-16 2011 · 2012 성과관리계획 현황 비교 (단위: 개)

구분	부처 수	전략목표		성과목표		관리과제		성과지표 (관리과제)	
		전체	기관 평균	전체	기관평균	전체	기관 평균	전체	기관 평균
2012년	42	200	4.8	630	15.0	2,106	50.1	3,702	88.1
2011년	40	197	4.9	645	16.1	2,161	54.0	3,704	92.6

출처: 정부업무평가백서(2012).

제 3 절 성과관리제도의 성과 및 개선 보완 사항

1 제도 운영 성과

1) 정부 내 성과관리 시스템 정착

2006년부터 도입된 성과관리제도의 가장 중요한 성과 중에 하나로서 정부 내 계획－평가－환류라는 정책순환 발전적 시스템을 제도화시켰다는 것이다. 이전에는 각 부처가 자체적으로 추진하는 정책을 평가한 후 이를 필요에 따라 환류하곤 했는데, 성과관리제도의 법제화로 이를 체계화했으며, 정부 업무의 능률성, 효과성, 책임성 향상을 위한 기반이 확립되었다고 할 수 있다. 전체 중앙행정기관 1,040명을 대상으로 한 설문조사[2]에서 정부 업무의 효율성, 책임성 확보를 위해 성과관리제도가 필요하다는 긍정 또는 보통 이상 의견이 85% 이상으로 부정적 의견 15%에 비해 상당하다는 점에서도 성과관리제도 도입이 정부 부문에 바람직한 변화를 가져온 것으로 평가할 수 있다.

2) 정부 정책목표의 명확성 확립

성과관리제도에서는 성과관리 전략계획과 성과관리 시행계획을 중앙행정기관에 수립하도록 의무화하고 있다. 성과관리 전략계획은 5년 단위 계획으로서 3년마다 수정이 가능하도록 하고 있어, 각 중앙행정기관이 행정 여건 등의 변화에 능동적으로 부응할 수 있도록 하고 있다. 성과관리 전략계획은 부처의 장기적인 비전과 임무를 명확하게 제시하도록 하고 있으며, 기관장의 변화에 크게 구애받지 않고 기관 본연의 임무를 공표하도록 하고 있다. 성과관리 시행계획은 이러한 성과관리 전략계획을 매년 집행하기 위한 하위적 개념의 목표와 측정 가능한 지표를 제시하도록 하고 있어, 장기적 관점의 성과관리 전략계획이 단기적 시행에서도 일관성 있게 달성될 수 있도

2) 한국정책분석학회의 「정부성과관리 운영 실태 및 성과분석」(2012)에서 발췌.

록 체계화되어 있다. 이처럼 정부 정책의 목표를 장단기로 구분하고 이를 명시화함과 동시에 서로 연결될 수 있는 시스템을 성과관리제도를 통해 구현함으로써, 정부 정책의 목표가 명확해지는 이점을 확보할 수 있게 되었다. 특히, 계획 수립 시 기관 내 구성원들이 활발히 참여하도록 하고 있어, 정부 정책 목적에 대한 구성원 모두의 공유가 이전에 비해 효과적으로 이루어질 수 있게 되었으며, 정책 추진의 원동력도 자연스럽게 확보할 수 있게 되었다.

3) 기관장의 조직관리 시스템 효율화

기관장이 기관의 목표를 효율적, 효과적으로 달성하기 위해서는 세부 조직과 구성원들에 대한 객관적 평가관리 시스템 구축이 필수적이라고 할 수 있다. 성과관리제도는 기관이 달성해야 하는 성과 목표를 명확히 설정하도록 하고 이를 민간 위원들을 통해 평가하도록 하고 있는데, 각각의 성과 목표는 중앙행정기관의 세부조직 구성 특성상, 국(局)이나 실(室) 단위 목표와 동일시되고 있다. 특히, 성과목표를 달성하기 위한 관리과제는 과단위의 목표치와 일맥상통한다고 할 수 있는 바, 성과관리제도상의 평가 시스템을 통한 성과목표 및 관리과제의 달성 여부는 세부 조직과 책임장들에 대한 평가로 연결된다고 할 수 있다. 기관장은 이러한 평가 결과를 조직의 운영과 개개인의 인사 배치와 성과급 지급 등에 대한 유용한 정보로 활용할 수 있다. 2011년 성과관리 및 자체평가 실태 점검 결과, 대부분의 기관에서 평가를 통해 조직 간 경쟁을 유도하고 있으며, 개인의 성과급까지 평가 결과를 반영하고 있는 점을 감안하면, 성과관리제도가 기관장의 조직관리의 주요한 수단으로 자리매김하고 있다는 것을 알 수 있다.

2 개선 보완 사항

1) 통합적 성과관리 시스템 구축 필요

「정부업무평가 기본법」상 성과관리제도는 정부 내 존재하는 여러 성과관리의 기본적 전제가 되고 있다. 구체적으로는 성과관리 계획과 자체평가, 환류를 규정하고 있다. 한편, 「국가재정법」에서는 재정사업에 대한 성과관리를 별도로 규정하고 있다. 「정부업무평가 기본법」상 성과관리가 정부의 정책을 대상으로 하고 있어, 정책 달성의 주요한 수단 중 하나인 재정관리만을 다룬 「국가재정법」상 재정성과관리보다 더 상위적 개념이라고 할 수 있다. 하지만, 두 성과관리의 계획서 작성 시 시점 차이 및 연계성 부족 등으로 중앙행정기관에 다소 부담이 된다는 주장이 제기되고 있어, 이러한 행정적 문제점을 개선하기 위한 두 계획서의 작성 시기 및 작성 방식의 통합 및 연계 방안 등에 대한 세심한 연구가 필요하다고 볼 수 있다. 특히, 「정부업무평가 기본법」상 성과관리는 정책목표 달성을 위한 예산, 법 제도, 규제 개선, 이해관계자 및 국회 대응, 환경 변화 적응 등을 포괄하는 개념이므로, 재정성과관리의 성과계획서를 포괄하는 방향으로 개선하는 것이 바람직하다고 볼 수 있다.

2) 국정 과제에 대한 성과관리 필요

현재의 성과관리제도는 부처별로 특화되어 있는 점이 주요한 특징이라고 할 수 있다. 즉, 여러 부처에 관련된 사항도 성과관리제도상 성과관리 계획과 성과목표로 기술될 때에는 개별 부처의 시각에서 제시되도록 하고 있다. 이로 인해, 여러 기관이 공동으로 노력해서 달성해야 되는 대통령의 공약 사항이나, 핵심적인 국정 과제가 종합적 시각에서 효율적으로 관리되지 못하는 한계가 있다. 따라서 향후에는 정부 전체 시각에서는 주요 국정 과제 및 공약 사항은 별도로 성과관리할 수 있는 제도적 장치가 마련될 필요가 있다. 구체적으로는 현재 국정관리를 주관하는 국무총리실에서 국정 과제의 주무 부처를 지정하고 이들 부처가 관련 국정 과제와 관계된 부처들의 개별 계획 및 목표를 취합 관리하도록 해야 하며, 이에 대한 평가는 국무총리실에서 객관적 시각에서 실시하여 시의적절한 환류가 이루어질 수 있도록 해야 한다.

3) 미래 지향적 성과관리 필요

성과관리제도는 순환적 구조로 이루어져 있어, 자연스럽게 평가와 환류가 이루어져야 하며, 이를 통해, 체계적인 업무 개선이 지속적으로 이루어질 필요가 있다. 아울러, 조직구성원들의 미진한 부분에 대한 정확한 평가를 토대로 이를 보완·강화할 수 있는 능력 개발 및 향상 프로그램이 구축되어 있어야 한다. 하지만, 현재의 성과관리제도의 운영은 전년도 실적에 대한 보상 및 처벌에 그치는 경우가 많아 업무 개선과 개인 능력 발전까지 연계되지 못하고 있는 한계를 가지고 있다. 조직 내 개별 구성원들이 성과관리제도의 효과성을 널리 인식하고 성과관리 조직문화가 완전히 확립되기 위해서는 성과평가 시 미래 지향적 관점에서 업무 방식 개선과 개인 능력 향상 로드맵이 제시될 필요가 있다.

4) 성과관리 환류 체계 강화 필요

현행은 성과평가 결과를 예산 삭감, 개인성과급 결정, 조직 경쟁 촉진 등에 활용되고 있으나, 조직구조 변화 및 인사 배치 등의 이용에는 다소 미흡한 것으로 볼 수 있다. 객관적인 성과관리 시스템을 통한 조직 변화 및 인사관리 원칙 수립은 정부 내 연공서열, 연고주의 등을 완화하고 조직구성원의 사기 앙양 등의 긍정적인 효과를 거둘 수 있다.

참고문헌

공동성 (2012). 성과관리 강연 노트.

공동성 · 박중훈 · 이정욱 · 김진영 (2011). 정부업무 성과관리제도 발전 방안 연구. 국무총리실.

——— (2002). 정부업무평가 백서. 국무조정실 정책평가위원회.

——— (2007). 정부업무평가 백서. 국무총리실 정부업무평가위원회.

——— (2012). 정부업무평가 백서. 국무총리실 정부업무평가위원회.

금재덕 · 양승범 · 이정욱 · 조문석 · 정장훈 · 이승구 (2012). 정부성과관리 운영 실태 및 성과 분석. 국무총리실.

김주환 · 강황선 · 박석희 · 방민석 · 이석환 · 정지훈 (2008). 성과 중심의 국정 운영을 위한 정부성과관리제도 발전 방안. 국무총리실.

원종학 · 이계형 · 이순향 · 범지인 · 박선영 · 임소영 · 봉재연 · 김창민 · 태정임 · 전예슬 (2011). 주요국의 성과관리제도. 한국조세연구원.

유금록 · 공병천 · 오철호 · 윤수재 · 이광희 · 홍형득 (2012). 정부업무평가제도 운영 성과에 대한 진단과 발전 방안 연구.

정부업무평가위원회 홈페이지: www.evaluation.go.kr

Chapter

04 기관 성과관리 사례: 관세청*

제 1 절 도입 배경

관세청은 2005년 성과관리 시스템 구축 기획단 발족 및 시스템 개발에 착수한 후 2006년부터 균형성과표(BSC)[1]에 기반을 둔 성과관리 시스템을 운영해 오고 있다.

제도 도입 배경을 살펴보면 관세청은 2004년 초일류 세관 추진전략에 따라 수출입 물류 프로세스 혁신 등을 통해 통관 소요 시간을 종전 9.6일에서 5.5일로 크게 단축하여 정부기관 혁신 최우수기관으로 선정되는 영광을 얻었다. 하지만 과제 중심의 혁신만으로는 지속 가능한 혁신이 어렵다는 인식과 시스템적 혁신을 위한 인프라는 부족한 상황이었다. 이에 관세청은 2005년 균형성과표(BSC), 6시그마 및 인적자원관리(i-HRM) 등 혁신 시스템 구축을 골자로 하는 관세행정 현대화계획을 수립하고 추진함으로써 지속 가능한 혁신 동력을 확보하려고 노력했다.

또한 1992년부터 시작된 전산화 프로젝트로 관세 행정절차가 모두 전산화되고, 2000년부터 업무 절차가 대폭 간소화되었을 뿐 아니라 연공서열 중심의 조직문화로 열심히 일하지 않으려는 분위기가 형성되어 가고 있었다. 이에 성과와 능력 위주의

---

* 이석문: 관세청 정보협력국 정보기획과

1) 균형성과표(Balanced Score Card: BSC): 조직의 전략을 달성하기 위해 재무, 고객, 프로세스, 학습과 성장 균형된 관점에서 목표와 구체적인 측정지표를 설정하여 관리하는 전략 실행 수단.

인사혁신 필요성이 제기되었고, 관세청은 2004년 11월 성과 중심의 인사혁신안[2]을 마련하게 되었다. 성과 중심의 인사제도가 제대로 작동되려면 인사제도를 뒷받침할 공정하고 투명한 성과평가 시스템 구축이 필요하다는 공감대도 형성되었다.

한편, 참여정부가 들어서면서 정부 부문의 경쟁력 제고를 위한 방안의 하나로 성과 중심의 행정혁신을 강력하게 추진했다. 특히 노무현 대통령의 연두 부처 보고에서 전략적 성과관리의 중요성을 강하게 요구하기 시작한 것이 계기가 되어 균형성과표(BSC)에 기반을 둔 성과관리 방안이 공공 부문에 급속하게 확산되었다(BSC연구회, 2006: 487). 관세청도 이러한 추세에 맞추어 균형성과표를 성과주의 조직문화 구현의 핵심 도구로 적극 도입하게 되었다.

관세청은 제도 도입에 앞서 이미 균형성과표에 기반을 둔 성과관리를 운영하고 있던 해양경찰청, 특허청, 삼성전자 및 LG필립스 등을 방문하여 시스템 구축, 운영 및 결과 활용 등에 필요한 성공 요인을 벤치마킹하여 제도설계에 반영했다.

제 2 절 제도 변천사

관세청의 성과관리제도는 대내외적인 환경 변화에 대응하여 꾸준히 발전해 왔다. 1996년 기관평가를 시작으로 균형성과표에 기반을 둔 성과관리 및 정부업무평가를 통합한 성과관리로 변화되어 왔다. 여기에서는 제도 변경의 이유 및 배경 등을 간략히 살펴보고자 한다.

1 기관평가

관세청은 업무 전산화를 기반으로 일찍이 1996년에 단위 업무 중심의 성과평가제도를 도입한 이후 1998년에는 소속 세관 기관평가제도를 시행했고, 2004년에는 기관평가를 TOP[3] 관점에서 평가하도록 제도를 개선했다. 하지만 전략목표와 연계되지

---

2) 4 : 4 : 2 시스템은 근무평가 40% + 성과평가 40% + 역량평가 20%로 평가하는 시스템을 말한다.

않은 추진 과제 위주의 성과지표와 상대평가로 평가 결과에 대해 구성원들의 수용성이 높지 않아 세관으로부터 지속적으로 개선 요구를 받는 상황이었다.

2 균형성과표(BSC)에 기반을 둔 성과관리

1) 구축 단계

앞서 살펴본 바와 같이 관세청은 2006년 성과와 능력 중심의 조직문화를 만들기 위해 민간이 주로 사용하던 균형성과표(BSC)를 도입하고자 했다. 하지만 민간의 균형성과표를 그대로 도입하기보다는 정부 집행기관에 적합하게 성과관리 체계를 수정했다.

관세청의 성과관리 특징을 간략히 살펴보면 먼저 BSC의 이론적 틀을 원용하되 정부 집행기관에 적합하도록 무어(Mark H. Moore)의 공공가치표를 참조하여 관점을 재설정[4]함으로써 공익 조직답게 조직의 사명(mission)을 최고 가치로 고려했다. 또한 전자통관 시스템(Uni-PASS) 및 최첨단 정보 인프라(Customs Data Warehouse)와 BSC 시스템을 상호 연계하여 정량지표의 59% 정도 실적 등록을 자동화하여 수작업 실적 등록에 따른 직원들의 불편을 최소화하고 실적 등록 오류나 조작을 근원적으로 방지할 수 있도록 설계했다. 또한 전략체계도에 핵심 성과지표와 실적값을 자동으로 연계하여 조직과 부서의 성과 달성 정도를 실시간으로 파악할 수 있도록 성과관리 시스템을 개발했고, 성과평가 결과는 인사, 전보, 성과급 및 포상금 지급 등에 활용하도록 했다.

2) 고도화 단계

관세청은 BSC 성과관리제도 운영 과정에서 발생하는 실적 왜곡 및 부풀리기(gaming) 등 문제점을 개선하기 위해 지속적으로 성과관리제도 개선을 추진해 왔다. 2007년까지는 주로 쉬운 지표와 낮은 목표값을 가진 부서가 좋은 평가받는 것을 방

---

3) TOP: Customer, Operation management, Productivity.

4) 재무→성과(미션 달성), 고객→이해관계자, 내부 프로세스→활동, 학습과 성장→미래 대비

지하기 위해 성과지표를 정교화하고, 합리적 목표값 수립 모델[5]을 마련하고, 실적값 과다 등록 또는 조작을 방지하기 위해 실적 검증을 강화하는 조치를 취했다. 또한 지나친 경쟁에 의한 직원의 피로감을 해소하기 위해 성과평가 결과는 성과상여금 위주로 활용하도록 개선했다.

특히 2008년에는 합리적이고 도전적인 목표를 설정하기 위해 6시그마 GB 과제로 선정하여 목표값 수립 모델과 목표값 배분 모델을 각각 개발했다. 목표값 수립 모델은 환경 요인, 추세분석, 도전성 등의 여덟 가지의 목표값 설정에 영향을 미치는 인자를 반영하여 목표치가 설정되도록 개발되었고, 목표값 배분 모델은 과거 실적, 환경 요인, 1인당 생산성 등의 세 가지 인자에 상관 관계를 접목시켜 세관별 최적의 목표값을 배분하도록 개발되었다. 이 모델을 활용한 결과 이전에 비해 목표값 수립 및 배분 작업에 소요되는 기간이 평균 3일 이상 단축되었고, 객관적인 근거에 의해 제시된 목표값의 적정성에 대한 내부 구성원의 수용성이 크게 높아졌다. 이 모델은 2009년도 정부업무평가에서 우수 사례로 선정되기도 했다.

하지만 이 모델은 '올해 실적을 많이 내면 내년도 목표가 많이 설정되는 불합리한 점'이 있어 개선이 요구되었다. 이를 개선하기 위해 관세청은 2011년도에 목표값 수립 모델에 대해 민간 전문가의 진단을 통해 개선했다. 개선된 모델은 지표를 세 가지 유형[6]으로 분류하고, 환경 요인과 역량 요인의 영향에 민감한 지표는 목표값 수립 시 영향을 미치는 두 가지 요인(환경, 역량)의 증감 요소를 상관분석 등을 통해 합리적으로 반영하고, 세관 배분 목표값에 대한 의견 수렴 절차를 좀 더 체계적으로 개선하여 목표값의 적정성 및 수용성을 제고했다.

2008년에는 성과관리 패러다임을 조직 성장 의사결정 지원으로 변경하고 종전 미션 수행 관점을 조직 성장 관점으로, 고유 업무 위주 성과측정을 핵심·중점 과제 위주로 측정하고, 결과 평가 측면에서 조직 성장 기여도 산출 측면으로 개선했다.

---

5) 단순 추세분석에 의해 목표값 수립 방식에서 탈피하여 다양한 요인(환경, 역량, 추세, 중장기 목표 및 CEO 의지 등)을 종합적으로 반영하여 목표값 수립

6) 환경민감형 지표(외부 환경 변화에 적절하게 반응하는 지표), 역량민감형 지표(외부 환경보다는 내부 역량에 영향을 받는 정도가 큰 지표), 정책지향형 지표(조직의 전략적 차원에서 CEO의 의지 등을 반영하여 정책적으로 목표값을 설정하는 지표)로 구분하고, 목표값 수립 모델은 환경민감형 지표와 역량민감형 지표에 대해 적용한다.

(1) 조직 성장 관점의 성과관리

종전의 목표값 달성도 위주의 평가 방식으로는 조직의 성장과 무관하게 전 조직이 소위 점수 따기 경쟁에 몰입함으로써 일이 없고 조직 성장에 기여도가 낮은 기관(부서)이 오히려 우수한 평가를 받는 문제점이 노출되었다.

또한, 목표값 낮추기, 목표 달성 후 업무 처리 지연 등의 부작용이 우려되고, 계량지표 달성도의 변별력이 부족했으며, 전청의 실적 향상에 대한 기여 여부를 측정하는 항목이 없었다. 따라서 각 업무 분야별로 우리청의 조직 성장에 기여한 기관(부서)이 우수한 평가를 받을 수 있도록 2010년에 조직 성장 관점으로 성과관리 및 평가 방법을 개편했다.

조직 성장 기여도 평가를 위해 본청 업무국에서 핵심적인 대표 지표를 선정하는데, 2012년에는 통관 분야, 심사 분야, 조사 분야 각 3개씩 총 9개를 조직 성장 기여도 지표로 선정했다. 조직 성장 기여도 평가는 효과성과 효율성을 동시에 평가하며, 효과성 측정 방법은 조직의 환경을 고려하면서도 비교 가능성을 높이기 위해 '목표(초과)달성도'를 사용하고, 효율성 측정 방법은 지표의 실적 대비 투입 인원 수로 나누어 1인당 실적을 비교한다.

표 4-1 조직 성장 기여도 도입 후 성과평가 체계

구분	2009년	2010년 이후
평가 체계	목표 달성도(100%)	목표 달성도(60%) + 목표 초과달성도(20%) + 1인당 실적(20%)

(2) 핵심 성과지표(KPI) 위주로 성과지표 고도화

효율적인 성과관리를 위해 관세청은 2010년 통제 가능성이 낮거나, 성과를 왜곡할 가능성이 있거나, 고객에 불편을 야기하는 지표를 핵심 성과지표 위주로 지표 수를 최소화하고, 비계량지표는 조직 성장 추진 과제 수행도 평가로 일원화했다. 성과지표의 변천 내용을 간략히 살펴보면 2006년에는 성과지표가 단순 적발 건수나 금액 위주로 설정되었으나, 2007년에는 조직의 전략 방향을 대표하는 중요 사건 위주로 지표를 설계했고, 2008년부터는 실적 평가 방법을 적발 난이도 및 중요도에 따라 가중치를 반영한 복합지표를 개발하여 핵심 적발에 초점을 두도록 고도화하는 등 지속적

으로 개선하여 발전시키고 있다. 특히 제도 도입 초기에는 평가 결과에 대해 구성원들의 신뢰를 얻기 위해 계량지표 위주로 지표를 설정했고, 제도가 안정화되어 가면서 2008년부터는 평가 결과에 대한 타당성을 높이기 위해 비계량지표의 비중을 점차 확대했다.

(3) 지나친 경쟁 방지 및 인력의 효율적 운영을 위해 협업 지표 개발

본부세관 국장 산하에 동일한 기능을 수행하는 부서가 여러 개 있는 경우 국장의 목표값을 부서별로 각각 배분한 결과 부서 간 정보 차단이나 지나친 경쟁이 유발되는 등 부작용이 발생했다. 이를 개선하기 위해 2010년 부서장에게 본부세관 국장과 동일한 지표와 공동의 목표값을 부여한 결과 국장이 자원을 효율적으로 활용하여 더 높은 성과를 창출하게 되었고, 부서 간 협력이 강화되는 것으로 나타났다. 2011년부터 본부세관 심사부서와 동일한 형태로 운영되는 조사부서・휴대품검사부서・감시부서로 협업 지표를 확대했다.

(4) 성과분석 결과 피드백 강화

성과관리팀에서는 기관 및 부서의 목표달성도, 평가점수뿐 아니라 전략목표별, 업무 분야별, 세관별 잘된 점, 미흡한 점 및 권고(개선) 의견을 정책 부서에 제공하기 위해 2007년부터 성과분석보고서를 생산하여 제공해 오고 있다. 성과평가 결과 하위조직에 대해서는 성과 코칭을 하거나 개선계획을 제출하도록 하고 있다. 2008년부터는 조직 성장 관점에서 성과분석을 시작했으며, 2009년에는 조직 성장 8대 전략 테마를 선정해 분석하기도 했다. 이와같이 성과분석을 통한 피드백이 강화되면서 2007년 이전 성과관리팀 주도로 운영하던 성과관리제도가 점차 정책 부서가 전략계획, 성과지표, 목표값 설정 및 성과 모니터링을 주도적으로 운영하는 체제로 변화되어 갔다.

3 정부업무평가를 통합한 성과관리

1) 관세청 통합성과관리로 명칭 변경

성과관리 프로세스는 전략계획과 성과측정 및 성과정보 활용으로 대별할 수 있다.

2006년 제정된 「정부업무평가 기본법」에 의한 성과관리 전략계획 및 성과관리 시행계획의 작성 시기와 성과관리 방법이 균형성과표와 상이하여 외부 평가인 정부업무평가(GPRA)[7]와 내부 평가인 균형성과표가 사실상 이원화되어 운영되었다. 균형성과표는 전년 10월부터 전략체계도, 성과지표를 설정하는데 정부업무평가는 연초 2~3월이 되어야 작성되고, 관점이 없고 역점 과제 중심으로 지표가 설정되어 고유 업무에 대한 지표가 누락되는 경우가 많았다.

정부 업무 및 국가재정 성과관리가 안정화되면서 전략계획 수립 절차 등이 개선되어 정부업무평가와 균형성과표를 통합적으로 운영할 수 있는 환경이 점차 조성되었다. 외부 평가(정부업무 및 국가재정)와 내부평가를 통합적으로 운영하기 위해 2011년부터 성과지표 설정 시 균형성과표(BSC) 4대 관점을 비적용하기 시작했고, 전략 달성의 인과 관계를 나타내는 전략지도(strategy map)도 작성하지 않도록 성과관리 체계를 개편했다.

2012년에는 성과관리 시행계획(「정부업무평가 기본법」) 및 재정 성과계획서(「국가재정법」)에 설정된 전략 체계 및 성과지표를 기관 자체 성과관리에 100% 반영하도록 했다. 또한 정부업무평가, 재정성과평가, 기관 자체 성과평가 등 대내외 성과를 통합적으로 관리하는 차원에서 종전 균형성과표를 관세청 통합성과관리(CPM)[8]로 명칭도 변경했다.

2) 중간평가를 중간 점검(모니터링)으로 변경

2011년 이전에는 중간평가(7월) 및 연간 평가(12월) 2회를 실시하고 합산하여 평가했다. 하지만 통합성과관리의 성과지표 및 목표값의 최종 확정 후 중간평가까지 기간이 짧아 상반기 목표 달성에 큰 부담을 느끼고 장기간 소요되는 난이도·중요도 있는 업무 추진을 기피하는 현상도 발생하게 되었다. 이에 중간평가는 계량지표만을 대상으로 실적을 측정하여 성과분석하고 피드백하는 용도로 활용하고 연간 평가에는 평가 결과(점수)를 반영하지 않도록 제도를 개선했다.

---

7) 미국의 정부성과결과법(GPRA: Government Performance and Results Act, 1993).
8) CPM: Customs Performance Management System.

제 3 절 통합 성과관리제도 및 운영 방식

1 개요

관세청은 정부업무평가 등 외부 기관(총리실, 감사원, 기재부, 국회 등)의 점검 및 평가 강화 추세에 따라 성과관리 시행계획(정부업무평가) 및 재정사업 성과계획서의 전략 체계와 성과지표를 기관 자체 성과관리에 통합 운영함으로써 성과관리의 효율성을 제고하고 있다. 관세청 통합성과관리 체계는 [그림 4-1]과 같다.

따라서 전략계획 수립 단계에서는 성과관리 시행계획상의 관세청 전략 체계를 기본으로 성과지표 및 목표값 설정을 포함한 통합성과관리(CPM) 운영계획을 수립(매년 3월)하고, 전략 실행 과정에 성과 모니터링을 통해 문제점을 개선하며, 연간 성과평가 및 분석을 통해 결과를 성과 보상 및 정책에 환류한다.

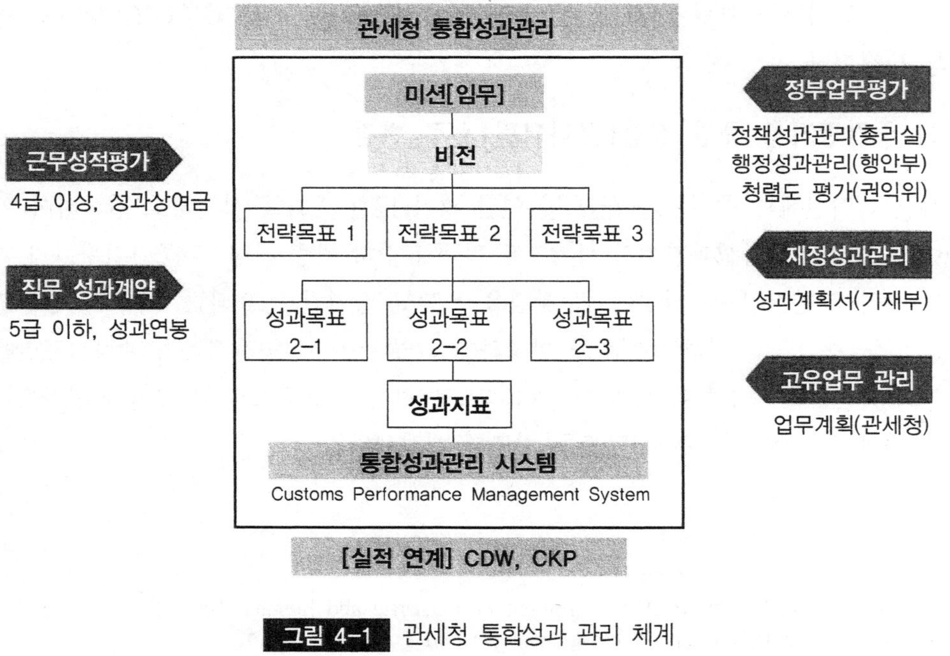

그림 4-1 관세청 통합성과 관리 체계

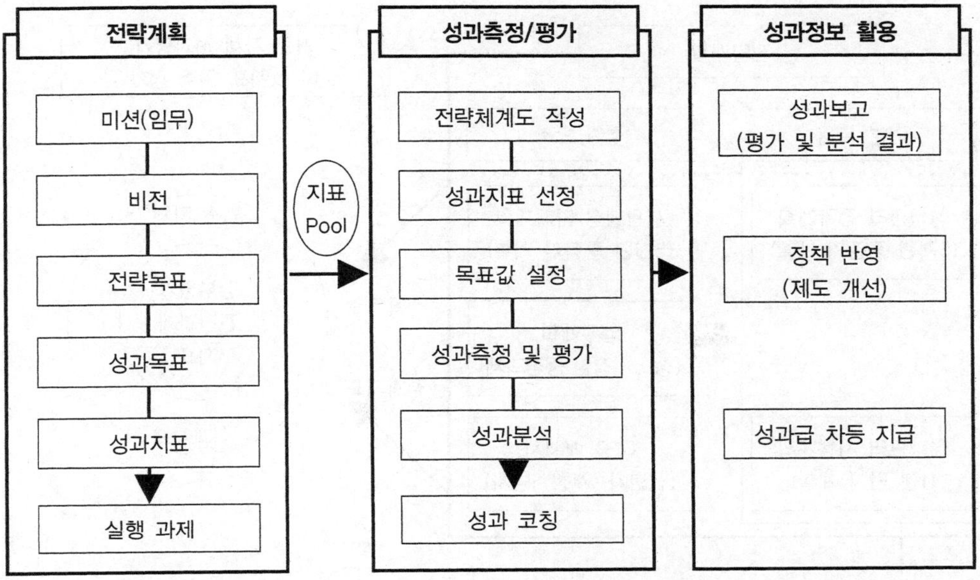

그림 4-2 관세청 성과관리 프로세스

관세청 성과관리제도 연구 자료(이석문, 2010)에 의하면 관세청의 성과관리 프로세스를 전략계획과 성과측정 및 평가와 성과정보의 활용 부문으로 구분하여 좀 더 상세하게 설명하고 있다. 구체적인 내용은 [그림 4-2]와 같다.

전략계획은 「정부업무평가 기본법」에 기초한 성과관리 전략계획과 성과관리 시행계획[9]을 수립한다. 이 계획에는 조직의 미션(임무)과 비전, 전략목표와 성과목표, 성과지표 및 관리과제가 포함되어 있다.

성과측정 및 평가 절차는 다양한 전략계획으로부터 성과지표를 선정하고, 지표별로 목표값을 설정한 후 성과지표별 업무 실적을 자동적으로 측정한다. 성과평가는 중간 점검(7월 초)과 연간 평가(12월 말)를 실시하고 기관별 평가 결과는 해당 기관에 통보된다. 평가 결과 성과가 부진한 기관에 대해서는 성과관리팀에서 직접 해당 기관을 방문하거나 서면으로 성과 코칭을 실시한다.

또한 성과관리팀은 조직 성장 기여도, 목표달성도, 잘한 점, 미흡한 점 및 개선 사항

9) 성과관리 전략계획은 5년 중장기 계획이고, 성과관리 시행계획은 1년 단기 계획이다.

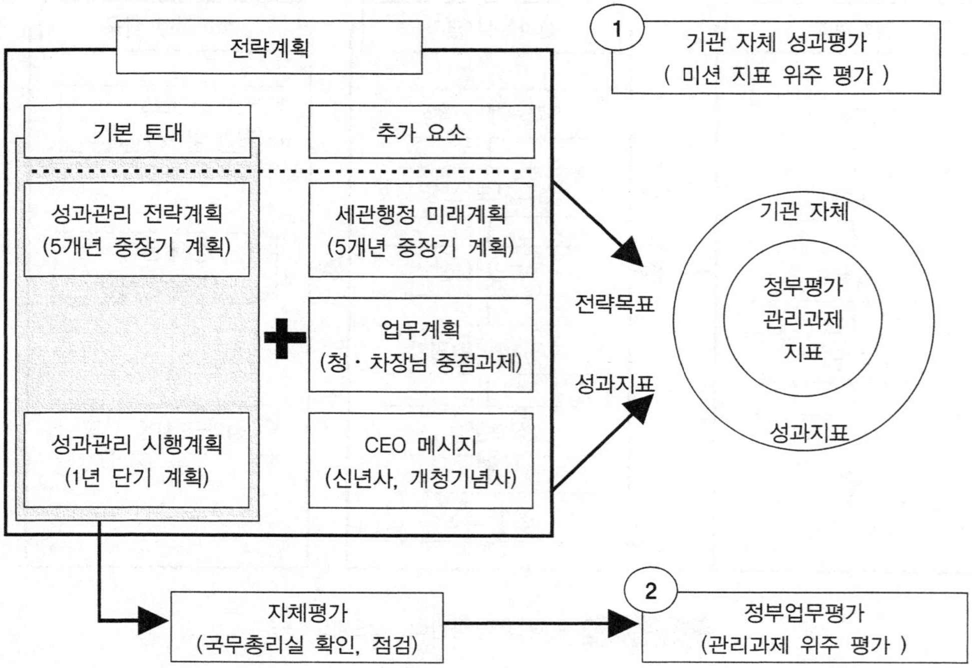

그림 4-3 전략계획과 성과평가

등을 담은 성과분석보고서를 반기별로 작성하여 성과관리위원회(차장 및 국 · 실장) 및 청장에게 보고하고, 차년도 정책 수립, 제도 개선 및 성과급의 차등 지급 등에 활용된다.

국무총리실 주관 정부업무평가는 단기(1년) 성과목표 및 관리과제의 지표 위주로 평가하지만 관세청 자체 성과관리는 기관(미션) 지표 위주로 기관 운영상 필요한 성과지표들을 모두 포괄하여 관리하는 구조적 차이가 있다. 구체적인 내용은 [그림 4-3]과 같다.

2 관세청 전략 체계

관세청 전략 체계는 「정부업무평가 기본법」에 의한 성과관리 시행계획 수립 시 작성한 전략 체계를 기본으로 하고 있다. 2012년 관세청 성과관리 전략 체계를 보면, 구체적인 내용은 [그림 4-4]와 같다.

[임무] 튼튼한 경제, 안전한 사회를 위한 관세국경관리

- 국가재정과 국민의 경제를 보호하고(Protection)
- 사회 안전과 국민생활 위해 요소의 유입을 차단하며(Prevention)
- 합법적인 국제교역과 여행자 이동을 촉진한다(Promotion)

[비전] 선진 무역강국을 실현하는 World Best 관세청

- 보다 빠르게, 보다 안전하게, 보다 편안하게 -

전략목표 I	전략목표 II	전략목표 III	전략목표 IV	전략목표 V
FTA 총력 지원 체계 운용으로 FTA 효과를 극대화한다	**선진 통관 체계 확립으로 무역 1조 달러 국가 위상을 제고한다**	**국가 재정수입 확보와 관세행정 지원 확대로 공생 발전을 구현한다**	**철저한 관세국경관리로 불공정 무역을 척결하고 민생 안정을 도모한다**	**관세행정 국제화와 개도국 지원 확대로 국제 관세행정을 선도한다**
[성과목표 I -1] 한-미 FTA 효과의 조기 가시화 추진	[성과목표 II -1] 무역 규모 증가에 따른 통관·물류 프로세스 개선	[성과목표 III -1] 공생 발전을 위한 관세행정 지원 확대	[성과목표 IV -1] 수입물가 안정을 위한 관리대책 적극 추진	[성과목표 V -1] 글로벌 관세행정 표준화 선도
[성과목표 I -2] 수출 지원을 위한 FTA활용 인프라 확충	[성과목표 II -2] 기업과 여행자 편의 제고를 위한 통관 서비스 확대	[성과목표 III -2] 자발적 협력에 기반을 둔 납세환경 조성	[성과목표 IV -2] 국민건강 위해물품에 대한 통관관리 강화	[성과목표 V -2] 관세행정 성공 경험 공유 등 개도국 지원 강화
[성과목표 I -3] 수출입물품에 대한 원산지 검증 강화		[성과목표 III -3] 고위험 세액 탈루에 대한 대응 강화	[성과목표 IV -3] 국제 금융범죄 등 불법 대외거래 감시 단속 강화	[성과목표 V -3] 기업경쟁력 강화를 위한 맞춤형 관세외교 전개

그림 4-4 관세청 성과관리 전략 체계

3 성과지표 개발 절차 및 측정 방법

1) 성과관리 조직

성과지표 개발 절차를 살펴보기에 앞서 관세청의 성과관리 자체 운영조직과 그 역할을 간략히 살펴보고자 한다. 먼저, 성과관리 기본 방향 심의 및 평가 결과 확정 등 최고 의사결정기구로 성과관리위원회(위원장: 차장, 위원: 국장)를 두고 있고, 그 아래 지표 개선, 목표값 조정 등 실무적 조정을 위해 성과관리실무위원회(위원장: 기획조정관, 위원 각국의 주무과장)가 있다. 성과관리위원회는 성과관리 및 성과평가 기본 방향, 전략목표 변경, 전청 성과지표 조정 및 목표 설정, 평가군 간 평가 결과 확정, 조직 및 부서의 가감점 확정 등의 사항을 심의·의결한다.

또한 성과관리 가이드라인, 성과지표 개발, 목표값 조정 및 성과평가 관리 등을 전담하는 성과관리팀이 있으며, 전략목표와 성과지표 발굴, 실적을 관리하는 본청 국(실)과 이를 집행하는 세관조직으로 구성되어 있다. 구체적인 내용은 [그림 4-5]와 같다.

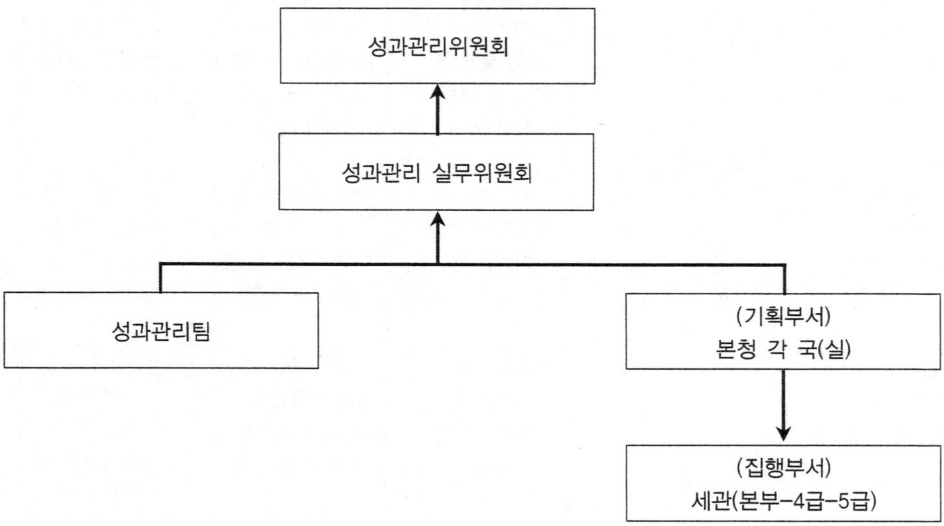

그림 4-5 성과관리 운영조직

관세청은 2006년 1월 성과관리 전담조직인 성과관리담당관을 신설했고, 2009년 5월 대(大)과 체제로 전환하면서 기획재정담당관실 내에 정원 4명의 성과관리센터로 개편했다.

성과관리센터는 일관성 있고 체계적인 성과관리를 위해 「정부업무평가 기본법」에 의한 정부업무평가, 「국가재정법」에 의한 재정 성과관리 및 관세청 내부 성과관리 업무를 분장하고 있다. 관세청의 성과관리 전담조직은 성과관리 기반이 정착되고 정책부서 주도적으로 성과관리가 운영되면서 점차 축소되었다. 구체적인 내용은 <표 4-2>와 같다.

표 4-2 관세청 성과관리 전담조직 연혁

조직명	정원	시행 일자	분장사무
성과관리담당관	7명	2006.1.2	- 성과관리 기본 계획의 수립 · 조정 및 총괄 - 통합성과관리 시스템 구축 · 운영 - 성과관리 지표 개발 평가 - 관세행정의 목표관리 및 성과측정
성과관리팀	6명	2008.2.29	
성과관리센터	4명	2009.5.1	

관세청은 성과평가의 공정성 및 수용성을 제고하고 성과관리의 방향성을 제시할 수 있도록 기관 및 부서의 비계량 자체 지표에 대해서는 외부 평가단에 의한 평가를 원칙으로 한다.

2012년 현재 관세청은 기관 56개, 국 · 실 · 과 등 부서 245개, 해외 관세관 10개 등 전체 311개 조직을 자체 성과관리 대상기관으로 하고 있다. 구체적인 내용은 <표 4-3>과 같다.

표 4-3 관세청 자체 성과관리 대상기관 (2012년 7월 현재)

구분	기관					부서				관세관	합계
	본청 · 직속기관	본부 세관	4급 세관	5급 세관	소계	본청 · 직속기관과	세관국	세관과	소계		
대상 수	10	6	24	16	56	39	14	192	245	10	311

※ 고성세관 · 서울세관 특수조사과는 성과관리 대상 제외.

2) 성과지표 개발 절차 및 측정 방법

관세청의 성과지표 개발 절차는 성과관리 시행계획상의 성과지표를 기관 자체 성과지표로 설정하고, 그 밖에 고유 업무와 기관 운영에 필요한 지표를 추가하는 방식이다. 또한 정책이나 사업의 목표 달성도를 객관적·정량적으로 측정할 수 있는 계량지표를 중심으로 설정하고, 성과 달성 과정, 노력도 및 기여도를 정성적으로 측정하는 비계량지표를 보완하는 방식이다.

본청 국(실) 및 과 단위 성과지표 총괄표 초안이 마련되면 이를 성과관리팀과 성과지표의 타당성을 여러 차례 협의하여 결정한다. 성과지표가 결정되면 이후 합리적인 목표값 수립 모델을 활용하여 성과지표별 목표값과 가중치를 설정하게 된다. 이렇게 해서 전청과 각 (국)실별 성과지표 총괄표가 마련되면 성과관리위원회에 상정하여 최종 확정하게 된다.

본청 단위의 성과지표가 확정되면 성과관리팀에서는 본청의 각 국(실)의 성과지표 중 일부 지표는 산하 세관에 캐스케이딩(cascading)하는 방식으로 세관의 성과지표와 가중치 초안을 만들어서 세관에 의견을 조회한다. 각 세관은 자체 실정을 고려하여 성과지표와 가중치에 대한 조정 또는 개선 의견을 제시하고 성과관리팀과 여러 차례 조정 절차를 걸쳐 최종 세관별 성과지표 총괄표를 확정한다. 성과지표가 확정되면 본청의 각 국(실)에서는 합리적인 목표값 배분 모델을 활용하여 세관별 목표값을 적정하게 배분하여 각 세관에 시달하게 되고 세관은 환경 및 여건 등을 고려하여 목표값을 조정하거나 최종 합의하게 된다. 이런 과정을 걸쳐 전청 성과지표 총괄표 아래 정책기획 중심의 본청 국(실) 및 과 단위 지표 총괄표가 만들어지고, 집행기관인 세관과 세관의 국(과) 단위 지표 총괄표가 만들어지게 된다.

다음은 성과지표 측정 방법에 대해 살펴보면, 성과지표의 측정 유형은 크게 정량(계량)지표와 정성(비계량)지표로 구분된다. 계량지표는 대부분 업무 실적 데이터베이스(data warehouse)에서 측정 산식에 맞게 데이터를 가져와 일정 주기(일, 월, 반기, 연)별로 시스템에서 자동으로 측정한다. 반면 정성(비계량)지표는 반기별로 정성지표의 착안점을 고려하여 평가보고서를 작성하면 외부 평가위원들이 평가한다.

계량지표는 하나의 요소(인원, 시간, 금액, 등급, 달성률 등)만 측정하는 단순지표와 여러 측정 요소 간 업무의 난이도나 중요도 등을 고려하여 가중치를 두어 주로 점수로 측정하는 복합지표(지수)가 있다. 한편, 평가 대상 여부에 따라 평가 대상인 책임지표와 단순 모니터링 대상인 관리지표로 구분하고 있다.

성과지표는 업무 실적의 평가 방법에 따라 최종값, 누적값, 누적 평균값으로 구분하기도 한다. 2012년 관세청 전청 지표와 본부세관의 성과지표 총괄표를 활용하여 각 성과지표의 측정 산식 및 착안점을 살펴보고자 한다. 이를 구체적으로 정리하면 <표 4-4>와 같다.

최종 성과지표 설정이 완료되면 성과지표는 성과관리 업무 시스템에 등재되어 각 기관 및 부서별로 관리한다. 지표의 산식 및 착안점, 전산 시스템에서 자동으로 데이터를 가져오기 위한 실적 계산식 등 지표에 대한 상세한 정보는 성과지표 정의서에 등록한다. 성과지표 정의서를 보면 지표의 생성, 수정 및 폐지 등 해당 지표의 이력을 알 수 있다. 성과지표의 이력관리를 통해 성과지표의 생성 이후 변경 내용을 알 수 있다.

성과지표에 대한 개선 절차를 살펴보면, 각 세관에서는 매월 성과지표 점검회의를 실시하고 진행 과정에서 지표 및 목표값에 문제가 있는 경우 수시로 개선 의견을 본청 업무 국(실)과 성과관리팀에 제출할 수 있다. 일반적으로 6월 말 기준 중간점검 시에 불합리하거나 오류가 있는 지표에 대해서는 성과관리실무위원회에 상정하여 논의를 거쳐 수정·보완한다. 또한 연간 성과평가(12월) 이후 성과분석 결과를 토대로 연초(1~2월)에 성과지표를 개선한다. 또한 성과평가를 위한 실적 검증 과정이나 감사관실의 동향 파악을 통해 성과지표로 인한 업무가 왜곡되는 사례들이 발견되는 경우 가급적 빠른 시간 내에 성과지표를 보완하게 된다. 이렇듯 성과지표에 대한 개선 활동은 지속적으로 일어나고 있다.

한편, 정부업무 성과관리(국무총리실 주관)와 관련된 성과지표는 대부분 단기 (1년) 실행 과제 위주로 매년 성과지표가 변경되며, 지표 및 목표값 설정 후 중간에 변경 절차를 두고 있지만 현실적으로 변경하기는 쉽지 않은 편이다(이석문, 2010).

3) 성과감사 및 성과 모니터링

성과관리센터 주관 실적 검증 또는 감사관실의 성과감사를 통해 실적을 허위 또는 과대 계상 등록한 사실이 확인된 경우 기관(부서)장의 점수를 지표 건당 최대 5점 이내에서 감점 기준을 엄격하게 적용한다.

표 4-4 관세청의 성과지표 총괄표

전략(성과) 목표	핵심 성과지표(KPI)	유형	평가 주기	단위	평가 방식	지표 구분	가중치	목표값
자발적 협력에 기반을 둔 납세환경 조성	1. 세수 징수액	계량	Y	백만원	누적값	관리	0	
	2. 정비한 품목 분류 기준 수	계량	Y	개수	3	책임	4	
국민건강 위해물품에 대한 통관관리 강화	1. 수입 핵심 적발 점수 * Σ(검사건의 검사 결과 핵심 적발건 가중치)	계량	Y	점수	누적값	책임	4	
	2. 원산지 표시 단속 적발 실적	계량	Y	점수	누적값	책임	4	
	3. 보세구역 현장 점검률	계량	Y	%	최종값	책임	4	
	4. 수입물품 유통이력 미신고관리 평가점수	계량	Y	점수	최종값	책임	4	
고위험 세액 탈루 분야에 대한 대응 강화	1. 정기 법인심사 적발 실적(평가점수) * Σ(탈루 추징 점수 + 법규 위반 적발 점수)	계량	Y	점수	누적값	책임	4	
	2. 통관 적법성 기획심사 적발 실적 * Σ(탈루 추징 점수 + 법규 위반 적발 점수)	계량	Y	건수	누적값	책임	4	
국제 금융범죄 등 불법 대외거래 감시단속 강화	1. FTA에 편승한 불공정무역사범 단속 실적 * FTA특례사범 + 관세사범 + 대외무역사범 + 지재권사범 적발 실적	계량	Y	등급	누적값	책임	4	
	2. 반사회적 외환사범 단속 평가점수 * 자금 세탁, 재산 국외 도피, 무등록 외국환 업무, 대외무역법 43조를 위반(외화 도피 목적)한 수출입 가격 조작	계량	Y	등급	누적값	책임	4	
수출입물품에 대한 원산지 검증 강화	1. 수출입물품 원산지 검증 실적(업체 수) * Σ(원산지 검증 착수 업체 수 + 원산지 검증 완료 업체 수 + 수출 원산지 검증 완료 업체 수)	계량	Y	업체 수	누적값	책임	4	
	2. 원산지 사전진단 서비스 제공 실적 * Σ(원산지 사전진단 완료 실적 업체 수)	계량	Y	업체 수	누적값	책임	4	
수출지원을 위한 FTA 활용 인프라 확충	1. 중소기업용 원산지관리 시스템(FTA-PASS) 사용 서류 발급 실적 o FTA-PASS를 이용한 원산지증명서(기관, 자율 발급), 원산지 확인서, 국내 제조확인서 발급 실적(발급 건수, 누적)	계량	Y	건수	누적값	책임	4	
	2. 인증 수출자 지정 실적 및 사후관리 * Σ(업체별 인증 수출자 신규 지정 + 품목별 인증 수출자 신규 지정 + 협정 및 대상품목 추가 + 旣인증 기업 대상 정보분석 및 원산지 사후관리 등 현지 지원)	계량	Y	점수	누적값	책임	4	
한-미 FTA 효과의 조기 가시화를 위한 직접지원 강화	1. FTA 통관 애로 해결 실적	계량	Y	점수	누적값	책임	4	
수입물가 안정을 위한 관리대책 적극 추진	1. 병행 수입물품 통관 인증 업체 수 * 통관 인증 병행수입 업체 수	계량	Y	업체 수	누적값	관리	0	

전략(성과) 목표	핵심 성과지표(KPI)	유형	평가 주기	단위	평가 방식	지표 구분	가중치	목표값
공생 발전을 위한 관세행정 지원 확대	1. 중소기업 공인 지원 업체 수 * 공인 획득 지원사업의 직접 지원을 받아 공인받은 업체 수(부문별) + 교육, 상담 등 간접 지원을 받아 공인을 받은 업체 수(부문별)	계량	Y	업체 수	누적값	책임	4	
기업과 여행자 편의 제고를 위한 통관 서비스 확대	1. ACI 국제공항 서비스 품질 평가 * ACI의 ASQ(세관 부문) 평가 결과	계량	Y	%	최종값	책임	4	
기업경쟁력 강화를 위한 맞춤형 관세외교 전개	1. 핵심 통관 애로 사항 해소율 * 통관지원센터 해소율 = (핵심 해외통관 애로 사항 해소 건수/핵심 해외통관 애로 사항 접수 건수)	계량	Y	%	최종값	책임	4	
	2. AEO 상호 인정 국가 수	계량	Y	국가 수	누적값	책임	4	
무역 규모 증가에 따른 통관·물류 프로세스 개선	1. 예비타당성 통과 달성도	계량	Y	점수	최종값	책임	4	
	2. Two-track 기반 업체별 평가 기준 마련	계량	Y	마련 여부	평가 기준 마련	최종 값	4	
관세행정 성공 경험 공유 등 개도국 지원 강화	1. 전자통관 시스템(UNI-PASS) 해외 수출 국가 수 * 국가 수 = 시스템 구축 국가 수 + 시스템 설계 컨설팅 국가 수	계량	Y	국가 수	누적값	책임	4	
	2.개발 경험 공유사업(KSP) 컨설팅 국가 수 * 기획재정부 주관 KSP컨설팅 사업에 우리청 전자통관 제도(시스템) 선정 및 해외 컨설팅 국가 수	계량	Y	국가 수	누적값	책임	4	
글로벌 관세행정 표준화 선도	1. 국제회의 아국 의제 발표 및 채택 건수 * WTO, WCO, APEC, ASEM, ASEAN 등 관세 분야 다자 국제회의 등	계량	Y	건수	누적값	책임	4	
관세행정 정책 역량 강화	1. 전청 업무계획 이행률 * (완료 과제/전청 업무계획 관리과제)×100	계량	Y	%	최종값	책임	4	
국민이 체감하는 관세행정 서비스 확대	1. 관세행정 청렴도 평가 등급 * 국민권익위원회 공공기관 청렴도 측정 결과 평가 등급	계량	Y	점수	최종값	책임	4	

※ 측정(평가)주기: 매월(M), 분기(Q), 반기(H), 연간(Y)
※ 출처: 관세청 2012년 성과지표 총괄표.

또한, 사후적 실적 검증 및 평가보다는 업무 효율성과 성과 향상을 유인하는 사전적 점검 및 분석을 통해 정책 추진 과정상 성과 미흡 원인 및 문제점을 적기에 개선하고 보완하도록 조치함으로써 성과가 향상될 수 있도록 적극 지원하고 있다. 분기별 본청은 업무계획 이행 실태 점검과 성과관리 시행계획 자체 점검을 실시하고, 소속기관은 성과지표별 목표달성도 자체 점검을 실시한다.

각 기관은 자체적으로 모든 계량지표에 대해 중간 점검을 실시하여 목표달성도를 점검하고, 달성도가 미흡한 지표에 대해 부진 원인을 분석하고, 성과 향상 대책을 수립하고 있다. 또한, 중간점검을 통해 전략 실행 과정에서 나타난 성과지표의 문제점을 점검하고, 정책환경 변화로 성과관리에 심각한 영향을 끼치는 경우에는 성과지표 또는 목표값을 수정하는 등 적극적으로 개선 방안을 강구하고 있다.

4) 성과평가 체계

성과평가는 매년 6월 말 기준 중간점검과 12월 말 기준 종합(연간)평가로 연 2회를 실시했다. 중간점검은 각 기관별 계량지표의 반기 목표달성도를 측정하고, 성과 모니터링을 통해 성과관리가 불합리한 점을 개선하고, 성과가 미흡한 지표에 대해서는 해당 기관(부서)이 원인 분석 및 성과 향상 대책을 수립해야 한다. 중간점검 결과는 평가에는 반영하지 않는다. 이를 정리하면 <표 4-5>와 같다.

표 4-5 관세청의 성과평가 체계

구분	중간점검	연간평가
평가 시기	매년 7월	익년도 1월
대상 기간	1.1~6.30	1.1~12.31
결과 활용	목표의 적정성 점검	성과급 차등 지급 및 포상

조직의 업무 기능이 유사한 조직 간에 성과에 대한 객관적인 비교가 용이한 조직을 동일 평가군으로 편성했다. 성과관리 대상 총 311개 조직을 조직 규모, 업무 특성 등을 고려하여 본청, 직속기관, 세관 및 관세관 등 8개의 평가군으로 구분했고, 세관 과장은 과별 업무 특성을 고려하여 10개 평가군으로 세분화했다. 구체적인 내용은 [그림 4-6]과 같다.

성과평가 지표는 계량지표를 위주로 설정하여 목표달성도를 측정하는 계량지표와 계량지표로 나타낼 수 없는 정성적인 요소를 보완하기 위해 비계량지표로 구분된다. 구체적인 내용은 <표 4-6>과 같다.

평가군(8)

1 본청국실장(7)+직속기관장(3)
2 본청과장(25)+직속기관과장(14)
3 본부세관장(6)
4 세관국장(14)
5 4급세관장(24)
6 세관과장(192)
7 5급세관장(16)
8 관세관(10)

본부세관(6)

① 통관부서(33)
② 심사부서(22)
③ 조사부서(32)
④ 지원부서(12)
⑤ 홍보담당관(4)
⑥ 분석관실(5)

4급 세관(2)

⑦ 통관부서(27)
⑧ 조사심사(23)

공통(2)

⑨ 감시부서(14)
⑩ 휴대품검사(20)

그림 4-6 평가조직과 세관의 평가군 현황

표 4-6 조직별 평가지표 체계

평가 대상	계량지표		비계량지표	
	조직 성장 기여도	목표 달성도	조직 성장 추진 과제 수행도	조직 성장 추진 협력도
본청 국실/직속기관	–	60	30	10
본청 · 직속기관 과	–	60	30	10
본부세관	30	40	20	10
본부세관 국	–	60	20	20
4급 세관	20	50	20	10
5급 세관	10	60	20	10
세관 과	–	90	–	10

(1) 계량지표 평가 방법

계량지표는 전체 240개 지표 중 233개로 설정되었는데, 목표달성도 지표와 조직성장 기여도 지표로 구분된다. 목표달성도는 목표 달성률에 따라 구간 점수를 부여하는데, 목표를 100% 이상 달성하면 만점을 부여하는 방식으로 전체 233개 중 224개로 설정되었다. 구체적인 내용은 <표 4-7>과 같다.

표 4-7 목표달성도에 따른 평가점수 부여 기준

목표 달성률	100% 이상	97.5%~ 100% 미만	95%~ 97.5% 미만	92.5%~ 95% 미만	90%~ 92.5% 미만	…	50% 이하
평가점수	100점	97.25점	95점	92.5점	90점	…	50점

목표달성도 평가는 성과 추진 과정에서 조기에 목표를 달성하게 되면 추가적인 실적을 창출할 경우 차기 목표치가 높게 설정되므로 차기로 실적을 이월하거나 태만하게 되는 문제점이 나타났다. 이를 개선하고 성과 창출을 극대화하기 위해 조직 성장 기여도 지표를 도입했다.

조직 성장 기여도 지표는 조직 성장을 위해 핵심적인 활동지표를 대상으로 세관별 '목표 초과 달성도'와 '1인당 실적'을 복합적으로 평가하여 1위 세관 대비 상대 점수를 부여하는 방식으로 성과의 효과성과 효율성을 동시에 평가하는 방식이다.

(2) 비계량지표 평가 방법

첫째, 관세청의 전략목표를 달성하기 위해 추진한 과제 수행도 및 성과를 평가하는 '조직 성장 추진과제 평가'이다. 업무 인지도와 평가의 공정성을 기하기 위해 평가자를 '본청 국실장' 및 '직속기관장'은 내부위원 평가(50%)와 외부위원 평가(50%)로 구성하고, 기타 평가군은 외부 위원 평가(100%)만으로 구성하고 있다. 구체적인 내용은 <표 4-8>과 같다.

표 4-8 조직 성장 수행 노력도 평가지표 현황

평가군	본청 국실장, 본부세관장	본청 과장	직속기관장, 4급 세관장	직속기관 과장, 5급 세관장
과제 수	3개	2개	2개	1개

기관·부서별로 조직 성장을 위해 추진한 주요 과제에 대해 수행 노력도 및 성과를 정성적으로 평가한다. 평가 과제 수는 조직의 규모에 따라 1~3개를 작성하고, 평가 항목은 계획(20%), 활동(30%), 성과(50%)로 구성된다. 구체적인 내용은 <표 4-9>와 같다.

조직 성장 추진 협력도 평가 시 정부업무평가 관리과제(특정평가 및 자체평가)를 수행하는 기관 또는 부서의 경우에는 정부업무평가 결과로 갈음하도록 하여 성과관리 체계를 정부업무평가 체계와 연계하고 있다.

둘째, 상위 기관장이 하위 조직의 기여도 및 협력도를 평가하는 것이 '조직 성장 추진 협력도 평가'이다. 조직 성장 추진 협력도를 도입한 배경으로는 조직의 성과는 원

표 4-9 평가 항목 및 배점 기준

계획 (20%)	ㅇ 계획 수립의 적정성 – 추진 목적 및 상위 전략과의 연계 • 과제를 추진함으로써 달성하고자 하는 정책 목적 기재 • 과제와 연계되는 전청 전략 기재 – 환경분석 및 고객 의견 수렴 등을 통한 계획 수립 • 내외부 환경분석 · 고객 의견 수렴 등 계획 수립 절차 및 내용 기재
활동 (30%)	ㅇ 조직 성장 활동의 충실성 – 추진 실적 • 수립된 계획이 조직 성장과 이어지도록 행한 활동의 충실성 위주로 기재 – 과제 수행 노력 및 장애 극복 사례 • 기관(부서)의 지원, 효과적인 과제 수행 체계 구축 등 일상적인 업무 수행 이외에 과제 수행을 위해 추가로 투입된 노력을 기재 • 환경 변화, 이해관계자 간 갈등 등 장애에 대한 극복 노력을 기재
성과 (50%)	ㅇ 조직 성장 활동의 성과 – 조직 성장 기여 내역 기재(대표적 성과 중심) • 계획–활동과 상호 인과관계를 잘 표현하고 대표적 성과를 구체적으로 기재(투입 대비 결과(output) 및 산출(outcome)을 구체적으로 제시) • 과제의 성과가 계획 부분의 상위 전략 달성에 기여한 정도 기재

칙적으로 계량적으로 측정을 하지만, 계량지표로 나타낼 수 없는 성과를 정성적으로 평가하기 위한 평가 항목이다. 상위 기관장이 하위조직의 성과 기여도, 업무협력도 등을 정성적으로 평가한다. 청 · 차장은 본청 국(실)장 및 직속기관장을 평가하고, 본청 업무국은 본부세관장 및 본부세관 국장을 평가한다. 본부세관장은 본부세관 국장 및 권역 내 세관장을 평가하고, 본부세관 국장 및 4급 세관장은 소속 과장을 평가한다.

5) 최종 평가점수 산출

본청 국(실)장, 직속기관장, 세관장은 당해 기관 평가점수의 100%를 적용한다. 그러나 기관장 하부 조직인 과장, 본부세관 국장은 기관장의 평가점수 30%와 당해 부서 평가점수 70%를 각각 합산하여 평가한다. 이와같이 부서 단위 평가에 기관장의 점수를 적용하는 이유는 부서 이기주의를 극복하고, 상호 협력하여 기관의 성과 창출을 적극적으로 유도하기 위한 것이다.

4 성과보고와 평가 결과의 활용

성과관리팀은 매년 기관(조직)별 성과지표 달성도를 측정하고, 조직 성과 기여도 등을 분석한 성과관리 종합평가보고서를 작성한다.

이 보고서는 정책 개선, 조직관리, 지표 개선 등 조직을 운영하는 주요 의사결정권자들의 의사결정 자료로 제공하는 성과분석 보고서와 성과급 지급 등급 결정, 성과우수기관·부서 및 개인에게 포상금 지급 및 표창 수여, 기관별 시간외 수당, 식대, 업무추진비 등에 활용하는 성과평가보고서로 구성되어 있다.

성과평가 결과 활용 예를 살펴보면 4급 이상은 성과지표에 대해 통합성과관리(CPM) 성과지표로 직무성과 계약을 체결하여 성과연봉 등급 결정 시 조직 성과 40%, 업무 능력 40%, 역량 20%를 각각 반영하고 있고, 5급 이하 직원에게는 성과상여금 지급 시 예산의 50%는 조직 성과 부서 등급 결과에 따라, 나머지 50%는 개인별 성과 등급에 따라 각각 지급한다. 원칙적으로 승진, 전보 등 인사에는 사용하지 않도록 하고 있다.

제 4 절 제도의 성과, 문제점 및 개선 방안

1 제도 운영의 성과

1) 성과 중심의 조직문화 형성

2006년 성과관리제도 도입 초기에는 성과관리센터에서 주도적으로 성과관리를 이끌어 갔으나, 7년간 성과관리 운영 경험으로 역량이 높아지면서 정책 부서가 주도적으로 성과관리 시스템을 전략 실행 수단으로 활용하게 되었다.

성과관리센터는 운영계획의 수립, 성과 모니터링, 성과평가, 환류 등 성과관리제도를 총괄하여 운영하고, 업무국은 성과지표 관리의 주체로 인식이 전환되었고, 성과목표의 측정 수단으로 성과지표가 정책의 대표성이 높고 합리적인 목표값 설정을 통해 정책이 실행되도록 하고 있다. 일선기관은 조직, 부서에 설정된 성과지표를 달성하기 위해 모든 조직원이 일사불란하게 전략 실행에 집중하는 조직으로 변모해 가고 있다.

2) 전략을 모든 구성원의 일상 업무로 전환

세관 직원들은 성과지표(KPI)에 따라 일한다. 성과지표에 빠진 일은 우선순위에 멀어진다. 성과지표와 목표값이 배분되면 성과지표의 산식을 분석하고 성과지표의 목표 달성 방법은 연구한다. 관리자가 직원 간의 대화에서 가장 많은 부분은 어떻게 자신의 부서에 시달된 성과목표를 달성하느냐 하는 것이 되었다. 성과지표는 관리자와 직원 간의 중요한 의사소통 언어가 되었다.

비계량지표의 경우에도 상위 성과목표를 바로 인식하고 연초에 지표별 운영계획을 수립하고 체계적인 활동을 통해 성과를 거두는 방식으로 일하는 방식이 개선되었다. 결론적으로 전략실행력이 높아졌다.

3) 전략 실행을 지속적으로 관리하는 프로세스 정착

성과관리팀은 중간점검, 연말 종합평가, 현장 점검 및 워크숍 등 지속적인 성과관리 활동을 통해 성과지표 및 평가 체계의 운영 현황을 지속적으로 관리한다. 이런 과정을 통해 문제점을 신속히 파악하고, 성과 왜곡을 방지한다. 성과에 대한 올바른 보상을 통해 구성원들의 일에 대한 동기를 유발하고, 지나친 경쟁에 따른 피로감을 방지하도록 지속적인 변화관리를 한다.

본청 산하 본부세관에서도 통상 분기별로 성과점검회의를 실시하며 부서장 및 산하 세관장은 목표달성도와 부진 지표에 대한 원인과 대책 등에 대한 보고가 일상화되어 가고 있다. 이와 같은 과정을 통해 피드백과 학습이 자연스럽게 이루어지고 있다.

4) 지속적인 조직 성과 창출

통합성과관리 체계 도입 후 관세청은 매년 전략목표를 대부분 초과 달성하여 높은 성과를 거두고 있다.

한편 전략목표 달성률은 단기적인 조직의 운영 상황은 파악할 수 있지만 장기적인 관점에서 조직이 지속적으로 성장하고 있는지 파악하기 곤란한 점을 인식하고 2008년부터 조직성장지수[10]를 도입하여 조직의 성장도를 측정했다. 2010년 조직 성장 8대 테마별 조직 성장 지수를 합산·평균하여 종합 성장지수를 도출한 결과 기준 연도(2006년) 대비 278% 수준(약 2.78배) 성장한 것으로 나타났다.

5) 성과관리 우수기관으로 자리매김

관세청은 통합 성과관리 체계의 구축 및 성공적인 운영으로 2006년 BSC 대상 수상, 2009년 세계 BSC 명예의 전당(Hall of Fame)상을 수상했고, 2007년부터 2010년까지 4년 연속 국무총리실 주관 성과관리 우수 부처로 선정되었다.

표 4-10 관세청 성과관리 주요 성과

- WCO(World Customs Organization)「관세청 성과관리모델 성공 사례」 발표(2010)
- ISA(Institute for Solidarity in Asia)「관세청 성과관리모델 성공 사례」 발표(2010.3)
- 『2009 세계 BSC 명예의 전당(Hall of Fame)』 수상(2009.10)
- 국무총리실 주관 4년 연속 성과관리 우수 부처 선정(2007~2010)
- 관세청 고유의 BSC 기반 성과관리모델 특허 획득(2008.5)
- 대한민국 BSC 공공 부문 대상 수상(2006.6)

2 문제점 및 개선 방안

관세청 통합성과관리 운영상 문제점을 전략 체계, 관리 체계 및 보고 체계로 구분하여 살펴보면 정부업무평가와 기관 자체 성과관리의 목표 체계가 성과관리 시행계획으로 일원화되면서 전략 체계의 문제점은 상당 부문 해소되었다. 하지만 매년 상승하는 목표값 설정과 실적 왜곡 현상을 방지하기 위해 관리 체계의 개선은 시급한 상황이다. 또한 성과분석 등 보고 체계도 향후 꾸준한 노력을 통해 발전시켜야 할 과제이다.

---

10) 조직성장지수=(당해 연도 실적 / 기준 연도(2006년) 실적)×100

1) 문제점

(1) 세관 업무의 특성이 반영되지 않고 매년 상승하는 목표값

FTA 무관세 시대 도래 등 관세 환경은 점점 악화되어 가고, 세관 인력은 한정되어 있는데도 불구하고 목표값은 매년 높여 설정한다. 이는 성과관리 시행계획 수립 시 목표값을 최근 3년 평균보다 일정 수준 이상 높게 잡아야 좋은 평가를 받도록 되어 있는 점과 재정 성과계획서에 대한 감사원의 성과 검증 시 목표값을 최근 3년 평균 대비 일정 비율 이상 높이지 않으면 지적을 받을 수 있기 때문이다. 정부업무평가와 재정 성과 검증이 지나치게 미시적으로 경직되게 운영되면서 나타나는 문제점이다. 이로 인해 직원들의 심리적 부담과 업무 피로감이 가중되고 있다.

(2) 조직 성장 기여도 지표의 목표(초과) 달성도 평가에 따른 경쟁 심화

조직 성장을 위한 견인장치로서 2008년부터 새롭게 개발한 조직 성장 기여도 지표는 목표달성도(60%)+목표 초과달성도 (20%)+1인당 생산성(20%)로 평가하도록 설정되었다. 2011년도에는 경쟁 유발을 최소화하는 측면에서 목표 초과달성도와 1인당 생산성을 복합평가(60 : 40%)하는 방식으로 개선했음에도 불구하고, 평가 방법이 상대 평가이다 보니 직원들은 좋은 성과를 받으려면 무한경쟁을 하게 되고, 그로 인해 무리한 실적 채우기, 세관 간 경쟁 심화로 직원들이 지속적으로 불만을 제기하고 있다. 상대적 평가의 구조적 문제에 대한 개선이 필요하다.

(3) 성과 산출물에 대한 국민 체감도 저하

정부 부문의 성과는 민간 부문의 가격이나 이윤과 같이 화폐적 가치로 나타내기 곤란하다. 관세청은 수출입물품의 통관 적법성심사나 범칙 혐의 조사활동으로 위법행위 및 탈루 세액 추징 등 다양한 위반 사항을 동시에 적발하는 업무 특성이 있다. 이러한 활동의 산출물에 대해 적정한 성과지표와 목표값을 수립하는 것은 쉽지 않다. 따라서 정책의 대표성이나 포괄성을 확보할 수 있도록 적발 실적의 난이도와 정책 우선순위 등을 고려하여 복합지표를 개발하여 사용하는 경우가 많다. 이와 같은 복합지표는 정책을 추진하고 관리하는 측면에서는 매우 효과적인 성과지표이지만 국민의 입장에서는 그 성과를 쉽게 이해하거나 체감하기 어려운 면이 있다.

(4) 성과 왜곡 및 실적 부풀리기 현상

성과 목표값이 높아질수록 성과 왜곡이나 실적 부풀리기 현상은 더 심화될 수 있다. 이에 관세청 성과관리센터는 평소 성과 모니터링을 통해 왜곡 요소 등을 점검하고 있으며, 감사부서의 성과감사 활동 및 연말 성과평가 시 성과지표 실적 검증단을 구성하여 성과지표의 실적을 검증하고 있다. 하지만 제한된 시간과 인력으로 실질적인 성과 왜곡을 검증하는 데에는 한계가 있다.

(5) 성과평가 위주로 운영될 위험

성과관리의 운영 전담 인력이 줄어 심도 깊은 의미 있는 성과분석을 통해 피드백이 어려운 상황이다. 따라서 시스템에 의한 성과평가 위주로 운영될 위험성이 커지고 있다. 성과관리를 통한 조직학습과 성장이 위축될 수 있다.

2) 개선 방안

(1) 합리적인 목표값 설정 기준 및 검증 방법 개선

전략계획이 성과관리 시행계획으로 일원화되면서 성과관리 시행계획상의 성과지표와 목표값이 그대로 기관 자체 성과관리에 반영된다. 이런 상황에서 성과목표를 매년 상향하여 설정하는 가장 큰 이유는 정부업무평가의 성과계획을 수립할 때 목표값을 일정 비율 이상 높게 잡아야 좋은 평가를 받을 수 있고, 재정 성과계획서에 대한 감사원의 성과 검증 시에도 감사 지적을 받지 않으려 하기 때문이다.

따라서 이 문제를 개선하기 위해서는 먼저 정부업무평가의 목표값 설정 기준이 각 기관의 특성에 따라 좀 더 유연하게 운영될 있도록 개선하고, 감사원의 성과 검증도 성과지표의 대표성이나 목표값의 적정성 등 미시적 측면에서 벗어나 미국의 회계감사원(GAO)[11]과 같이 정책목표와 정책 수단의 적정성, 성과측정을 위한 중요한 행동(Critical Actions for Measuring Performance) 등과 같이 거시적 측면에서 성과분석을 통한 권고 의견 등을 제시하는 방향으로 개선이 필요하다(이석문, 2010).

아울러 목표값 수립 방식을 업무 특성과 환경이 목표값에 반영될 수 있도록 개선하고, 지표 유형별로 객관적이고 타당한 목표값 설정 절차를 마련할 필요가 있다.

---

11) GAO: Government Accountability Office.

(2) 지속적으로 성과지표 정교화

성과지표에 따른 구성원들의 행태분석을 통해 성과 왜곡 및 실적 부풀리기를 방지할 수 있도록 성과지표를 지속적으로 개선해야 한다. 특히 조직 성장 기여도 지표의 목표(초과)달성도 평가는 상대 평가로 인해 무한경쟁을 유발하고 있어 개선이 시급하다. 또한 복합지표로 인해 국민 체감도가 떨어지는 것을 개선하기 위해서는 복합지표가 대부분 산출 지표이므로 기관을 대표할 수 있는 결과 지표를 추가로 개발하여 보완할 필요가 있다.

(3) 성과분석 및 보고 체계 개선

성과 왜곡 및 실적 부풀리기 현상을 방지하기 위해 사후적 실적검증 강화뿐 아니라 사전적 점검 및 성과분석을 강화할 필요가 있다. 또한 지표 만족도 조사, 상시적 성과 모니터링 강화를 통해 왜곡 형태를 적기에 시정할 필요가 있다.

아울러, 성과제도나 시스템 개선만으로 성과 왜곡이나 실적 부풀리기를 막는 것은 현실적으로 한계가 있다. 중간관리자들이 성과관리가 제대로 작동될 수 있도록 관리활동(Plan-Do Check-Action)을 충실하게 수행해 주어야 한다. 따라서 관리자들에게 성과관리 기법 교육을 반복적으로 실시해야 하며 이를 위해 성과관리 교육과정은 더 강화할 필요가 있다. 관리자들의 성과관리 활동의 일상화가 향후 해결해야 하는 중요한 과제이다.

최근 성과분석 보고서에 대한 중요성과 활용성이 점차 떨어지는 것 같다. 성과분석 보고서에 대한 인식을 제고하고, 성과관리에 대한 국민의 책무성[12]을 높이기 위해서는 성과분석을 통한 보고 체계가 강화되어야 한다. 먼저 정책 방향 및 제도 개선 등에 필요한 의미 있는 정보를 제공하기 위해 보고서 꼭 담겨야 하는 내용, 보고서 형식 등 구체적인 보고서 작성 요령에 대한 가이드라인을 마련할 필요가 있다(이석문, 2010).

또한 실질적으로 우수한 성과정보를 생성하려면 성과관리팀 인력 보강을 해서라도 일상적인 성과관리 운영뿐 아니라 성과분석을 통한 성과보고서가 제대로 작성 및 적

---

12) 책무성은 공적 권위를 위임받은 자가 위임자에게 그의 임무나 활동에 대해서 설명 및 정당화하는 의무이고, 그것이 불충분한 경우에는 제제를 가할 수 있으며 또한 행위에 대한 해명 혹은 변명을 요구하는 것으로 목적에 대한 수단적 개념을 말한다(정우일, 1997).

기에 제공될 수 있도록 개선이 필요하다.

참고 문헌

가톨릭대학교 정부혁신생산성연구소(2008). 관세청 중장기발전전략 실행을 위한 성과관리모델 개발. 연구용역보고서.

관세청(2006~2011). 성과평가 결과 및 성과분석 보고서. 관세청 기획조정관실.

———(2007~2012). 성과관리제도 설명자료. 관세청 기획조정관실.

———(2009). 2009년도 BSC 운영 방향. 관세청 기획조정관실.

———(2009~2012). 성과관리지표 총괄표. 관세청 기획조정관실.

국무조정실(2007). 정부업무 성과관리 및 평가.

국무총리실(2012). 2009~2012년도 정부업무평가 시행계획(안).

웨슬리퀘스트(2009). 관세청 전략실행 및 성과관리 진단프로젝트. 연구용역보고서.

———(2010). 관세청 조직성장 측정 모델 진단. 연구용역보고서.

———(2011). 관세청 성과지표의 목표 설정 및 성과평가 체계 진단. 연구용역보고서.

이석문(2010). 국민책무성 제고를 위한 성과관리 국제비교 연구: 관세청 사례를 중심으로 성균관대학교.

정명환・육근호・주태순・전민식(2008). 정부부문의 BSC의 도입 및 운영에 관한 사례연구: 관세청 사례. 관리회계연구, 7(3): 107-150.

허만형・김주환・이석환(2008). 정부업무평가 기본 방향과 제도 운영에 대한 실태분석: 한국정책과학회보, 12(1): 1-18.

BSC연구회(2006). 한국형 BSC 성공사례 11. 삼성경제연구소.

Chapter 05

기관 성과관리 사례: 행정안전부*

제 1 절 제도 도입 배경 및 제도 변천사

행정안전부 부내 성과평가제도는 조직성과평가와 개인성과평가의 크게 두 부분으로 나뉘어 진행된다. 이 중 현재 운영되는 것과 같은 BSC 방식의 조직성과평가는 2005년 7월 조직원과 조직의 지속적 경쟁력 제고를 위한 객관적이고 체계적 성과평가 체계에 대한 요구에 따라 도입되었다. 이를 통해 단순한 업무 중심 평가뿐 아니라 조직이 필요로 하는 국민·고객 관점, 일하는 방식 개선(혁신) 관점, 학습과 성장 관점 등 다양한 역량 및 수행 과정에 대해 입체적인 평가가 가능하게 되었다.

2008년 이명박 정부의 출범과 함께 행자부, 비기위, 인사위, 정통부의 조직개편이 이루어지게 되면서 성과관리 체계 역시 함께 통합되었다. 이때 통합의 기본 방향은 행정안전부 BSC 방식을 기본 구조로 하되, 평가 체계를 가급적 간소화하고 인사관계 법령과의 합치성을 제고하는 방향이었다. 이는 관련 법령과의 마찰을 최소화하고 피평가자들의 평가 수용성을 높이기 위한 취지였다.

이후 2012년 현재까지 BSC 방식의 기본 구조를 유지하고 있으나 매년 조직이 추구하는 새로운 과제 또는 목표들을 평가 항목에 일부 반영하여 평가의 탄력성을 기하고 있는 실정이다.

---

* 홍자은: 행정안전부 성과고객담당관실

〈BSC(Balanced Scorecard, 균형성과표) 정의〉

- BSC는 1992년 미 하버드 카플란(Robert Kaplan) 교수와 노튼(David Norton)이 개발
- 재무지표 외에 비재무적 지표(고객 · 내부 프로세스 · 학습 성장)를 포함한 균형적인 관점에서 성과를 평가하는 방식

* BSC를 기반으로 공공기관으로서 행정안전부의 특성을 반영한 독자적 모델 설계

전통적인 BSC	행정안전부 BSC
재무 관점	정책 성과 관점
고객 관점	국민 · 고객 관점
내부 프로세스 관점	일하는 방식 개선 관점
학습과 성장 관점	학습과 성장 관점

* 행안부, 법제처, 법무부, 보건복지부, 환경부, 국세청, 관세청 등 14개 중앙행정기관 도입

제 2 절 제도 변천사(2008~2012)

1 2008년

기존 BSC 방식의 조직성과평가 체계의 기본적 틀은 그대로 유지하되 고객 분야와 일하는 방식 개선 분야의 세부 평가 항목들을 단순화시킴으로써 조직 통합 이후 피평가자들의 평가 수용도 및 평가제도에 대한 직관적 이해를 도모했다.

표 5-1 2008년 성과평가 체계

2008년 조직성과평가 체계			
관점 (가중치)	평가 항목 (가중치)	평가 방법	평가자
국민 · 고객 (20)	고객만족도(10)	과별 기관 · 민원 고객을 대상으로 전문성, 신뢰성, 체감 만족도 등 조사	
	민원처리 만족도 (CRM)(6)	민원인이 행정안전부 홈페이지 등을 통해 질의하고 응답 만족도를 실시간으로 평가	

	전화 친절도(4)	민원고객 가장한 전화 문의에 대한 응대 신속성, 정확성, 태도 등 조사	고객만족 행정팀
정책 성과 (60)	과별 업무성과지표 평가(50)	과별로 설정한 성과지표의 추진 성과를 평가단(실·국장, 관, 관내 과장)이 평가	관별 평가단
	정책보고서 품질평가(10)	전자결재로 장·차관, 실·국장, 관에게 보고된 문서의 품질을 최종 결재자가 평가	최종 결재자 (관 이상)
일하는 방식 개선 (10)	MOPAS WAY 실적(10)	불합리한 관행 개선 등 일하는 방식 개선 활동 전반의 추진 성과 평가	창의혁신 담당관
학습 성장 (10)	상시학습 체제 능력개발 실적(4)	일반직 4급(복수직) 이하 직원 교육훈련 시간	운영 지원과
	지식행정 시스템 활용(3)	행정안전부 지식행정 시스템(e집현전)에 지식, 아이디어 등록 등 활용 실적 조사	성과 관리팀
	기초 사무 역량 강화(3)	과별 정보화교육, 기록물관리교육 이수율 조사	정보화팀 운영 지원과

2008년 개인성과평가 체계

<table>
<tr><td>실·국장
관·센터장</td><td colspan="2">근무 실적(70%)
소관과 조직성과평가 점수의 평균</td><td rowspan="4">직무 수행
능력(30%)
다면평가</td></tr>
<tr><td>과장</td><td colspan="2">근무 실적(70%)
소관과 조직성과평가 점수</td></tr>
<tr><td rowspan="2">직원</td><td colspan="2">근무 실적(70%)</td></tr>
<tr><td>과 조직성과평가 점수 49%</td><td>과장의 직원 평가점수 21%</td></tr>
</table>

* 평가주기: 과장급 이상 – 연 1회 / 직원 – 연 2회(반기)

※ 단, 복수직 서기관은 상·하반기 평균을 연 1회 직무성과계약 평가에 반영

2 2009년

2009년에는 평가 실익이 반감된 평가 항목을 과감히 폐지하여 평가에 대한 부담을 완화하고 TCM 기반의 불필요한 일 버리기 등에 역량을 결집하도록 평가 항목을 조정했다. 또한 조직 단위로 이뤄지는 평가로 인해 우수한 개인이 피해를 입는 사례가 없도록 개인 평가 체계의 항목을 일부 변경했다.

표 5-2 2009년 성과평가 체계

2009년 조직성과평가 체계			
관점 (가중치)	평가 항목 (가중치)	평가 방법	평가자
국민 · 고객 (20)	고객만족도(10)	부서별 기관 · 민원고객을 대상으로 전문성, 신뢰성, 체감만족도 등 조사	성과고객 담당관
	민원처리 만족도(CRM)(6)	민원인이 행정안전부 홈페이지 등을 통해 질의하고 회신 내용에 대한 만족도를 평가	
	전화 친절도(4)	민원고객으로 가장한 전화 문의에 대해 신속성, 정확성, 태도 등 조사	
정책 성과 (60)	부서 주요 업무 성과 (50)	부서별로 설정한 업무성과지표의 추진 성과를 상급자(실 · 국장, 관)가 평가	실 · 국장, 관
	보고서 평가(10)	전자결재로 장 · 차관, 실 · 국장, 관에게 보고된 문서의 품질을 평가	최종 결재자 (관 이상)
일하는 방식 개선 (10)	일하는 방식 개선 추진 실적 (10)	불합리한 관행 개선 등 일하는 방식 개선 활동 전반의 추진 성과 평가 – 규제개혁, 조직 융합, 예산 절감 · 예산 조기 집행 등	행정관리 담당관
학습 성장 (10)	상시학습 체제 능력 개발 실적 (10)	일반직 4급(복수직) 이하 직원 교육훈련 시간 – 공무원교육훈련법시행령에 근거 연간 90시간 교육 필요	인사기획관

2009년 개인성과평가 체계

<table>
<tr><td>실 · 국장
관 · 센터장</td><td colspan="2">근무 실적(70%)
소관과 조직성과평가 점수의 평균</td><td rowspan="4">직무 수행
능력(30%)
다면평가</td></tr>
<tr><td>과장</td><td colspan="2">근무 실적(70%)
소관과 조직성과평가 점수</td></tr>
<tr><td rowspan="2">직원</td><td colspan="2">근무 실적(70%)</td></tr>
<tr><td>과 조직성과평가 점수
49%</td><td>과장의 직원 평가점수
21%</td></tr>
</table>

* 평가주기 : 과장급 이상 – 연 1회 / 직원 – 연 2회(반기)

※ 단, 복수직 서기관은 상 · 하반기 평균을 연 1회 직무성과계약 평가에 반영

3 2010년

개인 평가 중 고위공무원단에 대한 목표달성도 평가에 대해 직상위자의 목표달성도 절대평가는 피평가자의 수 부족(직상위자 1인당 2.1명)으로 비교 평가가 어렵고 관대화로 사실상 평가가 유명무실해졌다는 비판이 발생, 이에 대한 보완책으로 목표달성도 평가 비중을 조정하고 최종 평가자를 각 차관으로 설정하여 평가 체계상의 미비점을 보완하고자 했다. 조직성과평가와 관련해서는 정부업무평가(자체평가) 반영 비중을 현행 10%→20%로 상향 조정하여 외부 평가와의 연계성을 강화하고 국정 과제에 대한 책임성을 높이기 위해 노력했다.

표 5-3 2010년 성과평가 체계

<table>
<tr><th colspan="4">2010년 조직성과평가 체계</th></tr>
<tr><th>관점
(가중치)</th><th>평가 항목
(가중치)</th><th>평가 방법</th><th>평가자</th></tr>
<tr><td rowspan="2">부서
업무평가
(65)</td><td>업무실적평가(60)</td><td>부서별로 설정한 업무성과지표의 추진 성과를 상급자(실ㆍ국장, 관)가 평가</td><td>실ㆍ국장, 관</td></tr>
<tr><td>정책만족도(5)</td><td>행안부 자체평가위원들이 내부 정책에 대해 평가</td><td>자체평가
위원</td></tr>
<tr><td rowspan="3">국민ㆍ
고객 관점
(20)</td><td>고객ㆍ민원만족도</td><td>부서별 업무 처리에 대한 전문성, 신뢰성, 공정성 등을 민원인 관점에서 평가</td><td rowspan="3">성과고객
담당관실</td></tr>
<tr><td>신문고 처리 실적</td><td>국민신문고에 접수된 민원 및 국민 제안 처리 실적</td></tr>
<tr><td>전화 친절도</td><td>전화 문의에 대한 응대의 신속성, 정확성, 태도 등의 친절도 조사</td></tr>
<tr><td rowspan="2">정책
수행 개선
(15)</td><td>테마별 점검 실적(5)</td><td>상시학습, 반부패 청렴도, 연두 업무 보고 등 테마별 점검 누적 결과</td><td>운영부서</td></tr>
<tr><td>일하는 방식
개선(10)</td><td>불합리한 관행 개선 등 일하는 방식 개선 활동 전반의 추진 성과 평가</td><td>행정관리
담당관실</td></tr>
<tr><td rowspan="2">가ㆍ감점</td><td>부서관리 점검</td><td>연가 활성화 미달, 상시학습 이수 시간 미달, 초과근무수당 부당 수령, 비위 발생 시 감점 조치</td><td>운영부서</td></tr>
<tr><td>장관 가ㆍ감점</td><td>우수한 부서 성과 또는 특별보고서에 대해 장관이 해당 부서에 대해 특별 가점 부여</td><td>장관</td></tr>
</table>

2010년 개인성과평가 체계			
고위 공무원	목표달성도 평가(60%)	정부업무평가 (20%)	직무 수행 능력평가 (20%)
과장급	조직성과평가(80%)		직무 수행 능력평가(20%)
복수직 4급 이하	조직성과평가(40%)	개인성과평가(30%)	직무 수행 능력평가(30%)

* 평가주기 : 과장급 이상 – 연 1회 / 직원 – 연 2회(반기)
※ 단, 복수직 서기관은 상ㆍ하반기 평균을 연 1회 직무성과계약 평가에 반영

4 2011년

실ㆍ국장 평가의 내부 관점뿐 아니라 외부 관점의 객관성 보완을 위해 주요 업무성과평가에 '자체평가(외부위원평가)' 항목을 신설했다. 또한 고위공무원 평가 시 소속 부서의 조직평가 결과를 반영하여 고위공무원에 대한 정량적 평가 요소를 강화했고, 5급 이하 개인 평가 시 근무평정과 성과급 평가를 분리하여 연공서열을 탈피한 개인 실적에 따른 성과급 지급을 도모했다.

표 5-4 2011년 성과평가 체계

2011년 조직성과평가 체계			
관점 (가중치)	평가 항목 (가중치)	평가 방법	평가자
부서 업무평가 (65)	업무실적평가(35)	부서별로 설정한 업무성과지표의 추진 성과를 상급자(실ㆍ국장, 관)가 평가	실ㆍ국장, 관
	자체평가(30)	행안부 자체평가위원들이 내부 정책에 대해 평가	자체평가 위원
국민ㆍ고객 관점	고객만족도(5)	부서별 업무 처리에 대한 전문성, 신뢰성, 공정성 등을 민원인 관점에서 평가	성과고객 담당관실

	정책 360도평가(3)	각 부서 핵심 업무에 대한 고객과의 소통 및 관리활동 평가	
	민원처리 실적(5)	민원인이 행정안전부에 민원 제기 후 각 부서를 통해 회신받은 내용에 대해 만족도 평가	
	전화 친절도(3)	전화 문의에 대한 응대의 신속성, 정확성, 태도 등의 친절도 조사	
	국민 제안(4)	국민신문고에 접수된 국민 제안에 대한 처리 실태 평가	행정관리 담당관실
정책 수행 개선	테마별 점검 실적(5)	상시학습, 반부패 청렴도, 연두 업무보고 등 테마별 점검 누적 결과	운영부서
	일하는 방식 개선 (10)	불합리한 관행 개선 등 일하는 방식 개선 활동 전반의 추진 성과 평가	행정관리 담당관실
가·감점	부서 관리 점검	연가 활성화 미달, 상시학습 이수 시간 미달, 초과근무 수당 부당 수령, 비위 발생 시 감점 조치	운영부서
	장관 가·감점	우수한 부서 성과 또는 특별보고서에 대해 장관이 해당 부서에 대해 특별 가점 부여	장관

2011년 개인성과평가 체계

<table>
<tr><td>고위 공무원</td><td colspan="2">조직성과평가(80%)</td><td>직무 수행 능력평가 (20%)</td></tr>
<tr><td>과장급</td><td colspan="2">조직성과평가(80%)</td><td>직무 수행 능력평가 (20%)</td></tr>
<tr><td>복수직 4급 이하</td><td>조직성과평가(40%)</td><td>개인 성과평가(30%)</td><td>직무 수행 능력평가 (30%)</td></tr>
<tr><td rowspan="4">5급 이하</td><td colspan="3">〈성과급〉</td></tr>
<tr><td>조직성과평가(40%)</td><td colspan="2">개인실적평가(60%)</td></tr>
<tr><td colspan="3">〈근평〉</td></tr>
<tr><td>조직평가(20%)</td><td>개인실적평가(40%)</td><td>직무 수행 능력평가(40%)</td></tr>
</table>

5 2012년

2012년은 기존 2011년도 조직성과평가 체계의 큰 틀을 유지하는 것을 기본 방침으로 하여 피평가자들의 예측가능성과 평가 연속성을 높이고자 노력했다. 기존 정책 360도 평가 항목에 대해 고객만족도 평가와 일부 내용이 중복된다는 지적 사항을 반영하여 고객만족도와 통합하여 평가 체계를 간소화시켰다.

표 5-5 2012년 성과평가 체계

<table>
<tr><th colspan="4">2012년 조직성과평가 체계</th></tr>
<tr><th>관점
(가중치)</th><th>평가 항목
(가중치)</th><th>평가 방법</th><th>평가자</th></tr>
<tr><td rowspan="2">부서 업무 평가
(65)</td><td>업무실적평가(35)</td><td>부서별로 설정한 업무성과지표의 추진 성과를 상급자(실·국장, 관)가 평가</td><td>실·국장, 관</td></tr>
<tr><td>자체평가(30)</td><td>행안부 자체평가위원들이 내부 정책에 대해 평가</td><td>자체평가위원</td></tr>
<tr><td rowspan="4">국민·고객 관점</td><td>고객만족도(6)</td><td>부서별 업무 처리에 대한 전문성, 신뢰성, 공정성 등을 민원인 관점에서 평가</td><td rowspan="3">성과고객담당관실</td></tr>
<tr><td>민원처리 실적(6)</td><td>민원인이 행정안전부에 민원 제기 후 각 부서를 통해 회신받은 내용에 대해 만족도 평가</td></tr>
<tr><td>전화 친절도(3)</td><td>전화 문의에 대한 응대의 신속성, 정확성, 태도 등의 친절도 조사</td></tr>
<tr><td>국민 제안(5)</td><td>국민신문고에 접수된 국민 제안에 대한 처리 실태 평가</td><td>행정관리담당관실</td></tr>
<tr><td rowspan="2">정책 수행 개선</td><td>테마별 점검 실적(5)</td><td>상시학습, 반부패 청렴도, 연두 업무 보고 등 테마별 점검 누적 결과</td><td>운영부서</td></tr>
<tr><td>일하는 방식 개선(10)</td><td>불합리한 관행 개선 등 일하는 방식 개선 활동 전반의 추진 성과 평가</td><td>행정관리담당관실</td></tr>
<tr><td rowspan="2">가·감점</td><td>부서 관리 점검</td><td>연가 활성화 미달, 상시학습 이수 시간 미달, 초과근무수당 부당 수령, 비위 발생 시 감점 조치</td><td>운영부서</td></tr>
<tr><td>장관 가·감점</td><td>우수한 부서 성과 또는 특별보고서에 대해 장관이 해당 부서에 대해 특별 가점 부여</td><td>장관</td></tr>
</table>

<table>
<tr><th colspan="7">2012년 개인성과평가 체계</th></tr>
<tr><td>고위
공무원</td><td colspan="5">조직성과평가(80%)</td><td>직무 수행 능력평가
(20%)</td></tr>
<tr><td>과장급</td><td colspan="5">조직성과평가(80%)</td><td>직무 수행 능력평가
(20%)</td></tr>
<tr><td>복수직
4급 이하</td><td colspan="2">조직성과평가(40%)</td><td colspan="2">개인
성과평가(30%)</td><td colspan="2">직무 수행 능력평가
(30%)</td></tr>
<tr><td rowspan="4">5급
이하</td><td colspan="6">〈성과급〉</td></tr>
<tr><td colspan="2">조직성과평가(40%)</td><td colspan="4">개인실적평가(60%)</td></tr>
<tr><td colspan="6">〈근평〉</td></tr>
<tr><td>조직평가(20%)</td><td colspan="2">개인실적평가(40%)</td><td colspan="3">직무 수행 능력평가(40%)</td></tr>
</table>

제 3 절 현 제도 및 운영 방식

1 전체 제도 체계

현재 행정안전부 성과평가 체계는 크게 조직성과평가와 개인성과평가로 나뉘게 된다. 각 부서(課)별로 조직성과평가 점수가 산출되면 이를 개인성과평가 시 일정 비율을 반영하는 방식이다.

조직성과평가는 상・하반기 각 1회씩, 총 연 2회 진행되며, 개인성과평가는 근무성적평가 대상인 5급 이하 직원의 경우는 상・하반기 각 1회씩 총 연 2회, 성과계약 등 평가 대상인 4급 이상의 경우는 하반기 연 1회 평가가 실시된다. 이때 4급 이상의 경우는 1년 단위로 합산된 조직성과평가 점수가 반영된다.

2 성과지표 체계

1) 조직성과평가 체계

(1) 평가 단위

조직성과평가는 기본적으로 '과(課)' 단위로 이루어지게 된다. 실제 직제상 '과'의 지위를 갖고 있지 않더라도 실제 기능상 '과'의 업무를 수행하고 있는 일부 TF의 경우에는 '과'로 간주, 평가 대상에 포함시키고 있다. 현재 행정안전부는 본부 및 소속기관의 전체 133개 '과'를 대상으로 평가를 진행하고 있다.

(2) 평가 항목

평가 항목은 크게 부서평가와 가・감점 항목으로 나누어 구성하게 되는데, 부서평가는 다시 주요 업무 성과, 고객관리, 정책 수행 개선의 세 범주로 분류된다. 주요 업무 성과는 실제 업무 성과에 대해 평가하는 범주로 업무실적평가, 자체평가의 항목으로 구성되고, 고객관리는 대국민 서비스의 품질에 대해 평가하며 고객만족도, 민원처리 실적, 국민 제안, 전화 친절도로 이루어져 있다. 마지막으로 정책 수행 개선은 주제별 점검 실적, 일하는 방식 개선으로 행정안전부가 추구하는 달성 과제 및 업무혁신 노력 등에 대해 평가하고 있다.

이러한 부서평가 항목의 구성은 어느 정도 행정안전부의 업무 특성에서 기인하는 바가 큰데, 민원 서비스의 총괄 부처인 동시에 행정 업무의 총괄 부처로서 대민 서비스의 품질관리, 정부 업무 방식의 혁신 또는 개선 등에 대해 선도적이고 솔선수범하는 모습을 보여주어야 할 필요가 있기 때문이다. 물론 모든 정부 부처는 대국민 서비스의 품질관리 및 일하는 방식의 개선 등이 필요하겠지만 전체 정부의 일하는 방식이며, 전국 지방자치단체 기관 등과 대표적으로 협조 체계를 이루며 일하는 행정안전부의 특성상 이러한 기관의 요구가 성과평가 체계상에 명백히 반영된 것이라 할 수 있다.

이 밖에도 가・감점 항목이 존재한다. 가・감점 항목에는 탁월한 성과에 대해 기관장(장관)이 가점을 부여하는 장관 가・감점 항목과, 연가 활성화 실적 미달, 상시학습 미달 등 부서관리 점검과 관련한 감점 항목이 존재한다.

표 5-6 2012년 조직성과평가 항목 체계

평가 항목			가중치		평가자
부서 평가	주요 업무 성과	업무실적평가	35	65	실・국장
		자체평가	30		자체평가위원
	고객관리	고객만족도	6	20	국민/고객
		민원처리 실적	6		
		국민 제안	5		
		전화 친절도	3		
	정책 수행 개선	테마별 점검 실적	5	15	운영 부서
		일하는 방식 개선	10		
가・감점	장관 가・감점	내・외부평가 / 탁월한 성과 / Best MOPAS 등 선별하여 부여	−1~+1		차관 추천 후 장관 확정
	부서 관리 점검 (감점)	연가 실적 미달/상시학습 미달/초과근무 수당 부당 수령 /비위 발생	−4 이내		점검 결과

① 주요 업무 성과

부서의 실질적인 업무 성과에 대해 평가하는 평가 범주로 업무실적평가, 자체평가의 항목으로 구분된다.

ⓐ 업무 실적평가

◆ 평가 개요: 각 부서가 설정한 업무 성과지표를 통해 목표달성도 및 난이도 등 업무 추진 실적을 반기별로 평가

◆ 평가 세부 내용

① 부서별 지표설계	• 각 부서별로 측정 가능한 업무 성과지표 설계
② 평가 자료 작성	• 성과관리 시스템에 부서별 업무 성과지표에 대한 추진 성과를 작성하여 등록
③ 추진 성과 평가	• 관: 성과지표별 상대평가(평가 등급 S, A, B, C) • 실 · 국장: 부서별 종합 성과를 상대평가 (평가 등급 S, A, B, C)
④ 평가점수 공개	• 평가 완료 후 평가점수 공개 – 평가점수는 성과관리 시스템에서 확인 가능

※ 추진 성과 평가

가. 평가자 및 비중: 실 · 국장(30%), 관(70%)

- 1차 평가자(관)의 영향을 상대적으로 높게 반영하여, 업무별 실적평가를 지향

나. 평가 방법

- 1차: (관) 소관 부서의 성과지표별 추진 성과에 대한 상대평가

• S(20%), A(40%), B(30%), C(10%) 4등급(등급별 배점 격차 10점)

– 2차: (실·국장) 부서별 종합성과 상대평가

• S(20%), A(40%), B(30%), C(10%) 4등급(등급별 배점 격차 5점)

• 부서별 종합성과를 평가할 수 없는 부서는 전체 실·국의 평균점 부여

* 인사기획관, 운영지원과, 윤리복무관, 감사관, 의정관, 이북5도 등

– 실·국·소속기관장 직속과는 실·국·소속기관장이 100% 평가

〈업무평가 지표 및 등급 부여 방법〉

1. 평가지표

평가 항목	측정 요소
1. 과제의 창의성·중요도	• 새롭게 업무를 발굴하거나 기존의 방식을 크게 개선하는 등 창의성을 발휘했는가? • 과제가 국정 운영 기조 등 상위 목표 달성에 직접적으로 기여하는가? • 또는, 국민적 관심도가 높거나 사회적 파급 효과가 큰가?
2. 추진 과정의 충실성	• 계획(일정)대로 추진되고 있는가? • 과제 추진을 위한 자원(조직, 인력, 예산 등)을 효율적으로 투입했는가? • 대국민 홍보·설득이 필요할 때 적극적으로 추진했는가? • 관련 기관·정책과의 연계 및 협조 체제가 필요한 경우, 이를 적절히 운영했는가?
3. 목표달성도·효과성	• 당초 설정한 성과지표가 과제를 대표하며 그 목표치는 적극적으로 설정했는가? • 목표치를 달성했는가? • 계획 수립 시 예상한 효과가 발생했는가?

2. 평가 등급 부여 방법

등급	등급 부여 방법(원칙)	배정 비율
S	3개 평가 항목 모두 만족	20%
A	2개 평가 항목을 만족	40%
B	1개 평가 항목을 만족	30%
C	만족하는 평가 항목 없음	10%

※ 등급 부여 방법을 참고하되, 배정 비율 내에서 평가 등급 부여

- 실 · 국별 불균형을 최소화하기 위해 95±5 범위에서 균등 배분한 조정 점수를 사용

ⓑ 자체평가

◆ 대상 과제: 2012년도 성과관리 시행계획상 주요 정책과제

◆ 평가 방법: 자체평가위원(위원장 포함, 30명)이 평가지표에 의해 평가

표 5-7 2011년도 평가지표 예시

지표군	계획 단계(30)			집행 단계(20)		창의성	결과 단계(40)		
평가 지표	목표의 적극성	지표의 대표성	계획의 적절성	일정의 충실성	변화 대응성		목표 달성도	효과성	정책 만족도
100점	10	10	10	10	10	10	25	5	10

◆ 평가점수 산출 : 부서별 자체평가 순위에 따라 90±10 범위에서 균등 배분 보정점수 사용

② **고객관리**

민원 선도 부처인 행정안전부는 고객관리 카테고리를 별도로 마련하여 모든 직원의 대국민 서비스 품질 제고를 위해 노력하고 있다.

각 부서 정책과 관련된 만족도 조사, 민원 처리와 관련된 서비스 품질, 전화 응대 평가 등 다양하고 전방위적인 평가 항목을 두어 민원 선도 부처로서 주도적이고 솔선적인 모습을 보이고 있다.

ⓐ 고객만족도평가

◆ 평가 개요

- 부서별 업무 처리에 대한 전문성, 신뢰성, 공정성 등을 민원인 관점에서 연 1회 평가

◆ 평가 방법: 외부 전문기관에 의뢰하여 조사

- 부서별 고객 등록(고객관리 시스템) → 외부 전문기관에 설문조사 위탁(11월) → 평가점수 산출 및 공개 → 이의 신청 → 최종 점수 산출

표 5-8 설문조사 단위 및 설문 내용

설문조사 단위	설문조사 내용
- 본부 : 과 단위 - 소속기관 : 기관 단위	- 사업부서 : 외부고객(기관 · 민원고객) 만족도 - 지원부서 : 내부고객 만족도

◆ 평가점수 산출

- 행정안전부 전체를 사업부서(소속기관 포함), 지원부서 2개 그룹으로 구분하여 평가점수 산출
- 그룹별로 각각 7등급 상대평가 점수 부여

ⓑ 민원 처리 실적

◆ 평가 개요

- 민원인이 행정안전부에 민원 제기(CRM, 국민신문고) 후, 각 부서를 통해 회신받은 내용에 대해 만족도를 평가(연 2회 반기별로 평가)
- 민원인이 평가한 만족도, 처리 기간 준수율 불만족 민원 A/S 노력도, 만족도 향상률 등에 대해 종합평가
- 민원 다수 부서를 배려하기 위해 민원 처리 25건당 0.1점(최대 8점 이내) 가점 부여

ⓒ 전화 친절도

- 전화 문의에 대한 응대의 신속성, 정확성, 태도 등의 친절도 조사(연 1회 실시)
- 외부의 전문 모니터 요원을 통해, 민원 고객을 가장하여 전화조사 2회 실시(4~11월, 과장급 이하 전수 조사)
- 개인별 전화 친절도 조사(2회) 점수를 평균하여 부서별 원점수를 산출하고 구간에 따른 점수를 부여

ⓓ 국민 제안 처리 실적

- 국민신문고에 접수된 국민 제안에 대한 처리 실태를 평가(연 2회 반기별로 평가)

- 국민신문고 시스템에서 제공하는 기본 자료를 바탕으로 국민 제안 처리 기간 준수율, 제안 채택률, 처리 결과 만족도 등을 종합하여 평가

③ 정책 수행 개선

정부의 선진적 일하는 방식을 주도적으로 발굴·도입해야 하는 행정안전부는 이를 위해 정책 수행 개선에 대한 부서의 노력을 평가 지표에 반영했다. 이러한 정책 수행 개선 카테고리는 테마별 점검과 일하는 방식 개선 두 가지 항목으로 구성되어 있다.

테마별 점검이란 행정안전부가 추구하는 중요한 일종의 덕목들, 예를 들어 스마트워크의 활성화, 중증장애인 업체의 생산 물품 구입, 청렴 의무 강화 등을 평가 주제로 정해, 이러한 주제를 우수하게 달성한 부서들을 선정하는 평가 방식이다. 일하는 방식 개선이란 각 부서에서 그동안 관행적으로 해온 비효율적인 일하는 방식을 스스로 발굴하여 개선시킨 실적을 보고서로 작성, 이에 대해 평가하는 항목이다.

ⓐ 테마별 점검

- 연도 중 행정안전부가 추구해야 할 여러 테마(주제)에 대해 각 부서가 추진한 실적을 점검하여 우수 부서를 선정, 추가 점수를 부여하는 방식

표 5-9 2012년 테마별 점검 주제

점검 과제	운영 부서	점검 기간
부서별 2일 이상 집합교육 이수 실적	인사기획관실	1월~12월
자발적 부패 요인 개선을 위한 '1부서 1과제'	감사담당관실	연중
부서별 청렴점수 관리제도		
스마트워크센터 이용 활성화	미래정보화과	5월~12월
중증장애인 생산 물품 및 중소기업 제품 구매 실적	운영지원과	5월~12월
정보보안 관리 수준 점검	정보화담당관실	5월~12월

ⓑ 일하는 방식 개선

- 부서별로 일하는 방식 개선을 통한 업무효율화 추진 실적을 평가, 우수 사례와 창의적인 아이디어를 모든 부서에 확산·전파
- 중점 추진 분야를 선정하여 부서 자율적으로 추진한 업무 효율화, 내부 제도 개선, 대국민 제도 개선 등 실적을 평가
- 부서별로 제출한 실적 보고서를 외부 평가단(전문가 5인)에서 평가하여 7개 등급 부여

④ 가·감점 평가

ⓐ 장관 가·감점 평가

- 각종 대내·외 평가 결과 중 중요 성과에 대해 장관이 직접 가점을 부여, 조직성과평가에 반영(연 2회, 반기별로 실시)
- 최대 1점 이내로 가점 부여

ⓑ 부서 관리 점검

(a) 연가 활성화 미달

- '월례휴가제 활성화 지침'에 따라 연가 사용 실적을 평가
  * 이 지침은 월 1회(연 12회) 이상 연가 사용 권고
- 부서별 현원의 평균 연가 사용 일수가 12일 미만일 경우 감점 부여(최대 1점 이내)

(b) 상시학습 미달

- '공무원 교육훈련 업무 처리 지침'에 따라 복수직 4급 이하 일반직 직원의 상시학습 실적 평가
- 연간 학습 목표에 미달한 일반직 직원이 있을 경우 차등적으로 감점

(c) 초과근무수당 부당 수령

- '공무원 보수 등의 업무지침'의 규정 준수 여부 평가
- 시간외 근무수당 부당 수령 적발 시 감점

(d) 비위 발생

- 부패 방지 및 초과근무 부당 수령 등 청렴도 위반 사례와 관련하여 부서별 비

위 발생 정도를 평가

- 감사 등 결과 징계 요구 빈도를 반기별로 평가하여 감점 부과

2) 개인성과평가

① 개요

ⓐ 평가 대상 및 내용

- 고위공무원 및 과장급: 4급 이상 공무원에 적용되는 성과계약의 체결 및 중간 점검, 최종 평가 등의 모든 평가 과정은 시스템을 통해 실시
- 복수직 4급, 5급 및 주무관: 근무 실적(조직성과평가+개인실적평가) 및 직무 수행 능력 평가
- 파견자: 파견받은 기관의 평가 결과 등을 반영하여 행정안전부에서 최종 평가. 단, 파견받은 기관에서 성과급 등 보수를 지급하는 경우 파견받은 기관에서 평가 및 확인

ⓑ 평가 주기

- 고위공무원 및 4급 이상(성과계약 등 평가): 연 1회
- 5급 이하(근무성적평가): 연 2회

② 고위공무원 개인성과평가

ⓐ 평가 기간: 1년 단위

ⓑ 평가 내용: 소관 부서 조직성과평가 점수의 평균 및 직무 수행 능력평가

- 조직성과평가(80%): 소관 부서 조직성과평가 결과의 평균점
  : 근무 월수에 따라 점수 반영
- 직무 수행 능력평가(20%): 차관 평가 및 장관 확정

ⓒ 운영 일정

- 목표 설정 및 계약 체결
- 중간점검: 평가자(소속 차관)
- 최종평가: 평가자(확인자, 장관)
- 평가 결과의 활용: 성과급 등 인사 반영

③ 과장급 개인성과평가

ⓐ 평가 기간: 1년 단위

ⓑ 평가 내용: 소관 부서 조직성과평가 점수의 평균 및 직무 수행 능력평가

- 조직성과평가(80%): 소관 부서 조직성과평가 결과의 평균점
  : 근무 월수에 따라 점수 반영
- 직무 수행 능력평가(20%): 실·국장 등이 평가

ⓒ 평가 방법

- 1차 평가: 실·국장·소속기관장
- 2차 평가: 소속 차관(확인 및 조정)

ⓓ 운영 일정

- 목표 설정 및 계약 체결 → 중간점검 → 최종 평가 → 평가 결과의 활용: 성과급 등 인사 반영

④ 직원 개인성과평가

ⓐ 적용 대상: 복수직 4급 및 5급 이하 직원

ⓑ 평가 기간 및 내용

- 평가 기간: 상·하반기, 연 2회(복수직 4급은 하반기, 연 1회)
- 평가 내용: 조직성과평가 및 과장의 직원 성과평가

<복수직 4급>

조직성과평가(40%)		개인실적평가(30%)		직무 수행 능력평가(30%)
• 조직성과평가 점수 * 상·하반기 평균점	+	• 개인 업무 실적 등을 과장이 평가	+	· 과장이 평가

<5급 이하>

▶ 성과급 평가

조직성과평가(40%)		개인실적평가(60%)
• 조직성과평가 점수	+	• 개인 업무 실적 등을 과장이 평가

▶ 근무성적평정

조직성과평가(20%)		개인실적평가(40%)		직무 수행 능력평가(40%)
• 조직성과평가	+	• 개인 업무 실적 등을 과장이 평가	+	• 과장이 평가

- 조직성과평가 점수를 개인 근무 이력(부서별 근무 월수)를 고려하여 반영

ⓒ 개인 실적 평가

- 평가자: 정기 평가일(반기 말) 현재 과장
- 평가 방법: 평가 항목별 정성평가
- 평가 항목안: 업무 성과, 국민 · 고객, 정책 수행 개선, 의무 사항 준수 등 4개 분야

표 5-10 평가 항목 정의 및 평가 방법(안)

분야 (가중치)	평가 항목 (가중치)	평가 항목 정의 평가 방법
업무 성과 (60)	과제목표 달성도(35)	• 부서 과제의 목표 달성을 위해 개인이 담당하는 업무를 개인 이행 과제로 설정하고 평가 기간 내 목표 달성 정도를 평가
		• 연초에 과장(직상위자)과 협의하여 개인별로 이행 과제와 목표를 수립하고 반기 말에 목표 달성 정도를 과장(직상위자)이 개인의 이행 과제 추진 실적을 평가
	직급별 업무 난이도(10)	• 개인이 수행하는 업무의 내용이 해당 직급에서 기대되는 수준을 기준으로 달성하기 쉽거나 어려운 정도
		• 과장(직상위자)이 직급별로 요구되는 지식, 노력 정도 등을 평가
	직원 간 협력도(15)	• 상급자, 동료, 하급자 등 직원과 협력하여 업무를 수행하거나 부서의 일원으로서 공동목표 달성을 위해 노력하는 정도
		• 과장(직상위자)이 직원 간 협력 정도
국민 · 고객 (20)	고객만족 기여도(20)	• 업무와 관련하여 국민, 기관 고객 및 내부 고객이 원하는 바를 이해하고, 요구를 충족시켜 고객만족 향상에 기여한 정도
		• 과장(직상위자)이 직원의 부서 고객만족 기여도
정책 수행 개선(10)	제도 · 관행 개선(10)	• 업무 효율 증가, 비용 절감, 고객(국민) 만족 제고, 처리 시간 단축, 정책 품질 향상 등의 긍정적 효과를 유발할 수 있는 '일하는 방식의 개선 활동' 전반에서 개인별 성과 및 기여도
		• 과장(직상위자)이 직원의 부서 내에서 일하는 방식 개선(불합리한 관행 개선, 새로운 사업 발굴 및 전환, 예산 절감, 규제개혁 등)과 조직문화 개선(조직 융합, 좋은 일터 만들기 등)을 위한 노력 정도, 성과, 기여도를 종합적으로 평가
의무 사항 준수(10)	당연 의무 준수 여부(10)	• 조직 및 개인 역량 강화, 연가 · 초과근무 등 복무규정 준수, 부패 방지 등을 위해 노력한 정도와 실적을 평가

ⓓ 직무 수행 능력평가

- 평가자: 정기평가일(반기 말) 현재 과장
- 평가 항목: 5개 평가지표(공통 3 + 직위별 2)
  윤리 의식, 효과적 의사소통 등의 평가 항목별 5점 척도(탁월, 우수, 보통, 미흡, 불량) 절대 평가
- 평가 절차: 직무 수행 능력 평가 시스템을 활용하여 개인별 평가

Chapter

06

사업 성과평가: 재정사업*

제 1 절 재정성과관리제도

1 개념

재정성과관리제도는 공공 부문 중에서도 재정사업에 대한 성과를 관리하는 제도를 의미한다. 효율적인 사업관리를 통해 재정사업이 당초 의도한 성과를 달성할 수 있도록 함으로써 재정사업의 효율성을 높이고 예산배분의 합리성을 제고하도록 하는 제도이다.

우리나라의 재정성과관리제도는 성과목표관리제도, 재정사업자율평가제도, 심층평가제도의 3단계 관리 방식으로 이루어진다. 첫째로 성과목표관리는 성과계획서 및 성과보고서를 통해 재정사업에 대한 지속적인 모니터링(monitoring)을 가능하게 한다. 둘째로 재정사업자율평가는 재정사업에 대한 주기적인 점검(review)을, 마지막으로 심층평가는 문제가 있다고 생각되는 사업이나 사업군에 대한 심층적인 분석(evaluation)을 수행한다.

이러한 성과관리 체계는 인간의 건강관리에 비유하여 설명할 수 있다. 건강한 삶

---

* 이태성: 기획재정부 재정관리국장

을 살기 위해서는 먼저 생활 습관을 개선해야 하는데, 무엇보다 중요한 것이 개선된 생활 습관이 지속적으로 이루어져 일상화되어야 한다는 것이다. 운동을 하는 것은 향후 건강한 자신의 모습을 목표로 설정했기 때문이다. 이러한 목표의 달성 여부는 폐활량의 증가나 윤기 있는 피부 등 여러 지표를 통해 확인할 수 있다. 정부사업도 마찬가지이다. 각 사업 주체가 국민에게 어떠한 변화를 가져다 줄 것인가에 대한 뚜렷한 목표 의식을 가지고, 그 목표를 향해 올바로 나아가고 있는지를 지속적으로 확인할 수 있는 장치를 가지고 있어야 비로소 국민을 행복하게 할 수 있다.

'성과목표관리제도'는 기본적으로 일상적인 건강관리 프로그램이라고 할 수 있다. 규칙적으로 운동을 하면 몸이 건강해지겠지만 그것만으로는 질병의 위험에서 자유롭다고 말하기는 어렵다. 자신의 건강 상태를 확신하기 위해서는 일종의 정기검진이 필요한데, 재정 운용에서는 '재정사업 자율평가제도'가 정기검진에 해당한다.

정기적으로 건강검진을 받으며 꾸준히 건강관리를 한다면 건강한 삶을 위한 기본적인 요건을 갖추었다고 할 수 있다. 하지만 건강검진 결과 특정 부위에 혹이 발견되었다면 암으로 발전할 가능성이 있는지를 판단하기 위해 정밀 조직검사를 하고, 결과에 따라서는 제거 수술을 해야 할 것이다. '재정사업 심층평가제도'가 바로 정밀진단

	성과목표관리제도 (1단계, Monitoring)	재정사업 자율평가제도 (2단계, Review)	심층평가제도 (3단계, Evaluation)
· 대상 사업	전체 재정사업	전체 재정사업의 1/3 (3년 주기 평가)	재정문제가 있다고 판단되는 사업 및 사업군
· 내용	성과계획서상 성과목표 · 지표관리 성과보고서상 달성도 측정 · 분석	체크리스트를 통한 점검	사업 전반에 걸친 정밀분석
· 추진 실적	50개 부처 2,000여개 사업	매년 500여개 사업	매년 10개 내외 사업 및 사업군

그림 6-1 재정성과관리제도 체계

에 해당한다고 할 수 있다. 재정사업 심층평가제도는 재정사업 자율평가 등을 통해 이상 징후가 파악된 사업들에 대한 정밀분석을 실시하여 문제의 원인을 파악하고, 근본적인 치료법 및 그 예방책을 알려주는 주치의 역할을 수행하는 제도이다.

2 제도의 도입 배경

오늘날 OECD 국가를 비롯한 대부분 국가는 예산 수요의 폭증으로 재정 운용에 어려움을 겪고 있다. 이와 같은 상황에서 각국은 한정된 재원을 좀 더 효과적으로 활용하기 위해 재정성과관리에 대한 관심이 더욱 높아지고 있다.

재정성과관리제도는 1949년 미국에서 후버위원회(Hoover Commission)의 권고에 따라 연방정부가 최초로 성과주의 기본 원리를 예산에 반영했고, 특히 1970년대 석유파동으로 경제 여건이 악화되고 사회보장 지출의 증가로 재정적자가 누적되면서 1980년대 호주, 뉴질랜드를 시작으로 미국, 영국 등이 본격적으로 제도화를 추진했고, 1990년대 후반 이후 선진국뿐만 아니라 개발도상국도 국가의 핵심 과제 중 하나로 추진하고 있다.

우리나라도 1997년 경제위기 이후 공공 부문 개혁을 통한 위기 극복과 사회 지출의 급증 추세에 효과적으로 대응하기 위해 성과 중심적 관리 체계를 도입했다. 재정당국은 1999년 시범적으로 성과주의예산제도를 도입했고, 2003년부터 성과목표관리제도를 확대 · 운용했다. 2005년부터는 주요 재정사업에 대한 재정사업 자율평가제도를 실시하여 성과평가 결과를 예산편성에 연계하는 단계에 이르렀고, 2006년 「국가재정법」을 제정하여 성과주의 예산제도의 법적 근거를 마련했다. 이와 함께 인사평가제도인 목표관리제(MBO)가 1998년 도입되었고, 국무총리실도 2006년 정부 「업무평가 기본법」을 제정하여 통합적인 성과관리 체제로 전환했다.

성과관리제도의 도입 목적은 투입을 중심으로 하는 전통적인 사업 추진 방식에서 벗어나 성과를 중심으로 사업을 추진함으로써 사업의 효율성 · 효과성 · 책임성을 제고하는 데에 있다. 사실 성과관리제도가 도입되기 이전까지는 공공 부문의 성과가 가지는 다차원성 · 불분명성 때문에 산출 및 결과와 같은 성과보다는 투입 및 과정 중심의 통제가 이루어져 왔다.

이로 인해 절차와 규칙에 치중하는 업무 형태가 유발되었고, 정책의 최종 목적에 무관심하며 비효율이 발생하는 문제가 발생했다. 따라서 실제 정책 성과를 어느 정도 달성했는지에 중점으로 두고 정책 성과에 대한 과학적 측정기법 등을 적용하여 정책 성과를 측정하여 정책의 책임성과 효율성을 제고할 필요성이 대두되었다.

우리나라에서 재정성과관리제도를 도입하게 된 배경은 크게 두 가지로 요약할 수 있다.

첫째, 재정사업의 성과를 제고하기 위한 것이다. 성과관리제도가 도입되기 전까지 우리나라의 공공 부문 재정지출은 투입 위주의 관리 방식을 사용함에 따라 성과 및 책임성 측면에서 취약했다. 정부의 재정지출은 투입보다 성과가 중요한데 실제 예산 편성 및 환류가 투입 위주로 운영됨으로써 성과가 없거나 낮은 사업이 지속될 가능성이 상존했다. 투입 위주의 예산편성에서는 한번 편성·배정된 예산은 적법하게 사용하기만 하면 문제가 발생하지 않으므로 기관 및 부서의 성과 의식이 희박했고 성과 결과에 대한 책임 의식도 낮았다.

둘째, 미래의 재정 수요에 대비하기 위해 성과관리제도의 도입이 시급했다. 우리나라는 사회보장 관련 재정지출 수요의 지속적 증가 등 재정 부담을 증가시킬 수 있는 요인이 상존하고 있다. 성과관리제도는 이러한 미래의 재정 수요에 대비하여 정부사업의 효과를 증대시킬 필요에 부합하기 위한 것이다.

3 제도의 변천 과정

재정성과관리제도 중 가장 먼저 도입된 제도는 성과목표관리제도이다. 성과목표 측정을 위한 기반인 성과목표관리제도는 재정성과관리 체계에서 가장 상위의 포괄적 모니터링 장치로서 위치를 점하고 있다. 이 제도의 연혁은 1998년 국민의 정부에서 시도한 성과주의 예산제도로 거슬러 올라간다. 국민의 정부에서 추진한 성과주의 예산제도는 기관 전체를 대상으로 성과목표와 성과지표를 만들고, 이를 중심으로 관리하는 것이었다. 그러나 기관 전체를 대상으로 하다 보니 정작 재정사업과의 연계 고리가 불분명해지는 결과를 낳고 말았다.

이러한 문제점을 개선하기 위해 참여정부의 새로운 재정성과관리제도는 재정사업에 좀 더 초점을 맞추는 데 주안점을 두고 2003년에 주요 재정사업에 한정한 '재정사업 성과관리제도'를 참여정부 4대 재정혁신 과제의 하나로 추진하게 되었다. 이는 예산총액배분 자율편성(top-down)제도 도입으로 각 부처의 예산편성 자율권이 크게 확대되고, 재정 당국의 사전 심사 기능이 대폭 축소됨에 따른 것이다. 즉, 부처의 자율권이 확대되면서 예산집행의 사후 평가를 통해 부처의 책임성을 강화할 필요성이 제기되었다.

당초 성과주의 예산제도 시범사업(2000~2002년) 경험을 바탕으로 성과관리제도 추진 방침을 결정하고 제도의 기본 골격을 설계한 후 우선 시행기관(22개)을 선정하여 주요 재정사업 중 30%에 해당하는 사업에 대한 성과목표 및 지표 체계를 개발하여 2005회계연도 성과계획서를 작성했다. 이와 같은 성과목표관리제도는 시행지침에 근거하여 운영되어 오다가 2006년 9월 제정된 「국가재정법」에 운영 근거를 마련함으로써 법적 안정성을 확보했다. 대상 부처도 기존 26개 부처에서 모든 부처로 확대했다.

2003년에 시작된 성과목표관리제도는 여러 어려움에도 불구하고 나름의 성과를 거두었다. 그러나 이것만으로는 성과 중심의 재정 운용을 해나가는 데 한계가 있었다. 예산편성에는 사업계획, 집행 과정, 사업 효과 등에 대한 종합적인 성과정보가 필요하다. 따라서 몇 개의 성과지표만으로는 성과정보가 부족할 수밖에 없었다. 실제 재정 운용 과정에 피드백이 가능한 성과정보와 관리 기법이 필요했다.

2004년 4대 재정혁신 과제로 예산총액배분 자율편성제도 도입과 더불어 사업 성과를 종합적으로 점검하고, 그 결과를 예산편성 등에 활용할 수 있도록 성과와 예산 간 연계 방안에 대한 성과관리제도 발전 방안을 연구하기 시작했다. 당시 재정 당국은 재정사업의 성과평가 모델을 만들기 위해 국내외의 각종 평가 시스템과 사례를 조사하고 전문연구기관의 연구 결과를 적극 활용했다.

이 중 눈여겨본 것은 GPRA(Government Performance and Result Act: 성과평가법)에 따라 성과목표와 지표를 개발하고, PART(Program Assessment Rating Tool)라는 평가 기법을 사용하여 성과를 측정하는 미국의 제도였다. 미국의 PART 제도는 GPRA를 통해 개발한 성과목표 및 지표의 달성도를 측정하고 사업계획, 사업 집행 단계 등을 추가적으로 점검하여 성과를 종합적으로 측정하는 방식이다.

우리나라는 2003년 재정사업 성과관리제도를 도입할 당시 성과목표 및 지표 개발과 관련하여 미국의 GPRA 체계를 상당 부분 참조했기 때문에 평가 방식도 PART

가 상당히 도움을 줄 수 있을 것으로 기대되었다. 미국이 이 평가 결과를 예산편성에 연계하여 활용하고 있다는 사실도 우리의 요구에 상당히 부합했다.

이에 재정 당국은 성과관리제도발전기획단을 만들어 약 2개월간에 걸쳐 재정사업 자율평가 모델 초안을 마련했다. 평가 항목과 기준 마련 등 모델 작성 과정에서는 우리의 현실에 적용이 가능한가를 따져 평가모델 샘플을 만들어 보완해 나갔다. 각 부처는 성과관리의 필요성은 인정했으나 새로운 평가제도 도입에는 부정적이었다. 기존의 성과관리 및 정부업무평가 등과 중복되고 새로운 평가제도 도입으로 업무 부담이 증가된다는 점이 주된 이유였다.

이에 평가에 따른 부처의 업무 부담을 최소화하기 위해 매년 모든 사업을 평가 대상으로 하지 않고, 3년 주기로 1년에 전체 사업의 1/3만을 평가하기로 했다. 또 평가 시기는 이미 2003년부터 성과목표 및 지표를 개발하여 성과계획서를 작성했으므로, 성과관리제도의 조기 정착을 위해 2005년부터 본격 도입하는 것으로 부처와 합의했다. 2007년부터는 통합정부 업무평가의 재정 부문 평가 수단으로 활용했다.

그리고, 재정성과관리의 또 다른 축인 재정사업 심층평가제도는 재정성과관리 체계가 수립되기 이전부터 있었다. 이는 성과관리제도가 거론되기 전부터 재정 당국이 수행해 오던 고유 역할 중 하나였지만, 당시에는 이것이 재정성과관리와 어떠한 연관을 지닐 수 있는지에 대한 생각은 부족했다. 2004년 다단계 재정성과관리 체계에 눈을 뜨면서 심층평가가 재정성과관리 체계의 한 축을 담당할 수 있다는 사실을 인식하게 되었다.

각 개별 사업에 대한 평가를 재정성과관리라는 큰 틀 속에서 독립적인 재정 당국의 업무로 보기 시작한 것은 참여정부 출범 이후인 2003년이었다. 이때 재정 운용 과정에서 심층 검토가 필요한 사업을 선정하여 분석 및 평가하기 위해 시작한 '주요 재정사업 성과평가'제도가 그 계기였다. 당시 주요 재정사업 성과평가는 재정성과관리의 한 수단으로 도입되었으며, 현행 재정사업 심층평가제도의 모태가 되었다.

2011년부터 기존의 개별사업평가에서 사업군 단위로 평가 방식을 변경했다. 재정사업 구조의 복잡·다양성으로 목적과 대상이 유사한 사업 및 다수 부처 관련 사업이 증가하고 있기 때문이다. 사업군에 대한 평가를 통해 사업별 성과분석뿐만 아니라 유사·중복사업 통·폐합, 부처 간 역할 분담, 중기 재원 배분 방안 등을 종합적으로 검토할 수 있게 되었다. 2012년부터는 평가 일정을 체계적으로 관리하기 위해 대상

사업 선정 주기를 상·하반기로 정례화했다.

또한, 평가 체계를 연구기관(한국개발연구원) 중심으로 개별 사업의 효과성 위주로 평가하던 것에서 재정 당국 주도하에 연구기관, 관계 부처, 민간 전문가가 함께 참여하는 '심층평가추진단'을 구성하여 평가하도록 함으로써 좀 더 실효성 있는 패키지형 종합적 분석과 처방을 제시하도록 했다. 이와 함께 심층평가 추진계획 및 평가결과, 평가 결과를 반영한 지출 효율화 방안, 지출 효율화 방안의 이행 상황 점검 결과 등을 관계 부처 장관과 민간 전문가들이 참여하는 재정관리협의회에 보고하도록 함으로써 관계 부처의 적극적인 협조를 유도하고 제도의 실효성을 강화했다.

현재 재정성과관리제도는 앞서 언급한 성과계획서·성과보고서를 내용으로 하는 성과목표관리제도, 재정사업 자율평가제도, 심층평가제도가 상호 연계되어 유기적으로 운영되고 있다.

제 2 절 성과목표관리제도

1 개념

성과목표관리제도란 각 부처의 임무, 비전, 전략목표, 성과목표, 성과지표, 성과지표의 목표치 및 달성도를 중심으로 부처 전체 재정사업의 계획과 성과를 체계적으로 점검하는 것을 말한다. 재정성과목표관리제도란 사업별(관리과제별) 성과목표와 추진계획을 설계하고, 사업 집행 이후 목표했던 성과를 달성했는지에 대해 점검·평가하여, 획득한 성과정보를 다시 예산편성 및 성과계획서 작성 등에 환류시키는 일련의 활동을 의미한다.

재정성과목표관리제도는 성과계획서 및 성과보고서를 중심으로 이루어지고 있다. 각 중앙관서의 장은 재정 당국이 정하는 작성지침에 따라 매년 성과계획서와 성과보고서를 작성한다.

국가재정법에서는 기획재정부에 예산요구서를 제출하는 각 중앙관서의 장 및 기금을 관리·운용하는 자(기금관리 주체)는 성과계획서 및 성과보고서를 함께 제출하도록 하고 있다(제8조). 성과계획서는 예산안 및 기금운용계획안의 첨부 서류로(제34조 및 제71조), 성과보고서는 결산보고서의 구성 항목으로 되어 있다(국가회계법 제14조). 2009회계연도 성과계획서, 2009회계연도 성과보고서부터 국회에 의무적으로 제출하고 있다.

2 성과계획서·성과보고서

성과계획서는 중앙관서의 장이 스스로 기관의 전략목표 및 당해 연도 성과목표, 성과목표 달성을 위한 관리과제의 설정, 관리과제의 성과지표 및 성과지표의 목표치 등을 설정하는 연도별 시행계획을 의미한다. 성과계획서에는 기관의 임무·전략목표 등이 포함되며 「국가재정법」 및 관련 법령에 의한 중·장기 재정 운용 계획뿐만 아니라 당해 연도의 성과목표·성과지표 및 과거 3년간의 성과 결과 등을 포함하고 있다.

각 중앙관서는 성과계획서에 그간의 재정 운용 성과, 해당 연도의 재정 운용 방향을 제시하고 해당 기관의 조직, 인원 등 일반 현황과 재정 현황에 대해 작성한다. 또한 성과목표 체계에 따라 임무, 비전, 전략목표, 성과목표, 관리과제를 논리적인 흐름에 맞게 순차적으로 작성하고, 각 성과목표와 관리과제의 이행 정도를 측정하기 위한 성과지표와 목표치를 설정한다. 그리고 성과목표와 관리과제의 주요 내용 및 해당 관리과제와 관련된 예산사업의 내역을 제시한다.

성과보고서란 성과계획서에서 목표한 바를 어느 정도 달성했는지를 계획 대비 실적의 형식으로 점검하는 결과보고서를 말한다. 성과보고서의 경우 「국가회계법」 제

표 6-1 성과목표 관리 대상 (단위: 개)

구분	2010년도	2011년도	2012년도	2013년도(안)
전략목표	212	212	189	179
성과목표	584	539	479	444
관리과제	2,048	2,082	2,156	2,137

15조에서 성과계획서 작성 시 설정된 성과목표와 그에 대한 실적을 대비하여 작성하도록 하고 있는 바, 성과계획서에 제시된 임무, 비전, 전략목표, 성과목표 등 그 주요 내용에 대해서는 성과계획서와 동일하게 작성해야 한다. 그리고 세부적으로는 성과지표의 목표치에 대한 실적 및 성과달성률을 산정하도록 되어 있으며, 목표 달성 기여도와 목표 달성 과정 및 성과 미달성 원인 분석과 향후 성과 이행 방안 등을 제시하도록 되어 있다.

3 성과목표 체계

성과목표 체계는 해당 기관의 임무, 비전, 전략목표, 성과목표, 관리과제로 구성된다. 임무(mission)는 해당 기관의 존재 이유와 주요 기능을 말하는데, 주로 법령에 의해 규정된다. 비전(vision)은 임무 달성을 통해 이루고자 하는 바람직한 미래상을 의미한다. 전략목표(strategic goals)는 국정 목표, 기관의 임무와 비전 등을 감안하여 해당 기관이 중점을 두고 지향하거나 추진해야 할 중장기적인 목표를 의미한다. 전략목표는 기관의 임무와 논리적 연계성을 가져야 하며, 성과계획서 작성 시 이러한 연계성을 명확히 기술해야 한다.

성과목표(performance goals)는 전략목표의 하위 개념으로서 실제 행동으로 옮겨지는 목표로, 해당 연도 '전략목표' 달성을 위한 수단이다. 이러한 성과목표는 전략목표와 성과목표 간 또는 성과목표와 관리과제 간 연계성이 확보될 수 있도록 하고, 성과목표는 가급적 업무의 최종적인 효과가 파악되도록 결과 지향적으로 설정해야 한다.

또한 관리과제(tasks)는 성과목표 달성을 위한 구체적인 수단으로서 개별 사업 단위를 의미하며, 업무 추진 및 향후 성과측정의 대상이 되므로 합리적이고 구체적인 실천계획을 포함하여 설정해야 한다. 관리과제는 인건비 · 기본 경비 등을 통해 수행되는 정책 · 제도 · 규제 등 정책 관련 사항을 제외한 모든 예산 및 기금의 단위사업이 대상이 된다.

성과목표 체계 중 성과목표와 관리과제는 성과목표 달성 정도를 파악할 수 있도록 성과지표 및 목표치를 설정하고 향후 그 달성도를 점검하도록 하고 있다. 성과지표는 측정이 가능하며 지속적인 평가를 통해 성과 수준의 변화를 파악하도록 설정하고, 특

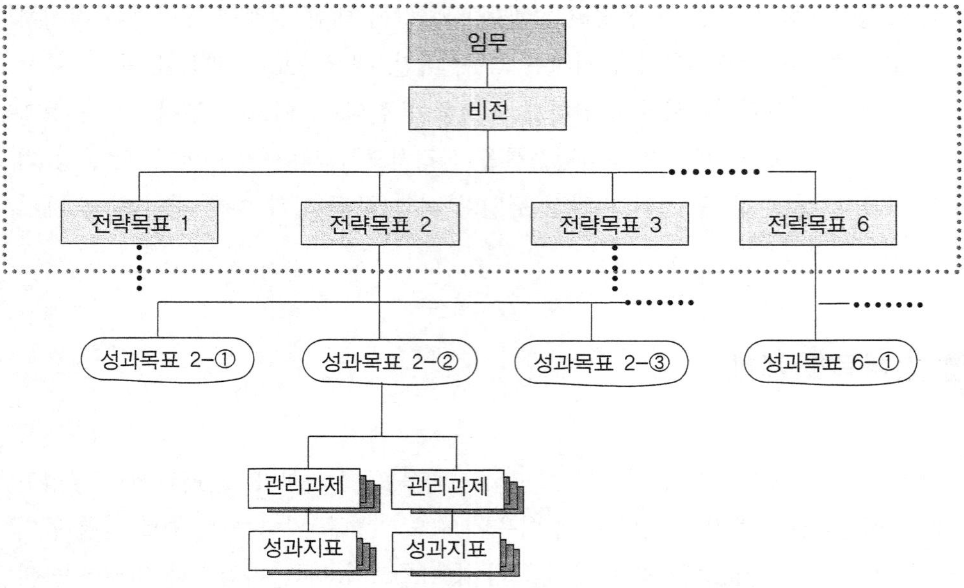

그림 6-1 성과목표 체계

히 관리과제의 내용과 수준을 고려하여 과제의 난이도가 반영될 수 있도록 설정해야 한다.

또한 성과지표는 가급적 성과목표의 궁극적인 효과를 측정할 수 있는 결과지표 위주로 설정하며, 결과지표 설정이 어려운 경우 과정지표와 산출지표를 병행 사용하거나 단순히 산출량이 아닌 산출의 질을 측정할 수 있도록 산출지표로 설정해야 한다(예시: 홍보사업 성과지표의 경우 단순히 산출의 양을 측정하는 '홍보 건수'가 아니라 산출의 질을 측정하는 지표인 '홍보물에 대한 인지도'를 함께 제시).

성과지표 설정 시 그 측정 방법 및 근거 등은 공식적인 자료를 활용하며 자료 출처 등 근거를 명확히 제시하고 성과측정 자료의 정확성과 신뢰성을 확보할 수 있는 방법을 제시해야 한다.

그리고 달성도 측정을 위해 더욱 중요한 것은 성과지표의 목표치를 사전에 설정하는 것이다. 성과지표의 목표치는 중장기 추진계획, 유사 사업·국제 수준과의 비교, 과거 추세치 등을 참고하여 설정하되 사업 방식 개선 의지 등 적극적 업무 수행 관점에서 도전적으로 설정해야 한다.

표 6-2 성과지표의 유형

구분	개념	특성
투입지표	예산·인력 등 투입물의 양을 나타내는 지표 (예) 직업훈련교육 예산 금액 또는 예산 집행률	예산집행과 사업 진행 과정상의 문제점을 발견하는 데 도움
과정지표	사업 진행 과정에서 나타나는 산출물의 양을 나타내는 지표 (예) 직업훈련 교육과정별 진도율	사업 진도 등 사업 추진 정도를 중간 점검하는 데 도움
산출지표	사업 완료 후 나타나는 1차적 산출물을 나타내는 지표 (예) 직업훈련 교육 수료자 수	투입에 비례하여 설정한 목표를 달성했는가를 평가하는 데 도움
결과지표	1차적 산출물을 통해 나타나는 궁극적인 사업의 효과, 정책이 미치는 영향력을 나타내는 지표 (예) 직업훈련 수료자 취업률, 소득증가율	사업이 의도한 최종 목표의 달성 정도에 따른 영향과 효과를 측정하는 데 도움

4 운영 절차

성과계획서 및 성과보고서의 운영 절차를 살펴보면 정부의 예산안 및 결산보고서의 국회 제출 시기와 맞물려 있음을 알 수 있다. N+1회계연도 성과계획서는 N회계연도 6월 말까지 각 부처에서 작성하여 기획재정부에 제출하고, 기획재정부는 성과계획서가 작성지침에 부합하는지 여부를 검토하여 의견을 제시하고, 각 부처는 검토의견을 반영하여 성과계획서를 수정한다. 기획재정부는 부처가 마련한 성과계획서를 회계연도 개시 90일 전까지 정부예산안과 함께 국회에 제출한다. 국회에서 예산안이 확정되면 국회의 예산 심의 결과 및 법률 제·개정 등 변경 사항을 반영하여 최종적으로 성과계획서가 확정된다.

각 부처는 N회계연도에 사업 수행을 통해 예산을 집행한 후 N+1년 2월 말까지 N회계연도에 대한 결산보고서와 함께 성과보고서를 작성하여 기획재정부에 제출하고, 기획재정부는 이를 N+1년 4월 10일까지 감사원에 제출한다. 감사원은 N+1년 5월 20일까지 결산보고서와 성과보고서에 대한 검사 결과를 기획재정부에 송부하며, 기획재정부는 감사원의 검사 결과를 반영한 성과보고서를 결산보고서와 함께 N+1년 5월 31일까지 국회에 제출한다.

표 6-3 성과관리제도 및 관련 재정 운용 연간 일정

회계연도	일정	성과관리제도		재정 운용(예산, 결산)
		목표관리	재정사업 자율평가	
N 회계연도	4~5월	• N+1년도 성과계획서 작성 지침 통보(4월 말~5월 초, 기재부)		• N+1년도 예산편성 및 기금 운용계획안 작성지침 통보 (4월 말)→ 국회예결위 보고
	6월	• N+1년도 성과계획서 제출 (6월 말, 각 부처)		• N+1년도 예산요구서 제출 (6월 말)
	7~8월	• N+1년도 성과계획서 적정성 검토(기재부)		• 예산요구의 적정성 검토
	9월	• N+1년도 50개 중앙관서 성과계획서 국회 제출		• 정부 예산안 편성 및 국회 제출(9월 말)
	11~12월	• N년도 성과보고서 작성 지침 통보(기재부)	• N년도 재정사업자율평가지침 통보 및 평가 대상사업 선정(기재부)	• 결산보고서 작성지침 통보 (기재부)
N+1 회계연도	2월	• N년도 성과보고서 제출(2월 말, 각 부처)		• N년도 결산보고서 제출 (2월 말, 각 부처)
	3월	• N년도 성과보고서 검토	• N년도 재정사업 자율평가 결과 제출 (3월 초, 각 부처)	• N년도 결산보고서 검토
	4월	• N년도 정부통합 성과 보고서 감사원 제출(4.10)		• N년도 정부통합 결산보고서 감사원 제출(4.10)
	5~6월	• N년도 감사원 성과 보고서 기재부 송부(5.20) • N년도 성과보고서 국회 제출(5.31)	• 부처평가 N년도 재정사업자율평가 결과에 대한 확인점검 실시(3월~6월 초, 기재부) * 기금사업에 대한 평가 결과 국회 제출(5.31) • N년도 재정사업 자율평가 완료 및 최종 결과 각 부처 통보 (6월 초)	• N년도 감사원 결산검사보고서 기재부 송부(5.20) • N년도 결산보고서 국회 제출(5.31)

제 3 절 재정사업 자율평가제도

1 개념

2003년 4대 재정개혁의 하나로 도입된 재정성과관리제도는 재정 운용의 모든 과정(기획-예산편성-집행-결산)을 성과 중심으로 과학화, 체계화함으로써 예산 절감 및 공공 부문의 효율성을 제고하려는 제도이다.

재정성과관리제도 중에서도 재정사업 자율평가제도는 개별 사업의 성과정보를 예산 편성에 연계시키는 기능을 하는데 이는 성과정보의 질(quality) 및 활용도를 높일 수 있도록 한다. 재정사업 자율평가제도가 도입되지 않았다면 자칫 명목적인 제도에 그칠 수도 있을 성과목표관리제도는 재정사업 자율평가를 통해 그 실효성을 확보할 수 있게 되었다.

재정사업 자율평가제도는 사업 수행 부처가 재정사업을 자율적으로 평가하고 기획재정부가 이를 확인·점검한 평가 결과를 재정 운용에 활용하는 제도로「국가재정법」제8조 제6항 및 동법시행령 제3조에 근거를 두고 있다.

2 평가 대상사업

재정사업 자율평가는 예산, 기금이 투입되는 모든 재정사업(성과계획서에서는 관리과제라 하고 예산안에서는 단위사업이라 하지만 이 둘은 같은 개념이다)을 대상으로 한다. 다만, 다음의 예시와 같이 평가 실익이 없는 재정사업은 제외한다. 또한 평가 부담과 평가 실익 등을 감안하여 매년 모든 사업을 평가하는 것이 아니라 3년 주기로 평가한다. 2009년까지는 사업수 기준으로 3분의 1씩 평가 대상사업을 선정하던 것을 2010년부터는 상위목표 수준에서의 종합적 성과정보를 얻기 위해 사업보다 상위 개념인 성과목표를 기준으로 선정하도록 변경했다. 즉, 성과목표 수 기준으로 3분의 1에 해당하는 성과목표를 선정하고 선정된 성과목표 내의 모든 사업을 평가 대상으로 하고 있다.

〈사업별 평가 제외 기준(예시)〉

[일반재정사업]

인건비, 기본경비, 기금운영비, 국제기구분담금, 자치단체에 포괄적으로 이전되는 사업비(지방자치단체 교부금, 지방교육재정교부금 등), 정부내부지출, 보전지출, 예비비 및 기타 세출비목으로만 구성된 사업

[정보화사업]

단순 PC 교체 및 통신회선료 등 간접비 성격의 사업(소속 직원의 업무용 PC 및 사무관리용 S/W 보급 · 교체, 통신회선료, 기관 홈페이지 운영, 직원 정보화교육 경비 등)

직전 2개년도 기간 동안에 평가를 받은 사업이라도 성과지표 보완, 유사 · 중복 해소, 사업 방식 개선, 성과달성도 개선 등 성과정보에 주요한 변경 사항이 있을 경우에는 평가주기가 도래하지 않았더라도 평가 대상에 포함하여 평가할 수 있다(이를 수정평가라 한다). 이는 평가 결과 '미흡' 이하 등급의 평가를 받은 사업에 대해 수정평가를 통해 사업 개선 노력을 유도하기 위해서이다.

3 평가 항목

재정사업 자율평가는 체크리스트 방식으로 평가한다. 사업 추진 단계에 따라 계획/관리/ 성과 · 환류로 구분한다. 각 평가 항목 및 평가지표의 판단 기준에 따라 평가지표별로 2단계(예/아니오)에서 4단계(예/상당한 정도/어느 정도/아니오)로 나누어 점수를 부여하는 구조로 되어 있다. 평가 결과 최고 점수는 계획 단계는 20점, 관리 단계는 30점, 성과 · 환류 단계는 50점이다. 계획 단계는 다시 사업계획의 적정성과 성과계획의 적정성으로 나누어 평가하고 있다.

평가지표 수는 11개이다. 다만, 정보화사업인 경우 사업 특성을 고려하여 2개의 특성지표를 추가하고 있다. 평가 대상사업은 일반재정사업과 정보화사업으로 구분한다. 연구개발(R&D)사업은 국가과학기술위원회에서 따로 평가하고 있다.

표 6-4 재정사업 자율평가 평가지표와 배점표

단계	평가 항목 (배점)	평가지표	배점	
			일반 재정	정보화
계획	사업계획의 적정성 (10)	1-1. 사업 목적이 명확하고 성과목표 달성에 부합하는가?	2.0	2.0
		1-2. 다른 사업과 불필요하게 유사·중복되지 않는가?	3.0	3.0
		1-3. 사업 내용이 적정하고 추진 방식이 효율적인가?	5.0	5.0
		소계	10.0	10.0
	성과계획의 적정성 (10)	2-1. 성과지표가 사업 목적과 명확한 연계성을 가지고 있는가?	5.0	5.0
		2-2. 성과지표의 목표치가 구체적이고 합리적으로 설정되었는가?	5.0	5.0
		소계	10.0	10.0
관리	사업관리의 적정성 (30)	3-1. 예산이 계획대로 집행되도록 노력했는가?	15.0	12.0
		3-2. 모니터링 체계를 운영하여 문제점을 개선하고 있는가?	10.0	5.0
		3-3. 사업 목적을 달성하는 데 효율성을 제고했는가?	5.0	5.0
		3-정보화①. 정보 시스템을 적정하게 운영 및 관리하고 있는가?	-	8.0
		3-정보화②. 공정거래 질서 확립을 위해 노력했는가?	-	가점 (+3)
		소계	30.0	30.0
성과 /환류	성과 달성 및 사업평가 결과의 환류 (50)	4-1. 계획된 성과지표의 목표치를 달성했는가?	30.0	30.0
		4-2. 사업평가 결과, 사업이 효과적으로 수행되고 있는가?	10.0	10.0
		4-3. 평가 결과 및 외부 지적 사항을 사업구조 개선에 환류했는가?	10.0	10.0
		소계	50.0	50.0
계		100		

위 표에서 보는 바와 같이 사업 추진 단계로 살펴보면, 1단계인 계획 단계의 평가지표는 사업계획의 적정성과 성과계획의 적정성을 검토하는 항목이다. 5개 지표로 20점이 부여된다. 사업 추진의 기초가 되면서 평가의 근간이 되는 사업 목적, 사업 목적이 달성되고 있는지를 측정하는 성과지표, 성과지표의 당해 연도 목표치 설정 수준 등의 적정성을 검토하는 내용으로 구성되어 있다.

'사업 목적 명확성 및 성과목표 달성 부합성 여부(1-1)'는 사업을 통해 해결하고자 하는 특정 상황 또는 문제가 명확하고 구체적이며 사업 목적과 성과목표 달성 간의 연계성(논리적 인과관계)이 분명한지를 검토한다. 또한 재정 지원 필요성이 있는지,

다른 정책 수단으로 사업 목적을 달성할 수 있는지 등을 판단하게 된다.

'다른 사업과의 유사·중복성 여부(1-2)'는 사업이 공공 및 민간 부문의 사업과 불필요하게 중복되는지를 확인하는 지표로 세부 사업별로 사업 목적이 다른 사업과 비교할 때 서로 다른지 검토한다. 다만 사업 목적이 유사하더라도 수혜 대상이 다르거나 유사 사업 간 협력·조정을 통해 문제를 해결한 실적이 있다면 해당 항목에서 '예'로 판단한다.

'사업 내용 적정성 및 추진 방식 효율성 여부(1-3)'는 해당 사업의 내용 또는 구조, 추진 방식이 사업 목적 달성을 위해 효율적이고 적절한지를 확인하는 지표로, 사업을 구성하는 세부사업이 사업 목적 달성을 위해 적절한 사업으로 구성되었는지, 현재의 추진 방식이 최선이라고 판단(재원 분담 가능성/적정성 검토, 사업 방식/조건 변경 검토, 사업 추진 주체 변경 검토, 수요 예측의 적정성 등)되는지를 검토한다.

'성과지표의 사업 목적 연계성 여부(2-1)'는 사전 설정된 해당 관리과제의 성과지표가 사업 목적 달성 여부를 점검할 수 있는 수단으로 활용 가능한지 확인하는 항목이다. 성과지표는 사업 내용을 포괄하고 있어야 하며, 사업 목적의 최종 달성 여부를 판단할 수 있도록 결과지표로 설정되어 있어야 하며, 성과지표의 정의·측정 산식이 명확하고 합리적이어야 한다.

'성과지표의 목표치가 구체적이고 합리적으로 설정되었는가 여부(2-2)'는 성과지표에 대한 목표치가 사업 성과목표를 달성하거나 달성하는 추세에 맞춰 합리적인 수준인지 확인하는 평가지표이다. 성과지표의 목표치는 사업 시행 전에 설정되어야 하고, 통상적인 사업 수행을 통해 자동적으로 달성되는 수준을 초과하여 설정해야 하며, 사업 방식 개선 등 성과 제고를 위한 노력을 반영해야 한다.

2단계인 관리 단계는 당초 사업계획에 맞추어 필요한 예산을 적정하게 집행하고, 사업 추진 중 나타난 문제점을 해결할 수 있는 시스템을 구축하고 적정하게 운영했는지를 평가하는 항목으로 3개 평가지표로 30점이 부여된다.

'예산이 계획대로 집행되도록 노력했는지 여부(3-1)'는 집행 실적 제고를 위한 노력 및 실적을 확인하여 4단계(예: 상당한 정도, 어느 정도, 아니오)로 점수(최고 15점)를 부여한다. 매년 집행계획에 따라 예산이 정상적으로 집행되었는지를 디지털 예산회계 시스템상 집행 현황 및 실집행 자료 등을 통해 확인한다. 여기서 낙찰 차액, 경상경비 절감계획, 조직 개편, 환율 변동 등 외생 변수는 제외하고 정상 집행 여부를 판단한다.

‘모니터링 체계를 운영하여 문제점을 개선하고 있는지 여부(3-2)’는 적절한 모니터링 체계를 통해 사업 추진 중 발생한 문제점에 대응하고 적절히 해결했는지 확인하여 3단계(예: 어느 정도, 아니오)로 점수를 부여한다. 단순히 진도관리 차원이 아닌 정기적인 모니터링을 통해 사업의 문제점을 발견하고 개선하며 그 결과를 피드백까지 할 수 있는 체계를 갖추어야 모니터링 체계를 갖춘 것으로 본다. 그러한 체계 하에서 사업 추진 중 발생한 문제점, 외부 지적 사항, 민원·이해관계자 간 갈등을 해소해야 한다. 연례적 집행 부진에 대한 개선 노력이 없거나 민간보조사업의 비효율적 예산 사용에 대한 통제 수단이 없는 경우에는 적절한 모니터링 체계를 갖추지 않은 것으로 보아 ‘아니오’로 판단한다.

‘사업 목적 달성을 위한 효율성 제고 여부(3-3)’는 예산 절감 및 효율성 제고 노력 정도를 확인하는 평가지표로 3단계(예: 어느 정도, 아니오)로 점수를 부여한다. 사업 방식 개선 등을 통해 비용을 절감하고 다음해 예산편성에 반영한 실적이 있거나 예산성과금 수혜 대상으로 확정된 경우, 사업 방식 개선 실적이 공공 부문에서 최초로 도입되고 개선 효과가 입증된 경우 등을 해당 항목에서 사업의 효율성이 제고된 경우로 본다.

2012년 신설된 정보화 2개 특성지표는 예산이 지속적으로 증가하고 있는 정보화 유지 보수사업에 대해 성과측정 및 효율적 관리 노력 여부를 점검하고, 대기업 위주의 공공정보화사업에서 하도급 관행 개선 등 공정거래 질서를 확립하고자 사업 추진 주체의 개선 노력을 점검하기 위해 도입했다.

‘정보 시스템을 적정하게 운영 및 관리하고 있는가(3-정보화①)’는 정보 시스템별 운영·유지 보수를 수행하는 데 체계적인 성과측정과 이에 따른 효율적 관리 노력이 있는지 여부와 정보 시스템 운영 및 유지 보수에 대한 체계적인 성과측정을 실시하여 유지관리의 실효성을 적절하게 판단하는지(성과측정), 정보 시스템별 유지 관리 실효성 판단에 따라 해당 시스템에 대한 타당한 운영 실적 및 개선 계획이 있는지(관리 노력)를 검토한다.

‘공정거래 질서 확립을 위해 노력했는가(3-정보화②)’는 사업 추진 시 대기업 참여 제한, 하도급 계약의 적정성 등을 통해 공정거래 질서 확립을 위한 적절한 노력이 있었는지 확인하고, 소프트웨어산업 공생 발전을 위해 대기업 참여하한제를 준수한 경우, 중소 소프트웨어 기업을 우대하여 기술성 평가를 실시한 경우, 소프트웨어 대·중소기업 동반 성장을 위해 하도급 계약의 적정성 평가 항목을 적용한 경우, 공정한 하도급 거래를 위해 하도급 대금 지급 비율 명시 의무를 준수하고 하도급 계약을 관리한 경우, 공정한 하도급 거래를 위해 하도급 대금 지급 비율 명시 의무를 준수하고 하도급 계약을 관리한 경우인지를 확인한다.

3단계인 성과 및 환류 단계는 당초 수립한 성과지표의 목표치를 달성했는지, 사업 추진에 대한 효과성을 분석하고 제반 문제점에 대해 개선했는지 등 사업 추진 결과 그 성과를 점검하는 항목으로 3개 평가지표 50점이 부여된다.

'계획된 성과지표의 목표치 달성 여부(4-1)'는 합리적으로 제시된 목표치의 달성 정도를 확인하여 4단계(예: 상당한 정도, 어느 정도, 아니오)로 점수를 부여하고 있다. 만일 성과지표의 목표치가 비합리적으로 설정된 경우(2-2) 목표치를 100% 달성했더라도 어느 정도(10점)에 해당한다. 아울러 성과계획서상 관리과제가 포함된 상위 성과목표의 성과지표 목표치를 달성하지 못한 경우 감점(5점)하고 있다. 이는 성과목표 관리 체계상 성과목표와 관리과제 간 상호 연계성을 강화하기 위한 방안이다.

'사업평가 결과 사업의 효과성 여부(4-2)'는 객관적이고 종합적인 사업평가를 실시하고 사업 효과가 나타났는지를 확인하여 3단계(예: 어느 정도, 아니오)로 점수를 부여한다. 여기서 사업평가는 검증 가능한 자료와 전문적인 분석 방법으로 사업 전체를 종합적으로 평가한 경우를 말한다.

'평가 결과 및 외부 지적 사항을 사업구조 개선에 환류했는가(4-3)'는 자체평가 또는 사업평가 결과 나타난 문제점을 제도 개선 등에 활용했는지를 확인하여 3단계(예: 어느 정도, 아니오)로 점수를 부여한다. 해당 항목에서 평가 결과를 포함한 내·외부적으로 나타난 지적 사항 또는 문제점에 대한 제도 개선 실적이 근거로 제시되어야 한다.

4 평가 일정

기획재정부가 재정사업 자율평가지침을 통지하면(전년도 12월), 각 부처는 지침을 바탕으로 자체평가를 하고, 3월 초에 그 평가 결과를 기획재정부에 제출한다. 기획재정부는 부처가 제출한 자체평가보고서를 조세연구원과 정보화진흥원 등 전문연구기관의 지원을 받아 확인·점검을 실시한다. 이 과정에서 각 부처의 근거 자료 보완, 이의 제기 등 의견 수렴 과정을 거쳐 6월 초 평가 결과가 확정된다.

5 평가 결과 활용

평가 대상사업은 계획, 관리, 성과·환류 단계의 11개 지표를 사용하여 평가하고 합산한 점수를 토대로 사업별로 5단계로 등급화한다.

* 5등급 :	매우 우수 /	우수 /	보통 /	미흡 /	매우 미흡
	(90점 이상)	(90～80점)	(80～60점)	(60～50점)	(50점 미만)

등급화한 평가 결과를 예산에 반영하는데, 원칙적으로 '우수' 이상 등급 사업은 예산을 증액하고 '미흡' 이하 등급 사업은 10% 이상 삭감한다. 원칙적으로라는 의미는 평가 결과를 기계적으로 적용하는 것이 아니라 다양한 요인을 감안한다는 뜻이다. 기초생활보장급여 등 법령상 의무지출사업, 연도별 지출 소요가 확정된 사업 등은 사업 특성을 고려하여 예외가 인정된다.

〈2013년도 예산안편성지침 관련 내용〉

- '매우 우수' 및 '우수' 등급 사업은 원칙적으로 예산을 증액
- '보통' 등급 사업 중 사업의 성과가 객관적으로 검증되지 않은 경우 원칙적으로 예산을 증액치 않음
- '미흡' 및 '매우 미흡' 사업은 수정평가를 통한 등급 개선이 없는 경우 차기평가 도래 연도까지 전년대비 10% 이상 삭감
- '매우 미흡' 등급 사업은 예산 삭감과 함께 사업 폐지 검토

또한 '보통' 이상인 사업이라도 평가지표의 특성 및 평가 결과를 감안하여 사업 목적이 불명확한 경우에는 사업 재검토, 유사·중복 사업의 경우에는 사업 통폐합 또는 연계 강화, 연례적 집행 부진 사업의 경우에는 불용 실적을 감안한 예산 삭감 등이 이루어진다.

표 6-5 최근 3년간 재정사업자율평가 결과 예산 반영 현황(일반재정사업 기준)

(단위: 개, 조 원)

평가 수행 연도*	등급 구분	사업 수	평가 수행 연도 예산(A)	평가 수행 연도의 다음 연도 예산(B)	증감	
					(B-A)	%
2010년	계	473	45.4	47.3	1.9	3.9
〈2009년도 사업〉	매우 우수 · 우수	22	0.7	0.8	0.1	9.8
	보통	335	40.9	43.6	2.7	6.5
	매우 미흡 · 미흡	116	3.8	3.3	△0.5	△12.5
2011년	계	389	51.6	50.7	0.9	△1.7
〈2010년도 사업〉	매우 우수 · 우수	26	1.9	2.0	0.2	5.8
	보통	246	46.2	45.7	△0.5	△1.0
	매우 미흡 · 미흡	117	4.3	3.9	△0.4	△10.4
2012년	계	405	33.6	36.1	△2.5	7.2
〈2011년도 사업〉	매우 우수 · 우수	27	3.2	3.3	0.2	5.2
정부안	보통	281	28.7	31.3	△0.3	9.1
	매우 미흡 · 미흡	97	1.8	1.5	△0.3	△18.5

* 2010~2011년은 국회 확정예산 기준, 2012년은 정부예산안 기준.

평가 등급에 관계 없이 성과관리 체계상 보완이 필요한 사항에 대해서는 각 부처에 개선 조치를 권고하며, 보완이 필요한 성과지표에 대해서는 수정된 지표를 차년도 성과계획서에 반영하도록 한다.

아울러 평가 결과는 재정사업의 효율성뿐만 아니라 책임성을 높이기 위해 대외 공개를 원칙으로 하고 있다. 기획재정부의 확인 · 점검이 완료된 재정사업 자율평가보고서는 기획재정부 홈페이지에서 볼 수 있다.

<표 6-5>는 최근 3년간 재정사업 자율평가 결과(일반재정사업 기준) 예산 반영 현황이다. 미흡 사업의 경우 3년간 평가 대상 사업예산이 전년도 9.9조 원에서 8.7조 원으로 약 12%(1.2조 원) 정도 삭감되었다. 같은 기간의 정부 예산 증감률[1)]이 5.6%, 5.2%, 5.3%인 것을 감안하면 평가 결과가 다음 연도 예산에 미치는 영향이 크다고 하겠다.

1) 각 연도 예산은 2010년도 292.8조 원, 2011년도 309.1조 원, 2012년도 325.4조 원, 2013년도 342.5조 원이다.

제 4 절 재정사업 심층평가

1 개념

재정사업 심층평가는 성과관리제도 중 3단계에 해당하는 것으로, 전술한 바와 같이 건강에 비유하면 정밀진단에 해당한다고 볼 수 있다. 즉, 재정사업 심층평가제도는 재정 운용 과정에서 문제가 제기된 주요 재정사업이나 재정사업 자율평가 등을 통해 이상 징후가 파악된 사업들에 대해 정밀분석을 실시하여 문제의 원인을 파악하고 근본적인 치료법 및 그 예방책을 알려주는 주치의 역할을 수행하는 제도이다. 법적 근거는 「국가재정법」 제8조 제6항 및 동법 시행령 제3조이다.

2 평가 대상사업

재정사업 자율평가 결과 추가적 평가가 필요한 사업, 유사・중복사업, 비효율적인 사업 추진으로 예산 낭비가 우려되는 사업, 지속적 지출 증가가 예상되어 지출 효율화가 필요한 사업, 기타 심층적인 분석・평가를 통해 성과 점검이 필요한 사업을 대상으로 한다.

3 추진 체계 및 진행 절차

기획재정부 및 관계 부처의 담당자, 관련 전문기관의 연구진 등으로 사업별 평가 T/F를 구성하여 운영한다.

'재정사업평가자문회의' 등의 자문을 거쳐 평가 대상을 선정하고, 과제 선정 사유, 평가 방향 등을 주요 내용으로 하는 심층평가 추진계획을 수립하여 재정관리협의회에 상정한다. 추진계획에 따라 대상 사업(또는 사업군)을 종합적으로 평가하고 이를

평가 대상 선정 및 계획 수립 →	평가 진행 →	최종 보고 및 후속 조치
· 재정사업평가자문회의 심의 (국장급 정부위원+민간위원) · 재정관리협의회 심의 (장관급 정부위원+민간위원)	· 평가T/F 구성 · 심층평가자문단 구성	· 재정관리협의회 상정 · 평가 결과 통보 · 예산편성 반영 · 제도 개선 조치

그림 6-3 심층평가 진행 과정

토대로 구체적인 지출효율화 방안을 마련한다.

4 평가 결과 활용

해당 부처 및 예산실(기획재정부에 있는 예산편성 부서)에 평가 결과를 통보하여 차년도 이후 예산 및 재정 운용 방향에 반영하고 제도 개선 등을 추진하도록 한다. 예산편성지침에 평가 결과를 반영하여 예산 요구 및 편성하도록 하고 평가 결과 제시된 제도 개선 미이행 시 예산편성 과정에서 사업 폐지 또는 감액이 가능하도록 하고 있다. 해당 부처는 제도 개선 사항을 적극 추진하고, 기획재정부는 지속적으로 이행 상황 등을 점검하며 제도 개선 추진 과정에서 부처 간 연계·협력을 유도한다.

제 5 절 제도 운용 성과 및 개선 방향

1 제도 운용 성과

재정성과관리제도 운영의 큰 성과 중의 하나로 정부 부문에 성과 마인드를 확산시키고 재정 운용의 투명성을 높였다는 점을 들 수 있다. 사업 담당자로 하여금 과거 관행이나 규정에 근거한 단순 반복적 업무 수행 마인드로부터, 사업별로 사업 목적, 성과지표 및 성과지표의 목표값을 사전에 명확하게 설정하게 하고 목표 의식을 갖고 사업을 효율적으로 추진하도록 하는 마인드를 갖도록 변화시켰다. 평가를 통해 사업 추진상의 문제점을 파악·개선하도록 함으로써 성과관리 역량을 제고할 수 있는 계기도 마련되었다. 또한, 평가 결과를 공개하고 2009회계연도부터 성과계획서 및 성과보고서를 국회에 제출하게 되면서 재정 운용의 투명성도 한층 제고되었다.

재정성과관리제도 운영의 두 번째 성과는 성과와 예산을 연계함으로써 재정의 지출 효율화에 기여하고 있다는 점이다. 한정된 재원을 효율적으로 활용하기 위해 평가 결과 우수한 성과를 낸 사업은 예산을 증액하고 성과가 미흡한 사업은 예산을 삭감하여 성과 창출을 위한 노력을 제고하도록 유도했다. 재정사업 자율평가지침 및 예산편성지침에는 평가 결과 우수사업에 대해서는 예산 증액을, 미흡 사업에 대해서는 10% 이상 예산 삭감을 원칙적으로 하도록 규정하고 있다. 이에 따라 평가 시기를 기준으로 2008년~2011년 동안 일반재정사업 1,592개를 평가하여 우수사업 121개에 대해서는 약 0.9조 원 예산을 증액하고 407개 미흡 사업에 대해서는 약 2.2조 원 예산을 삭감했다. 또한 재정사업 심층평가를 통해서는 2007~2012년 예산편성 시 24개 사업에 대해 약 1.3조 원을 감액했다.

세 번째로 재정성과관리제도의 인프라인 프로그램 예산 체계를 구축하여 지속적이고 발전적인 성과관리제도의 운영을 가능하도록 했다는 점이다. 최근 3년간 기획재정부는 성과관리 체계와 프로그램 예산 체계 간의 일치화를 추진하여 성과정보를 예산편성에 활용할 수 있도록 하는 기틀을 마련했다. 성과목표와 프로그램, 관리과제와 단위사업을 1:1로 일치시킴으로써 성과정보와 예산편성 간의 환류를 좀 더 쉽게 할 수 있도록 했다.

네 번째는 현재 우리나라가 운영 중인 재정성과관리제도가 대외적으로 모범 사례가 되어 후발 개도국뿐만 아니라 유럽의 각 국으로부터 주목을 받고 있다는 점이다. 재정사업의 계획, 집행, 성과평가 등 체계적인 관리 시스템과 평가 결과의 적극적인 환류제도에 대해 많은 나라에서 관심을 보이며 제도 내용에 대한 문의와 함께 소개를 요청하고 있다.

2 문제점 및 개선 방향

1) 제도 간 연계성 미흡 및 다른 평가와의 중복 문제

재정성과 목표관리제도, 재정사업 자율평가제도, 심층평가제도는 각각의 용도를 가지고 있으며 상호 보완하는 성격을 가지고 있다. 성과보고서는 성과계획서를 바탕으로 작성되며, 재정사업 자율평가는 성과계획서에 담긴 성과목표 체계를 활용하여 평가 대상사업을 선정하고, 성과지표의 사전 설정 여부를 검토하며, 성과보고서를 통해 성과지표의 달성도를 점검한다. 심층평가는 재정사업 자율평가 정보를 활용하여 대상 사업 선정에 활용하고 있다. 하지만, 여전히 제도 상호간의 연계가 미흡하다는 지적이 많은 것이 현실이다.

성과계획서와 성과보고서 간의 연계 강화를 위해서는 우선 고위 의사결정자들의 성과계획서와 성과보고서에 대한 이해와 관심 제고가 필요하다. 또한 업무 담당자를 동일하게 할 필요가 있다. 성과계획서와 성과보고서를 동일한 자가 담당하면 성과 관련 정보가 변경될 때 바로바로 업데이트할 수 있고, 상호간의 성과정보를 환류시키기가 쉬워진다. 아울러 불필요한 양식이나 내용을 줄이거나 없앨 수 있어 업무 부담도 줄일 수 있게 된다. 재정사업 자율평가 결과 미흡 이하로 평가된 사업에 대해서는 심층평가 대상 여부를 의무적으로 검토하게 하는 것도 하나의 대안이 될 수 있다.

한편, 「정부업무평가 기본법」 시행으로 평가제도가 상당 부분 개선되었지만 부처에서는 여전히 성과관리 및 평가에 대한 업무 부담이 많은 것이 사실이다. 국무총리실의 정부업무평가, 광역특별회계 평가, 보조사업 존치평가 등 유사한 성격의 다른 평가제도와의 중복 문제 해소를 통해 성과관리 및 평가에 소요되는 부담을 완화시킬 필요가 있다. 정부업무평가위원회에서 주기적으로 각종 평가제도에 대한 메타평가를 통해 문제점을 줄여나가는 것도 필요하다.

2) 재정사업 자율평가제도의 문제

현재 재정사업 자율평가 대상사업 선정 및 일정에 따르면, 전체 재정사업 중 1/3에 해당하는 연간 500개 내외 사업이 평가 대상사업으로 선정되고, 부처의 자체평가가 완료되는 3월부터 예산 요구 전 6월까지 기획재정부가 확인 점검을 수행한다. 3개월의 짧은 기간에 수많은 재정사업을 심도 있게 평가하는 것은 쉬운 일이 아니다. 지금까지의 제도 운영 결과를 종합적으로 분석하여 매년 평가할 평가 대상 사업의 수, 평가 주기, 담당자의 전문성 확보, 성과정보의 체계적 관리 등 개선 방안을 마련할 필요가 있다. 평가 실익이 없거나 미미한 사업은 평가 대상에서 과감히 제외하고, 평가 주기도 사업 특성을 감안하여 차등화할 필요가 있는지 검토가 필요하다. 사업별로 다양한 성과정보를 데이터베이스화하여 필요 시 언제든지 제공할 필요가 있다.

평가지표와 관련해서는 평가지표의 개념을 더욱 명확히 하고 변별력을 높일 필요가 있다. 평가지표 간의 가중치도 재검토할 필요가 있다. 사업에 따라서는 계획 단계가 중요한 것이 있는가 하면 집행 단계가 더욱 중요한 것이 있을 수도 있기 때문이다.

평가 결과의 활용 측면에서는 의무 지출 사업과 같이 예산 삭감이 어려운 사업에 대해서는 미흡 이하로 평가되더라도 10% 이상 예산 삭감이 어렵기 때문에 별도의 관리 방안을 마련할 필요가 있다. 지표별 평가점수를 모두 더한 종합점수로 미흡 여부를 판단하여 예산 편성 시 일률적으로 삭감하기보다는 각 지표별 평가 결과를 감안하여 예산을 편성할 필요가 있다. 예를 들어 종합점수가 우수한 사업에 해당되더라도 집행 실적이 부진한 경우에는 연도별 집행률을 감안하여 감액 편성하고, 종합점수가 미흡한 사업이라 하더라도 특정 연도에 한정된 특별한 사유로 인해 평가점수가 낮게 나왔지만 사업의 확대가 필요한 경우에는 증액 편성할 수 있게 예산편성지침에 명문화할 필요가 있다.

부처 자체평가의 관대화 경향도 문제점으로 지적되고 있다. 상대평가제도의 운영 강화, 자체평가 역량이 우수한 부처에 대한 확인 점검 면제 확대 등 부처 자체평가의 내실화 방안도 강구할 필요가 있다.

모든 정책이나 제도가 그렇겠지만 특히 재정사업 자율평가제도는 고위 의사결정자들의 관심과 역량 없이는 성공적인 정착이 어렵다. 업무 담당자는 물론 고위 의사결정자들에 대한 인식과 역량 제고 노력이 무엇보다 필요하다 하겠다.

참고 문헌

감사원 감사연구원 (2012). 재정성과목표관리제도 종합실태 분석.
국회예산정책처 (2012). 국가재정법 이해와 실제.
기획예산처 (2007). 한국의 재정 어제 오늘 그리고 내일.
기획재정부 (2004~2011). 재정사업자율평가지침.
방문규 (2008). 재정사업자율평가 결과가 예산결정에 미치는 영향 분석.
재경회・예우회 (2011). 한국의 재정 60년 건전재정의 길.
정무경 (2011). 예산결정과 재정성과정보 영향 분석.
한국조세연구원 (2004). 성과관리와 사업평가 연구.
———(2008). 재정성과관리제도의 현황과 정책과제.
———(2008). 재정사업자율평가제도의 운영 현황 및 발전 방안에 관한 연구.
———(2008). 주요국의 성과관리제도.
———(2008). 성과관리예산제도의 국제 비교.
———(2012). 성과정보 신뢰성 제고를 위한 통제 시스템 구축 방안.

Chapter 07

사업 존치평가: 국고보조사업*

제 1 절 서론

산업사회에서 정보사회로, 정보사회에서 지식사회로 변함에 따라 사회가 더욱 복잡해지고 다원화되었으며, 그 결과 중앙정부가 국가의 정책을 단독으로 수행하는 것이 불가능해졌다. 특히, 한국의 경우 1970~80년대 중앙정부 주도의 경제 발전 시기를 지나 1990년대 이후 불거진 민주화 열기 및 분권화 갈망에 따라 기존의 중앙정부가 단독으로 수행하던 많은 정책 또는 행정 업무가 지방정부 또는 민간으로 이양되거나 협력하는 형태로 변화되었다. 이러한 정책 도구 중 가장 많이 활용되는 방식이 국고보조사업의 형태라고 할 수 있고, 시간의 경과에 따라 국고보조사업의 수 및 규모는 점점 증가하는 추세이다.

그러나 대다수의 정책이 국고보조사업의 형태로 운영됨에 따라 많은 문제점이 지적되고 있는 것도 사실이다. 우선 국고보조사업의 경우 정책결정은 중앙정부가 하고 집행은 지자체 또는 민간이 수행하는 이중 또는 다중구조를 가지고 있어서 책임의 문제가 발생할 수 있다. 또한 다수의 이해관계자가 관여함으로써 관계자 간 조정이 원활히 이루어지지 않을 경우 집행상의 문제가 심각해질 수 있다(O'Toole, 2007). 그

* 공동성: 성균관대학교 행정학과 · 국정관리대학원 교수
윤기웅: 성균관대학교 사회과학연구원 선임연구원

밖에도 여러 연구자가 국고보조사업의 유형 중 하나인 지자체 보조사업과 관련하여 다양한 문제를 제기했고, 이러한 문제점들은 크게 "기준보조율의 문제, 배분 방식 및 운영 체계의 문제, 예산 이월 현상의 문제 등"으로 구분할 수 있다(윤기웅 · 공동성, 2012: 266). 첫째, 기준보조율과 관련해서, 중앙정부의 기준보조율 미준수로 인해 지자체가 과중한 재정 부담을 떠안고 그 결과 사업 중단 또는 사업 축소가 일어나는 문제(유영성 · 이원희, 2005), 지자체 간 재정자립도를 고려하지 않은 채 획일적인 보조율을 적용함으로써 발생되는 지역 간 형평성 문제 또는 지방재정 경직성 문제(박기묵, 2002; 김종순 · 김성주, 2008; 김상철 · 김대철, 2010) 등이 지적되고 있다. 둘째, 배분 방식 및 운영 체계와 관련해서, 중앙보조금의 지급이 지연됨으로써 지자체의 재정 운영이 차질을 빚게 되는 문제, 중앙행정기관이 국가 시책상 필요하다는 판단에 따라 신청하지도 않은 지자체를 대상으로 국고보조사업을 운영하는 문제 등이 지적되고 있다(유영성 · 이원희, 2005). 또한 일부 지자체 또는 민간단체의 사전 준비가 미흡한 상태에서 국고보조금이 지원됨으로 인한 예산 이월 현상도 문제로 지적되고 있다(장덕희, 2009; 감사원, 2008).

이러한 문제들은 국고보조사업이 제대로 집행이 이루어지지 못하게 하는 주요 원인이 되고, 결국 국고보조사업의 성과를 달성하는 데 장애가 된다. 특히 현재 전체 재정사업을 대상으로 평가를 하는 재정사업 자율평가제도로는 이러한 문제점을 극복하는 데 한계가 있고, 보완적인 평가제도의 필요성이 제기됨으로써 2011년도부터 국고보조사업 운용평가제도가 도입되었다. 이 장에서는 도입된 지 2년이 채 되지 않은 국고보조사업 운용평가제도의 내용을 간략히 소개하고자 한다.

제 2 절 국고보조사업의 개념 및 절차

국고보조금은 "국가 외의 자가 행하는 사무 또는 사업에 대해 국가가 이를 조성하거나 재정상의 원조를 하기 위해 교부하는 보조금"을 의미한다. 현재 대다수의 국고보조금사업은 "보조금의 사용 용도가 구체적으로 명시되어 있고 그 용도 외 지출을 금한다는 측면에서 특정보조금에 해당"한다(윤기웅 · 공동성, 2012: 267-268).[1] 또한 집행 주체인 지방자치단체 또는 민간단체가 중앙정부에서 지원하는 보조금에 상응하는 자기분담금을 부담한다는 측면에서 대응보조금(matching grants)에 속한다고 볼 수 있다.[2)]

국고보조금 사업의 규모 및 개수는 <표 7-1>과 같고, 2012년 현재 국고보조금의 규모는 45.3조 원으로 정부 총지출의 약 14%를 차지하고 있다. 국고보조금을 집행 주체에 따라 구분하면, 2012년 현재 자치단체 보조는 33.2조 원(약 73%), 민간 보조는 12.2조 원(약 27%)으로 자치단체 보조가 상당 부분을 차지하고 있다. 연도별 추이를 살펴보면, 액수 기준으로는 매년 증가하는 추세에 있지만, 사업 수는 2010년까지는 증가했다가 2011년 이후 조금씩 감소하는 추세에 있다.

집행 주체가 지방자치단체, 민간단체, 지방자치단체+민간단체인지에 따라, 그리고 개별 사업의 특성에 따라 사업 운영 절차가 약간씩 차이가 존재하기는 하지만, 기본

표 7-1 국고보조금 사업의 규모 및 개수 (단위: 조 원)

구분	2007	2008	2009	2010	2011	2012	연평균 증가율 (%)
○ 보조금 규모(조 원)	32.0	34.7	40.1	42.2	43.4	45.3	7.2
· 자치단체 보조	22.4	25.0	29.4	31.6	32.3	33.2	8.2
· 민간 보조	9.6	9.8	10.7	10.5	11.2	12.2	4.9
○ 보조사업 수(개)	1,421	1,711	2,003	2,081	2,053	2,035	7.4
○ 정부 총지출(조 원)	238.4	262.8	301.8	292.8	310.9	325.4	6.4

자료: 기획재정부(2012년도 국고보조사업 운용평가보고서 재인용)

---

1) "보조금은 사용 용도 및 교부 조건 유무에 따라 특정보조금, 일반보조금, 포괄보조금으로 구분할 수 있다. … 특정보조금은 사용 용도가 구체적이고 세분화되어 있는 보조금을 의미하고, 국고보조금이 이에 해당한다. 일반보조금은 보조금의 사용 용도에 대한 구체적인 제한이 없는 것으로 우리나라의 경우 지방교부세가 이에 해당한다. 포괄보조금은 보조금의 교부에서 그 총액 및 비도의 범위만을 지정해 주고 그 지출 한도 내에서 지방자치단체의 자율적 사업 추진이 가능한 보조금의 일종으로 현재 우리나라의 광역·지역발전특별회계의 일부 사업에만 적용되고 있다"(윤기웅·공동성, 2012: 267).

2) 자기 분담금의 존재 여부에 따라, "[집행 주체]가 소요사업비의 일정 비율을 부담하는 정률보조금 또는 대응보조금(matching grants)과 그러한 의무가 없는 정액보조금 또는 비대응보조금(lump sum grants)으로, 그리고 대응보조금의 경우 지원 금액의 제한 여부에 따라 무한보조금(open-ended grants)과 유한보조금(close-ended grants)으로 구분할 수 있다"(King, 1984; 윤기웅·공동성, 2012: 267 재인용).

주체	절차	내용
(자치단체)	교부 신청	▪ 교부신청서 제출(§16) – 사업계획 첨부
(중앙관서)	교부 통지 및 교부	▪ 보조사업 검토(§17,19) – 법적합성 · 적정성 · 자부담 능력 등 ▪ 필요한 교부 조건 첨부 가능(§18)
(자치단체)	보조사업 수행	▪ 사정 변경 교부 취소(§21) – 천재지변 등 사유 시 ▪ 용도외 사용 금지(§22) ▪ 내용 · 경비배분 변경(§23, 중앙관서 승인 시) ▪ 사업 인계 · 중단 · 폐지(§24, 중앙관서 승인 시) ▪ 수행 상황 보고(§25) – 필요 시 수행 명령 가능(§26)
	교부 취소	▪ 용도외 사용, 법령 · 교부 내용 위반, 허위 · 부정 교부 시 전부(일부) 취소(§30)
	사업 완료	▪ 보조금으로 취득한 재산처분 제한(§35) – 다른 용도 사용, 양도 · 교환, 담보 제공 불가(승인 시 가능)
(자치단체)	보조사업 실적 보고	▪ 사업 완료, 폐지, 회계연도 종료 시(§27) – 소요경비 재원별 계산서 등 증빙자료 첨부
	시정명령	▪ 사업 수행 적합성 결여 시(§29)
(중앙관서)	금액 확정	▪ 보조사업 수행 여부, 적합성 심사(§28) – 증빙자료 검사, 현지조사 등
(중앙관서)	반환 명령	▪ 초과액(집행 잔액, 이자) 반환 명령(§31)
	이의 신청	▪ 통지 · 처분받은 날로부터 20일 이내(§37)
	절감액 사용 (§31④항)	사용계획 제출: ▪ 사용 대상 · 시기 · 금액 등 ↓ 사용명세 제출: ▪ 사용 후 1개월 이내 ↓ 사용명세 검토: ▪ 절감 여부, 사용 범위 등
(자치단체)	국고 반환	▪ 초과액 반환
(중앙관서)	강제 징수	▪ 상계 처리 가능(§32) – 동종 사무(사업)의 보조금 교부 시 ▪ 국세징수의 예 준용(§33)

그림 7-1 국고보조사업의 절차

자료: 기획재정부(2012a: 16).

적인 절차는 거의 동일하다고 볼 수 있다. 이 절에서는 지방자치단체 보조금사업 절차만을 간략히 소개하고자 한다. 일단 당년도 보조금사업이 정해지면, 지방자치단체는 보조사업의 목적 및 내용, 소요 경비, 기타 사항 등을 기재한 신청서와 중앙관서의 장이 요구하는 서류를 첨부하여 일정 기일(중앙관서의 장이 정한) 내에 중앙관서의 장에게 제출한다. 중앙관서는 이러한 신청 내용(사업계획, 금액 산정 착오 유무, 자체 자금 부담 능력 등)을 검토하고, 교부를 할 것인지에 대한 결정을 한다. 교부가 확정된 후, 각 지자체는 보조사업을 집행하고 이후 그 실적을 중앙관서에 보고한다. 이러한 집행 절차를 정리하면 [그림 7-1]과 같다.

제 3 절 국고보조사업 운용평가제도[3]

1 도입 배경

국고보조사업의 규모는 <표 7-1>에서 살펴볼 수 있듯이, 2006년 32.0조 원에서 2012년 45.3조 원으로 6년간 연평균 7.2% 증가했다. 이러한 예산 규모 증대에는 여러 가지 이유가 있을 수 있지만, 보조사업자의 기득권 차원으로 설명이 가능하다. 즉, 일단 국고보조사업이 생성되어 보조사업자에게 보조금이 지급되면, 이후에는 보조사업자의 반발이 우려되므로 축소 또는 폐지가 곤란하고, 새로운 사업은 계속적으로 생성되기 때문에 규모가 증가한다고 볼 수 있다(기획재정부, 2012a). 즉, 보조사업자가 기득권을 유지하려는 행태 때문에 이미 그 사업의 목적이 달성되었음에도 불구하고 다른 명목으로 계속해서 사업이 유지되는 경우가 많았다. 따라서 국고보조사업을 정비할 필요성이 지속적으로 제기되었다. 이에 기획재정부 예산실은 2010년에 보조사업에 대한 일몰[4] 심층 검토를 실시했고, 그 결과 매년 200여개 이상 증가하던 보조사업이 2010년 2,081개 사업에서 2011년 2,053개로 감소되었다. 이러한 시범

3) 이 절은 기획재정부(2012) "2011년 국고보조사업 운용평가"를 참조하여 작성되었다.
4) 일몰제란 "일정 기간이 경과하면 특정 제도, 처분 등의 효력이 자동적으로 없어지는 제도"를 의미한다(기획재정부, 2012: 1201).

〈박스〉 국고보조사업 운용평가제도의 법적 근거

「보조금 관리에 관한 법률」
[시행 2011.10.26] [법률 제10898호, 2011. 7.25, 일부 개정]

제15조(보조사업의 운용 평가) ① 기획재정부 장관은 「국가재정법」 제8조의 재정사업 자율평가 대상사업 중 보조사업에 대하여 실효성 및 지원 필요성 등을 평가하고, 그 존속 여부를 결정하여야 한다.
② 기획재정부 장관은 제1항에 따른 보조사업을 평가하고 존속 여부를 결정하기 위하여 보조사업평가단을 구성·운영할 수 있다.
③ 기획재정부 장관은 제1항에 따른 보조사업에 대한 평가 결과를 「국가재정법」 제33조에 따른 예산안과 함께 국회에 제출하여야 한다.
④ 제1항에 따른 보조사업의 구체적인 범위와 제2항에 따른 보조사업평가단의 구성 및 운영에 필요한 사항은 대통령령으로 정한다.

적인 보조금 존치 평가제도의 효과성이 검증되면서, 이를 제도적으로 정착시키고자 했고, 그 결과 생성된 것이 국고보조사업 운용평가제도라고 할 수 있다. 2011년 2월에 처음으로 국고보조사업 운용평가제도가 시행되었고, 이후 2011년 7월에는 보조금 관리 강화를 위해 운용평가 근거 조항을 보강한 보조금법 개정안이 임시국회에서 통과되었다. 이어서 10월부터 법이 시행됨으로써 국고보조사업 운용평가제도의 법적 근거가 마련되었다(<박스> 참조).

이러한 배경 속에 도입된 국고보조사업 운용평가제도의 취지는 기본적으로 보조금 증가 억제 및 보조사업자의 집행 책임성 확보에 있다고 볼 수 있고, 기획재정부(2012a)에 따르면, 그 목적은 다음 세 가지로 요약될 수 있다. 첫째, 보조금 예산의 지속적인 증대로 인한 지자체 재정 운용의 어려움을 해소하는 데 그 목적이 있다. 이미 언급했듯이, 대다수의 국고보조사업은 지방비 매칭을 요구하고 있고, 국고보조금의 증대는 결국 지방비 매칭 부담의 증대로 이어진다고 볼 수 있다. 특히, 복지와 관련된 국고보조금이 급격히 증대했고, 그에 따라 자연히 지방비 매칭 부담이 증가했으며, 이는 다시 지자체 재정 운용의 어려움을 가중시켰다. 국고보조사업 운용평가제도는 이러한 지방재정의 경직성을 유발하는 사업을 파악하고 이를 해소하기 위해 도입된 측면이 있다. 둘째, 집행과 관련해서 적절한 집행이 이루어지지 않는 문제를 해소하기 위해 도입된 측면이 있다. 즉, 공무원의 보조금 사업관리 비리, 민간단체 부정집행 등과 같은 문제들을 해소하기 위한 목적이 있다.[5] 셋째, 현재 각 부처가 실시하는 재정사업 자율평가제도를 보완하는 데 그 목적이 있다. 즉, 현행 재정사업 자율평가제도는 '사업 내용 및 과정'을 위주로 한 평가로 본질적인 '존치' 여부에 대한 검토가 미흡했고, 이를 보완하기 위해 사업의 존치 필요성을 평가하는 국고보조사업 운용평가제도가 도입된 것이다.

2 평가 대상사업 선정 및 평가단 구성

국고보조사업 운용평가제도는 평가 대상사업 선정 및 평가단 구성부터 시작된다고 볼 수 있다. 이 제도의 평가 대상사업은 매년 1/3씩 기획재정부에서 선정한 국고보조사업이 된다. 사업 선정 시 재정사업 자율평가제도와 보조를 맞추기 위해, 재정사업 자율평가 사업대상에 선정된 사업을 원칙적으로 선정한다. 다만, 재정사업 자율평가에서의 사업은 '단위사업'이고, 국고보조 운용평가의 대상은 단위사업의 하위 단위인 '세부사업'이다. 2011년도의 경우 265개, 2012년도의 경우 303개의 세부사업이 평가되었다. 평가단은 평가단장 1인(외부 전문가)과 30여명의 평가위원(전원 외부 전문가)으로 구성된다. 평가위원의 수는 평가 대상사업의 수에 따라 신축적으로 정한다. 평균적으로 10개 사업당 1인의 평가위원을 둔다.

3 평가 기준 및 방법

평가는 각 평가 기준별로 체크리스트를 작성하는 방식으로 이루어지고, 평가지표 및 기준은 <표 7-3>과 같다. 각 질문 문항에 대해 "예/아니오"로 답변을 할 수 있고, 각 평가 기준별 평가를 종합해서 최종적으로 평가 판정을 내리는 방식으로 평가가 이루어진다. 각 질문 문항에는 '아니오'라는 판단을 할 수 있는 세부 판단 기준이 제시되어 있고, 그러한 판단 기준 중 하나라도 '아니오'면 그 평가 질문 문항은 '아니오'로 처리된다. 각 질문 문항에 대한 세부 기준을 살펴보면 다음과 같다.

---

5) 2010년 6월 발표한 감사원의 3개 부처(문화관광부, 행정안전부, 환경부), 543개 민간단체에 대한 보조금 지원 실태 감사에서 99개 단체가 477억 원 상당의 보조금을 위법·부당하게 집행한 것으로 지적한 바가 있다(기획재정부, 2012a: 13).

표 7-3 평가지표 및 평가 기준

평가지표	평가 기준(질문 문항)
사업 추진의 타당성/필요성	① 사업 목적의 명확성과 구체성 ② 사업의 법적 근거 ③ 국가적 사업 필요성
재정 지원의 타당성/필요성	① 중앙정부의 재정 지원 필요성 ② 재정 지원의 규모 적정성
사업 내용, 추진 방식, 관리의 적절성	① 사업 내용의 명확성과 구체성 ② 사업 추진 방식의 적절성 ③ 사업 수행에 대한 관리 · 감독/통제 수단 구비

첫째, '사업 목적의 명확성과 구체성'은 사업 목적이 명확하고 구체적인지를 평가하는 문항으로 다음의 두 가지 중 하나라도 해당하면 '아니오'로 평가된다. ① 사업이 무엇을 달성하고자 하는지가 불분명하고, 사업의 수혜자, 지역적 범위 등 사업의 목적을 이해하는 데 필요한 내용이 불명확하게 기술되어 있는 경우, ② 사업의 상위 목표(예: 성과목표)와 논리적으로 연계되어 있지 않고, 상위 목표 달성에 기여하는 바가 크지 않은 경우 '아니오'로 평가된다.

둘째, '사업의 법적 근거'는 사업과 관련한 법적 근거가 구체적이고 명시적으로 적시되어 있는지를 확인하는 질문 문항으로 다음 다섯 가지 사항에 하나라도 해당되면 '아니오'로 평가된다. ① 분권교부세로 운영되는 보조금법 시행령상 지원 제외 사업은 '아니오'로 평가된다. ② WTO 협정상 금지보조금, 민간의 '권한과 책임'하에 자율적인 사업 수행이 필요한 사업은 '아니오'로 평가된다. ③ 자체적인 수입 증대 또는 수익자 부담 원칙 적용으로 충당이 가능한 사업은 '아니오'로 평가된다. ④ 교부목적 부적합 단체에 지원한 사업은 '아니오'로 평가된다. ⑤ 출연기관의 경우 출연기관 근거법에 규정된 '고유 업무' 이외의 사업으로 공모 방식을 통해 사업자를 선정하는 과정에서 민간보조 사업자로 결정된 경우 또는 고유 업무는 아니나 업무 유관성 및 전문성 등을 감안, 효율적 사업관리 차원에서 보조금을 교부받아 간접보조사업자에게 재교부하는 경우 외에는 '아니오'로 평가된다.

셋째, '국가적 사업 필요성'은 국가적 공공 효과 및 파급 효과가 크고 차기 연도에도 지속할 사업인지를 확인하는 질문 문항으로 다음 사항에 하나라도 해당되면 '아니오'로 평가된다. ① 금년도까지 사업 목적이 달성된 경우, ② 여건 변화로 인해 차년도 이후 사업의 필요성이 미약한 경우, ③ 사업의 공공성(공익성) 및 외부성(지역적 수혜 범위 및 경제·사회적 계층 간 파급 효과 등) 등을 고려할 때, 국가사업으로서 필요성이 미약한 경우, ④ 공공 및 민간 부문의 다른 사업과 유사한 부분이 있어 그 필요성이 미약한 경우, ⑤ 사업 목적, 수혜 대상에서 다른 사업과 유사성이 있는 경우, ⑥ 외부 기관 및 내부평가에서 유사성이 지적된 사업에 대해 유사 사업 간 협의 등 조정 절차를 마련하지 않은 경우, ⑦ 유사 사업 간 통합 추진이 가능함에도 불가피한 사유 없이 상이한 수행 주체에 의해 사업이 추진되는 경우, ⑧ 여타 회계·기금의 재정사업과의 중복성으로 세출 구조조정이 필요한 경우, ⑨ 균특법 제34조에 따라 광특회계 지원 대상(22개 포괄보조사업)인 여타 회계·기금과 중복적인 경우에는 '아니오'로 평가된다.

넷째, '중앙정부 재정 지원의 필요성'은 차기 연도 및 이후에도 중앙정부의 재정 지원이 필요한지를 확인하는 질문 문항으로 다음의 다섯 가지 경우에 하나라도 해당하면 '아니오'로 평가된다. ① 규제 등 다른 정책 수단을 통해 사업 목적을 달성할 수 있는 경우, ② 서비스의 혜택에서 소외되는 등의 문제점 없이 민간 부문에서 서비스 공급의 가능성이 충분히 있는 경우, ③ 이미 다른 명목으로 재정 지원(조세 감면 포함)을 받은 경우, ④ 민간보조사업의 경우 지원 규모가 보조사업자의 연간 사업 운용 규모 대비 10% 이하이고, 지원 효과가 불투명하거나 미약한 경우, ⑤ 자체적으로 재원 확보가 가능한 경우에 '아니오'로 평가된다.

다섯째, '재정 지원 규모 적정성'은 사업 수행 시에 재정 지원 규모가 적정한지를 판단하는 질문 문항으로 다음의 경우에 하나라도 해당하면 '아니오'로 평가된다. ① 더 적은 예산으로 수행 가능한 경우, ② 예산의 이월 및 불용이 과다(50% 이상)한 경우, ③ 민간보조사업의 경우 보조사업자의 자기 자금 부담 능력 유무를 검토하고 재원 부담 비율을 설정하지 않은 경우에 '아니오'로 평가된다.

여섯째, 사업 내용의 명확성과 구체성은 사업 내용이 사업 목적 달성을 위해 명확하고 논리적으로 연계되어 있는지를 확인하는 질문 문항으로 다음 두 가지 사항에 하나라도 해당하면 '아니오'로 평가된다. ① 사업의 세부 내용이 명확하지 않고, 사업 추진 방식, 서비스 전달 체계 등 사업 내용이 구체적이지 않아서 어떻게 사업이 추진되고 관리·통제되는지가 불분명한 경우, ② 사업의 세부 내용이 사업의 목적과 논리적으로 연계되어 있지 않은 경우 '아니오'로 평가된다.

일곱째, '사업 추진 방식의 적절성'은 사업 추진 방식이 적절한지를 확인하는 질문 문항으로 다음 다섯 가지 사항 중 하나라도 해당하면 '아니오'로 평가된다. ① 민간보조사업의 경우, 보조금 지급 대상 선정 과정이 불투명한 경우, ② 민간보조사업의 경우, 보조금 지급 대상 선정 절차가 명확하지 않거나, 선정 절차가 사업 목적에 부합하지 않은 경우, ③ 지자체보조사업의 경우, 사전 부지 확보, 인・허가 절차 이행, 주민 동의서 수령 등 사업 수행을 위한 사전 절차 이행 여부를 점검하여 사업계획 수립・추진 시 반영하지 않은 경우, ④ 지자체보조사업의 경우, 사업계획 시 지자체 간 상호 연계하여 사업을 추진함으로써 중복 투자로 인한 비효율을 낮추고 지역경쟁력을 높일 수 있는지 점검하지 않은 경우에 '아니오'로 평가된다.

마지막으로, '사업 수행에 대한 관리・감독/통제 수단 구비'는 사업 수행의 전반적인 과정에서 적실한 관리・감독 체계를 갖추고 있으며, 전체 수행 과정에서 발생한 문제에 대한 적실한 대응 및 해결을 수행했는지를 확인하는 질문 문항으로 다음 두 가지 사항 중 하나라도 해당하면 '아니오'로 평가된다. ① 민간보조사업의 경우, 사업 수행에 대한 관리・감독을 실시하고 있지 않고 있거나, 적절한 통제 수단을 구비하고 있지 않은 경우, ② 국정감사 및 감사원 감사 지적 사항이 심각하거나, 이에 대한 적절한 조치를 취하지 않은 경우 '아니오'로 평가된다.

4 평가 절차

평가 일정은 총 6개월(평가 3개월, 예산 심의 지원 1개월, 보고서 작성 2개월)의 기간이 소요된다. 평가 절차는 3차 평가에 이르기까지 세 번의 평가로 이루어지고, 기본적인 평가 방식은 전문가의 판단을 기초로 한 질적 평가 방식이다. 평가 절차를 구체적으로 살펴보면 다음과 같다.

1차 평가는 서면평가로 사업당 평가위원 2인이 독립적으로 부처의 자체평가보고서와 조세연구원의 기초조사보고서를 토대로 국고보조사업에 대한 평가를 하게 된다. 평가 결과는 '정상 추진', '심층평가 필요' 등 두 가지로 구분된다. 기본적으로 평가 결과는 평가위원 2인의 합의가 이루어지는 것을 원칙으로 하고 합의가 이루어지지 않을 경우, 자동적으로 심층평가 필요 대상사업이 된다. 심층평가 필요 판정을 받은 사업의 담당자는 추가 요청 자료 및 질의 사항에 대한 답변을 하도록 요구되고 이 사업들은 2차 평가 대상사업이 된다.

2차 평가는 심층평가 및 대면평가로 추가 자료 및 질의 답변 결과를 토대로 평가가 이루어진다. 기본적으로 해당 사업 평가위원 간 합의가 원칙이고 합의가 원활히 이루어지지 않을 경우 간사 및 총괄간사의 조정이 이루어질 수 있다. 이때, 판정 결과는 '정상 추진', '조건부 존치'(단계적 감축, 사업 내용/방식 변경), '폐지' 등 세 가지로 구분된다. 조건부 존치 판정을 받은 사업의 담당자는 상응한 개선 내용을 포함한 사업개선보고서 제출을 요구받고, 폐지 판정을 받은 사업의 경우 소명의견서를 제출하도록 한다. 그리고 '조건부 존치' 및 '폐지' 판정을 받은 사업의 경우 3차 평가 대상사업이 된다.

표 7-2 평가 방식 및 평가 결과

평가 단계	평가 방식	근거 자료	판정 결과		요구 사항
1차 평가	서면평가	자체평가보고서 기초조사보고서	정상 추진		
			심층평가 필요		추가 자료 제출
2차 평가	심층평가 대면평가	추가 자료 질의 답변	정상 추진		
			조건부 존치	단계적 감축	사업개선보고서 제출
				사업 내용/방식 변경	
			폐지	즉시 폐지	소명의견서 제출
				단계적 폐지	
				통폐합	
3차 평가	대면평가	사업개선보고서 소명의견서 질의 답변	정상 추진		
			조건부 존치	단계적 감축	추가적인 사업개선보고서 제출 요구 가능
				사업 내용/방식 변경	
			폐지	즉시 폐지	소명의견서 제출
				단계적 폐지	
				통폐합	
조정회의		평가의견서 소명의견서 사업개선보고서	최종 평가 의견 조정		

3차 평가는 대면평가로 사업개선보고서, 소명의견서, 질의 답변 결과를 토대로 판정이 이루어지게 된다. 기본적으로 평가위원 간 합의가 이루어지는 것이 원칙이다. 이때, 판정 결과는 '정상 추진', '조건부 존치'(단계적 감축, 사업 내용/방식 변경), '폐지'(즉시 폐지, 단계적 폐지(폐지 연도 명시), 통폐합) 등 세 가지로 구분된다. 2차 평가에서 조건부 존치 판정을 받은 사업 중 충실한 사업개선보고서를 제출하지 않은 경우에는 '폐지' 판정을 내릴 수 있고, 이러한 경우 사업 담당자에게 이를 통보하고 '소명의견서'를 제출하도록 요구한다. 마지막으로 이상의 자료들을 근거로 평가단장과 간사 3인간 조정회의를 통해서 최종적인 판정 결과를 결정하게 된다.

최종적인 평가 결과는 예산편성 시 각 사업의 예산결정에 활용된다. 최종적인 판정 결과는 정상 추진, 조건부 존치, 폐지 등 세 가지로 구분된다. 정상 추진 판정을 받은 사업 중 사업 성과가 우수한 경우에는 지원 확대 등 인센티브를 부여한다. 조건부 존치 판정은 단계적 감축과 사업 내용/방식 변경으로 구분된다. 단계적 감축 판정을 받은 경우, 구체적인 감축계획서를 제출하도록 조치한다. 사업 내용/방식 변경 판정을 받은 경우에는 지적된 개선 사항을 사업계획서에 반영하게 하고, 차년도에 재심사를 한다. 만일 보조금 지원이 아닌 기관 직접 수행 또는 위탁사업 등으로 운영이 가능한 경우, 이에 상응한 조치를 요구할 수 있다. 폐지 판정은 즉시 폐지, 단계적 폐지, 통폐합으로 구분된다. 즉시 폐지 판정을 받은 경우, 각 부처는 차년도 예산 요구 단계에서 해당 보조사업은 요구하지 않아야 한다. 단계적 폐지 판정을 받은 경우, 구체적인 해당 연도를 표기하고, 그 연도가 도래하면 원칙적으로 그 사업을 폐지해야 한다. 통폐합 판정을 받은 경우, 유사 사업 등으로 통합하여 사업을 시행한다.

제 4 절 제도의 성과 및 한계

국고보조 운용평가제도는 국고보조사업의 존치를 평가하는 제도로서, 2011년과 2012년 두 개 연도의 평가 결과는 <표 7-3>, <표 7-4>와 같다. 2011년의 경우, 약 66%가 정상 추진의 판정을 받았고, 2012년도의 경우에는 약 54%가 정상 추진 판정을 받았다. 국고보조사업을 민간, 지자체, 지자체·민간 등 세 가지 방식으로 구분해서 볼 때, 민간사업의 정상 추진 비율이 상대적으로 낮았으며, 지자체 · 민간 방식 사업의 정상 추진 비율이 상대적으로 높았다.

사업 유형별/판정 결과별 예산 규모는 <표 7-4>에 잘 요약되어 있다. 2011년도의 경우, 총 5조 9천 억의 예산 중 약 79%가 정상 추진에 해당하고, 2012년도의 경우, 총 3조 9천억의 예산 중 약 60%가 정상 추진에 해당된다. 따라서 이 제도가 시작된 지

표 7-3 사업 유형별 최종 판정 결과(건수)

연도	사업 유형	정상 추진		감축		사업 방식 변경		폐지		합계	
		건수	%	건수	%	건수	%	건수	%	건수	%
2011	민간	92	63.0	12	8.2	26	17.8	16	11.0	146	100.0
	지자체	65	69.1	5	5.3	16	17.0	8	8.5	94	100.0
	지자체 · 민간	10	71.4	0	0.0	3	21.4	1	7.1	14	100.0
	합계	167	65.7	17	6.7	45	17.7	25	9.8	254	100.0
2012	민간	94	49.2	27	14.1	55	28.8	15	7.9	191	100.0
	지자체	67	61.5	11	10.1	19	17.4	12	11.0	109	100.0
	지자체 · 민간	3	71.5	1	25.0	0	0.0	0	0.0	4	100.0
	합계	164	53.9	39	12.8	74	24.3	27	8.9	304	100.0

자료: 기획재정부(2012a; 2012b).

표 7-4 사업 유형별 최종 판정 결과(예산 규모)

연도	사업 유형	정상 추진		감축		사업 방식 변경		폐지		합계	
		억 원	%	억 원	%	억 원	%	억 원	%	억 원	%
2011	민간	6,758	55.2	1,505	12.3	1,329	10.9	2,649	21.6	12,241	100.0
	지자체	36,197	87.0	1,409	3.4	3,671	8.8	335	0.8	41,613	100.0
	지자체 · 민간	3,590	71.8	–	0.0	1,405	28.1	2	0.1	4,998	100.0
	합계	46,544	79.1	2,914	5.0	6,406	10.9	2,987	5.1	58,852	100.0
2012	민간	7,275	42.3	1,462	8.5	5,888	34.2	2,570	14.9	17,196	100.0
	지자체	15,458	73.3	2,214	10.5	2,266	10.8	1,140	5.4	21,078	100.0
	지자체 · 민간	258	83.8	50	16.2	–	0.0	–	0.0	308	100.0
	합계	22,991	59.9	3,727	9.7	8,154	21.1	3,710	9.7	38,582	100.0

자료: 기획재정부(2012a; 2012b).

겨우 2년째이지만, 시작 연도보다 2년째 평가가 더욱 엄격했음을 보여준다. 또한 이로 인한 예산 삭감/절감도 비율적인 차원에서 아주 의미 있는 증가를 보여주고 있다. 이 제도의 주목할 점은 판정 결과가 예산편성에 직접적으로 연계되는 데 있다. 즉, 평가단의 판정 결과는 거의 직접적으로 예산실 예산편성에 반영된다. 이는 이 제도가 기획재정부 예산실(예산기준과)에서 직접 관장하는 평가제도이기에 가능하다고 할 수 있다.

국고보조사업 운용평가제도는 평가 결과의 예산 반영이라는 실효성에도 불구하고 여러 가지 문제점을 내포하고 있다. 첫째, 이 제도는 재정사업 자율평가제도와 중복적인 면이 있다. 따라서 두 제도가 어떠한 모습으로 중복성을 회피하고 두 제도의 취지를 살릴 것인가, 그리고 어떤 부서가 두 제도를 관장할 것인가는 재논의될 필요가 있다. 둘째, 평가 대상사업의 범위를 확대하여, 법정 의무지출 국고보조사업도 평가에 포함할 필요가 있다. 물론 이는 법 개정을 요구하기에 차년도 예산편성에는 적용하기 어렵지만, 중장기적 개선 방안을 마련하는 데는 필요하다. 또한 사업 간의 유사성 및 중복성을 분석하고 문제점을 파악하는 데는 국고보조사업 전체를 종합적으로 분석할 필요가 있다. 마지막으로 평가의 타당성 및 신뢰성을 제고하기 위해서는 평가위원에 대한 충분한 사전교육이 필요하다. 이를 위해서는 연도별로 평가단을 구성하기보다는 최소 3년 이상 지속될 수 있는 평가단 구성이 요구된다.

참고 문헌

감사원 (2008). 감사 결과 처분요구서: 주요 국고보조사업 관리 실태.

기획재정부 (2012a). 2011년 국고보조사업 운용평가보고서.

——— (2012b). 2012년 국고보조사업 운용평가보고서.

김상철 · 김대철 (2010). 참여정부 이후 지방복지재정 구조 변화에 관한 연구: 서울시 국고보조금사업과 지방이양사업을 중심으로. 사회복지정책, 37(2): 123-150.

김종순 · 김성주 (2008). 사회복지 분야 국고보조금이 지방자치단체 간 재정불균형에 미치는 영향 분석. 한국지방재정논집, 13(1): 35-62.

박기묵 (2002). 국고보조금의 지방비 부담. 한국정책학회보, 11(3): 67-88.

유영성 · 이원희 (2005). 국고보조금 운영의 개선 방안: 광주시 사례를 중심으로. 하계학술대회 논문집. 한국지방자치단체학회.

윤기웅·공동성(2012). 지방자치단체 국고보조사업의 집행 부진 원인/유형 분석. 한국행정학보, 46(2): 265-291.

장덕희(2009). 국고보조금의 이월 현상에 관한 연구. 한국정책과학학회보, 13(2): 51-74.

O'Toole, L. J. Jr. (2007). Interorganizational Relations in Implementation. In B. G. Peters & J. Pierre(eds.), *The Handbook of Public Administration*, 142-152. Sage Publications Ltd.

Chapter 08

개인 성과관리 개요*

제 1 절 제도 도입 배경

우리나라의 공무원 성과관리제도는 공무원의 성과를 평가하여 승진임용, 성과급 등 인사관리에 반영하는 것으로 성과평가제도가 주축이 되며. 근무 실적 등에 관한 성과평가는 근무성적평정제도를 통해 이루어진다. 근거 법령으로 「국가공무원법」 제51조는 각 기관의 장은 정기 또는 수시로 소속 공무원의 근무 성적을 객관적이고 엄정하게 평정하여 인사관리에 반영해야 한다고 규정하고 있으며, 이와 관련한 세부 사항은 대통령령인 「공무원 성과평가 등에 관한 규정」에서 정하고 있다. 또한, 이 규정은 정부 각 기관의 성과 향상과 공무원의 능력 발전을 위해 공무원의 근무성적평정 등에 관한 사항을 규정한다고 명시하여, 근무성적평정제도의 목적으로 정부의 성과 향상 및 공무원의 능력 발전을 들고 있다.

해방 후 각 부처에서 제각기 근무성적평정제도를 실시해 왔으나, 1961년 10월 22일에 「근무성적평정규정」이 공포되면서 산발적으로 운영되던 근무성적평정제도를 전 부처에서 통일하여 운영하기 시작했다. 또한, 1961년 12월 23일 「경력평정규정」, 1964년 1월 7일 「경력평정시행규칙」, 1964년 1월 13일 「승진후보자명부 작성에 관한 규정」이 각각 공포되었으며, 1973년 4월 19일에 이러한 3개 법령이 통합되어 「공무

* 김민정: 행정안전부 성과후생관실 성과급여기획과

원 승진을 위한 평정규정」이 공포되었다. 이후, 「근무성적평정규정」과 「공무원 승진을 위한 평정규정」이 통합되어 1981년 7월 7일 「공무원평정규칙」이 제정되었고, 2004년 6월 11일 「공무원임용령」 등 인사 관련 법령에 흩어져 있던 평정 관련 내용을 통합하여 「공무원평정규정」이 제정되었다. 2005년 12월 26일 「공무원임용령」의 승진후보자명부 작성에 관한 내용을 통합하고 종전의 「공무원평정규정」을 전부 개정하여 「공무원 성과평가 등에 관한 규정」이 제정되어 현재까지 이르고 있다.

근래의 국경 없는 무한경쟁 시대에서 정부 역시 민간 부문과 마찬가지로 높은 생산

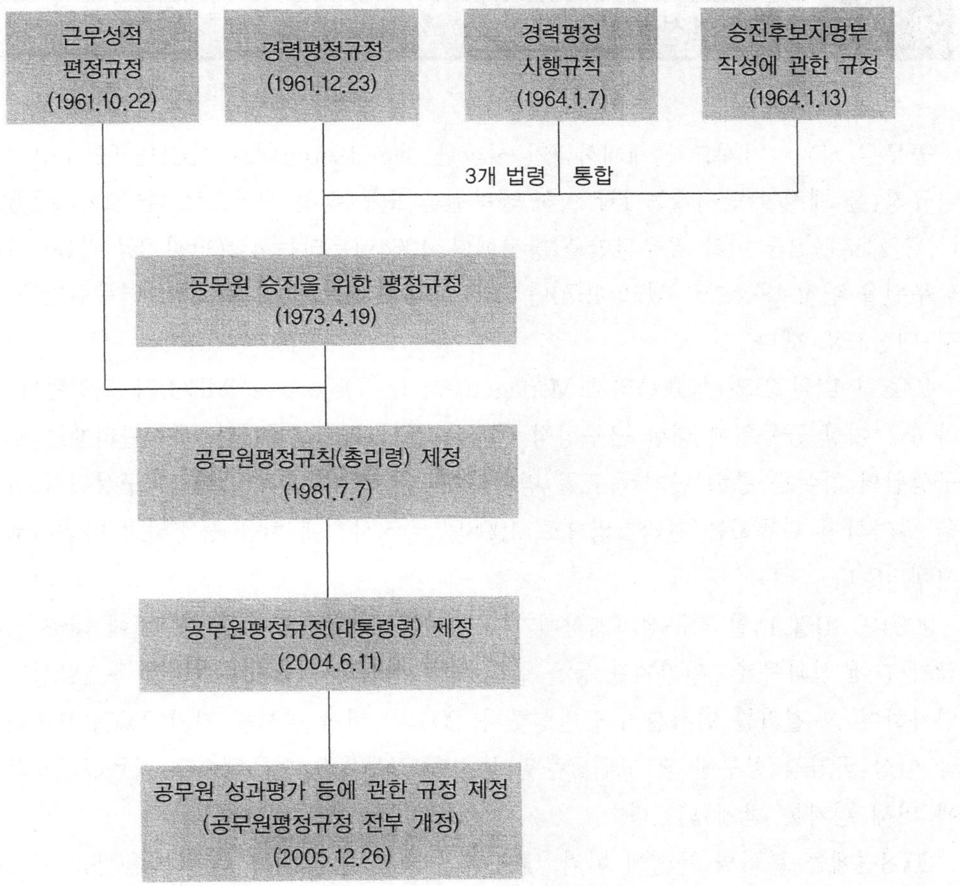

그림 8-1 「공무원 성과평가 등에 관한 규정」 연혁표

성과 효과적인 성과 창출을 요구받게 되면서 공무원 성과관리제도는 정부 및 공무원의 경쟁력 강화 측면에서 그 중요성이 점점 더 강조되고 있다. 특히, 1997년 말의 외환위기는 공직사회에서 성과관리가 선택이 아닌 필수 사항임을 인식시키는 계기가 되었으며, 이에 따라 정부는 계급과 서열 위주의 인사관리에서 직무와 능력 중심의 인사관리로 대전환하기 위해 목표관리제(MBO), 직무성과계약제, 균형성과표(BSC) 등 다양한 제도 개선을 추진하고 있다.

제 2 절 제도 변천사

공무원 성과평가제도가 체계화되기 시작한 것은 1960년대로, 1961년 「근무성적평정규정」을 제정할 당시에는 1급 이하 공무원을 모두 평정 대상으로 한다고 규정했으나, 실제로는 2급 이하 공무원만을 평정했다. 1964년부터는 4급(당시 3급 갑류) 이하 공무원을 평정 대상으로 했고, 1970년부터는 5급(당시 3급 을류) 이하 공무원만을 평정 대상으로 했다.

1998년 12월 31일 목표관리제(Management by Objective: MBO)가 도입됨에 따라 4급 이상 공무원에 대한 근무성적 평정을 실시하기 시작했다. 목표관리제는 조직구성원의 참여를 통해 단기 목표를 명확하게 설정하고, 조직 단위 및 구성원의 업적을 평가하여 환류하는 관리기법으로, 1998년 공직사회에 처음 등장하여 다음해부터 시행되었다.

2004년 10월 14일 직무성과계약제가 도입됨에 따라 4급 이상 공무원에 대해 상하급자 간에 성과목표·평가지표 등을 합의하여 계약을 체결하고 연말에 목표달성도를 평가하여 그 결과를 인사관리에 반영했다. 2004년 시범 실시를 거쳐 2006년부터는 4급 이상 국가직 공무원 및 고위공무원단 소속 공무원은 의무적으로 직무성과계약제에 의해 평가를 받게 되었다.

2008년에는 부처별 특성에 따라 제도를 운영할 수 있도록 부처 자율성을 확대하여, 4급 이상 공무원에 대한 근무성적평정에서 개인의 업무 실적에 대한 성과목표 달성도 평가뿐만 아니라, 부서 운영 평가 결과, 그 밖에 직무 수행과 관련된 자질 또는 능력 등에 대한 평가 결과 중에서 평가 항목을 자율적으로 정할 수 있도록 했다.

2009년에는 고위공무원의 성과평가와 성과연봉평가를 통합했고, 5급 이하 공무원 성과평가 시기를 부처 자율적으로 정할 수 있도록 했다. 2011년에는 5급 이하 공무원의 근무성적평가 평가 항목에 부서 단위 운영평가 결과를 추가할 수 있도록 했으며, 각 기관이 기관별 특성에 맞는 성과평가 기법을 개발·운영할 수 있도록 했다.

이에 따라 현재 근무성적평정제도는 4급 이상 공무원 등을 대상으로 성과목표 달성도, 부서 단위의 운영 평가 결과, 직무 수행과 관련된 자질이나 능력 등을 평가하는 성과계약 등 평가와 5급 이하 공무원 등을 대상으로 근무 실적, 직무 수행 능력, 직무 수행 태도, 부서 단위의 운영 평가 결과 등을 평가하는 근무성적평가로 분리되어 운영되고 있다.

제 3 절 현 제도 및 운영 방식

1 성과계약 등 평가

성과계약 등 평가는 4급 이상 공무원(고위공무원단 포함)에 대해 개인 업무 실적 평가, 부서 단위 실적평가, 그 밖에 직무 수행과 관련된 자질 또는 능력 등에 대한 평가 결과 중에서 하나 또는 그 이상으로 평가 항목을 정해 평가 대상자와 평가자 간에 성과목표 및 지표 등에 관해 합의하고, 평가 대상 기간 중 평가 대상 공무원이 달성한 성과목표의 추진 결과 등을 평가지표 또는 평가 항목의 특성에 맞게 설정한 평가 기준에 따라 평가하여 그 결과를 인사관리에 반영하는 데 목적이 있다. 「국가공무원법」 제51조, 제40조, 제40조의2 제4항과 「공무원 성과평가 등에 관한 규정」 및 동 지침에 근거를 두고 있으며, 4급 이상 일반직 공무원(연구관·지도관 포함), 4급 상당 이상 별정직 공무원 및 4호 이상 계약직 공무원, 5급 상당 이하 공무원 중 성과계약 등 평가가 적합하다고 인정하는 공무원에 대해 적용한다.

평가 항목은 부처별 특성 등을 감안하여 개인의 업무 실적에 대한 성과목표 달성도 평가 결과, 부서 또는 조직 단위의 각종 부서 운영 평가 결과, 그 밖에 직무 수행과 관련된 자질 또는 능력 등에 대한 평가 결과 중에서 하나 또는 그 이상으로 정할 수 있다. 이때, 평가자는 평가 대상 공무원의 업무 수행 과정 및 성과를 관찰할 수 있는 상급 또는 상위 감독자 중에서 소속 장관이 지정하는 자이며, 확인자는 평가자의 상급 또는 상위 감독자 중에서 소속 장관이 지정하는 자가 된다. 평가 절차는 전략계획의 수립, 성과계약의 체결, 중간 점검, 최종 평가, 평가 결과의 공개, 이의신청의 순서로 이루어진다.

1) 전략계획의 수립

'전략계획'이란 "중앙행정기관의 장이 당해 기관의 전략목표 달성을 위해 수립하는 중·장기계획"을 말한다. 성과계약 등 평가를 위해서는 먼저 개인별 '목표'와 '지표'를 설정해야 하는데, 개인의 업무 성과가 기관 임무 달성에 유기적으로 기여하도록 하기 위해 개인 간 성과계약 체결에 앞서 전략계획을 수립할 필요가 있다. 「정부업무평가기본법」 제5조 및 6조는 통합적 성과관리를 위해 각 중앙행정기관의 장이 '성과관리 전략계획'을 수립하도록 의무화하고 있으며, '성과관리 전략계획'을 수립하는 기관에서는 성과계약 등 평가 시 필요로 하는 전략계획을 '성과관리 전략계획'으로 갈음할 수 있고, '성과관리 전략계획'을 수립하지 않는 기관에서는, 「성과관리 전략계획 및 시행계획 수립 지침」(국무총리실)을 참고하거나 균형성과표(Balanced Score Card: BSC) 등 다양한 방법론을 활용하여 수립한다.

2) 성과계약의 체결

'성과계약'이란 "평가 대상자와 평가자 간에 이루어지는 성과목표·평가지표 및 평가 결과의 활용 등에 대한 합의"를 말한다. 소속 장관은 평가 대상 기간의 해당 기관의 임무 등을 기초로 평가 대상 공무원과 평가자가 성과계약을 체결하도록 해야 하며, 평가 항목에서 성과목표 달성도를 제외하거나 성과목표 달성도를 평가 항목의 일부로 구성하는 경우에는 그 계약을 체결할 때 계약 체결 방법 및 내용 등을 달리 정할 수 있다. 성과계약은 업무 추진 및 향후 평가 기준에 대해 합의를 하는 것이므로 연초에 체결하는 것이 바람직하다. 계약 기간은 보통 1년으로 하되, 기관 최초의 성과계약 체결이 지연된 경우에도 당해 연도 1월 1일부터 소급하여 적용하며, 연도 중에 전보 또는 승진 등 인사 이동으로 인한 성과계약 체결 시에는 새로운 성과계약 체결일(승계일 또는 신규 작성일)로부터 계약 기간이 시작된다.

성과계약 체결 시 평가자와 평가 대상자 간 성과목표, 지표 등에 관해 합의하되, 평가 대상 기간 중 추진할 개인의 성과목표, 평가지표, 성과 측정 방법, 달성 수단 및 달성 기간 등에 관해 성과면담을 실시할 수 있다. 성과목표 및 지표는 상·하위자 간 연계성을 확보해야 하므로, 상위자로부터 하위자로 하향식으로 성과계약을 체결하며, 성과계약서 내용에 대해 평가자가 합의하고 평가자가 최종 서명함으로써 성과계약이 완료된다.

행정환경의 변화, 조직개편 등으로 조직의 목표가 변경되거나 개인의 직무 내용이 바뀌는 등 성과목표와 지표를 수정할 필요가 있는 경우에는 성과계약 당사자 간의 합의로 변경할 수 있으며, 연도 중 인사 이동이 있을 경우 전보자 또는 신규 승진자는 전임자의 성과계약서를 승계하거나 새로 작성할 수 있다.

(1) 성과목표의 설정

평가 항목으로 개인 업무 실적에 대한 성과목표 달성도를 정한 경우의 성과계약의 내용으로는 성과목표의 설정, 평가지표의 설정, 실행계획 설정을 들 수 있다. '성과목표'란 근무성적평정 대상 기간의 종료 시점을 기준으로 공무원 개개인의 업무가 도달되어야 하는 바람직한 상태를 말한다. 바람직한 성과목표는 조직과 개인 목표 간, 상위자와 하위자의 목표 간 연계성이 확보되어야 하고(연계성), 업무의 최종적인 효과를 파악할 수 있어야 하며(결과지향성), 일반적이거나 추상적이어서는 안 되고 누구나 쉽게 파악할 수 있을 정도로 구체적이어야 한다(구체성). 또한, 성과목표가 적극적 업무 수행을 유도할 수 있도록 평가 대상자는 전년도 업무 실적 등을 고려하여 도전적·적극적으로 설정해야 하며, 평가자는 목표의 적극적 설정 여부를 확인하고 소속 공무원의 성과목표 간 형평성을 고려하여 필요한 경우 성과목표를 조정할 수 있다.

성과목표 설정 시 상·하위 목표가 유기적으로 연계되도록 하며, 실·국장급 성과목표는 전략목표 또는 중장기 성과목표를 달성하기 위해 당해 연도에 추진해야 하는 개인 목표로서, 당해 연도 업무계획과 직무기술서상의 성과 책임 등을 고려하여 설정한다. 과·팀장급 성과목표는 상위자의 성과목표를 달성하기 위해 당해 연도에 추진해

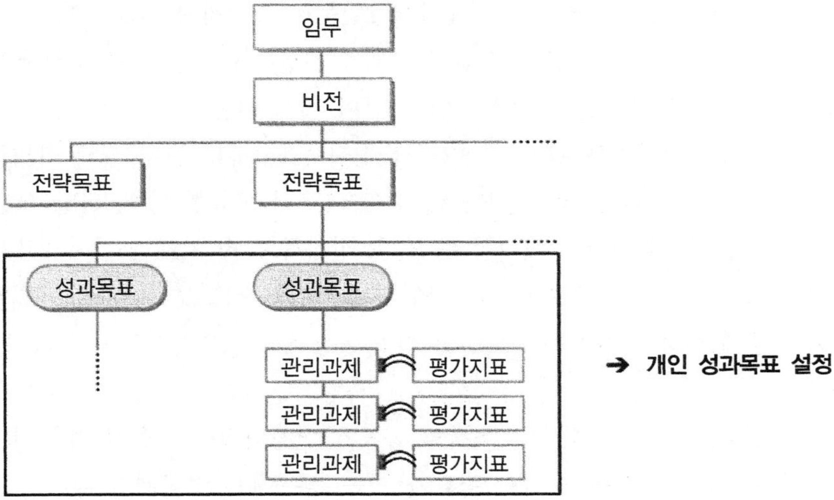

* 「정부업무평가 기본법」에 따라 성과관리 전략계획에 기초하여 당해 연도의 성과목표 달성을 위한 연도별 '성과관리 시행계획' 수립

그림 8-2 성과관리 시행계획 구조

출처: 행정안전부 개인 성과관리 운영 지침(2011).

야 하는 개인 목표로서, 주요 단위 업무를 중심으로 설정한다.

개인은 '성과관리 시행계획'상의 '성과목표' 또는 '관리과제' 중 본인의 업무와 관련 있는 항목은 개인의 성과목표로 반드시 설정하되, '성과관리 시행계획'상의 '성과목표' 또는 '관리과제'가 복수의 국 · 과 · 팀과 관련된 경우, '성과목표' 또는 '관리과제'를 개인이 단독으로 추진할 수 있는 개인 성과목표로 변경하여 설정한다.

'성과관리 시행계획'상의 '성과목표' 및 '관리과제' 외에 조직의 목표 달성을 위해 추진할 필요가 있는 과제를 개인의 성과목표로 설정하되, 직무별 성과 책임을 반영한 5개 이내 핵심 목표를 설정한다. 또한, 관리자(과 · 팀장급 이상 관리자 모두 해당)의 경우, 부서장의 부하 직원 육성 및 소통 강화 책임, 부하 직원의 연가 사용 활성화 책임, 부하 직원의 원격 근무(스마트 워크) 활성화 책임 등을 성과목표로 설정해야 한다. 관리자는 부하 직원을 육성하고 능력 개발에 대한 동기를 부여하며 소통을 강화하여 자율과 창의가 넘치는 건강한 열린 조직을 만들어 나갈 책임이 있으며, 부하 직원의 삶의 질과 업무 효율성을 제고하고 조직의 창의성 및 생산성을 높여야 하기 때문이다.

(2) 평가지표의 설정

‘평가지표’란 성과목표의 달성 여부를 측정하기 위한 기준을 말하며, 평가지표 설정 시 ‘성과관리 시행계획’상의 평가지표를 활용한다. ‘성과관리 시행계획’상의 ‘성과목표’ 또는 ‘관리과제’를 개인 성과목표로 삼은 경우, 그 ‘성과목표’ 또는 ‘관리과제’의 평가지표를 개인의 지표로 설정하고, ‘성과관리 시행계획’상의 ‘성과목표’ 또는 ‘관리과제’에 대한 평가지표가 복수의 국·과·팀과 관련된 경우, 개인이 단독으로 추진할 수 있는 개인 평가지표로 변경하여 설정할 수 있다. ‘성과관리 시행계획’상의 ‘성과목표’ 및 ‘관리과제’ 외에도 직무 책임에 따라 측정 또는 관리할 필요가 있는 핵심 지표를 추가로 설정할 수 있으며, 각 기관에서는 대표성과 도전성을 갖춘 핵심 지표를 설정하기 위해 연초 위원회·워크숍 등을 개최하여 평가지표의 질적 측면을 검증할 수 있다.

평가지표는 성과목표의 핵심적인 내용을 포함해야 하므로, 지표 개발의 용이성만을 고려하여 지엽적인 내용으로 설정해서는 안 되며, 필요한 경우 정성적 지표도 사용 가능하나, 가급적 결과 지향적인 정량지표를 설정해야 한다. 예를 들어, ‘회의 빈도’, ‘참가자 수’ 등은 단순한 정량적 지표이나, ‘교통 약자 이용 편의 증진율’은 사업

표 8-1 평가지표의 타당성 검증 기준(SMART 기준)

기준	설명
S (Specific, 구체성)	목표 달성 여부의 측정 기준으로 활용될 수 있을 만큼 구체적이고 명확한가?
M (Measurable, 측정가능성)	측정이 불가능하거나 비용(인력 또는 예산)이 과다하게 소요되지는 않는가?
A (Attainable, 통제가능성)	목표치의 달성이 조직의 노력으로 통제 가능한가?
R (Result-oriented, 결과지향성)	정책고객, 대상집단, 국민의 관점에서 의미가 있는 최종 결과 또는 효과를 측정할 수 있는 것인가?
T (Time-based, 시간계획성)	달성 기한별로 목표치가 있으며, 측정 결과의 시계열 비교 및 개선 여부 판단이 가능한가?

출처: 행정안전부 개인 성과관리 운영 지침(2011).

의 질적 수준을 내포하는 결과 지향적 정량지표이다. 또한, 불필요한 지표의 남발은 측정비용 증가 및 무관심을 초래하므로 내실 있는 성과관리를 위해 성과목표별 1~2개 등 적정한 수의 지표를 선택하여 집중 관리하는 것이 바람직하다.

평가지표의 목표점은 평가지표와 관련하여 조직 또는 개인이 달성하고자 하는 성과의 수준으로서, 목표점 설정의 근거도 명확하게 제시되어야 하며, 조직의 가용 자원 수준, 기술 변화, 조직개편 등 조직 내외의 환경 변화를 종합적으로 고려하고, 공공 또는 민간기관의 실례, 전문가의 과학적인 연구와 판단, 고객집단 대표 등의 의견을 적극 참고한다. 일반적으로 '최근 3년간 추세치' 등 과거의 정보를 감안하여 목표치를 설정하되, 도전적으로 설정해야 하며, 과거의 성과정보를 기준점으로 하는 경우 점증적 방식으로 인해 업무 추진의 도전성이 저해될 수 있으므로 유의해야 한다. 또한, 평가지표에 근거한 객관적인 성과계약 등 평가를 위해, 사전에 평가지표별 측정 결과에 대한 자체적인 평가 등급 또는 점수 결정 기준을 마련할 수 있다.

(3) 실행계획의 설정

'실행계획'이란 "성과목표를 달성하기 위한 추진 과정별 핵심 산출물 또는 활동계획"을 말하며, 개인별 성과목표를 설정한 후, 성과목표를 달성하기 위해 당해 연도에 어떤 업무를 핵심적으로 추진할 것인지를 기술한다. 성과목표별 또는 평가지표별로 작성하며, 간결하고 명확하게 기술한다.

3) 중간점검

성과계약서를 토대로 평가 대상 공무원의 소관 업무 추진 상황 및 환경 변화에 대한 대응 여부 등을 확인하기 위해 자체 점검을 실시한다. 이는 성과목표의 정상적인 진행과 환경 변화에 대한 적응성 확보, 조직 전체의 성과관리 등을 위해 중요하므로, 연중 최소한 1회 이상 각 부처에서 자체적으로 실시한다. 보통 7~8월경에 실시하나, 대규모 직제 개편이나 인사 이동 등 특이 사항 발생 시 점검 시기를 탄력적으로 조정할 수 있다.

평가자는 평가 대상자에 대한 자체적인 성과 기록 등을 토대로 필요 시 성과면담을 실시하며, 평가 대상자는 평가지표의 측정 결과와 성과목표별 주요 업무 추진 실적, 추진과 정상 특기 사항 및 지원 요구 사항 등을 확인하고 필요한 자료를 준비한다.

표 8-2 성과계약서 작성 사례

❑ **평가 대상 기간: 2012년도**

	소속	직위	성명	서명
평가 대상자	A기관 B국 C과	C과장	○○○	●●●
평가자	A기관 B국	B국장	□□□	■■■

기관의 임무와 목표를 달성하기 위해 甲과 乙은 상호 합의에 의해 다음과 같이 성과계약을 체결한다.
작성일 : 2012.1.20. (승계 시 사유도 추가 기재)

❑ **개인 성과목표**

No.	성과목표	평가지표		실행계획
		평가지표명 (측정 방법 포함)	목표점	
1	성과평가제도 정착 지원	성과평가 절차 준수 정도	80%	• 성과평가제도 설명회 개최 • 성과관리자 교육 매뉴얼 보급 및 활용 지원 • 운영 실태 모니터링 및 우수 사례 발굴 • 성과관리 점검, 환류 시스템 마련 • 성과관리자 사이버 교육과정 개발
		성과관리 강화 필요성에 대한 인식도	60%	
2	성과정보 종합 관리 체계 구축	성과관리카드 입력 정도	80%	• 성과관리카드 매뉴얼 마련 및 설명회 개최 • 관련 시스템과 성과관리카드 간 연계 추진 • 성과관리카드 운영 실태 모니터링 및 만족도 조사 • 성과관리카드 개선 방안 마련
		성과관리카드 운영 관련 만족도	60%	
3	부하 직원 육성 및 소통 강화	소속 직원의 상시학습 평균 시간	100시간	• 소속 직원의 상시학습 및 교육 이수 독려
		성과 면담 및 코칭 횟수	5회	• 성과면담계획 수립 및 시행
4	소속 직원의 연가 사용 활성화 지원	연가 사용 실적 개선도 (전년도 기관 평균 연가 사용 실적 대비 증가율)	10% 증가	• 소속 직원 연가 활성화 추진계획 수립 및 독려
5	소속 직원의 스마트 워크 사용 활성화 지원	소속 직원의 스마트 워크 평균 사용 일수	3일	• 소속 직원 스마트 워크 활성화 추진 계획 수립 및 독려

출처 : 행정안전부 개인 성과관리 운영 지침(2011).

이때, '성과관리 시행계획'에 대한 반기별 실적 및 업무관리 시스템의 실적을 참고한다. 평가자는 평가 대상자의 업무 추진 실적을 점검하고 업무 추진상의 문제점 및 개선 방안을 논의하며 환경 변화에 따른 성과목표 및 지표 등의 수정 필요 여부를 검토하며, 성과목표별 점검 결과(정상 추진, 개선 필요, 부진) 등 논의 내용과 점검 의견을 자율적으로 기록하고, 자체 성과기록은 최종평가서의 '평가자 의견란'에 종합적으로 기재한다.

4) 최종 평가

평가 대상 기간 중 평가 대상 공무원의 소관 업무에 대한 성과계약의 성과목표 달성도 등을 감안하여 평가하며, 성과목표 달성도 등은 평가 대상 기간 동안 평가 대상 공무원이 달성한 성과목표의 추진 결과 등을 평가지표 또는 평가 항목의 특성에 맞게 설정한 평가 기준에 따라 평가한다. 또한, 평가 대상 공무원이 수행하는 업무의 중요도와 난이도, 평가 대상 공무원의 자질과 태도, '성과관리 시행계획'에 대한 정책 평가 결과 등을 고려하여 평가한다.

최종 평가 시 평가자와 평가 대상자 간 성과면담을 반드시 실시하며, 평가 대상자는 평가지표의 측정 결과와 성과목표별 주요 업무 추진 실적 등을 최종평가서에 기록하고, 그 외 필요한 자료를 준비한다. 평가 시점의 소속 부서에서 추진한 업무 실적을 기록하며, 전임 부서에서 추진한 업무 실적은 전보 시점에 실시한 최종평가서에 기록된 내용으로 갈음한다. 평가자는 성과계약서와 평가 대상자에 대한 자체적 성과기록, 전보 시의 평가서 등을 토대로 평가 대상자와 일대일 성과면담을 실시한다. 성과면담의 내용으로 평가자는 평가 대상자의 성과목표 달성도, 업무 추진 과정에서 평가 대상자가 발휘한 능력과 자질, 조직 기여도 등에 대해 논의하고, 잘된 점 또는 장점에 대해서는 칭찬·격려하고, 개선할 점 또는 부족 역량에 대해서는 개선·지원 방안을 마련한다. 평가면담 결과는 최종평가서 '평가자 의견란'에 종합적으로 기재한다.

최종평가서 작성 시에는 원칙적으로 평가자는 평가 실시 이전에 평가의 방향에 대해 확인자와 협의하되, 평가는 독자적으로 실시한다. 평가자는 최종평가서에 평가 등급을 기록하고, 평가 대상자의 업무 추진 실적, 조직관리 능력에 대해 평가자 의견을 반드시 기재해야 한다. 업무 성과에 대한 객관적 평가 등급 또는 점수와 함께 개인의 자질과 태도 등을 종합적으로 고려하여 최종 등급을 결정하고, 최상위 또는 최하위 등급인 경우 그 사유를 구체적으로 기재한다. 평가 항목 및 성과목표별 비중과 평가 등급/점수의 합산 결과에 따른 최종 등급 부여 기준을 상하간 합의에 의해 사전에 정해둘 수 있으며, 이때, 최종 평가 등급의 수는 최상위 및 최하위 등급을 포함하여 3개 이상으로 해야 한다. 고위공무원의 경우는 「고위공무원단 인사규정」 제20조에 의해 매우 우수·우수·보통·미흡 또는 매우 미흡 중 하나의 등급으로 평가해야 한다. 최종평가서의 주요 실적, 평가자 의견, 최종 등급은 개인별 성과관리카드에 매년 기록·관리되므로 반드시 작성해야 한다. 평가 기준은 중간 순위의 등급으로 설정하되, 사전에 적정한 평가지표와 달성도 등급 부여 기준을 설정하고 그에 따라 평가를 실시하여 상위 등급이 지나치게 많이 나오지 않도록 주의해야 한다.

또한, 확인자는 평가자가 작성한 최종 평가 등급 및 평가 의견의 적정성을 검토하고, 평가자의 관대화 및 엄격화 경향이나 평정 오류 등을 점검해야 하며, 관대화 또는 엄격화로 인해 최상위 등급이 과다 또는 과소하게 부여된 경우, 확인자는 평가자에게 재평가를 권고해야 한다. 권고를 받은 평가자는 작성한 평가 등급의 적정성을 검토하고, 그 결과를 확인자에게 알려주어야 한다.

소속 장관은 성과목표 및 지표 검토 등 성과관리의 객관성과 공정성 확보를 위해 필요한 경우 위원회를 구성할 수 있으며, 위원회는 성과목표·지표의 도전성 및 적정성, 관대화·엄격화 경향 등 평가 결과의 적정성을 기관 전체적인 입장에서 검토한다. 평가 결과의 적정성 등을 검토할 경우, 평가자·평가 대상자의 프라이버시(익명성 등)가 최대한 보호될 수 있도록 주의하며, 기관 전체의 평가 결과가 지나치게 관대하거나 엄격하다고 판단하는 경우, 위원회는 확인자에게 평가 결과를 재확인하도록 요청할 수 있다.

5) 평가 결과의 공개 및 이의신청

평정 결과를 공개하고, 이의신청 절차를 둔 취지는 종전에 비공개로 처리하던 근무성적평정 결과를 본인에게 피드백할 수 있도록 함으로써, 평가자의 책임성을 높여 평가 절차의 투명성을 확보하고, 결과를 피드백하여 평가 대상자 개인의 능력 발전의 기회로 활용하기 위해서이다. 이는 4급 이상 공무원 등을 대상으로 한 성과계약 등 평가와 5급 이하 공무원 등을 대상으로 한 근무성적 평가 모두에 적용되는 핵심 프로세스이다.

표 8-3 최종평가서 작성 사례

❑ **평가 대상 기간 : 2012년도**

	소속	직위	성명	서명
평가 대상자	A기관 B국 C과	C과장	○○○	●●●
평가자	A기관 B국	B국장	□□□	■■■
확인자	A기관	D차관	◇◇◇	◆◆◆

❑ **개인 성과목표**

No.	성과목표	평가지표			주요 실적
		평가지표명	목표점	측정 결과	
1	성과평가제도 정착 지원	성과평가 절차 준수 정도	80%	86%	• 성과평가제도 설명회를 개최하여 제도 개선 시 반영 • 성과관리자 교육 매뉴얼 보급 및 활용을 지원하여 1,000명 교육 실시 – 사이버 교육과정을 개발하여 접근성 제고 • 연구 용역을 통해 성과관리 점검 환류 시스템 개발 및 각 부처 대상으로 최초 실시 • 운영 실태 모니터링 및 우수 사례 발굴 · 배포
		성과관리 강화 필요성에 대한 인식도	60%	65%	
2	성과정보종합 관리 체계 구축	성과관리카드 입력 정도	80%	82%	• 성과관리카드 매뉴얼 마련 및 설명회 개최를 통해 제도에 대한 전 공무원의 인식도 크게 향상 • 관련 부처 간 협의회를 통해 시스템 간 연계 체제를 구축하여 성과정보관리를 체계화 • 성과관리카드 운영 실태 모니터링 및 만족도 조사 실시
		성과관리카드 운영 관련 만족도	60%	50%	
평가자 의견	관대화 경향지수 개발 및 성과정보종합관리 체계 구축 시 관련 민간 전문가, 유관 부처 등과의 적극적인 의사소통과 더불어 조정 · 통합 능력을 발휘함. 다만 부처 관리자를 대상으로 성과관리 교육을 강화하는 등 엄정하고 객관적인 성과평가제도 정착을 위해 더욱 적극적인 노력 필요				

최종 등급	우수
	작성일: 2012.1.30

❑ **기타 성과목표별 실적**

No.	성과목표	주요 실적
1	소속 직원의 육성 및 소통 강화	• 소속 공무원의 상시학습 및 교육 이수를 독려함 * 소속 직원 상시학습 평균 시간 100시간 달성(목표 80시간), 성과면담 및 코칭 횟수 5회(목표 3회)
2	소속 직원의 연가 사용 활성화 지원	• 소속 공무원의 연가 활성화 추진계획을 수립하고 독려함 * 연가 사용 실적 개선도 11% 증가 달성(목표 10% 증가)
3	소속 직원의 스마트 워크 사용 활성화 지원	• 소속 공무원의 스마트 워크 활성화 추진계획을 수립하고 독려함 * 소속 직원의 스마트 워크 평균 사용 일수 3일 달성(목표 2일)

출처: 행정안전부 개인 성과관리 운영 지침(2011).

평가자는 근무성적평정이 완료되면 평정 대상 공무원 본인에게 근무성적평정 결과를 알려주어야 한다. 평가 결과의 본인 공개를 원칙화한 기관은 모든 평가 단위에서의 근무성적평가가 완료된 후, 평가 대상 공무원 본인의 평가 결과를 공개하며, 평가 대상자 본인의 공개 요청 시 공개를 원칙화한 기관은 모든 평가 단위에서의 근무성적평가가 완료된 후, 인사 담당부서는 평가 대상 공무원에게 공개 요청 가능 기간을 고지해야 한다. 공개 방식은 개인 메일로 송부하거나 공개 기간을 설정하여 'e-사람 시스템'을 통해 열람하도록 한다.

이때, 평정 결과의 공개 대상은 평가자의 평가 결과에 한정된다. 즉, 공개 가능한 평가 결과는 평가 등급 및 점수, 종합평가 의견이다. 이는 서열의 공개는 순위 이상의 정보를 주지 못하고 개인 자체의 성과보다는 다른 평가 대상자와의 상대적 비교에 의해 정해지므로 개인 자체에 대한 본질적인 피드백과는 유리되며, 개인의 장·단점 보완이라는 평가 결과 공개의 본질적 취지에도 벗어나기 때문이다.

평정 결과 공개가 완료되면, 인사 담당부서는 확인자에 대한 이의신청 제기 기간과 이의신청에 대한 확인자의 결정 기한을 고지해야 하고, 평정 대상 공무원은 평가자의 근무성적평정 결과에 이의가 있는 경우에는 확인자에게 이의를 신청할 수 있다. 이의신청을 받은 확인자 또는 평가자는 신청한 내용이 타당하다고 판단하는 경우에는 해당 공무원에 대한 평정 결과를 조정할 수 있으며, 이의신청을 받아들이지 않을 경우에는 그 사유를 해당 공무원에게 설명해야 한다.

5급 이하 일반직 공무원 등 근무성적평가 대상으로서 이의신청 결과에 불복하는 공무원은 근무성적평가위원회에 근무성적평가 결과의 조정을 신청할 수 있다. 성과계약 등 평가의 경우 이의신청은 확인자까지만 가능한데, 그 이유는 4급 이상에 대해서는 승진후보자명부를 작성하지 않고, 따라서 근무성적평가위원회도 개최하지 않기 때문이다. 모든 확인자에 대한 이의신청 절차가 완료되면, 인사 담당부서는 근무성적평가위원회에 대한 이의신청 제기 기간과 이의신청에 대한 근무성적평가위원회의 결정 기한을 고지해야 한다. 근무성적평가위원회는 이의신청 내용이 타당하다고 판단되는 경우에는 신청 공무원의 평가 결과를 조정하도록 확인자에게 통보하며, 확인자는 평가자와 협의하여 해당 공무원의 성과평가서상의 평가 결과 및 평가 단위별 평가 결과를 조정한다.

6) 최종 평가 결과의 활용

성과계약 등 평가 결과는 성과급 등급 결정을 위한 기초 자료로 활용되며, 성과관리카드에 수록되어 각종 인사 운영에 반영된다. 성과계약 등 평가 시 최종평가서에 작성된 주요 실적과 상사의 평가 의견 및 최종 평가 등급은 개인별 성과관리카드에 기록되어, 승진 · 인사심사 · 인재 추천 · 개방형 및 공모직위 심사 등에 활용된다. 또한, 부하 직원의 성과를 관리하고 업무 성과에 대해 객관적이고 공정하게 평가하는 것은 관리자의 기본 책무이므로, 평가자가 평가 대상자에게 부여한 평가 등급은 평가자의 성과관리카드에 기록된다.

고위공무원단에 속하는 공무원의 경우에는 총 2년 이상 성과계약 등 평가에서 최하위 등급을 받거나, 정당한 사유 없이 직위를 부여받지 못한 기간이 총 2년 이상 이른 때에는 적격심사를 실시해야 한다. 또한, 고위공무원 성과평가의 관대화 경향을 측정하기 위해, 각 기관은 성과계약 등 평가가 완료된 후, 그 결과를 행정안전부에 제출하며, 행정안전부는 관대화 경향지수를 활용하여 각 기관의 고위공무원에 대한 성과계약 등 평가 결과의 관대화 경향을 측정한다.

근무성적평가 결과는 승진후보자명부에 반영하여 승진심사의 기초 자료로 활용되며, 성과상여금 지급 기준으로 활용한다. 또한, 평가 결과를 반영하여 미흡하거나 개선

〈관대화 경향지수 산식〉

$$\mathcal{L} = (\text{평가 등급 평균})^2 - (\text{평가 등급 분산})$$

$$= \left(\frac{1}{n}\sum_{i=1}^{n} X_i\right)^2 - \frac{1}{n}\sum_{i=1}^{n}\left(X_i - \frac{1}{n}\sum_{i=1}^{n} X_i\right)^2 \quad \begin{matrix}\geq \\ < \end{matrix} \ 16$$

단, X_i = 평가 등급 점수 (매우 우수=5, 우수=4, 보통=3, 미흡=2, 매우 미흡=1)

* 당초에는 $\mathcal{L}$ 측정 시 정부업무평가 우수/보통/미흡 기관별 임계치(17.6/16/14.4)를 고려했으나, 2007년 정부업무평가부터 기관별 등급이 없어짐에 따라 임계치를 고려하지 않음

▸ 관대화 경향 판단 기준 : $\mathcal{L} \geq 16$이면 관대화 경향이 있다고 판단
$\mathcal{L} < 16$이면 관대화 경향이 없다고 판단

그림 8-3 관대화 경향지수 산식

출처 : 행정안전부 개인 성과관리 운영 지침(2011).

이 필요한 부분에 대해 교육훈련의 기회를 제공하며, 성과 우수자에 대한 보직 우대, 성과 미흡자에 대한 조치 등 보직관리에 반영한다. 근무성적평가 결과가 우수한 자에 대해서는 특별승급 등의 인센티브를 부여할 수 있다.

2 근무성적평가

근무성적평가는 5급 이하 일반직 공무원 및 기능직 공무원에 대해 근무 실적, 직무 수행 능력 등을 체계적으로 정기적으로 평가하여 승진임용, 성과상여금, 보직관리 등 각종 인사관리의 기초 자료로 활용하고 조직 전체의 능률을 향상시키는 데 목적이 있다. 「국가공무원법」 제51조, 제40조, 제40조의2 제4항과 「공무원 성과평가 등에 관한 규정」 및 이 지침에 근거를 두고 있으며, 5급 이하 일반직 공무원, 연구직 및 지도직 공무원 중 연구사·지도사 등, 기능직 공무원, 5급 상당 이하 별정직 공무원, 5호 이하 일반계약직 공무원 및 전문계약직 공무원 등에 대해 적용한다.

평가 항목은 성과평가의 핵심적인 요소인 실적과 능력 중심의 평가가 이루어질 수 있도록, '근무 실적'과 '직무 수행 능력'을 기본적인 평가 항목으로 하며, 필요한 경우 '직무 수행 태도'와 '부서 단위 운영평가 결과'를 별도의 평가 항목으로 추가할 수 있다. 평가 항목의 총점은 100점이며, '근무 실적'과 '직무 수행 능력'의 평가점은 동일한 비율로 정하고, '직무 수행 태도'와 '부서 단위 운영평가 결과'를 별도 항목으로 추가할 경우, '직무 수행 태도'는 10점 이내로 '부서 단위 운영평가 결과'는 20점 이내로 정하는 것이 바람직하다. 평가자는 근무성적 평가 대상 공무원의 업무 수행 과정 및 성과를 관찰할 수 있는 상급 또는 상위 감독자 중에서 소속 장관이 지정하며, 확인자는 평가자의 상급 또는 상위 감독자 중에서 소속 장관이 지정한다.

근무성적에 대한 평가 시에는 성과에 대한 좀 더 객관적이고 공정한 평가를 위해 연도 초에 평가자와 평가 대상자가 협의하여 성과목표(또는 단위과제), 일정 및 계획, 산출물, 담당 역할에 관한 성과계획을 수립하고, 연도 중에 평가자가 평가 대상자의 성과계획의 진행 상황을 주기적으로 점검하며, 연도 말의 평가 기간에 평가 대상자의 각 성과목표(또는 단위과제)가 어느 정도 달성되었는지를 평가한다. 평가 대상 공무원이 연초에 수립한 성과계획서, 해당 기간 동안의 업무 실적 등을 참고하여 평가하되, 평가 요소는 업무난이도, 완성도, 적시성 등으로 하며, 기관의 특성에 따라 변경하여 운영할 수 있다.

직무 수행 능력에 대한 평가는 각 기관이 업무 특성을 고려하여 필요한 능력 요소를 선택할 수 있도록 다양한 요소와 각 요소별 정의, 평가 등급 부여 시 척도 등을 제시하여 평가의 타당성을 높이도록 했다. 이러한 요소 선정 및 점수 배점은 각 기관의 부서별·직급별·업무 분야별 직무의 특수성을 고려하여 변경이 가능하나, 「공무원 인사기록 및 인사사무 처리규정」에 따른 성과관리카드를 통한 성과정보 관리의 필요상 주요 실적, 평가 의견(실적과 능력에 대해 구분하여 기술), 평가 등급, 평가자 등이 반드시 나오도록 설계해야 한다.

표 8-4 직무 수행 능력 예시

평가 요소	정의
공무원 윤리 의식	• 공무원이 기본적으로 갖춰야 할 윤리를 준수하고 이를 기준으로 행동하는 능력 • 공무원으로서 갖춰야 할 '도덕적 기질'
조직헌신도	• 조직구성원으로서 자신의 이해관계보다는 소속 부서와 소속 부처 나아가 국가적 차원의 이해관계를 우선적으로 고려하면서 조직의 정책 방향을 지지하고 수용하는 능력
자기통제력	• 업무적 중압감을 이겨내며, 자기 감정을 조절하여 업무 수행을 일관되게 유지하는 능력
전략적 사고	• 업무와 관련하여 핵심 해결 과제를 선택하고, 해결 방안을 제시하는 능력 • 장기적 관점, 통합적 관점, 우선순위 명확화 관점에서 목표를 설정하고 업무를 처리하는 능력
전문가 의식 (professionalism)	• 업무의 성과와 질을 제고하기 위해 최선을 다해, 필요한 자기 학습을 위해 노력하는 능력 • 특정 분야 직무를 담당하는 직업인으로서 갖춰야 할 '지적/이성적 기질'
업무혁신/ 개선	• 업무의 개선을 위해 새로운 시각과 혁신적인 기법을 동원하는 능력 • 변화하는 상황에 대해 긍적적인 사고를 가지고, 도전의 기회로 활용하는 능력 • 문제 해결을 위해 다양한 전략과 구체적인 대안을 제시하여 종전의 관행과 업무 프로세스를 발전적으로 개선하기 위해 노력하는 능력
고객 지향 (customer-oriented)	• 업무와 관련하여 국민이나 내부 수혜자(다른 공무원)가 원하는 바를 이해하며, 그들의 요구를 충족하도록 배려하는 능력
경영 마인드 (business acumen)	• 정책의 결과로 발생하는 기대 효과를 극대화하기 위한 방법을 연구하며, 효과성과 효율성을 고려하면서 업무를 수행하는 능력
정책집행관리	• 추진 계획을 수립하고 이를 일정에 따라 수행하여 결과를 생산하는 능력
정보 수집·관리	• 담당 업무 수행에 필요한 정보를 효과적으로 수집하고 적시에 이를 활용할 수 있는 능력

평가 요소	정의
의사소통 (communication)	• 우호적인 분위기에서 상대에게 자신의 의도를 명확하게 이해시키거나 상대의 의사를 경청하면서 의도를 정확히 이해하는 능력
협조성 (teamwork)	• 다른 공무원과 협력하여 업무를 수행하거나 팀의 일원으로서 공동 목표를 달성하기 위해 일하는 능력
조정 · 통합력	• 다양한 부서 · 부처의 이해가 결집된 사안에 대해 국가 · 부처 전체 이익이란 관점에서 판단을 하고 균형 잡힌 해결책을 제시하는 능력
협상력	• 대등한 혹은 불리한 입장에서도 합리적이며 적절한 합의점을 도출하여 상대방으로부터 동의 · 협력을 구하는 능력
목표 · 방향 제시	• 소속 부처의 정책 방향을 명확히 이해하고, 자신이 담당하는 조직의 업무 방향을 부처의 정책 방향과 연계시키고, 이를 부하 직원이 수용할 수 있도록 적극적으로 전파하고, 솔선하는 능력
자원 · 조직관리	• 담당 업무의 성과를 극대화하기 위해 투입된 자원을 효과적, 효율적으로 운영 · 관리하는 능력
지도 · 육성	• 적절한 도전 기회를 제공하고 지속적인 관심과 조언을 통해 체계적으로 부하 직원의 발전을 도모하는 능력
포용/수용력	• 자신과 다른 의견이나 입장을 폭넓게 이해하여 수용하는 능력
잠재 리더십	• 향후 관리자로서 잠재된 자질과 능력의 보유 정도
고객친절도	• 고객 만족을 위해 노력하는 정도
업무 지식	• 업무 수행에 필요한 실무 지식, 일반 상식이나 기능, 경험 또는 이와 관련한 새로운 정보에 대한 이해, 숙련 및 활용도
이해력	• 문제와 상황을 정확히 파악 · 이해하고 응용하는 능력
판단력	• 문제의 상황 정도를 파악하고 대처하는 능력
결단력	• 의사결정이나 판단 시 적극적 · 도전적인 자세의 정도
기획, 창의력	• 업무 처리 등에서 독창적인 개선 및 기획 능력
섭외력	• 자기의 목적을 상대에게 이해시키는 능력

출처 : 행정안전부 개인 성과관리 운영 지침(2011).

평가 단위는 조직 전체의 평가 결과 조정을 용이하게 하기 위해 직무의 유사성, 직급별 인원 수 등을 고려하여 소속 장관이 정하며, 계급 및 직렬별로 평가 단위를 정해 나누어 실시하는 것이 원칙이나, 소속 장관이 필요하다고 판단하는 경우에는 직무의 유사성 및 직급별 인원 수 등을 감안, 동일 계급 및 직렬을 통합하여 평가 단위를 정할 수 있다. 성과계약 등 평가를 받는 5급 팀장이 있는 경우, 기관 내의 5급 팀장들로만 별도의 평가 단위를 구성할 수 있으며, 다른 기관에 파견된 공무원이 있는 경우에는 파견 공무원 전체를 별도의 평가 단위로 구성할 수 있다.

1) 성과목표의 선정

소속 장관은 평가 대상 기간의 해당 기관의 임무 등을 기초로 하여 평가 대상 공무

표 8-5 성과계획 작성 사례

1. 담당 업무

- 공무원 평정 규정 개편
- 다면평가 제도 연구 및 각 부처 운영 지원
- 성과관리카드 제도 운영

2. 성과계획

연번	성과목표 또는 단위과제	일정/계획	주요 성과/산출물	담당 역할
1	평정규정을 개정하여 평가 프로세스를 강화한다	• 평정 규정 개선안 마련(3~4) • 전문가, 공무원 의견 수렴(4~8) • 법제처 심사, 차관·국무회의 상정 (9~11) • 운영 지침 수립 (12~)	• 평정규정 개선안 • 의견 수렴 결과 • 개정된 평정규정 • 평정규정운영지침	• 평정규정 개선안 마련 • 법제처 협의, 차관·국무회의 상정 • 홍보자료 작성 • 평정규정 운영 지침 수립
2	성과관리카드 제도를 도입하여 성과정보의 효율성을 확보한다	• 성과관리카드 도입 방안 마련 (3~4) • 전문가 및 공무원 의견 수렴 (5~6) • 성과관리카드 지침 제정 (7) • 성과관리카드 운영 실태 점검 (9~11)	• 성과관리카드 도입 방안 • 의견 수렴 결과 • 성과관리카드 지침	• 성과관리카드 도입 방안 마련 • 성과관리카드 지침 마련
3	다면평가 운영을 개선한다	• 다면평가 운영 실태 조사(7~9) • 다면평가 운영 요령 개정 (11~12) • 다면평가 사례집 발간 (11~12)	• 다면평가 실태 조사 결과 • 다면평가 운영 요령 • 다면평가 우수 사례집	• 다면평가 운영 요령 개정 • 우수 사례 수집

* 행정사무관의 사례임.

출처: 행정안전부 개인 성과관리 운영 지침(2011).

원이 평가자 및 확인자와 협의하여 성과목표 등을 선정하도록 해야 한다. '성과목표'는 당해 연도에 무엇을 달성하면 성과 책임을 완수했다고 할 수 있는지를 명확히 하는 것으로 당해 연도 업무 활동을 통해 달성하고자 하는 바람직한 상태를 의미한다. 성과목표는 연도 초에 마련되어 평가 대상 공무원의 1년간 성과관리 활동의 기준이 되며, 이의 수행 과정·결과를 평가하고, 그 결과를 피드백하는 것은 성과평가의 기본적인 사항이라 할 수 있다. 매년초 평가 대상 공무원은 본인의 1년간의 업무 목표에 관한 성과계획을 작성하여 평가자 및 확인자와의 면담을 통해 합의된 성과목표 등을 선정하며, 상급자 또는 상위자의 성과목표를 실현하기 위한 세부 과제를 성과목표 또는 단위과제로 선정한다. 이는 평가자와 협의하여 성과목표를 설정함으로써 상·하급자의 성과목표(또는 단위과제)를 유기적으로 연결시키기 위해서이다.

2) 평가자의 평가

평가자는 평가 실시 이전에 평가의 방향에 대해 확인자와 협의한 후 평가를 실시한다. 평가자는 확인자와 협의된 평가 방향에 따라 평가하되, 소관 평가 대상 공무원에 대한 평가는 독자적으로 한다. 이는 평가자가 평가 대상자의 근무 실적과 능력을 근거리에서 가장 잘 관찰하여 평가할 수 있고, 소관 부하 공무원에 대한 상세한 평가의견을 작성할 수 있기 때문이며, 확인자는 평가자가 평가한 내용을 검토하여 평가가 객관적이고 타당하게 실시되었는지 확인해야 한다.

근무실적평가 시에는 평가 대상 공무원은 본인의 성과계획서 등을 참고하여 성과

표 8-6 각 평가 요소의 정의

평가 요소	정의
업무 난이도	• 당해 직위에 있는 자가 수행하기로 기대되는 업무 내용이 달성하기 쉽거나 어려운 정도를 의미 • 요구되는 지식, 경험, 투입된 노력 등을 측정하는 기준으로 사용됨.
완성도	• 수행한 업무의 내용이 얼마나 정확하고 풍부하게 달성되었는가를 나타냄. • 처리한 일의 품질(quality)을 확인하는 측정 기준으로 사용될 수 있음.
적시성	• 일정 기한을 얼마나 잘 지켰는가를 나타냄. • 신속하게 또는 필요한 시점까지 일이 이루어졌는지를 확인하는 측정 기준으로 사용될 수 있음.

출처: 행정안전부 개인 성과관리 운영 지침(2011).

표 8-7 근무실적평가 사례

1. 담당 업무

- 공무원 평정규정 개편
- 다면평가제도 연구 및 각 부처 운영 지원
- 성과관리카드 제도 운영

2. 근무실적평가(50점)

연번	성과목표 또는 단위과제	업무 비중 ㉮	주요 실적/산출물	평가 요소 업무 난이도 (10점) ㉯	완성도 (20점) ㉰	적시성 (20점) ㉱	합산 점수	소계 점수
1	평정규정 개정	40	• 규정 개정을 위한 실태조사 및 PCRM을 통한 의견수렴 (50개 부처)	①②✔④⑤	①②③✔⑤	①②✔④⑤	34	13.6
2	성과관리 카드 도입	40	• 제도 도입에 따른 간담회 실시 (10개 기관 인사담당) • PCRM을 통한 제도 홍보	①②✔④⑤	①②✔④⑤	①②✔④⑤	30	12
3	다면평가 운영 개선	10	• 각 부처 다면평가 운영 실태 조사 (50개 부처) • 민간 및 공공 부문 우수 사례 수집 및 DB화	①②✔④⑤	①②③✔⑤	①②✔④⑤	34	3.4
추가 업무	성과관리 정보 시스템 개발	10	• 시스템 개발을 위한 관련자 회의 (용역업체, 정보관리담당관실 등 참석) • 운영 시스템 시범 활용 • 최종 보고회 실시	①②③✔⑤	①②③✔⑤	①②③✔⑤	40	4
총 점								33.0

* 주무관의 사례임.

출처: 행정안전부 개인 성과관리 운영 지침(2011).

직무 수행 능력 평가 시 각 평가 요소별 배점은 직무 수행 능력 평가의 만점의 범위 내에서 차등을 두어 소속 장관이 결정하며, 평가자는 평가 대상자의 행태에서 특정 평가 요소가 보여지는 빈도 수를 관찰하여 평가 요소별로 '전혀 그렇지 않다 (①)-거의 그렇지 않다 (②)-가끔 그렇다 (③)-자주 그렇다 (④)-항상 그렇다 (⑤)'의 5단계로 평가하여 총점은 각 소계 점수를 합산한다.

표 8-8 직무 수행 능력평가 사례

3. 직무 수행 능력평가(50점)

연번	평가 요소	요소별 배점	정의	평가 등급	소계 점수
1	기획력	9점	• 창의적인 시각을 가지고 문제를 예측하고 실행 가능한 계획을 만든다. • 효과적인 설명이 가능하도록 일목요연한 계획을 만든다.	① ② ③✔ ④ ⑤	5.4
2	의사 전달력	6점	• 표현이 간결하면서도 논점이 빠지지 않도록 문서를 만든다. • 논리적이면서 설득력 있는 말로 설명을 한다.	① ② ③✔ ④ ⑤	3.6
3	협상력	6점	• 상대방의 의도를 적절히 파악하여 자신의 입장을 설득한다. • 상반되는 이해관계에 대해 효과적으로 조정한다.	① ② ③✔ ④ ⑤	3.6
4	추진력	5점	• 맡은 업무에 책임감을 가지고 목적한 바를 완수한다. • 열정을 가지고 환경적인 불리함을 극복한다.	① ② ③ ④ ⑤✔	4
5	신속성	5점	• 계획된 일정에 따라 지연됨이 없이 일을 처리한다. • 주어진 과제에 대한 집중력을 가지고 예상되는 소요 시간보다 빨리 일을 처리한다.	① ② ③✔ ④ ⑤	3
6	팀워크	8점	• 타인을 존중하며 팀원들과 협조적인 분위기를 만든다. • 타인의 적절한 요구와 건설적인 비판을 수용한다.	① ② ③ ④✔ ⑤	6.4
7	성실성	5점	• 무단조퇴 · 무단결근 등 조직 운영에 장애가 되는 행위를 하지 않는다. • 맡은 업무 및 조직의 발전에 헌신적인 자세를 갖는다.	① ② ③✔ ④ ⑤	3
8	고객 지향	6점	• 업무와 관련하여 국민이나 내부 수혜자(타 공무원)가 원하는 바를 이해하며, 그들의 요구를 충족하도록 배려한다.	① ② ③✔ ④ ⑤	3.6
총점					32.6

* 주무관의 사례임.

출처: 행정안전부 개인 성과관리 운영 지침(2011).

성과평가서 서식에 성과목표 또는 단위과제와 주요 실적을 기재하며, 평가자와 면담을 통해 협의하여 각 단위과제별로 업무 비중을 정한다. 이때, 업무 비중은 단위과제를 처리하는 데 소요되는 노력과 시간의 투입 정도를 고려하여 결정하되 전체적으로 100%가 되도록 한다.

평가자는 평가 대상자의 주요 실적에 대해 평가 요소별로 등급을 결정하여 합산 점수를 내며, 합산 점수에 단위 과제별 가중치를 곱해 소계 점수를 산정하고, 이러한 소계 점수를 모두 합해 근무실적평가의 총점을 도출한다.

3) 평가 단위에서의 평가

평가 단위는 직무의 유사성, 직급별 인원 수 등을 고려하여 소속 장관이 정하며, 평가 단위의 확인자는 평가자가 평가한 평가 등급 등을 확인하고, 평가자와 함께 '평가 단위별 평가 결과'를 작성하여 근무성적평가위원회에 제출한다. 평가 단위 등급은 평가자와 확인자가 평가 단위 내 순위를 조정하면서 부여한 등급을 기재하며, 평가 단위에서의 평가 등급 수는 3개 이상으로 하고, 최상위 등급의 인원은 평가 단위별 인원 수의 상위 20퍼센트, 최하위 등급의 인원은 하위 10퍼센트의 비율로 분포되도록 한다.

4) 근무성적평가위원회에서의 평가

근무성적평가위원회는 각 평가 단위에서 제출한 근무성적평가 결과를 참작하여 평가 대상 공무원에 대한 근무성적평가 점수를 산정하고, 근무성적평가 결과의 조정·이의신청 등에 관한 사항을 처리한다. 승진후보자명부 작성은 단위 기관별(연구관·지도관의 경우는 임용제청권자 단위별)로 설치되며, 평가 대상 공무원의 상급 또는 상위 감독자 중에서 임용권자 또는 임용제청권자가 지정하는 5인 이상의 위원으로 구성하되, 평가 대상자의 상급 또는 상위 감독자 수가 부족한 경우에는 2인 이상으로 구성할 수 있으며, 위원회의 운영 결과에 대한 회의록 등을 기록으로 유지하여 위원회의 평가 결과를 명확히 알 수 있도록 한다.

평가 순위 및 평가 등급, 근무성적평가점 결정 시에는 각 평가 단위별 평가 결과, 평가 단위별 업무 비중 등을 감안하여 전체 평가 대상 공무원을 상대평가하여 순위를 정하고 등급을 구분하며 평가점을 결정한다. 평가 등급은 3단계 이상으로 정할 수 있으며, 다만, 최상위 또는 최하위 등급에 해당하는 공무원이 없을 경우에는 해당 비율을 차하위 또는 차상위 등급으로 구분할 수 있으나, 인원 비율이 배정되는 등급이 최소한 2개 이상이어야 한다. 평가 등급 내 점수 간격과 평가 등급 간의 점수 간격은 균일해야 하며, 최상위 등급의 인원은 평가 단위별 인원 수의 상위 20%의 비율로, 최하위 등급의 인원은 하위 10%의 비율로 분포하도록 해야 한다.

5) 평가 결과의 공개 및 이의신청

평가 결과의 공개 및 이의신청은 4급 이상 공무원 등을 대상으로 한 성과계약 등 평가와 5급 이하 공무원 등을 대상으로 한 근무성적평가 모두에 적용된다. 평가자는 근무성적평정이 완료되면 평정 대상 공무원 본인에게 근무성적평정 결과를 알려주어야 하며, 평정 대상 공무원은 평가자의 근무성적평정 결과에 이의가 있는 경우에는 확인자에게 이의를 신청할 수 있다. 이의신청을 받은 확인자 또는 평가자는 신청한 내용이 타당하다고 판단하는 경우에는 해당 공무원에 대한 평정 결과를 조정할 수 있으며, 이의신청을 받아들이지 않을 경우에는 그 사유를 해당 공무원에게 설명해야 한다. 5급 이하 일반직 공무원 등 근무성적평가 대상으로서 이의신청 결과에 불복하는 공무원은 근무성적평가위원회에 근무성적평가 결과의 조정을 신청할 수 있다. 근무성적평가위원회는 이의신청 내용이 타당하다고 판단되는 경우에는 신청 공무원의 평가 결과를 조정하도록 확인자에게 통보하며, 확인자는 평가자와 협의하여 해당 공무원의 성과평가서상의 평가 결과 및 평가 단위별 평가 결과를 조정한다.

6) 평가 결과의 활용

근무성적평가 결과는 승진후보자명부에 반영하여 승진심사의 기초 자료로 활용되며, 성과상여금 지급 기준으로 활용한다. 또한, 평가 결과를 반영하여 미흡하거나 개선이 필요한 부분에 대해 교육훈련의 기회를 제공하며, 성과 우수자에 대한 보직 우대, 성과 미흡자에 대한 조치 등 보직관리에 반영한다. 근무성적평가 결과가 우수한 자에 대해서는 특별승급 등의 인센티브를 부여할 수 있다.

제 4 절 제도의 성과 및 개선 방안

1960년대 각 부처별로 제각기 실시하던 근무성적평정제도를 「근무성적평정규정」을 제정하여 모든 부처에서 통일하여 운영하기 시작한 이래, 정부는 공무원의 성과를 공정하게 평가하여 각종 인사관리에 반영함으로써 정부의 성과 향상과 공무원의 능력 발전을 이루기 위해 다양한 제도 개선을 추진했다. 1980년대까지 평정 방법, 평정 대상 등 법제를 체계화했으며, 1990년도부터는 1998년 목표관리제 도입, 2004년 직무성과계약제 도입 등 민간 및 선진국의 성과관리제도를 우리 실정에 맞게 벤치마킹하여 도입함으로써 공무원에 대한 전략적 인사관리를 위해 노력했다. 이러한 과정에서 연공서열 중심의 인사관리에서 벗어나 직무와 능력 중심의 인사관리로 전환했고, 중앙집권적이고 일률적인 제도 운영 방식에서 벗어나 각 부처별 업무 특성에 적합하고 다양한 운영 방식을 활용할 수 있도록 자율화했다.

특히, 고위공무원 등 4급 이상의 공무원의 경우, 1998년 목표관리제가 도입되면서 명시적으로 평정 대상이 되었으며, 목표관리제를 통해 참여를 통한 목표 설정, 환류의 활성화 등 새로운 개념이 도입되었다. 목표관리제가 목표 설정 및 평가 과정에서의 기관장의 참여 미흡, 성과관리의 주체인 관리자들의 성과측정 및 평가에 대한 관심과 이해 부족, 조직목표와 개인목표와의 연계성 부재 등 여러 운영상의 문제점을 드러냄에 따라, 이를 개선하기 위해 선진국의 제도 운영 사례를 수집·분석하고 학계와 민간 전문가의 의견을 다각도로 수렴하여, 영국, 캐나다, 호주 등 고위공무원단제도를 도입·운영 중인 선진국들의 성과계약제를 벤치마킹하여 2004년 합의에 기초한 계약 방식의 성과평가제도인 직무성과계약제를 도입했다.

또한, 모든 부처에 직무성과계약제를 일률적으로 규정하는 것이 부처별 특성 고려가 미흡하여 현실과 부합되지 못한 측면이 있어 이를 개선하기 위해 2008년부터 성과계약에 의한 성과목표 달성도뿐만 아니라, 부서 단위의 운영평가 결과, 직무 수행과 관련된 자질·능력 등 각 부처가 부처 특성에 적합한 평가 방식을 선택할 수 있도록 개선했다.

5급 이하 공무원의 경우에도 1998년 평정 기준일 단일화, 2006년 평가 항목 및 반영 비율, 평가 등급에 부처 자율성 부여, 2008년 평가자 및 확인자 지정에 부처 자율성 부여, 2009년 평가 시기 자율화 및 평가 결과의 본인 공개 원칙화, 2011년 각 기관별로 성과평가 기법을 개발하고 운영할 수 있도록 하고, 평가 항목에 부서 단위 운영 평가 결과를 반영할 수 있도록 하는 등 평가 과정을 체계화하고 부처별 특성을 반영하여 탄력적으로 운영할 수 있도록 제도적 기반을 마련했다.

행정은 기본적으로 국민에게 봉사하는 활동으로 이를 위해 적은 투입으로 최대의 산출과 성과를 내는 것이 어느 정부 할 것 없이 추구하는 가장 중요한 행정 가치 중에 하나이나, 공공 부문의 특성상 성과를 측정하는 것은 쉽지 않다. 공공 부문 성과평가의 경우 정성적 업무 특성으로 인해 적절한 계량지표를 설정하기 곤란하고, 정부 정책에 따라 성과목표 자체가 자주 변동하는 등의 이유로 더욱더 복잡한 양상을 가지는 것이다. 또한, 부처마다 업무 특성과 조직문화가 다르기 때문에 일률적인 평가제도를 설계·운영할 경우 실효성을 담보하기 어렵다. 따라서 정부는 앞으로도 각 부처의 업무 특성 및 조직문화 특수성을 반영하여 제도를 운영할 수 있도록 부처의 자율성을 확대하고 이에 따른 책임성을 강화하는 방향으로 제도적으로 뒷받침하고 지원하는 한편, 각 부처의 제도 운영 실태를 지속적으로 모니터링하고 제도 개선 사항을 발굴하여 공무원 성과평가제도를 발전시켜 나갈 것이다.

참고 문헌

중앙인사위원회(2007~2011). 인사백서. 중앙인사위원회.
행정안전부(2007~2012). 개인성과관리 운영 지침. 행정안전부.
———(2007~2012). 공무원 인사실무. 행정안전부.
———(2007~2012). 성과관리실무. 행정안전부.

Chapter

09 성과감사*

제 1 절 제도 도입 배경

우리나라의 공공 부문에서 공식적인 감사 유형으로 '성과감사'가 도입된 것은 감사원이 1993년 성과감사를 하나의 감사 운영 방식으로 채택한 데서 찾을 수 있다. 그러나 감사 관련 법령에서 성과감사를 명기하고 있는 곳은 「감사원법」 제19조의 4(감사연구원 직무 및 조직), 「공공감사에 관한 법률 시행령」 제10조(자체감사의 종류), 「공공감사 기준」 제2조(정의) 정도에 그치고 있다. 이는 아직 우리나라에서 '성과감사'가 대표적 감사 유형으로 제대로 정착되지 못하고 있음을 반증하는 것이다. 그 이유는 1988년 시행된 「대한민국헌법」 제97조와 「감사원법」 제16조(직무 및 조직)에서 감사원의 직무로 회계검사와 직무감찰을 규정하고 있어 이들 상위법의 개정 없이 성과감사를 공식적인 감사 유형으로 사용하는 데 제약이 있기 때문이다. 이러한 입법적 미비는 우리나라 공공감사가 현대적 감사의 명백한 흐름을 제대로 좇아가지 못하는 결과를 초래했다.

그러나 이러한 한계에도 불구하고 '성과감사'는 회계검사와 직무감찰이 외연적으로 확장된 형태로 인식되고 있으며, 실제 감사활동의 한 가지 유형으로 자리 잡아가고 있는 것도 사실이다. 1970년대의 계통감사, 1980년대의 효율성 감사, 1990년대의

---

* 박희정: 감사원 감사연구원 연구부장

성과감사, 2000년대의 시스템 감사 등은 넓은 의미에서 성과감사가 우리나라의 여건 및 실정에 맞게 진화해 온 과정으로 이해할 수 있을 것이다. 2012년 현재 독립적인 최고 감사기구인 감사원과, 국가기관 등 공공기관의 자체(내부) 감사기구들은 '성과감사'를 하나의 감사 유형으로 인식하고 성과감사를 도입·운영하고 있다.

공공감사의 국제적 표준을 제공하는 세계감사원장회의(International Organization of Supreme Audit Institution: INTOSAI)에서는 감사원 국제 기준(International Standards for Supreme Audit Institutions: ISSAIs) 중 '정부감사의 기본 원리(ISSAI 100)'에서 정부감사의 유형을 합규성 감사(regularity audit)와 성과감사(performance audit)로 구분하고 있다. 합규성 감사는 피감기관의 재정 책무성에 대한 입증(attestation), 재정 체계 및 거래에 대한 감사, 내부통제 및 내부감사 기능 점검, 피감기관이 취한 행정결정의 정직성 및 적절성 등에 대한 감사 등을 포함한다. 합규성 감사를 크게 재무감사와 합법성 감사로 구분하기도 하는데(DFID, 2005), 재무감사(financial auditing)는 정부기관이 사용한 회계 절차와 그들이 생산한 재무제표의 정확성과 공정성을 평가한다. 여기서 다루는 일차적인 문제는 "감사를 받는 문서나 보고서들이 피감기관의 재정 상태와 활동을 정확하게 반영하고 있는가?" 하는 것이다. 그리고 합법성 감사(compliance audit)는 자금 사용이 입법부에서 승인한 목적과 관련 법률 및 규정을 준수하며 사용되었는지를 평가한다. 여기서 일차적인 질문은 "피감기관이 적용 가능한 법률이나 규정을 준수했는가?" 하는 것이다. 정부 부처와 기관들이 관련 법률과 규정을 준수했는지 판단하기 위해 개별 거래들이 조사 대상이 된다. 그리고 성과감사는 공공기관의 정책 및 사업과 기관 운영의 경제성(economy), 효율성(efficiency), 효과성(effectiveness) 등과 관련된 감사로서 ① 건전한 행정 원리나 관행, 관리 정책에 따른 행정활동의 경제성에 대한 감사, ② 감사 대상기관이 준수해야 할 절차를 포함한 인적, 물적 자원 및 기타 자원의 효율성에 대한 감사, ③ 감사 대상기관의 목적 달성 여부와 관련하여 행정 성과의 효과성에 대한 감사와 정부활동의 사후 영향에 대한 감사를 포함한다.

어떤 연구자들은 성과감사를 가난한 국가에서는 시행할 수 없는 사치라고 여기며 감사기구의 핵심 업무는 계속 재무감사와 합법성 감사로 남아 있어야 한다고 주장하기도 한다. 그러나 정부의 서비스 전달 성과가 국민들의 주요 관심사라는 것을 감안하면 내·외부 감사기구가 성과감사를 수행하지 않는 것은 결국 해당 감사기구가 행정환경 변화에 제대로 대응하지 못하는 결과를 초래할 것이다. 우리나라의 경우도 앞으로 성과감사에 대한 수요가 계속 증가할 것이므로 관련 법·제도의 정비와 함께 감사자의 성과감사 역량을 제고하기 위한 노력을 경주해야 할 것이다.

제 2 절 제도 변천사

한국 감사원의 성과감사 발전 과정을 보면 1970년대 초까지 거슬러 올라갈 수 있다. 1970년대 초의 계통감사로부터 시작하여 1980년대에는 감사 방향을 합법성 감사에서 효율성 감사로 전환을 모색하여 역점감사, 정책개선감사, 총괄감사 등 새로운 감사 접근 방법을 도입·운영했으며, 1993년에는 합법성 감사의 한계를 극복하고 감사 업무의 선진화를 위해 성과감사를 처음으로 도입했다(감사원, 2005a). 그리고 2004년부터는 새로운 감사 기조로서 시스템 감사를 도입·운영한 바 있다.

먼저, 1970년대에 들어 감사원은 감사 종류를 일반감사와 특별감사로 구분하면서 특별감사를 감사 범위에 따라 종합감사, 계통감사, 그리고 부분감사로 분류하게 되었는데, 이 계통감사는 감사원의 성과감사로의 전환을 알리는 시발점이었다고 할 수 있다[1]. 계통감사란 주요 감사 대상 업무를 그 흐름에 따라 상급 정책결정기관으로부터 하급 집행기관 및 관련 기관에 이르기까지 종적·횡적 계통에 따라 감사하는 것으로 성과감사와 개념적으로 유사한 부분이 있었다. 주요 계통감사 대상으로는 1970년대 당시 정부가 역점을 두고 추진하던 수입 억제 방안의 추진 상황, 경지정리사업, 상수도 및 보건위생, 보조금 집행 상황, 중소기업자금 운용 상황 등 다양한 주제들이 다루어졌다. 그러나 이러한 노력은 당시 유신 체제 하에서 감사원 운영의 최대 관심이 정부의 서정쇄신 시책에 대한 지원에 맞추어져 있었기 때문에 그 성과는 제한적일 수밖에 없었다.

1981년에는 효율성 감사를 도입했는데 이는 정부 주요 시책의 성과 확보와 행정능률, 국민 편익의 증진을 도모하기 위한 것으로 장기적이고 종합적인 감사계획의 수

---

1) 계통감사는 1960년대부터 존재해 왔으나 당시에는 정기감사의 한 유형으로 분류되었다는 점에서 1970년대의 계통감사와는 구분된다.

립을 강조했다. 효율성 측면에 중점을 두는 효율성 감사로 감사 방향을 전환함에 따라 새로운 감사 접근 방법이 시도되었는데 대표적으로 역점감사,[2] 총괄감사,[3] 전문감사,[4] 교체감사, 공개감사 등을 들 수 있다. 1985년에는 국제적 감사 운영 기조에 따라 정책감사 개념을 도입했는데 감사 접근 방법 측면에서 거시적인 정책 측면에 관심을 갖게 되었으나 여전히 합법성 검토 범주를 크게 벗어나지 못했다.

1993년에 이르러 비로소 성과감사가 도입되어 1994년 감사원 운영 기본 방향을 "합법성 감사 토대 위에 성과감사를 지향"하는 것으로 정했다. 이는 미국 등 선진국 감사원에서 도입·운영하고 있던 성과감사를 지향하되 부정부패 척결을 요구하는 당시 우리나라의 특수한 감사환경을 고려하여 한국적 성과감사의 도입을 시도한 사례로 이해할 수 있다. 이때에는 과거와 달리 감사 판단 기준을 합법성에서 경제성·효율성·효과성으로 확장했으며 감사 결과의 처리도 징계, 시정 요구 등 감사 대상기관을 구속하는 처분 요구 중심에서 권고·통보 등으로 확장되는 실질적인 변화가 있었다. 그러나 이러한 노력에도 불구하고 공공 부문에서 성과관리 체계가 구축되어 있지 못하고 감사인의 역량 또한 종합적 분석·평가 기능을 수행할 수 있는 수준에 이르지 못하는 등의 문제로 성과감사가 제대로 정착되지 못했다.

나아가 2004년에는 기존의 성과감사를 좀 더 발전시킨 감사 접근 방법으로 시스템 감사를 도입했다. 시스템 감사는 정책의 집행 과정에서 드러난 단편적인 현상에 착안점을 국한하지 않고 문제 발생 원인인 시스템, 즉 법령·제도·관행·절차 등을 심도 있게 분석하고, 그 원인 규명과 근원적인 처방을 제시하는 데 목적을 둔 새로운 감사 접근 방법으로 종전의 감사 방식에서 진일보한 것으로 볼 수 있다(감사원, 2007). 특히, 시스템 감사는 국가적으로 중요한 문제들에 대해 선제적으로 문제점을 발견하여 시정하는 것으로 통계 및 자료분석과 전문가 의견 등을 활용하여 정책과 사업의 성과를 평가하고 개선 대안을 제시했다는 점에서 선진국의 성과감사에 가장 근접했다고 평가할 수 있다.

---

2) 주요 특정 사항에 대해 연구전담자를 지정하여 계획 수립에서부터 집행에 이르기까지 업무 추진 실태를 종합적으로 분석하고 제반 문제점에 대해 근본적인 개선 방안을 마련하도록 하는 감사

3) 다수 기관에서 공통적으로 수행하고 있는 업무에 대해 감사총괄 부서를 지정하여 각 담당 부서에서 공통된 목표와 착안점에 따라 감사를 실시한 후 그 감사 결과를 총괄부서에서 종합 분석토록 한 감사

4) 기업경영분석, 전자계산, 물자관리, 도시계획 분야 등과 같이 전문지식이 요구되는 분야를 전문 감사과제로 선정하여 전문요원 등으로 구성된 전담과로 하여금 감사를 전담하게 하는 감사

이처럼 감사원은 지난 수십 년 동안 매우 다양한 형태로 성과감사를 시도해 왔다. 이러한 시도들의 공통점은 합규성 감사가 갖는 한계를 극복하고 감사를 통해 정부 업무의 개선에 좀 더 기여하고자 과학적, 체계적인 감사 접근 방법을 추구했다는 점이다. 그러나 이러한 노력에도 불구하고 명확한 법적 근거의 부재, 정부의 성과관리 시스템의 미성숙, 감사인의 인적 구성 면에서의 한계 등으로 성과감사의 지속 가능한 여건이 조성되지 못한 상황에서 감사기구 최고관리자의 의지에 따라 다양한 형태로 성과감사가 추진되어 온 결과 우리 실정에 맞는 한국형 성과감사의 전형을 아직 제시하지 못하고 시행착오를 계속하고 있는 것이다.

<표 9-1>은 지난 기간 동안 '감사원 감사 유형 분류 체계의 변화'를 보여준다. 감사 시기, 감사 대상, 감사 접근 방법 등이 혼재되어 있는 감사 유형 분류 체계의 개편이나 변화는 오히려 감사자들에게 혼란을 초래하고 새로운 변화에 적응하는 데 상당한 비용을 발생시킨다는 점에서 우리나라의 특유한 여건과 국제적인 표준을 고려한 합리적인 감사 유형의 개발 및 정착이 시급한 실정이다(김성준, 2006).

표 9-1 감사원 감사 유형 분류 체계의 변화

기간	감사 분류
1964 ~ 1971. 7	정기감사, 수시감사, 재외기관감사 * 정기감사: 주요기관 정기감사, 주요 사항 중점감사, 계통감사 수시감사: 특정 사항 종합감사, 수시기관감사
1971	일반감사, 특별감사 * 특별감사: 종합감사, 계통감사, 부분감사
1980	정기·종합감사, 계통감사, 특정감사
1985	정기감사, 특별감사
1993	일반감사, 기관종합감사, 계통감사, 특정감사
1994	일반감사, 성과감사, 특정감사
2003	결산재무감사, 내부통제시스템감사, 성과평가, 특정과제감사
2004	재무감사, 정책사업성과평가, 기관운영성과평가, 특정과제감사
2005	재무감사, 기관운영감사, 성과감사, 특정과제감사
2007	재무감사, 기관운영감사, 성과감사, 특정감사

제 3 절 현 제도 및 운영 방식

1 성과감사의 위치와 초점

1) 성과감사의 위치(locus)

공공 부문에서 성과감사의 위치는 공공관리 체계(public management system) 내에서 공공감사의 위치, 여타 통제활동과의 관계, 다른 감사 유형과의 비교 등을 통해 파악될 수 있을 것이다. 먼저, 지금까지 우리나라에서는 공공감사를 논할 때 외부감사기구(감사원)에 의한 감시 및 통제활동에 주목하는 경향이 많았다. 그러나 공공감사는 외부 감사기구뿐 아니라 내부 감사기구에 의한 감시 및 통제활동을 포함하는 것이며, 외부감사와 내부감사는 그 존재 목적과 성격 면에서 상당한 차이가 존재한다는 것을 이해할 필요가 있다.

1977년 리마선언(Lima Declaration)에서는 독립적인 외부 감사기구인 감사원이 그들의 감사 업무를 통해 다음의 네 가지 목표를 추구해야 한다고 명시하고 있다.

1) 객관적인 보고서의 발행을 통해 공공기관과 일반 국민에게 정보 전달
2) 건전한 재정관리 발전에 기여
3) 행정활동의 올바른 집행에 기여
4) 공공자금의 바르고 효과적인 사용[5]에 기여

---

5) 감사 규범 지침에 대한 리마선언(The Lima Declaration of Guidelines on Auditing Precepts)은 1977년 10월 페루의 리마에서 개최한 제9회 INTOSAI 회의의 대표들에 의해 채택되었다. 리마선언의 주요 목표는 독립정부감사를 주창하는 것이었다. 세계감사원장회의(International Organization of Supreme Audit: INTOSAI)는 국가별 외부 정부감사기구의 상부단체로 운영되고 있다. INTOSAI의 목표는 지식의 개발과 전달을 촉진하고 세계의 정부감사를 향상시키며 회원국의 SAI들이 각자의 국가에서 갖고 있는 전문적 역량과 지위 및 영향력을 강화하는 데 있다. INTOSAI는 1953년 34개의 SAI들이 쿠바에서 개최한 제1회 INTOSAI 총회를 위해 만났을 때 설립되었다. 현재 INTOSAI는 190개의 정회원과 4개의 준회원이 있다(http://www.intosai.org).

외부 감사기구인 감사원은 공공자원을 어떻게 사용했는지에 대한 독립적인 감사와 보고를 하며, 의회는 행정부에 그 성과에 대한 책임을 지게 하는 데 감사원의 감사 결과를 주요 도구들 중 하나로 사용한다. 따라서 외부 감사기구에 의한 감사는 기본적으로 집행부(행정부)의 행·재정적 책무성을 담보하기 위한 객관적인 확인(assurance)의 성격을 가진다.

한편, 내부감사인협회(IIA)는 2009년 수정·발간한 내부감사 '전문적 행위표준(Professional Practices Framework)'에서 내부감사에 대해 다음과 같이 정의하고 있다.

> 내부감사는 조직 운영을 개선하고 가치를 부가하도록 고안된 독립적·객관적 확인(assurance) 및 컨설팅 활동이다. 내부감사는 위험관리, 통제 및 거버넌스 과정의 효과성을 평가하고 개선하기 위해 체계적이고 통제된 접근 방법을 사용함으로써 조직 목표를 달성하도록 지원하는 역할을 수행한다.

내부감사에 대한 이러한 개념 정의는 내부 감사기구가 조직활동을 조사·평가하여 조직구성원의 책임을 면하게 해주는 기존의 확인 위주의 내부감사 역할에 더해 사업 등 업무의 위험을 탐지한 후 이를 개선시키는 컨설팅 기능을 포함하는 것으로 행정환경의 최근 변화를 반영하고 있다.

따라서 외부감사가 독립적인 외부 감사기구에 의해 정부활동의 결과를 국민에게 객관적으로 확인시켜 주는 기능이라면, 내부감사는 부정, 실수, 비효율적·비경제적 행위가 발생할 가능성을 최소화하는 방식으로 조직 과정이 운영되고 있다는 것을 조직관리자에게 보고하는 확인 기능과 함께 관리 운영상의 장애 요인을 파악하여 이를 개선시키는 컨설팅 기능을 수행하는 것이다. 즉, 외부감사와 내부감사는 보고 주체면에서 차이가 있을 뿐 다 같이 확인 기능을 수행하고 있는 것으로 파악할 수 있다. 그러나 내부감사의 경우 외부감사에 비해 조직의 발전을 위한 건설적인 의견 개진 및 자문 기능을 더 활발하게 수행한다는 점에서 차별화된 특성을 가진다고 하겠다.

이러한 차이에도 불구하고 외부감사 또한 단순한 사후적 확인 기능에 머물지 않고 감사 대상기관의 정책 및 사업, 그리고 기관 운영에 대한 개선을 권고함으로써 외부감사의 부가가치를 제고하려는 노력을 기울이고 있다. 외부 감사기구에 의한 성과감사

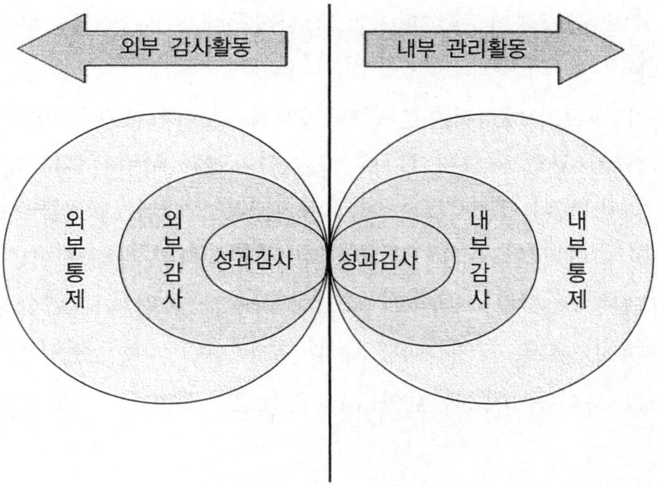

그림 9-1 행정통제와 성과감사의 위치

는 전통적인 확인 위주의 감사가 갖는 근본적인 한계를 극복하고자 노력하는 과정에서 생성되었다고 할 수 있다.

[그림 9-1]에서는 내·외부 통제의 핵심적인 장치인 내·외부감사의 주요한 요소 중 하나로 파악할 수 있는 성과감사의 위치를 도식적으로 제시해 보았다.

한편, 성과감사는 통제활동의 또 다른 형태인 평가(evaluation)와 구분될 필요가 있다. 그러나 평가의 개념은 매우 다양하게 사용되고 있다. 광의적 개념은 "어떤 것의 가치를 매기는 것"(Worthen & Sanders, 1987)으로 개인, 조직 및 기관, 정책 및 사업 등에 대해 어떤 결정을 내리기 위해 필요한 자료를 수집·분석하여 특정 기준에 비추어 판단하는 것이다. 이러한 개념 정의에 따르면 전통적 감사활동도 합법성 기준에 의한 평가활동이라 할 수 있다.

반면, 평가에 대한 협의적 개념은 "어떤 정책이나 사업의 궁극적 목표가 달성되었는지 그 성과를 측정하는 것"(Tuckman, 1979)으로 소위 정책이나 사업에 대한 사후적 심층평가(in-depth evaluation)를 대신하는 의미로 사용되고 있다. 일부에서는 평가라 함은 곧 심층평가를 의미하는 것으로 사용하기도 한다. 현대적 감사활동으로서 성과감사(performance audit)는 심층평가에서 사용하는 분석기법을 사용하여 감사대상 정책이나 사업의 경제성, 효율성, 효과성을 측정하고 있다. 이 경우에는 미국 감사원(GAO)의 개념 규정에서처럼 평가가 감사활동에서 사용되는 하나의 기법으로 이해되기도 한다.

이와 같은 평가 개념의 다의성으로 인해 감사와 평가의 관계를 비교할 때 어떤 평가 개념을 사용하여 어떤 유형의 감사와 비교하느냐를 분명히 하지 않을 경우 정확한 비교를 어렵게 만든다. 일반적으로 평가와 감사를 비교할 때 심층평가와 성과감사를 비교하는 것이 일반적이며 비교 기준 또한 명확하게 할 필요가 있다. 여기서는 감사와 평가의 본질적·형식적·내용적 특성의 차이를 살펴보기 위한 비교 기준으로 목적, 정당성의 근거, 성격, 주체, 객체, 시기, 초점, 판단 기준, 방법, 절차, 결과 활용 등을 사용하여 그 차이를 비교해 보았다(<표 9-2> 참조).

표 9-2 심층평가와 성과감사의 비교

<table>
<tr><th>비교 기준</th><th>심층평가</th><th>성과감사</th></tr>
<tr><td>1) 목적</td><td>- 관리적 책임성 확보</td><td>- 세금 가치의 확인 및 책무성 확보</td></tr>
<tr><td>2) 정당성의 근거</td><td>- 반드시 법적 정당성 확보할 필요 없음 (권한의 정당한 사용 가능)</td><td>- 법에 의한 정당성 확보</td></tr>
<tr><td>3) 성격</td><td colspan="2">- 비권력적 통제 위주</td></tr>
<tr><td>4) 주체</td><td>- 국가별로 차이, 주로 해당 분야 전문가들이 수행</td><td>- 독립적 감사기구(주로 입법부 소속), 감사인의 자격 엄격</td></tr>
<tr><td>5) 객체</td><td colspan="2">- 정책 또는 사업 위주</td></tr>
<tr><td>6) 시기</td><td>- 사후적 평가 위주</td><td>- 반드시 사후적 평가일 필요 없음</td></tr>
<tr><td>7) 초점</td><td colspan="2">- 정책 및 사업의 추진 과정 및 결과 위주</td></tr>
<tr><td>8) 기준</td><td colspan="2">- 주로 정책 및 사업의 경제성, 능률성, 효과성 위주</td></tr>
<tr><td>9) 방법</td><td colspan="2">- 과학적 분석기법 활용</td></tr>
<tr><td>10) 절차</td><td>- 평가모형 개발→평가도구 개발→평가자료 수집·분석→평정 및 결과 보고</td><td>- 감사 대상 선정→감사계획 수립→감사 실시→결과 보고 및 처리</td></tr>
<tr><td>11) 결과 활용</td><td>- 해당 또는 향후 유사정책 및 사업의 개선에 활용</td><td>- 주로 해당 정책 및 사업의 개선을 권고</td></tr>
</table>

출처: 감사원 평가연구원(2006).

위의 표에서 볼 수 있듯이 목적, 실시 주체, 공식적인 절차를 제외하고는 정도의 차이만 있을 뿐 심층평가와 성과감사는 여러 가지 면에서 유사점을 갖고 있다. 이러한 탓에 전 세계적으로 현대적 감사로서의 성과감사가 확대되면서 감사와 평가의 관계 설정에 대한 논의가 이루어지고 있다.[6] 따라서 미국, 영국, 캐나다, 호주 등 감사의 영역이 확대되고 있는 나라에서 감사와 평가의 영역을 명시적으로 규정하고 있는 것은 감사와 평가의 밀접한 관계 탓에 그 경계를 분명히 할 필요성이 있기 때문이다.

우리나라의 경우도 일부 감사와 평가의 갈등 관계에 대한 논의가 있었으나(김명수, 2003; 감사원 평가연구원, 2006b), 실제 우리나라의 각종 평가 시스템을 조사·분석해 보아도(감사원 평가연구원, 2006a), 기획재정부의 '재정사업 심층평가'를 제외하고는 대부분의 평가가 모니터링 수준에 머물고 있고 프로그램 평가로서의 심층평가는 거의 발견되지 않는다. 마찬가지로 감사원이나 일부 자체 감사기구에서 수행하는 성과감사도 정밀한 평가모형이나 분석기법을 적용한 것은 거의 발견되지 않고 있다. 따라서 우리나라에서 성과감사와 심층평가의 차이를 비교하는 것은 어쩌면 현재 존재하지 않는 것을 비교하는 것과 같다고 할 수 있다. 그럼에도 불구하고 성과감사는 우리나라 감사 현장에서 어떤 형태로든 실시되고 있으며, 정부활동에 대한 성과를 내·외부 감사기구가 확인하여 최고관리자나 국민들에게 보고하고 감사 대상기관에 대해서는 공식적인 권고 조치를 수행하고 있다는 점에서 (심층)평가와 다른 차별화된 제도적 장치로 이해해야 할 것이다.

끝으로 성과감사는 공공감사의 한 유형으로서 여타 감사 유형과의 비교를 통해 그 성격을 명확하게 준별할 수 있다. 앞서 살펴보았듯이 합규성 감사의 한 유형인 재무감사는 재무제표(financial report)에 대한 감사를 의미한다. 합법성 감사는 각종 법률 및 규정의 준수 여부에 대한 감사로 준거성 감사로 불리기도 한다. 회계검사는 개별 지출행위가 회계 관련 법률 및 규정을 준수했는지 살펴보는 것으로 합법성 감사의 영역에 속한다고 보인다. 이러한 합규성 감사는 기본적으로 재정 시스템 및 거래를 포함한 정부 업무 및 활동의 책임을 면하게 해주는 확인 기능에 그 초점이 맞추어져 있다. 반면, 성과감사는 정책 및 사업 또는 기관 운영의 경제성·능률성·효과성에 대한 감사로 낮은 수준의 확인 기능을 갖고 있으나 근본적으로 해당 정책 및 사업의 개선을 위한 제안 및 권고를 목적으로 하는 점에서 합규성 감사와 구별된다.

한편, 감사기구는 행정기관 및 소속 공무원의 부정 및 비리에 대한 감찰 기능을 갖

6) 평가와 감사의 갈등 관계에 대해서는 MacPhee(2006) 참조.

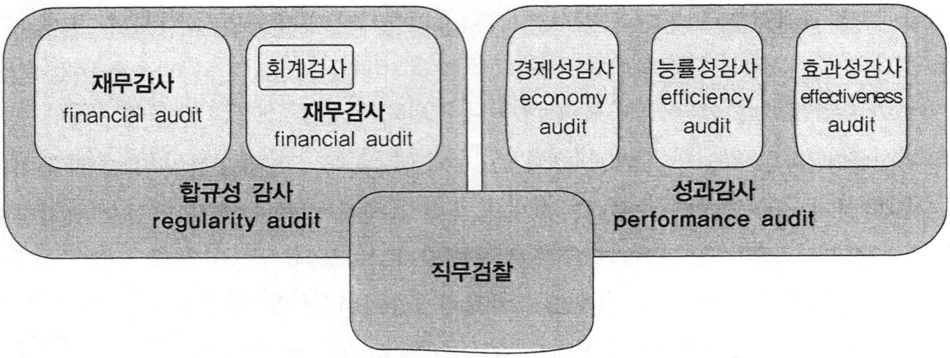

그림 9-2 성과감사와 여타 감사 유형과의 구분

고 있는데 사실 감찰 기능은 행정부(집행부) 내부의 관리 기능으로서 전통적인 감사 기능과 구분되어야 한다. 다만, 우리나라의 경우 역사적 연원에 따라 외부 감사기구인 감사원이 직무감찰 기능을 보유하고 있기 때문에 [그림 9-2]에서 감사 유형과 겹치는 형태로 제시했으나 선진국의 경우 통상 외부감사 기능과 감찰 기능은 엄격하게 분리되어 있는 것을 볼 수 있다.

2) 성과감사의 초점

그리고 성과감사의 초점(focus)은 실제 성과감사가 무엇을 어떻게 다루고 있는가의 문제이다. 따라서 성과감사는 감사 대상, 감사 방법, 감사 기준, 감사 결과의 처리 등의 관점에서 기존의 합규성 감사와 비교·분석해 살펴봄으로써 성과감사의 차별성을 더욱 쉽게 이해할 수 있을 것이다.

먼저, 감사 대상 측면에서 성과감사는 그 대상을 선정할 때 중요성(materiality), 위험 요인(risk), 실행가능성 등을 고려한다. 따라서 통상 감사순기에 따라 이루어지는 합규성 감사와 달리 감사 대상 및 주제를 선택과 집중의 원리에 따라 전략적으로 선정한다(성용락, 2011).

그리고 감사 방법 측면에서 성과감사는 감사 수행 과정에 문헌조사, 면담 및 사례조사, 관찰 등 합규성 감사에서 사용하는 감사기법뿐 아니라 표본조사, 비용효과분석, 분석모형, 통계분석기법, 우수 사례 등 다양한 사회과학적 조사기법을 도입·적용한

표 9-3 성과감사의 초점

구분	성과감사	합규성 감사
감사 대상 선정	– 전략적 판단 * 중요성, 위험 요인, 실행 가능성	– 감사순기
감사 방법	– 사회과학적 분석기법 * 설문조사, 전문가 면담, 통계분석, 모델링 및 실증분석, 우수 사례 등	– 행정조사 * 문헌, 행정자료, 면담, 사례, 관찰 등
감사 기준	– 경제성, 효율성, 효과성, 건전한 행정 원리 등	– 합법성 * 예산준칙, 법령, 규정 등
감사 결과의 처리	– 개선의 권고 · 통보	– 구속적 처분 요구

다. 따라서 단순 사실관계 확인이나 법률적 해석 · 판단이 아니라 해당 정책 및 사업의 효율성, 행정 성과와 장기적 영향을 측정한다. 이러한 과학적 분석기법의 활용은 합규성 감사와 같은 명확한 준거 기준이 존재하지 않는 성과감사에서 피감기관을 설득하고 감사 결과의 수용성을 제고하기 위해 필수적인 것이다. 미국 GAO(2012)에서는 사업평가를 수행할 때 사업 단계를 초기 단계와 성숙 단계로 구분하여 상이한 평가기법을 사용하고 있다 (<표 9-4> 참조). 즉, 사업 초기 단계에는 과정 모니터링 또는 과정평가 기법을 사용하고, 성숙 단계의 사업에 대해서는 결과 모니터링 및 평가나 순영향평가(net impact evaluation)를 실시한다. 실제, 감사 대상인 사업의 실시에 따른 영향을 측정하는 것은 인과성(causality)을 확인하는 복잡하고 치밀한 연구설계 및 자료 수집 · 분석을 요구하므로 실제 감사 과정에 활용하는 것이 쉽지 않다. 따라서 성과감사를 위해서는 필수적으로 경제학, 통계학 등 사회과학 분석기법에 능통한 전문가들이 감사에 참여할 필요가 있다.

또한, 감사 기준의 측면에서도 성과감사는 비교적 정형화된 합법성 기준이 아니라 비정형화된 합목적성 기준을 적용한다. 1992년 INTOSAI는 성과감사의 준거 기준으로 경제성, 효율성, 효과성, 건전한 행정 원리 등 네 가지 기준을 제시했다. 그러나 2004년 발표한 성과감사지침(ISSAI 3000)에서는 성과감사의 준거 기준으로 경제성, 효율성, 효과성을 제시하고 있는데(www.issai.org), 기존의 건전한 행정 원리는 경제성에 포함되어 있다. 성과감사는 "올바른(right) 일이 올바른 방식으로 이루어지고 있는가?"라는 질문에 답하는 것으로 법령 등 명시적 준거 기준이 없는 성과감사의

표 9-4 미국 감사원(GAO)의 사업평가 기법

사업 단계	평가 질문	평가 기법
사업 초기 단계	• 목표 수혜자에게 의도했던 대로 해당 프로그램이 제공되고 있나? • 실행가능성이나 관리상의 문제가 드러났는가? • 변화를 이루어 내기 위해 어떤 개선이 이루어졌나?	과정 모니터링 또는 과정 평가
사업 성숙 단계	• 기대했던 사업 결과가 달성되었나? • 의도하지 않았던 부대 효과가 발생했나? • 사업 접근 방법, 구성 요소, 제공자, 고객 하위그룹에 따라 결과가 다른가?	결과 모니터링 또는 결과 평가
	• 사업 자원이 효율적으로 사용되고 있나? • 해당 프로그램이 왜 더 이상 바람직한 수준의 결과를 산출하지 못하는가?	과정 평가
	• 해당 프로그램이 기대했던 영향을 낳았나? • 바람직한 결과를 산출함에 있어 어떤 접근 방법이 더 효과적인가?	순영향 평가

출처: GAO(2012).

경우 이러한 적절성(rightness) 판단을 위해 합의된 기준을 가져야 한다. 따라서 성과감사의 초점은 감사 대상인 정책 및 사업의 성과를 어떻게 측정할 것인가에 맞추어져야 하며, 이러한 합의된 준거 기준의 존재는 피감기관과의 커뮤니케이션을 통해 감사 결과의 수용성을 제고하는 데 도움을 준다.

끝으로, 감사 결과의 처리 면에서도 성과감사는 기존의 합규성 감사와 차별화된 접근 방법을 취한다. 합규성 감사가 문제가 된 행정행위의 책임 규명을 통해 변상 판정, 징계, 시정, 주의 등 피감기관에 대해 구속성 처분을 요구하는 반면, 성과감사는 먼저 명확한 판단 기준과 접근 방법을 제시하고 업무의 운영 실태와 문제점을 분석하며 미흡한 부분에 대한 원인 규명과 개선 대안 제시 등 복합적인 종합보고서 형태로 제시하게 된다. 성과감사는 합규성 감사와 달리 명확한 기준이 없기 때문에 경제성, 효율성, 효과성 등 준거 기준에 따라 감사 결과를 뒷받침할 수 있는 다양한 증거를 제시함으로써 피감기관을 설득해야 한다. 따라서 성과감사 결과보고서는 논리적 체계를 갖춘 종합보고서의 형태를 갖추게 된다. 외국의 사례를 보면 프랑스 등 외국 감사원의 경우도 회계에 대한 판정을 담은 보고서와 성과감사나 평가 결과를 담은 특별보고서의 형식이나 분량이 상당한 차이를 보이고 있다.

2 성과감사의 준거 기준

앞서 살펴보았듯이 INTOSAI는 2004년 발표한 성과감사지침(ISSAI 3000)에서 성과감사의 준거 기준으로 경제성, 효율성, 효과성을 제시하고 있다(www.issai.org). 따라서 여기서는 이들 기준에 대해 좀 더 상세하게 살펴보고자 한다.

최근 공공 부문에서는 민간 부문과 유사하게 성과 및 결과 중심의 관리를 강조하면서 전통적으로 민간 부문, 특히 제조업에 적용되었던 효율성 개념이 널리 사용되고 있다. 공공 부문에서 효율성 개념은 다음의 몇 가지 점에서 중요한 의미를 가진다고 할 수 있다.

첫째, 공공 부문의 성과 중심·결과 지향적 관리 측면에서 효율성 개념은 중요한 역할을 할 수 있다. 과거 공공 부문에서는 예산, 인력 등 투입 위주의 관리가 이루어졌다면 근래에는 투입보다는 결과나 성과를 훨씬 더 강조하는 흐름으로 전환되고 있다.

둘째, 효율성 개념은 정부의 예산 절감 노력과 밀접하게 관련된다. 효율성의 향상

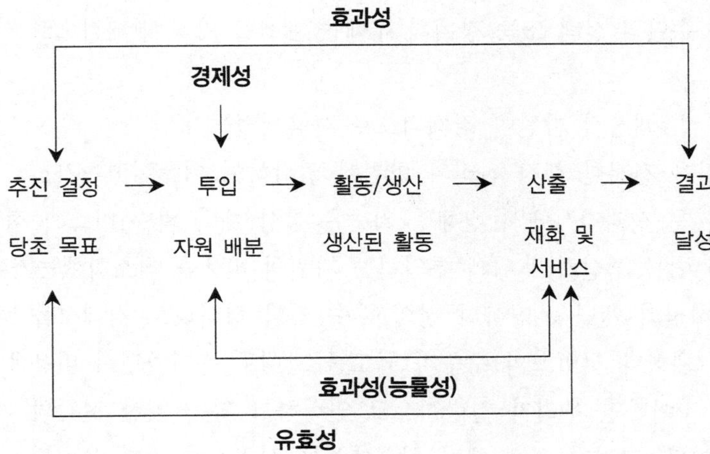

그림 9-3 성과감사에서 성과의 차원

출처: INTOSAI(2004).

은 투입의 절감이나 산출의 증대, 또는 양자의 조합을 통해 가능하다. 그런데 공공 부문의 특수성으로 인해 산출의 증대보다는 투입의 감소가 효율성 향상의 주요한 방법이 될 가능성이 높다.

행정학 분야에서는 통상 능률성과 효과성 개념을 포함하는 효율성 개념을 사용하고 있으나 여기서는 효율성 개념을 협의적으로 능률성에 국한하여 사용하기로 한다. 경제성, 효율성, 효과성 등의 개념을 좀 더 명확하게 파악하기 위해서는 정부 활동의 흐름을 먼저 이해해야 한다. 공공 부문 활동은 인력, 예산 등 자원을 투입하여 특정한 활동을 수행하고 이를 통해 직접적인 산출물을 생산하거나 기대했던 결과를 만들어 낸다. 이러한 행정 과정에 기초하여 경제성(economy), 효율성(efficiency), 유효성(efficacy), 효과성(effectiveness)의 개념을 앞의 [그림 9-3]과 같이 도식화하여 제시할 수 있다.

1) 경제성

INTOSAI 성과감사지침(ISSAI 3000)에 따르면 경제성이란 적절한 품질을 유지하는 동시에 해당 업무 수행을 위해 투입하는 자원의 비용을 최소화하는 것이다. 경제성에 초점을 둔 성과감사에서 관심을 갖는 질문의 예는 다음과 같다.

첫째, 투입, 즉 수단의 선택 또는 장비의 구매는 예산을 가장 경제적으로 사용하여 이루어졌는가?

둘째, 인적, 물적, 재정적 자원이 경제적으로 사용되었는가?

셋째, 관리행위가 건전한 행정 원리와 방침에 입각하여 이루어졌는가?

따라서 공공 부문 성과감사에서 경제성 기준은 통상 재화 및 서비스의 적정한 품질을 유지하면서 이를 생산하기 위해 투입하는 자원의 비용을 최소화했는가이다. 그러나 이처럼 경제성의 개념을 명확히 정의할 수 있다 하더라도 경제성을 측정하는 것은 쉽지 않다. 재화나 서비스의 수준과 규모를 그대로 유지하면서 비용을 줄이는 것이 '경제적'인 것이라면 우리가 일반적으로 인식하고 있는 예산 절감의 개념과는 차이가 있는 것이다. 그러나 실제 행정 현실에서는 서비스의 질이 유지되고 있다는 가정 하에서 예산 등 투입의 절감 노력을 경제성 개념으로 파악할 수 있을 것이다.

2) 효율성

공공 부문에서 효율성 개념은 기본적으로 투입 대비 산출 또는 투입 대비 결과 등으로 이해되고 있다. 따라서 효율성과 관련한 주된 질문들은 다음과 같다(ISSAI 3000).

첫째, 투입 자원이 최적으로, 혹은 만족할 만하게 사용되었는가?

둘째, 더 적은 자원을 투입하여 질적, 시간적 측면에서 비슷한 수준의 결과를 이루어낼 수 있었는가?

셋째, 투입된 자원과 활동으로 양적, 질적 측면에서 얻을 수 있는 최고의 결과를 얻어내고 있는가?

이와 같은 질문은 재화와 서비스의 양과 질, 그리고 이에 사용된 자원 간의 관계에 중점을 두고 있다.

여기서 행정적인 산출물과 투입한 자원을 비교하는 것이 '산출의 효율성'이며 이것이 일반적인 효율성 개념으로 사용되고 있다. 그러나 '결과의 효율성', 즉 나타난 결과와 투입한 자원을 비교하는 것도 가능하다. 따라서 효율성 개념은 이 두 가지 개념, 즉 산출과 결과의 효율성을 포함하는 것이라 할 수 있다.

일부 학자들(강황선, 2003)은 '산출의 효율성'과 '결과의 효율성'을 구분하기도 한다. 즉, 효율성은 투입 대비 산출이며, 생산성은 여기에 효과성의 개념을 포함하는 것으로 말하고 있다. 이를 정리하면 다음과 같다.

$$\text{효율성} = \frac{\text{산출}(O)}{\text{투입}(I)} \qquad (1)$$

$$\text{생산성} = \frac{\text{결과}(R)}{\text{투입}(I)} = \frac{\text{산출}(O)}{\text{투입}(I)} \times \frac{\text{결과}(R)}{\text{산출}(O)} \qquad (2)$$

$$\text{효율성} \times \text{효과성}$$

또 다른 학자들(Hatry, 1978; 노화준, 2000)은 이와는 약간 다른 방식으로 '산출의 효율성'과 '결과의 효율성'을 정의하기도 한다. 즉, 이들은 생산성 개념을 제시하면서 효율성모형과 효과성모형을 사용하고 있다. 효율성 모형은 산출물의 품질을 반영하지 않는 반면, 효과성 모형은 품질을 반영한다는 차이가 있다.

$$\text{효율성 모형: 생산성} = \frac{\text{산출}(O)}{\text{투입}(I)} \tag{3}$$

$$\text{효과성 모형: 생산성} = \frac{\text{품질}(Q) \times \text{산출}(O)}{\text{투입}(I)} \tag{4}$$

공공 부문의 경우 대부분의 산출물이 가격이 없거나 가격이 경제적으로 의미가 없기 때문에 가격을 통한 품질 측정은 매우 제한적이며, 실제 품질 측정은 공공 서비스의 결과(result)에 대한 비가격적인 측정 방법을 이용하고 있다. 이와같이 품질이 결과와 밀접한 관련이 있다고 한다면, 여기서 효율성 모형(3)은 (1)의 효율성으로, 그리고 효과성 모형은 (2)의 생산성으로 근사시킬 수 있을 것이다. 이렇게 본다면 위와 같은 방식의 효율성과 생산성의 개념 정의는 나름대로 일관성을 지니고 있다고 볼 수 있다. 즉, 효율성은 투입 대비 산출로, 생산성은 여기에 효과성을 직접 고려하거나 품질을 통해 간접적으로 고려하는 개념이라는 것이다.

그러나 실제 현실에서 효율성과 생산성 개념은 상호 밀접하게 연관되어 있고 혼용되어 사용하고 있기 때문에, 성과감사에서 효율성 개념은 생산성과 효율성을 모두 포함하는 개념으로 사용할 수 있다.

3) 효과성

공공 부문에서 효과성 개념은 목표의 달성에 관한 개념이다. 효과성은 목표와 그에 따른 산출 및 영향과의 관계에 중점을 둔다. 따라서 공공 부문에서 효과성과 관련된 질문은 선택한 수단을 동원하여 사전에 천명한 목표를 달성하고, 원하는 산출물을 생산했으며, 원하는 영향(impact)이 나타났는가에 초점이 맞추어진다. 다만, 이때 확인된 효과가 다른 외부 요인으로 인한 것이 아니고 오직 해당 정책이나 사업의 집행 결과라고 할 수 있어야 할 것이다. 그러나 목표의 달성 정도를 평가하기 위해서는 목표 자체가 평가에 용이하도록 수립되어야 한다. 목표가 모호한 경우 그 달성 여부를 측정하는 것이 곤란하기 때문이다.

정책목표 달성이 가져온 효과가 어느 정도 정책 집행에 의한 것인지를 조사하기

표 9-5 미국 감사원(GAO)의 사업영향평가 설계

평가 질문	평가 설계
해당 프로그램이 기대했던 영향을 낳았나?	• 무작위 통제실험설계 • 비교집단 준실험설계 • 단일집단 준실험설계
바람직한 결과를 산출함에 있어 어떤 접근 방법이 더 효과적인지?	• 무작위 통제실험설계 • 비교집단 준실험설계

출처: GAO(2012).

위해서는 비교가 필요하다. 이때 가장 이상적인 형태는 정책 도입 전·후의 비교와 실험집단(treatment group)과 통제집단(control group) 간의 비교를 실시하는 것이다(<표 9-5> 참조).

그러나 실제로 이러한 비교를 실시하는 것은 쉽지 않은데 그 이유의 하나는 비교할 수 있는 자료를 구득하는 것이 어렵기 때문이다. 이러한 경우 한 가지 대안은 해당 정책의 기반이 되었던 가정(assumption)이 실제 얼마나 타당성이 있느냐를 살펴보는 것이다. 이 밖에 정책목표의 달성도, 대상 집단(target group)에 대한 사업의 영향 정도 등도 대안으로 고려될 수 있다.

또한 정부정책이나 사업의 효과성과 관련하여 고려해야 할 한 가지 문제는 정책이 의도하지 않은 효과, 즉 부작용(side effect)이다. 부작용은 정책이 목표한 바에 따라 발생하는 것이 아니라 매우 다양한 형태로 발생하므로 부작용에 대한 검토는 쉽지 않다.

제 4 절 성과감사의 절차 및 방법

1 감사 사항 선정 단계

성과감사는 합규성 감사와 달리 감사순기에 따라 실시되는 것이 아니기 때문에 적절한 시기에 적절한 주제(범위)를 대상으로 감사 사항을 선정하는 것이 이해관계자

들로 하여금 성과감사의 결과에 대한 신뢰(confidence)를 갖게 하는 데 필수적이다 (Barrett, 2012).

우리나라의 경우 합규성 감사에 속하는 재무감사나 기관운영감사는 법률에서 규정한 필요적 감사 대상기관에 대해 정기적으로 실시하므로 적정하고 효과적인 감사 접근 방법에 대해 고민해야 하나 적절한 감사 주제에 대해서는 특별히 고민할 필요가 적다. 그러나 성과감사에서는 감사 수행 여부, 주제의 선정, 접근 방법 선택 등이 대부분 감사자의 역량과 재량에 달려 있다.

따라서 감사 사항의 선정 시 감사 시기를 놓치거나 감사 범위를 잘못 설정하여 국회나 언론의 비난을 받을 소지가 크다. 위험평가에 의한 전략적 감사 사항 선정이 필요한 이유가 여기에 있는 것이다. 감사계획 수립에 체계적인 위험평가 기법을 적용할 경우 여러 가지 이점을 기대할 수 있다(오윤섭, 2011). 먼저 위험평가는 불확실한 감사환경 속에서 감사목표 달성을 위해 가장 큰 의미를 지닌 감사 사항 및 감사 대상을 식별할 수 있도록 함으로써 감사의 효율성 제고에 기여한다. 나아가 감사 업무에 전문성·객관성·독립성을 부여하여 감사원에 대한 신뢰 제고에도 기여하며, 특정 분야에 대한 감사가 논란에 휩싸이게 될 때 체계적인 위험평가에 기초한 감사 사항 선정은 감사 수행의 정당성을 제공하기도 한다. 위험평가는 또한 감사 품질관리 프레임워크의 한 구성 요소로서 감사의 질을 높이는 데도 기여할 수 있다.

현재 우리나라 감사원의 경우 중기전략 감사계획 수립 시 감사 수행 목표 등에 따라 성과(특정) 감사 사항을 선정한다(감사원, 2011b). 그리고 기획관리실을 중심으로 구성된 감사원 종합계획 T/F 팀이 연간 감사계획 수립을 총괄하고 있다. 업무추진계획 지침을 통해 감사계획 작성 기준을 시달하여 각 국에서 감사계획 수립에 참고하도록 하고 있으며, 이외에 다른 위험평가 절차나 방법은 존재하지 않는다. 실제 감사 사항은 각국에서 과 단위의 회의와 국장을 포함한 과장, 수석감사관, 부감사관(업무계획 담당자)이 참가한 회의를 통해 선정되고 있다.

다만, 감사연구원은 매년 하반기에 '감사환경분석'을 통해 주요 분야별로 위험 요인을 분석하고 감사 사항을 예시적으로 제시하고 있어 성과감사를 위한 위험평가 절차를 대신하고 있다고 볼 수 있을 것이다. 그러나 감사원의 경우 성과감사 사항의 선정 과정에 여전히 감사 결과 수요자인 국회·국민·정부부처·기타 이해관계자 등의 의견 수렴이 미흡한 것으로 판단된다.

한편, 성과감사의 성격을 부분적으로 가진 '특정감사'의 경우 국민·국회 감사청구 사항 등 사회·경제적 현안 과제에 대해 원인 및 책임 소재 규명, 개선 대책 마련을 위해 실시하고 있는 바, 이 경우에는 위험평가에 의한 감사 사항 선정이라기보다 가시적인 외부 수요가 의한 감사 사항 선정으로 이해할 수 있을 것이다.

2 감사단 구성 단계

성과감사의 경우도 여타 감사와 마찬가지로 해당 감사부서의 장이 감사 사항의 전담자를 미리 지정하여 해당 감사와 관련된 각종 자료와 정보 등을 분석·정리하고 감사 초점을 명확하게 하여 감사계획을 작성해야 한다(감사원, 2011a).

성과감사단(팀)은 단순한 조사·확인에 전문성을 가진 사람만으로 구성하기보다는 해당 감사와 관련된 다양한 전문성을 확보하는 방향으로 인력 구성이 이루어진다. 감사 대상인 정책 및 사업이나 기관 운영에 대한 체계적 분석 과정과 성과평가를 수반하기 때문에 성과감사의 수행을 위해서는 전문가로 이루어진 팀 구성이 필수적이다.

일단 감사 전담자와 감사단(팀)이 구성되면 관련 자료의 수집 및 분석과 함께 예비조사를 위한 준비를 하게 되는데 이 단계에서 성과감사의 예상 감사 초점별로 예상 문제점을 개발하는 한편 감사의 준거로 사용할 기준을 마련하게 된다. 그리고 예상되는 각 문제점별로 데이터 분석을 위한 모델링이나 기법들에 대한 검토가 이루어지게 되며, 이를 위해 관련 전문가 세미나 등을 개최하여 폭넓게 의견을 수렴해야 한다.

3 예비조사 단계

일단 감사 사항이 선정되고 감사팀이 구성되면 감사 대상의 선정 또는 문제점 도출 등을 위해 관련 자료 및 정보의 수집, 수집된 자료 및 정보의 1차 검증 또는 표본조사 등을 위해 현장에 대한 출장을 실시한다. 성과감사를 위한 예비조사는 4명 이내의 인원으로 20일 정도의 기간 동안 이루어지는데, 예비조사 기간 동안 수집된 감사 자료의 신뢰성 검증, 예상 문제점의 적중 가능성, 필요한 자료의 추가 수집을 통해 감사 방향과 감사 중점 등을 구체화함으로써 감사 낭비 요인을 제거할 수 있다(감사원, 2011b).

성과감사의 경우 그 기간 동안 성과평가를 위한 데이터의 수집 가능성 및 동 데이터의 신뢰성 검증이 이루어져야 하고, 예상 문제점에 대한 사전분석 결과의 타당성을 검증함으로써 실지감사를 통해 당초에 설정했던 감사목표를 달성할 수 있도록 철저한 준비가 이루어져야 한다.

4 실지감사계획 수립 단계

해당 성과감사를 총괄하는 감사단장은 예비조사를 통한 자료의 수집·분석을 통해 문제점을 도출한 후에 감사 방법 등에 대한 감사계획을 수립해야 한다. 이를 위해 예비조사 후 가급적 빠른 시일 내에 감사단의 개인별 업무 분장을 결정하여 실지감사 실시 전에 감사 착안 사항과 감사기법을 준비하여 실지감사계획을 마련하고 결재를 받아야 한다(감사원, 2011a).

실지감사를 실시할 때에는 실지감사계획서에 감사계획서, 실지감사 사무분담표 등을 첨부하여 담당국장, 사무총장의 결재를 거쳐 원장에게 보고하고 결재를 받아야 한다. 실지감사계획서는 정해진 양식에 따라 감사 종류, 감사 사항(명), 관련 기관, 출장 기간, 감사자, 실지 감사 사유, 여비 등을 적게 되어 있다. 첨부서류로서 감사계획서는 감사 개요, 감사 대상 업무 현황, 감사 범위 및 초점, 주요 문제점, 참고 자료 등을 포함한다. 그리고 실지감사 사무분담표는 동 감사에 참여한 감사자별 업무 분장 및 감사 대상기관을 정리한 것이다.

성과감사의 경우 실지감사 참여 인원이 통상 12명 이내이고 실지감사 기간은 20일이며 예비조사 착수로부터 감사 결과 시행까지 170일 정도가 소요되는 것으로 감사 실시 기준이 마련되어 있다. 그러나 성과감사 대상 정책 및 사업의 규모나 감사 대상 범위 등에 따라 성과감사 소요 기간은 상당한 편차가 발생할 수 있다. 미국 감사원의 경우는 비교적 명확한 감사 목적과 범위를 설정하여 성과감사를 실시하지만 4~6명의 소수 인력이 1년 정도의 기간 동안 심층분석을 통해 감사 사항에 접근하고 있으며(박준, 1995), 프랑스 등 일부 선진국의 경우 성과감사의 총감사 기간이 1년 이상

소요되고 있는 실정이다.[7)]

5 실지감사 단계

실지감사는 감사단장이 미리 실지감사통지서를 통지하거나 감사 착수 첫날 수감기관의 장에게 전달하고 감사 취지 등을 설명한 후 감사 진행상 필요한 사항을 협의함으로써 착수된다(감사원, 2011a).

성과감사의 경우 실지감사 단계에서 감사자가 감사계획서에서 제시한 주요 문제점별로 가설을 세우고 이를 뒷받침하는 증거를 수집, 검증·분석하는 한편 업무 담당자와의 면담이나 행정문서 등 필요한 조사를 한다. 합규성 감사가 관련 규정 등을 위배하여 업무를 처리한 사실과 관련 증거를 채택하는 것만으로 충분한 것과 달리, 성과감사는 기존 연구문헌이나 행정자료, 서베이, 통계분석 등을 통한 방대한 조사가 필요하고 전문가의 의견을 청취함으로써 감사 대상인 정책 및 사업의 경제성, 효율성, 효과성 등을 진단·평가하고 문제점 발굴을 거쳐 개선 방안을 모색해야 한다.

성과감사의 경우 회계준칙이나 법령 등 명확한 준거 기준이 없기 때문에 체계적이고 과학적인 분석 및 평가 결과의 도출 없이 피감기관을 설득할 수 없기 때문에 성과감사를 위해서는 과학적인 연구방법론을 사용해야 한다. 또한 견해가 다른 상대방의 주장을 경청하면서 감사자의 의견을 수용하도록 하는 노력이 병행되어야 한다.

실지감사 과정에는 증거서류로서 확인서(관계자가 사실관계 기술)와 질문서(처리경위, 사유, 책임 소재, 처리 의견, 관련자 등 포함) 작성이 이루어진다. 성과감사의 목적은 피감기관에 대한 개선 및 권고 등 처분 요구를 통해 실현되는 만큼 감사 결과의 신뢰성과 수용성을 제고하는 것이 가장 중요하다 할 것이다.

6 감사 결과 처리 단계

감사단장은 실지감사가 종료되면 최대한 신속히 지적 사항에 대한 감사 결과(귀

7) 2009년 11월 프랑스 감사원 출장 시 마그니에르(Héléne Magnier) 수석감사원과의 면담 결과.

청)보고서를 작성하여 국장, 차장, 총장, 원장의 결재를 받아야 하며 실지감사가 여러 단계로 나누어 실시되는 경우에는 중간 단계 감사를 종료했을 때 중요 사항에 대해 서면 또는 구두로 보고할 수 있다. 또한, 감사 결과 처리에 긴급을 요하는 사항은 감사 결과(귀청) 보고를 하지 않고 곧바로 처리안을 작성하여 사무총장, 원장의 결재를 받아야 한다(감사원, 2011a).

감사 결과 처리안은 통상 개별처리안, 종합처리안, 성과감사처리안으로 구분되는데, 성과감사의 경우도 감사 결과 지적 사항에 따라 개별 처리안이나 종합처리안 형식으로 작성할 수 있다. 일반적으로 성과감사 처리안 작성에 앞서 보고서 초안을 마련하여 감사 대상자와 이에 관해 토론하게 되는데 이는 사실 관계를 다시 명확히 하고 감사 기준과 결과 등에 대해 인식을 공유하기 위한 과정이다. 성과감사처리안은 감사 실시 개요, 감사 대상 사업 현황 및 실적, 감사 결과(총괄 부분, 분야별 문제점, 모범 사례 등 포함), 관계 기관의 견해와 감사원의 의견, 감사 결과 기관별 조치 사항, 종합 결론, 원내 참고, 개별 처분 요구 등을 그 내용에 포함한다.

성과감사처리안은 처분 조치 위주의 전통적인 감사보고서와는 달리 감사 대상 업무의 실태 및 문제점에 대한 객관적인 정보를 제공하고 건설적인 대안을 제시하는 방향으로(하복동, 2006) 작성되는 것이 바람직하다. 한편, 감사 결과의 수용성을 제고하기 위해 지적 사항 등에 대해 해당 분야 전문가의 의견을 게재하는 한편 피감기관의 반론이나 의견도 함께 제시함으로써 신뢰성과 타당성을 높이는 것이 바람직하다. 그러므로 성과감사 결과의 처리는 변상, 징계, 시정 등 구속성 처분 요구가 아니라 피감기관의 자율적 결정을 존중하는 권고 또는 통보의 형식을 취하는 것이 옳다.

담당 과장은 성과감사처리안을 작성한 후 감사위원회 부의품의안에 이를 편철하여 감사 품질을 제고하기 위해 조정 담당 부서의 조정을 거친 후 소속 사무차장과 사무총장의 결재를 받아야 한다(감사원, 2011a).

7 감사 결과 처리 단계

성과감사처리안은 감사위원회의에 부의되어 원안대로 의결되거나 개안 또는 수정하여 시행하도록 의결된다. 담당 과장은 감사위원회의에서 부의 안건이 의결된 때에는 곧바로 시행문을 작성하여 법무담당관의 확인을 받은 후 시행해야 한다.

그리고 감사 대상기관에 문서로 시행한 감사 결과 처리안은 전문을 공개해야 하며 이때 보고서를 제외한 감사 관련 자료는 원칙적으로 공개하지 않는다. 합규성 감사의 경우 피감기관이 정해진 기간 내에 처분 요구 사항을 집행해야 하나 성과감사 결과 처분 요구 사항은 법령상·행정상·제도상 개선이나 피감기관의 자율적 개선 대안 마련에 시간이 소요되므로 사후관리를 철저히 하지 않는 경우 집행력을 확보하는 데 어려움이 있다. 따라서 감사원은 권고·통보 사항 등에 대해 감사 대상기관의 이행 실태를 3년간 추적 관리함으로써 권고 등의 지적 사항이 적기에 실질적으로 이행되도록 관리하고 있다(감사원, 2011a).

제 5 절 성과감사의 사례

1 경제성 감사 사례

□ 감사 사항 1: 고속도로 건설공사 집행 실태(2006)

○ 감사 초점

- 터널 보강을 위해 사용한 공법이 적절한가?

○ 판단 기준

- 터널 보강공법의 경제성

○ 감사 결과

- 서울지방국토관리청 등에서 대쌍터널 등 42개소 터널을 설계·시공하면서 터널 굴착면 보강을 위해 강관 다단 그라우팅 공법과 록볼트를 동시에 시공하는 것으로 설계
- 도로, 철도 등의 터널을 시공할 때 터널 천정 부위의 지반이 약한 구간을 견고히 하기 위해 강관 다단 그라우팅 공법을 적용하여 공사를 실시하고 있음
- 이와 별도로 터널 내부의 암석이 벗겨져 떨어지는 것을 방지하기 위해 터널의 전체 단면에 걸쳐 록볼트를 시공

- 터널에서 강관 다단 그라우팅을 시공한 구간에는 구조적으로 록볼트가 필요 없으며, 오히려 록볼트를 설치할 경우 굳어져 있는 그라우팅 구간에 구멍을 뚫어 지반을 교란하게 되므로 강관과 지반을 손상시키는 결과 초래

○ 조치 사항

- 터널 시공 시 강관 다단 그라우팅을 시공하는 구간에 설계된 록볼트를 설계 변경하여 제외하고 시공하도록 시정 요구(안창보, 2010)

□ 감사 사항 2: 경인운하 건설사업 추진 실태(2003)

○ 감사 초점

- 경인운하건설사업의 추진이 타당한가?

○ 판단 기준

- 경인운하건설사업의 B/C 비율

○ 감사 결과

- 건설교통부 등에서 경인운하 건설사업의 B/C 비율을 산정하면서 일부 편익 항목(화물수송비, 사토편익)을 과다 책정하고, 일부 비용 항목(민간투자사업비, 정부시행사업비)은 과소 책정하는 방식으로 측정 항목의 B/C 비율을 0.9233에서 1.2807로 산정하여 이 사업이 경제성 있는 사업인 것으로 공표
- 감사팀이 편익과 비용 요소를 적정 수준에서 시뮬레이션한 결과 B/C 비율이 최소 0.7607에서 최대 0.9317로 나타나 건설교통부의 결과가 왜곡되었음을 지적

○ 조치 사항

- 이 사업의 재검토를 건설교통부에 통보(감사원, 2005a)

2 효율성 감사 사례

□ 감사 사항 1: IT 등 첨단기술산업 관련 산업 추진 실태(2003)

○ 감사 초점

- 국가 유전체 자원이 효율적으로 관리되고 있는가?

○ 판단 기준

- 유전체 자원의 관리 효율성

○ 감사 결과

- 생명공학연구개발사업의 시너지 효과를 높이기 위해 유전체 정보를 관련 기관들이 공유해야 함에도 불구하고 국가 유전체 자원의 이용 및 보전에 대한 연구개발계획의 수립 및 집행을 조정하고 관리하는 과학기술부에서 해당 부처와 관련된 기관에 대해서만 유전체 정보를 관리하고 있을 뿐 국가 차원의 조정 역할을 수행하지 않는 것으로 조사됨
- 이에 따라 각 분야별 유전체 관련 정보를 망라한 종합 데이터베이스(DB)의 구축·관리가 이루어지지 않아 유전체 자원의 관리가 제대로 이루어지지 않고 있는 것으로 드러남

○ 조치 사항

- 과학기술부로 하여금 유전체 정보의 공유 및 관리를 위한 종합 DB 구축을 권고 (감사원 e-감사시스템)

□ 감사 사항 2: 정부출연연구기관 조직운영 개선 실태(2002)

○ 감사 초점

- 정부출연연구기관의 운영이 효율적인가?

○ 판단 기준

- 연구기관의 운영 효율성

○ 감사 결과

- 42개 정부출연기관의 운영 실태를 분석한 결과, 연구기관의 예산 규모와 연구지원비 간에 반비례 관계가 있어 인력과 예산 규모가 증가하면 연구지원비 비중이 낮아지는 것으로 나타남
- 연관성이 높은 11개 분야로 통합할 경우 소요되는 연구지원비 규모를 회귀분석을 통해 분석한 결과 2002년 현재 연간 661억 원을 절감할 수 있는 것으로 나타남

○ 조치 사항

- 국무조정실장에게 연구기관의 통합 운영 방안을 마련하도록 권고(감사원, 2005a)

3 효과성 감사 사례

□ 감사 사항 1: 사립대학재정과 대학교육의 질(2011)

○ 감사 초점

- 대학등록금 책정 시 영향 요인이 무엇인가?
- 대학등록금이 대학교육의 질 개선에 기여하는가?

○ 판단 기준

- 등록금 책정의 적정성
- 등록금의 '교육의 질' 개선 효과

○ 분석 결과

- 등록금 책정에 미치는 유의미한 영향 요인은 지역 내 사립대학 평균등록금, 재학생 1인당 자본 지출, 등록금 의존율 등으로 교육 여건 관련 변수들이 등록금 책정에 유의미한 영향을 미치지 않는 반면 인접 대학의 등록금 수준이나 건물 신축 등 자본 지출 수준이 등록금 책정에 유의미한 영향을 미치는 것으로 나타남(사립대학 143개 대상)
- 사립대학 간 교육의 질 개선 정도를 비교하여 등록금 수준에 비해 교육비 지출이 낮은 37개 대학을 제시

○ 조치 사항

- 대학재정 운용 관련 주요 제도 개선 사항을 교육과학기술부에 통보(감사원, 2012)

□ 감사 사항 2: 수질개선사업 투자관리(2001)

○ 감사 초점

- 환경부에서 4대강 유역 수질개선 투자액(1996~2000년간 약 11조 원)이 수질 개선 효과가 있는 사업에 투자되었나?
- 이 사업에 따른 수질 개선 효과가 예상대로 발생했나?

○ 판단 기준

- 투자 적정성: 수질 개선 효과가 낮거나 없는 것으로 판단되는 투자비 비중

- 투자 효과성: 수질개선사업 추진계획에 따른 수질 개선 성과

○ 감사 결과

- 수질 개선 투자액의 9.9%가 수질 개선 효과가 없는 사업에 투자되었고, 13.5%는 수질 개선 효과가 적은 사업에 투자되었음
- 4대강의 수질은 오히려 악화되거나 오염도 등락이 거듭되고 있고 수질 개선 목표가 설정된 194개 하천의 72%(140개)는 목표를 달성하지 못하는 등 이 사업의 성과가 저조

○ 조치 사항

- 수질 개선 효과를 거둘 수 있도록 투자사업 선정 기준을 재조정하고 시·도와 지방 환경청이 사후 심사를 철저히 하여 대상 사업을 선정
- 지자체가 지방양여금을 원래 용도로 사용하지 않은 경우 감액 등 제재를 할 수 있도록 지방양여금법 개정 방안 강구(감사원, 2005a)

제 6 절 성과감사의 문제점 및 개선 과제

1 현행 성과감사의 문제점

감사원은 1970년대 이후 끊임없이 합규성 감사 위주의 감사 운영에서 탈피하여 감사 업무를 선진화하기 위한 노력을 경주해 왔다. 그럼에도 불구하고 여전히 감사원의 감사 수행 방식을 보면 광범위한 정책·사업을 감사 사항으로 선정한 후 단기간에 대규모 감사 인력을 투입하여 감사 대상 전반에 걸쳐 추진상의 문제점을 적발하는 점검식 감사를 실시하고 있고 감사 결과 문제점이 발견된 부분에 대해 감사결과보고서(처분요구서)에 백화점식으로 나열하는 방식에서 크게 벗어나지 못하고 있다.

이처럼 공공 부문에서 성과감사가 제대로 이루어지지 않고 있는 것은 감사원 등 내·외부 감사기구의 역량 부족 등 내부적 요인뿐 아니라 공공 부문 성과관리 전반의 부실이라는 외부적 요인이 복합적으로 작용하여 나타난 결과이다. 우리나라 공공

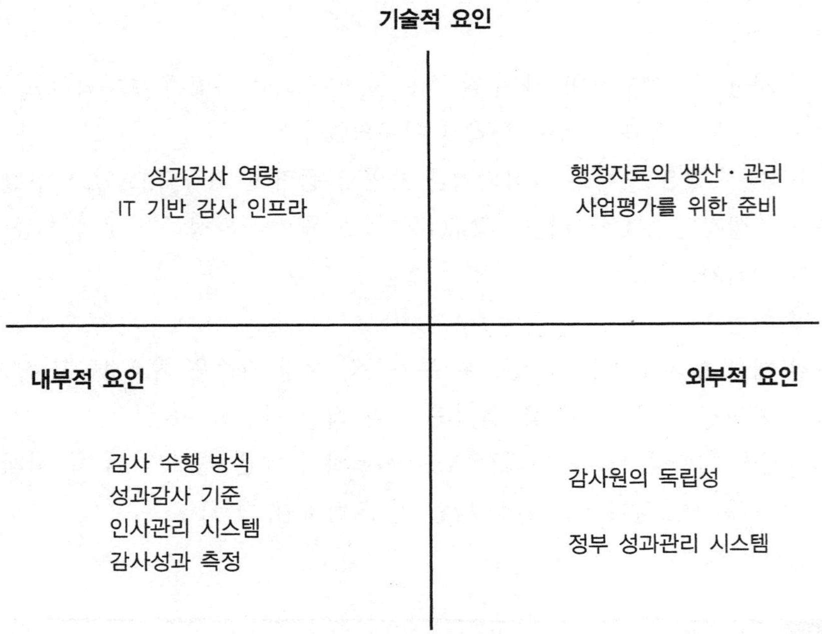

그림 9-4 공공 부문 성과감사의 제약 요인

부문 성과감사의 부실화를 초래하는 요인들을 종합적으로 제시하면 다음과 같다([그림 9-4] 참조).

1) 내부적 · 기술적 제약 요인

먼저, 성과감사를 효율적으로 수행하기 위해서는 감사자들이 정책 및 사업의 분석 · 평가, IT · 통계 · 경영 등 사회과학 분야의 전문적 지식과 경험을 갖추어야 한다. 성과감사에 대한 기본적인 이해와 마인드를 갖지 못한 전통적인 감사 인력만으로는 성과감사 매뉴얼을 제공해도 성과감사를 제대로 수행할 수 없다. 최근의 조사 결과(김난영, 2011)에서도 감사원의 감사 인력들은 감사 대상 기관 업무 내용, 법률, 회계 등에 관한 전문성 수준에 비해 과학적 분석기법에 대한 전문성이 떨어지는 것으로 나타났다. 성과감사가 정책 및 사업의 경제성, 효율성, 효과성을 측정하여 개선 방향을 제시하는 것이라는 점에서 감사자들의 부족한 전문 역량은 성과감사의 양적 · 질적 발전을 저해하는 주요 요인 중 하나라 판단된다.

나아가, 전산화된 감사환경에 대응하여 성과감사를 효과적으로 수행하기 위해서는 다양한 분석기법을 지원하는 감사활동 지원 소프트웨어를 감사자들에게 제공하고 이를 숙달케 하는 노력이 필요하다. <표 9-6>에서 볼 수 있듯이 미국과 영국 감사원의 경우 성과감사를 지원하는 다양한 소프트웨어가 감사관들에게 제공되고 있다. 그러나 우리나라의 경우 감사관들에게 개별 지급되는 소프트웨어는 엑셀 등을 제외하고 전무한 실정이다. 이러한 상황에서 성과감사를 수행하기 위해서는 불가피하게 피감기관의 전산 인력이나 외부 전문가들을 활용하게 되므로 감사의 독립성을 훼손할 우려가 있을 뿐 아니라 지속 가능한 성과감사 역량 배양에 장애 요인으로 작용하고 있다.

2) 내부적 · 제도적 제약 요인

성과감사의 내실 있는 수행을 저해하는 감사원의 내부적 · 제도적 제약 요인 중 가장 문제가 되는 것은 감사 수행 방식에서 찾을 수 있다.

표 9-6 감사관 컴퓨터에 표준으로 설치된 소프트웨어(미국 · 영국)

구분	미국	영국
데이터 수집	IDEA	IDEA
데이터 추출 · 분석	IDEA	IDEA
위험평가 · 분석	Crystal Ball	@Risk, Crystal Ball
표본 추출		IDEA
기타	■ 통계분석 SAS, SPSS, SUDAAN ■ GIS MapInfo	■ 통계분석 SAS, SPSS, S-Plus, Snap ■ GIS MapInfo ■ 성과감사 일정관리 MS Project Manager ■ 문제구조분석 Inspiration ■ 텍스트 마이닝 QSR NUD.IST

출처: Mitsubishi UFJ Research and Consulting(2008).

<표 9-7>에서 볼 수 있듯이 감사원의 성과감사 사항 수치는 성과감사 도입 첫해인 1994년 67개 사항을 정점으로 하여 지속적으로 감소하여 최근 3년간에는 1~5개 수행에 그치고 있다. 특히, 시스템 감사를 도입한 2004년 이후 감사원의 감사 사항 수가 40% 이상 줄어들고 감사 결과 처리 기간도 평균 2배 이상 지연되는 등 감사원 감사의 적시성과 효율성 면에서 부작용이 발생했다(성용락, 2011). 이러한 결과는 성과감사를 포함한 감사 사항의 선정 시 위험평가를 통해 핵심 쟁점 사항 위주로 감사 사항을 선정하지 않고 광범위한 감사 주제를 대상으로 대규모 감사 인력을 동원해서 무엇인가 큰 문제점을 끄집어내려는 식의 감사 수행 방식을 선호하기 때문이다(김성준, 2006). 성과감사의 효율적 수행을 위해서는 정책 및 사업의 전반에 대해 투망식으로 접근하는 것이 아니라 미국 GAO의 경우처럼 먼저 구체적인 감사 범위를 정하고 소규모 전담팀을 구성하여 수행해야 한다. 원(院) 단위 또는 국(局) 단위 감사는 감사 실패의 위험을 줄일 수는 있으나 감사 사항이 줄어들어 감사 사각을 발생시키고 성과감사를 활성화하는 데는 제약 요인으로 작용할 수 있다.

표 9-7 감사원의 감사 유형별 현황

	계	1994	1995	1996	1997	1998	1999	2000	2001	2002	2003	2004	2005	2006	2007	2008	2009	2010
합계 (%)	3,574	292	247	270	279	214	328	343	259	275	201	119	71	69	139	171	141	156
성과감사 (%)	297	67 (23)	50 (21)	14 (5)	8 (3)	17 (8)	12 (4)	12 (3)	16 (6)	20 (7)	35 (17)	12 (10)	3 (6)	–	23 (17)	1 (0.6)	2 (1)	5 (3)
일반감사 (%)	2,265	200 (68)	161 (65)	179 (66)	181 (65)	136 (64)	244 (74)	263 (77)	194 (75)	189 (69)	115 (57)	55 (46)	29 (40)	26 (38)	60 (43)	118 (69)	70 (50)	45 (29)
특정감사 (%)	1,012	25 (9)	36 (14)	77 (29)	90 (32)	61 (32)	72 (22)	68 (20)	49 (19)	66 (24)	51 (26)	52 (44)	39 (54)	43 (62)	56 (40)	52 (30)	69 (49)	106 (68)

출처: 감사연보 각 연도.

더불어, 성과감사의 체계적 수행을 위해서는 구체적이고 실행 가능한 성과감사 기준이 마련되어야 한다. 미국 감사원에서는 1988년 '정부감사 기준(Government Auditing Standards)'에서부터 성과감사에 대한 별도의 감사 기준을 제공했으며, INTOSAI에서도 성과감사에 대해 별도의 감사 기준을 제공하고 있다. 이에 따라 호주 등 일부 선진국에서는 성과감사에 대한 감사 기준을 마련했거나 이를 준비하고 있다. 우리나라의 경우 감사원법 제30조의2 및 제52조 규정에 따라 '공공감사 기준'을 제정하여 재무감사, 합법성감사, 성과감사의 구분 없이 공공 부문의 감사 수행에 필요한 기본적인 사항을 정했으나 실제 감사활동에 거의 활용되지 못하고 있는 실정이다. 성과감사 기준의 제정은 성과감사에 대한 이해관계자의 신뢰를 확보하는 데 기여할 뿐 아니라 성과감사를 수행하는 감사자들에게 가이드라인을 제공한다는 점에서 성과감사의 정착·발전을 위한 필요 조건 중 하나로 판단된다.

우리나라 감사원의 경우 성과감사를 수행하는 조직으로 '전략과제감사단'이 설치되어 있으나 주로 다수 부처 관련 업무에 대한 포괄적인 감사를 수행하고 있다. 또, 여타 감사 부서에서는 대상 기관별로 재무감사, 기관운영감사, 성과감사, 특정과제감사를 병행하고 있다. 동일한 감사요원이 여러 상이한 감사 유형을 수행하고 있어 각 감사 유형별로 감사 기법, 감사 결과 등에서 차이점을 발견하기 어려운 실정이다. 인력 운용 면에서도 감사 업무, 감사전략 및 계획 수립 업무, 단순 행정 지원 업무 등을 구분하지 않고 약 2~3년 주기의 순환보직으로 인사 운영을 하고 있다. 감사원은 감사전문 역량 제고를 위해 2006년부터 전문인력관리제 및 보직경로제를 도입했으나 실효성을 갖지 못한 채 수정 및 보완을 거듭하고 있다. 또한 인력 충원 면에서는 변호사, 회계사, 박사 특채 등 충원 경로의 다양화에도 불구하고 중장기 인적 자원 전략계획의 수립 없이 수시 인력 수요에 따라 특정 자격증 소유자나 특정 분야 위주로 충원이 이루어져 감사환경 변화의 대응 능력이 부족한 실정이다(감사원, 2011c). 이처럼 감사 인력의 전문성 확보 노력이 제한적인 성과밖에 거두지 못하고 있는 상황에서는 성과감사의 양적·질적 발전을 기대하기는 어렵다. 반면, 미국 GAO의 경우 인력 충원 단계부터 직무 내용과 자격 요건을 명시하고 정책분석가, 경제분석가, IT 분석가, 커뮤니케이션 분석가 등 다양한 전문가를 선발하고 전문경력 개발을 위해 개인 능력 및 적성에 기초한 인력관리 및 전문경력 트랙제도를 운영하고 있다(GAO, 2010).

감사원에서 현재 운영하고 있는 '통합성과평가 시스템' 또한 성과감사의 확대 발전에 장애 요인으로 작용하고 있다. 감사원에서 개별 감사 사항에 대한 평가는 감사 종류별 표준평점과 성과평가위원회의 등급 평가에 의해 결정되고, 감사자에 대한 평가는 개별 감사의 최종 평점에 개인별 기여도를 곱한 형태로 이루어진다(감사원,

2008). 정형화되지 않은 성과감사의 경우 난이도 면에서 편차가 크기 때문에 다른 감사 유형에 비해 표준평점 면에서 상대적으로 불이익을 받을 가능성이 높고, 개별 감사 사항에 대한 성과평가 또한 처분 요구 건수나 시정 금액 등에 의해 좌우되기 때문에 정부 업무 개선이나 국민 편익 증진 등 가시적인 성과측정이 어려운 성과감사의 경우 불리한 측면이 없지 않다. 이러한 감사원 성과관리 시스템 하에서 감사자들은 평가를 잘 받기 위해 상대적으로 접근 및 처리가 용이하고 가시적인 성과를 거둘 가능성이 높은 합법성 감사를 선호하는 전략적 행동을 취할 가능성이 높다.

3) 외부적 · 기술적 제약 요인

성과감사의 품질이나 성패를 좌우하는 핵심적인 요소로서 데이터의 중요성은 아무리 강조해도 지나치지 않다. 데이터가 제때에 생산되지 않거나 정확하지 않은 데이터가 제공되는 경우 성과감사를 통해 생산된 감사정보는 의미 없는 정보가 될 뿐만 아니라 잘못된 감사 결과를 통해 큰 피해가 발생할 수 있다(차경엽, 2010). 정책 및 사업을 담당하고 있는 정부부처나 관련 기관에서는 해당 정책 및 사업의 수행 과정에 투입이나 활동, 그리고 행정 산출물에 대한 데이터나 정보를 생산한다. 그러나 사후관리에 소홀한 우리나라 행정의 특성으로 인해 관련 데이터가 적시에 제공되지 못하거나 핵심 결과와 관련된 정보가 생산되지 않는 경우가 많다. 이에 따라 특정 정책이나 사업의 성과를 측정하여 해당 사업이 제대로 작동하고 있는지 평가하고 개선 방안을 권고하는 성과감사에 데이터의 이용 가능성이나 신뢰성 확보는 매우 중요한 필요 조건이다.

현재 우리나라는 주요 분야별로 체계적인 정보 생산 · 처리 · 제공을 위한 정보 시스템이 구축되어 있거나 구축 중이다. 디지털회계정보시스템(dbrain), 지방행정정보시스템(e-호조), 교육행정정보시스템(NEIS), 사회복지통합관리망(행복e음) 등 다양한 정보 시스템을 구축 · 운영하고 있으나 최근 여수시 공무원의 횡령사건에서 볼 수 있듯이 정보 시스템에 대한 내부통제가 부실하여 해당 시스템을 통한 상시 모니터링이나 감사의 실효성을 거두기가 어려운 실정이다. 공공 부문에서 데이터의 중요성에 대한 인식이 제고되고 데이터 관리에 더욱 노력을 경주하지 않는다면 실지감사 위주의 합법성 감사에서 탈피하는 것은 쉽지 않을 것이다.

무엇보다 성과감사는 해당 정책 및 사업의 실시에 따른 산출이나 영향을 측정하는 것을 기본적인 틀로 하고 있다. 어떤 처리(treatment)와 영향(impact) 간의 인과적 관계(causality)를 증명하기 위해서는 (준)실험설계적 접근 방법이 필수적이지만 감사 대상 정책이나 사업의 착수 단계에서 사업 효과나 영향을 측정할 수 있도록 설계를 하지 않고 있어 근본적으로 사업영향평가를 어렵게 하는 부분도 간과할 수 없다. 그 결과 사후적 영향평가를 하려고 해도 고객 등 이해관계자 대상 설문조사에 그치는 등 신뢰성과 타당성이 떨어지는 사업평가 기법을 사용함으로써 사업 성과의 왜곡이나 편의(偏倚, bias)에 따라 잘못된 감사 결과를 초래할 수 있는 것이다. 비교적 행정 데이터의 관리가 잘 이루어지고 있는 미국에서조차 기존의 행정자료를 활용한 감사와는 별도로 비밀검사(undercover test)를 통해 감사원이 직접 현장실험(field experiment)을 하는 것을 발견할 수 있는 것은 행정자료에 대한 접근성 문제뿐 아니라 사업 초기에 사업평가를 용이하게 하는 사업설계가 제대로 이루어지지 않았기 때문이다.

4) 외부적 · 제도적 제약 요인

감사 독립성의 요체는 권력기관에 진실을 말할 수 있는 것이다(Funkhouser, 2012). 정부 및 국회 관계자의 입장에서는 자기들이 결정한 사항을 다시 검토하는 것을 꺼려한다. 하지만 감사원은 효과적인 성과감사를 위해 해당 정책이나 사업에 대한 적절한 이해가 있어야 하며, 해당 정책이나 사업의 완결성이나 타당성에 대해 언급해야 한다. 감사기구는 국가정책 및 사업목표가 어떻게 구현되었고 달성되었는지 여부를 검토할 수 있으나 그 감사 결과가 정부 정책이나 입법에 의문을 제기하는 것일 경우 정치적인 논쟁에 휘말릴 수 있다. 따라서 성과감사를 포함한 정부감사의 효율적 수행을 위해 감사기구의 독립성 확보는 필수적이다.

성과감사는 감사원장의 재량으로 언제 무엇을 어떻게 감사할 것인지 결정할 수 있는 만큼 감사원장의 정치적 독립성은 감사원 독립성의 중요한 요소이다. 그런데 현재 우리나라 감사원장의 임기는 OECD 국가 최고감사기구 중에서 가장 짧은 4년이다.[8] 반면, 영국은 감사원장 임기가 종신제이며, 프랑스, 아일랜드, 이태리, 네덜란드 등은

8) 스페인의 경우 감사원장의 임기가 3년이나 감사위원회가 12인의 감사위원(임기 9년) 중에서 비밀투표를 통해 국왕에게 추천하고 국왕이 임명하는 방식을 채택하고 있어 감사원장과 감사위원의 임기가 동일한 우리나라의 경우와 비교 대상이 되지 않는다.

임기를 따로 정하지 않고 정년제를 도입하고 있다(조형석 · 신민철, 2011). 감사원장의 임기가 대통령 임기보다 짧아 정권교체기에 정치적 영향에 노출되거나 안정적 · 지속적으로 감사 운영 혁신을 추진하기가 쉽지 않다. 이에 더해 우리나라 감사원은 다른 최고감사기구와 달리 대통령 소속으로 회계검사와 함께 직무감찰 기능을 동시에 수행하기 때문에 전체 감사원 감사 운영의 독립성에 부정적 영향을 미칠 수 있다.

그리고 감사원의 성과감사는 일반적으로 정부 성과관리 시스템의 발전과 궤를 같이한다. INTOSAI 성과감사 실무지침에서도 제대로 된 성과감사가 이루어지기 위한 전제 조건으로서 감사 대상 행정 업무가 성과관리를 기초로 이루어져야 한다는 점을 지적하고 있다. 앞서 설명했듯이 정책 및 사업의 수립 · 집행을 담당하고 있는 정부 부처나 관련 기관들이 양질의 성과정보를 생산하지 않는 경우 감사기구가 직접 해당 정보를 수집 · 분석해야 하기 때문에 성과감사에 많은 인력과 자원이 투입되어야 하므로 성과감사의 실효성 있는 발전을 저해할 수밖에 없다. 우리나라의 경우 1999년 성과주의 예산제도 추진계획의 수립을 시발로 2003년 성과목표관리제도의 시범 도입, 2008년 모든 중앙부처의 성과계획서 및 성과보고서 작성 등으로 재정성과관리제도의 틀이 갖추어졌다. 그러나 현행 재정성과관리제도, 특히 재정성과 목표관리제도는 형식적으로 운영되어 그 목적을 달성하는 데 효과적이지 않다는 비판을 받고 있다(유승현 · 신민철 · 오창석, 2012). 정부 업무의 성과관리가 형식화되어 양질의 성과정보를 제공하지 못하면 내 · 외부 감사기구에 의한 성과감사 또한 그 품질을 담보하기 어려울 뿐 아니라 감사 결과의 수용성을 높이는 데 한계에 봉착할 수밖에 없는 것이다.

2 성과감사 활성화를 위한 개선 과제

성과감사는 국민들이 낸 세금이 제대로 사용되고 있는가에 대한 정보를 국민들에게 제공함으로써 정부활동에 대한 국민의 신뢰를 제고하는 데 기여할 뿐 아니라 감사활동의 부가가치를 제고함으로써 내 · 외부 감사기구의 존재 가치에 대한 국민의 지지를 이끌어낼 수 있다.

앞서 살펴본 바와 같이 현재 우리나라에서 성과감사의 활성화를 저해하는 다양한 요인이 존재하고 있다. 일부 요인을 제외하고는 감사원 등 감사기구가 단기적으로 통제할 수 없는 요인들로서 우리나라 공공 부문의 개혁과 함께 추진되어야 할 사항들이다. 성과감사의 정착·발전을 위해 중·단기적으로 감사원이 개선할 수 있는 사항은 성과감사 역량 강화, IT기반 감사 인프라 구축 등 내부적·기술적 요인의 개선과 함께 감사 수행 방식 개선, 성과감사 기준 제정, 감사 성과 측정 방식의 개선 등 내부적·제도적 요인이다. 다만, 인사관리 시스템의 경우 감사원 직원의 신분이 국가공무원으로 계층제, 순환보직, 채용 등 기본적인 국가공무원법의 틀에서 크게 벗어날 수 없는 한계가 있어 별도의 '감사원 직원법'을 제정하여 인사상의 독립성을 가짐으로써 좀 더 획기적인 변화를 기대할 수 있을 것이다. 그러나 단기적으로는 감사원 차원에서 '중장기 인적자원 전략계획'을 마련하여 성과감사를 위한 전문 인력을 지속적·균형적으로 충원하는 노력이 이루어져야 할 것이다.

현재 성과감사의 발전을 저해하는 외부적 요인인 공공 부문 성과관리의 개선은 미국 등 선진국의 예에서 볼 수 있듯이 단기간에 해결될 수 있는 문제가 아니므로 정부개혁의 촉구 등 좀 더 장기적인 관점에서 접근해야 한다. 다행스러운 것은 「국가재정법」에 의해 감사원이 정부의 성과보고서를 매년 검사하여 그 의견을 결산검사보고서에 게재하고 기획재정부 등 성과관리를 주관하는 부처를 통해 정부 업무 성과관리의 개선을 선도하는 역할을 담당하고 있다는 점이다. 따라서 정기적인 성과보고서 검사[9] 업무와 각 정부부처를 대상으로 한 성과감사를 통해 통계 등 행정자료의 관리, 사업평가 대비 태세 등을 지속적으로 개선시키는 역할을 수행할 수 있다.

마지막으로, 감사원의 독립성 문제는 오랫동안 논란을 거듭해 온 핵심 과제로 헌법 개정 등을 통한 획기적인 제도 개선 없이는 그 성과가 제한적일 수밖에 없으므로 단기적으로는 국회와의 협력을 강화함으로써 감사 결과에 대한 이해관계자들의 신뢰를 제고하는 한편 내부 혁신을 통해 과학적·전문적 감사 역량을 지속적으로 향상시켜 나가야 할 것이다.

---

9) '성과보고서 검사'는 각 중앙관서의 장이 제출한 전년도 예산의 성과보고서(국가재정법 제8조)에 대해 감사원이 결산검사(국가재정법 제60조) 과정에서 확인·점검하는 것으로 결산검사가 중앙관서의 계정 잔액 확인 및 재무제표의 회계 기준 준수 여부를 확인(assure)하는 역할을 담당하고 있는 만큼 결산검사의 일환으로 수행되는 성과보고서 검사는 단순한 점검(review) 활동이 아니라 감사(audit)에 가까운 성격을 갖는다.

참고 문헌

감사원(1998). 감사 50년사.

———(2004). 시스템 감사의 효율화 방안.

———(2005a). 성과감사 운영 매뉴얼.

———(2005b). 미국 감사원의 감사운영 분석보고서.

———(2005c). 기관운영감사 매뉴얼.

———(2005d). 특정과제감사 매뉴얼.

———(2005e). 주요 정책·사업 모니터링 매뉴얼.

———(2005f). 성과감사편람.

———(2006). 감사시스템 혁신 방안.

———(2007). 시스템감사 백서.

———(2008). 통합성과평가시스템 보완 방안.

———(2011a). 통합감사업무편람.

———(2011b). 통합감사실무매뉴얼.

———(2011c). 감사인력 전문역량 제고 방안 추진계획.

———(2012). 감사원이 바라본 대학. 2012 감사원 대학감사 백서.

감사원 평가연구원(2006a). 공공부문 평가제도 실태조사.

———(2006b). 감사와 평가의 바람직한 역할 정립에 관한 연구. 미발간 보고서.

강황선(2003). 정부생산성 향상전략에 관한 연구. 사회과학논집, 제27집, 건국대사회과학연구소.

김난영(2011). 감사인력 전문성 제고 방안 연구. 감사연구원 미발간 보고서.

김명수(2003). 평가와 감사의 비교론적 고찰, 사회과학논집, 20(2): 1-15. 한국외국어대학교 사회과학연구소

김성준(2006). 감사원 성과감사의 발전 과정에 대한 비판적 고찰. 평가연구원 미발간 자료.

노화준(2000). 공공부문 성과측정의 이슈와 정책평가제도의 개혁 방향. 정책분석평가학회보, 10(2): 11-22.

박준(1995). 미국·캐나다 감사원의 성과감사제도 연구. 감사, 41: 100-106. 감사원.

성용락(2011). 감사원 성과감사의 발전 방안에 관한 연구. 경희대학교 박사학위 논문.

안창보(2010). 감사성과 측정 및 관리 개선 방안 연구. 감사원 감사연구원.

오윤섭(2011). 감사계획 수립을 위한 위험평가기법 활용. 감사원 감사연구원.

유승현·신민철·오창성(2012). 재정성과 목표관리제도의 종합 실태분석. 감사연구원.

조형석(2009). 감사원 성과감사보고서의 내용분석. 정책분석평가학회보, 19(3): 301-329. 한국정책분석평가학회.

조형석·신민철(2011). 주요국 최고감사기구의 지위와 기능 및 역할에 관한 비교연구. 감사

연구원.
차경엽 (2010). 감사대상기관 전산데이터의 신뢰성 점검기법. 감사연구원.
하복동 (2006). 성과감사의 영향 요인 및 감사효과 제고 방안 연구. 고려대학교 박사학위 논문.
Barrett, P. (2001). *Evaluation and Performance Auditing: Sharing the Common Ground. Australian Evaluation Society*. International Conference.
——— (2012). Performance auditing - addressing real or perceived expectation gaps in the public sector. *Public Money & Management*. 32(2): 129-136.
DFID (2005). Working with Supreme Audit Institutions. *How to note*. July 2005.
Funkhouser, M. (2012). *The Question Our Auditors Don't Answer: Is This Program Working?*
GAO (2010). *Human Capital Interim Strategic Plan(2010-2012)*. GAO-10-269SP.
——— (2012). *Designing Evaluations: 2012 Revision*. GAO-12-208G.
Hatry, P. (1978). The status of productivity measurement in public sector. *Public Administration Review*, Vol. 38.
INTOSAI (2004). Performance Audit Guidelines: ISSAI 3000-3100.
——— (2010). Program Evaluation for SAIs.
MacPhee, I. (2006). *Evaluation and Performance Audit－Close cousins? or distant relatives*. Proceedings in Canberra Evaluation Forum. ANAO.
Mitsubishi UFJ Research and Consulting (2008). 구미 주요국의 IT화 진전에 따른 검사기법과 사례에 관한 조사연구. 감사연구원 번역 자료.
Tuckman, Bruce W. (1979). *Evaluating Instructional Programs*. Boston: Allyn and Bacon.
Worthen, B. R. & Sanders, J. R. (1987). *Educational Evaluation: Alternative Approaches and Practical Guidelines*. New York: Longman.

Chapter 10 공기업 경영평가*

제 1 절 서론

과거 개발도상국 시절, 한국 정부는 부족한 재원으로 국가기간사업을 집중적으로 육성하기 위해 공기업을 설립했다. 즉, 규모의 경제 논리에 입각하여 특정 산업을 집중적으로 육성 및 보호하기 위해 공기업을 설립했고, 그 결과 재원이 부족한 상황에서도 고속경제 성장을 이뤄낼 수 있었다. 그러나 이러한 기여에도 불구하고 1980년대 초반부터 공기업은 '주인 없는 기업' 또는 복대리인 문제(double agency problem) 등 구조적인 문제로 인해 비효율적으로 운영될 수 있기 때문에, 이에 대한 관리 및 개혁이 필요하다는 요구가 지속적으로 제기되었다.

구체적으로 공기업이 비효율적으로 운영될 수 있다는 주장의 근거를 살펴보면, 첫째, 공공성 추구(정부투자기관이라는 측면에서)와 수익성 추구(기업이라는 측면에서) 간의 가치 충돌로 인해 경영목표가 불명확하고 모호해짐으로써 효율적인 경영을 방해할 수 있다. 즉, 추구하는 가치 간 충돌은 기업 경영의 장기적 전략 및 비전을 설정하는 데 장애 요인으로 작용하여 명확한 목표 설정과 체계적인 계획 수립을 어렵게 하는 것이다.

둘째, 정치적 개입으로 인해 기업 경영의 자율성이 침해되고, 비일관적인 단기 목

---

* 윤기웅: 성균관대학교 사회과학연구원 선임연구원

표에 치중하게 될 수 있다. 즉, 공기업의 장기적인 목표 달성 또는 수익구조 개선과 같은 계획에 따라 운영되기보다는, 특정 지역에 대한 투자, 고용 창출 또는 물가 안정 등의 정치적인 목적으로 운영되기 쉽다(김준기, 1999).

셋째, 정보 분산이론에 따르면 정부가 민간기업의 경영자나 소유권자보다 기업 경영에 필요한 정보 및 지식이 적어 적절하지 못한 의사결정을 할 수 있고, 이는 결국 공기업 경영의 비효율성을 가져올 수 있다(김지영, 2010).

넷째, 한국에서 대다수 공기업은 독점 및 독과점 상황에서 운영되고 있기 때문에, 이에 따른 자원 배분의 비효율성이 나타날 수 있다. 즉, 경쟁이 없는 상황에서 좀 더 효율적인 운영을 할 동기가 없기 때문에 방만하게 운영될 수 있다.

다섯째, 방만한 운영과 관련하여 공기업은 파산과 같은 생존의 위협이 없기 때문에, 효율성을 제고하고자 하는 노력이 결여될 수 있다. 즉, 연성예산제약(soft budget constraint)이론에 따르면(Kornai, 1992), 공기업이 방만한 운영으로 인해 손실 또는 채무가 발생해도 이를 정부의 재정적 지원을 통해 지속적으로 손쉽게 해결하는 경우, 공기업은 경영효율화를 통해 손익구조를 개선하기보다는 정부의 재정적 지원에 의존하는 안이한 재정 운영 또는 전략적 행위를 한다는 것이다.[1]

정부는 이러한 문제들을 해소하기 위해 공기업 경영의 효율성을 증진할 수 있는 다양한 정책을 수립 및 수행해 왔다. 우선 대표적으로 정부 부문의 축소 요구와 신자유주의 사상의 확산에 따라 등장한 민영화 정책을 들 수 있다.[2] 하지만 이러한 민영화 정책은 다음과 같은 점에서 한계가 있다.

첫째, 한국의 본격적인 민영화 정책은 공기업의 경영효율화를 위한 목적으로 수행되었다기보다는 국가 재정건전성 확보와 구조조정 요구에 의해 이루어진 측면이 많다. 또한 장기적인 계획이나 경제 논리에 입각하기보다는 각 정권의 임시방편적인 정치 논리에 따라 추진됨으로써, 효율성과 당위성 측면에서 사회적 논란이 발생되었다(조성봉, 2002).

---

1) "비록 정부가 공기업을 강성예산제약(hard budget constraint)에 지배받게 해도, 공기업 경영진은 '보조의 마지막 수단(lender of the last resort)'이라는 가정 하에 경영을 할 것이다." 왜냐하면 정부가 공기업을 파산하게 할 가능성은 거의 없기 때문이다 (김준기, 1999: 211).

2) 민영화 정책은 공기업의 소유권을 민간 부문에 넘김으로써 경쟁을 조장하고 이윤 동기를 불어넣어 줌으로써 공기업의 태생적 특성인 비효율성을 완전히 제거하고자 하는 방식이다.

둘째, 전부는 아니지만 상당수의 공기업은 그 태생적 성격상 자연독점적 성격을 가진 경우가 많고, 이러한 기업을 민영화할 경우 시장실패(무분별한 가격 인상)와 같은 폐단이 발생할 수 있다. 특히, 이러한 공기업이 제공하는 서비스가 국민의 안녕을 위한 필수 품목일 경우 민영화에 따른 피해는 고스란히 국민에게 돌아갈 수 있다. 예를 들어, 전기·수도와 같이 국민생활과 밀접하지만 경쟁 체제가 되기 어려운 산업은 민영화를 할 경우 요금 상승으로 인해 개별 가정경제에 직접적인 타격이 될 수 있다(김용우, 2006; 이상철, 2007). 또한 공공성이 강한 산업을 민영화할 경우 자칫 국가적 위기를 초래할 수도 있다. 1989년 영국 수자원 산업을 민영화함에 따라 1995년 요크셔 지방의 가뭄에 적절히 대응하지 못해 수자원의 공급 부족 및 사회적 문제를 야기한 것은 대표적인 사례라고 할 수 있다(Bakker, 2000).[3]

마지막으로, 상당수의 공기업은 대다수 국민이 공동으로 소유하고 있는 자산 개념으로, 이를 특정 대상에게 매각할 경우, 각종 특혜 시비가 발생할 수 있다. 예로 최근 외환은행 사례의 경우 외국 자본 또는 특정 대상에게 매각함으로써 국부가 유출되고 국민 정서가 악화되는 등 심각한 문제가 발생했다.

민영화가 가져오는 폐단에 대한 비판이 지속적으로 제기되고 현실적으로 민영화가 어려운 상황에서, 공기업 경영평가제도는 공기업의 방만한 경영을 감시 및 관리함으로써 공기업의 효율성을 담보할 수 있다는 점에서 그 중요성이 부각되고 있다. 그러나 수익률만 추구하면 되는 민간 사기업과 달리 공기업은 공익성이라는 가치도 동시에 추구해야 하기 때문에, 양 가치를 모두 고려한 성과평가가 이루어져야 하지만 현실적으로 매우 어렵다. 그리고 이러한 현실적인 제약으로 말미암아 경영평가제도에 대한 문제점 및 불만은 지속적으로 제기되었다. 이를 보완 및 해결하기 위해 공기업 경영평가제도는 지속적으로 개선이 이루어졌고, 그 결과 탄생한 것이 「공공기관 운영에 관한 법률」[4]에 근거한 공공기관 경영평가제도이다. 이 절에서는 이러한 공공기관 경영평가제도의 변천 과정 및 현재 운영 체계, 제도의 성과 및 한계 등에 대해 살펴보고자 한다.

---

3) 민영화된 기업은 수익성을 추구할 뿐 가뭄 등과 같은 사회적 재난의 결과에 대해서는 책임지지 않기 때문에 이러한 문제가 발생했다고 볼 수 있다.

4) 이하 '공운법'이라고 칭한다.

제 2 절 제도 변화 과정

공기업에 대한 경영평가는 크게 사전통제 시기(1983년 「정부투자기관관리기본법」 제정 이전), 사후통제 시기(2007년 공운법 제정 이전), 통합·일원화 시기(2008년~현재) 등 세 시기로 구분해서 살펴볼 수 있다. 공기업에 대한 경영평가제도의 주요 변천 과정은 <표 10-1>과 같다.

1 사전통제 시기(1983년 이전)

공기업에 대한 체계적인 경영평가는 1983년 「정부투자기관관리기본법」의 제정에 따라 본격적으로 시작되었다고 볼 수 있지만, 공기업의 경영활동에 대한 정부통제는 공기업이 설립되기 시작한 시점인 1948년으로 거슬러 올라간다. 초기에는 개별 공기업의 설치법을 제외하면 공기업 통제 관련 법규가 전무한 상태로 공기업에 대한 정부통제가 전반적으로 느슨한 시기였다고 할 수 있다(유훈, 1997). 당시 공기업에 대한 경영평가 개념은 존재하지 않았고, 단지 개별 공기업 설치법에 따라 주무부처 장관이 예산 심의·확정 또는 외부감사를 통해 산하 공기업을 통제하는 방식으로 공기업 관리가 이루어졌다(김준기, 2001). 즉, 재무부 등에 의한 중앙통제는 존재하지 않았고, 주무부처에 따라 다소 엄격하게 통제하는 경우도 있기는 했으나 대다수는 느슨한 편이었다(유훈, 1997).

1962년에는 경제기획원 주도로 「정부투자기관예산회계법」[5]이 제정됨으로써 공기업 경영평가에 대한 법적 토대가 최초로 마련되었다. 이후 1968년, 정부투자기관(공기업)에 대한 경영실적평가제도가 최초로 도입되었고, 1973년에는 「정부투자기관관리법」[6]의 제정으로 경영실적평가제도가 다소 개선되었다. 그러나 1976년까지는 주무

5) 이 법은 국가 전체의 경제 발전을 위해서는 개별 공기업에 대한 산발적인 통제 방식에서 벗어나 범정부적 차원의 통제·조정이 필요하다는 인식하에 제정된 법률이다(유훈, 1997).

6) 이 법에 따라 "종전에 다원화되어 있던 ① 임원의 명칭, ② 임원의 임기, ③ 임원의 선임 방법 등이 통일되고 획일화되었다. 그러나 이와 동시에 투자기관의 기본운영계획, 심사분석 등에 관한 명문의

표 10-1 경영평가제도의 변천 과정

시기	주요 내용
1962년 8월	「정부투자기관예산회계법」 시행
1968년	경영실적평가제도 도입
1973년	「정부투자관리기본법」 제정, 인센티브 상여금 지급
1977년	경영실적평가제도의 주체 변경: 주무부처 장관 → 경제기획원
1983년 12월	「정부투자기관관리기본법」 제정
1984년 4월	정부투자기관에 대한 경영평가제도 시행
1999년 2월	「정부투자기관관리기본법」 개정: 국회에 대한 보고 신설, 정부투자기관 사장경영계약제도 도입
2003년 12월	「정부산하기관관리기본법」 제정
2005년	정부산하기관에 대한 경영평가제도 시행
2007년 1월	「공공기관의 운영에 관한 법률」 제정
2007년 4월	공공기관운영법 시행: 경영평가제도 통합 투자기관 · 산하기관 이원화된 경영평가 시스템 → 공기업 · 준정부기관 경영평가로 통합하여 평가 기준 및 방법 일원화
2008년	공운법에 따른 경영평가 최초 시행
2008년 5월	공공기관 기관장의 계약경영제[7] 도입 → 2009년부터 공공기관 경영평가와 별도로 공공기관의 기관장 평가제도 운영
2010년 12월	공공기관 경영평가제도 대폭 개편(공공기관 경영실적 평가제도와 공공기관의 기관장 평가제도 통합 등)

자료: 유훈(1997); 김준기(2001); 기획예산처(2004); 조택(2008); 기획재정부(2010).

부처 장관이 평가를 일임하고 있었으므로 초기 「정부투자기관예산회계법」을 제정하면서 경제기획원이 의도했던 목적, 즉 범정부적 목표(국가경제 발전) 달성을 위한 공기업의 통제 · 조정은 어려운 실정이었다. 1977년 이후부터는 주무부처에서 경제기획원으로 평가의 주체가 이전됨으로써 범정부적 관점에서의 공기업 관리는 가능해졌다. 그러나 공기업 경영의 자율성을 보장하지 않은 채 통제를 주목적으로 하고 있었

규정이 신설되었을 뿐만 아니라 재무부 장관에 의한 경영분석제도가 신설되는 등 투자기관에 대한 통제는 더욱 강화되기에 이르렀으며 투자기관의 자율성은 더욱 많은 제한을 받게 되었다”(유훈, 1997: 208).

7) 계약경영제란 “공공기관의 책임경영 체계가 실질적으로 확립되도록 매년 기관장 경영계획서 작성 및 평가를 통해 공공기관의 선진화를 뒷받침하고 경영의 책임성을 강화하는 제도[로서] 경영계획서 이행 실적 평가 결과는 공공기관장의 인사에 반영”된다(기획재정부, 2008b).

을 뿐만 아니라 성과금의 차등 지급이 거의 이루어지지 않아, 공기업 경영의 효율성 증대라는 소기의 성과를 달성하지는 못했다(유훈, 1997; 김준기, 2001).

2 사후통제 시기(1983년~2007년)

1980년대 이후 경제 규모가 급속도로 성장하고 민간의 기술 및 자본이 축적됨에 따라 정부가 공기업 운영에 직접 개입해서 통제·관리하는 것은 더욱더 어려워지게 되었다(기획예산처, 2004). 더군다나 정부투자기관예산회계법과 정부투자기관관리법에 근거한 사전통제가 공기업 경영진의 자율적인 경영 개선 노력을 침해하고 적극적인 성과 개선보다는 소극적인 업무 수행을 초래했다는 지적이 지속적으로 제기되었다(유훈, 1997; 이석원, 2005). 이에 따라 1983년 12월 「정부투자기관관리기본법」을 제정하고, 책임경영제[8]를 도입하는 등 정부의 공기업 관리 방식을 대대적으로 수정했다. 즉, 기존의 사전통제 방식에서 공기업의 경영 자율성을 보장하고 대신 실적평가를 통해 그 결과에 대한 책임을 묻는 사후통제 방식으로 전환했다.

약 20여 년간 제도가 운영되면서, 사회·정책·경제환경의 요구 또는 문제점 개선 노력 등으로 정부투자기관 경영평가제도는 계속적으로 진화되었고, 그 진화 과정은 <표 10-2>와 같다. 특히 "민영화(한국종합화학공업주식회사, 국정교과서주식회사, 국민은행, 주택은행, 한국증권거래소 등) 확대와 더불어 금융기관을 포함한 일부 정부투자기관이 관련법에 의해 제외됨으로써"(박석희, 2009: 4), 평가 대상 기관은 1기 24~25개 기관에서 3기 13개 기관으로 급격히 감소했다.

이후 2003년 12월에는 「정부산하기관관리기본법」이 제정되었고, 그에 따라 정부투자기관 외에도 정부산하기관에 대한 경영평가제도가 새로이 도입되었다. 2005년 3월에는 「2005년도 정부산하기관 예산관리 기준」을 의결했고, 이에 따라 산하기관의 예산 운용 및 경영평가에 따른 인센티브 지급에 관한 공통 기준을 제정하고 경영평가단을 구성했으며, 최초로 정부산하기관 경영평가를 실시했다(기획예산처, 2005). 정부산하기관 경영평가제도는 정부투자기관 경영평가제도의 틀을 기본적으로 벤치

8) 책임경영제란 "투자기관의 자율적 운영을 보장한 다음 경영 실적을 평가하여 그 결과에 따라 책임을 묻는 것을 말한다"(유훈, 1997: 209).

표 10-2 정부투자기관 경영평가제도의 변천 과정

구분	1기 (1984년~1991년)	2기 (1992년~1998년)	3기 (1999년~2007년)
평가 대상	24~25개 기관	23~13개 기관	13개 정부투자기관
평가 내용	기관평가만 실시	좌동	기관평가 외에 기관장 평가를 별도 실시
인센티브 지급	한도: 300% 평균: 240~260%	한도: 325~500% 평균: 263~352%	한도: 500% 평균: 284~307%
총괄관리 기관	경제기획원 심사평가국	1994년 12월: 재정경제원 예산실로 변경 1998년 2월: 예산청 예산총괄국으로 변경	1999년: 기획예산처 정부개혁실로 변경 2003년: 기획예산처 재정개혁국으로 변경
심의·의결기관	정부투자기관 경영평가위원회	좌동	정부투자기관 운영위원회
평가 방법	기본 점수(75점) 부여	좌동	기본점수제 폐지

자료: 기획예산처(2004); 박석희(2006; 2009).

마킹했으나 평가제도의 관리 방식이나 평가단 구성 및 운영 등의 측면에서는 독자성을 어느 정도 확보하고 있었다.

3 통합·일원화 시기(2007년 이후)

2007년 4월에 공운법이 제정되었고, 그 결과 그 전까지 이원화되어 있던 정부투자기관 경영평가제도와 정부산하기관 경영평가제도가 공기업·준정부기관 경영평가제도로 통합·일원화되었다. 기획예산처(2007)에 따르면, 공공기관 경영평가제도는 정부투자기관 경영평가제도 및 정부산하기관 경영평가제도와 평가지표의 구성, 평가 방식, 평가 결과 제시 방식 등에서 차별되는 특징이 있고, 이에 대한 구체적인 내용은 <표 10-3>과 같다.

2008년 5월에는 공공기관 기관장의 계약경영제도[9]가 도입되었고, 이에 따라 2009

9) 계약경영제란 "공공기관의 책임경영 체계가 실질적으로 확립되도록 매년 기관장 경영계획서 작성 및 평가를 통해 공공기관의 선진화를 뒷받침하고 경영의 책임성을 강화하는 제도[로서] 경영계획서

표 10-3 경영평가제도 주요 개편 사항

구분	이전	경영평가제도
공공기관 성과 향상 유도	• 기능별 지표 구성 – 종합경영–주요 사업–경영관리 3개 부문 • 하나의 지표에 과정과 성과를 모두 평가 – 예시) '… 노력과 성과」(5점)' – 성과 비중 30~40%	• 경영 과정별 지표 구성 – 리더십 · 전략(계획)–경영 시스템(집행)–경영 성과(결과) 3개 부문 • 과정과 성과를 별도의 지표로 분리하고 성과 평가 비중 확대 – 예시) '… 노력'(2점), '… 성과'(3점) – 성과 비중 40~45%
중복 평가 해소 및 지표 간소화	• 기관장평가, 기관평가를 별개로 평가 • 과다한 세부 평가지표	• 기관평가 중 리더십 관련 지표로 기관장평가 • 지표를 간소화하고 개별 지표 정의를 명확히 규정
경영평가 객관성 제고	• 비계량지표 평가 시 구체적 기준 모호 – 아주 우수, 우수, 보통 등으로 9단계 등급화	• 비계량지표 평가 시 평가 기준을 구체화 – ① 체계적 경영 시스템 구축, ② 경영개선 추진의 일관성, ③ 학습과 혁신을 통한 개선 정도를 6단계로 등급화
서열화 부작용 방지	• 순위와 점수 발표로 기관 간 서열화 등 부작용 발생 – 평가 결과는 점수와 순위로 제시 – 0.1점 차이에도 순위와 성과급 차이	• 6단계 등급으로 발표하여 서열화에 따른 부작용 방지 – 평가 결과는 경영 수준으로 제시 – 유사한 수준의 경우 동일한 등급 부여
검증 절차 신설	• 검증 절차 부재	• 단계별 · 지표별 필수 점검 사항 확인 의무화
평가제도 운영상 책임성 강화	• 표준화된 절차 없이 경영평가단이 평가	• 평가 과정을 매뉴얼화하고 전산화 – 평가 절차와 주요 점검 사항 매뉴얼화 – 기관 실적 제출, 평가단 평가 등 경영평가 전 과정을 전산화

자료: 기획예산처(2007: 5).

년부터 기관평가제도와 연계되어 있던 기관장평가제도를 구조적으로 분리하고 평가지표 체계 및 평가단을 독자적으로 설계 및 구성하여 운영하기 시작했다(기획재정부, 2008b). 그러나 2010년 말에는 별도의 기관장 평가 실시에 따른 평가 부담 증가 및 기관·기관장 평가 결과 차이에 따른 평가제도의 신뢰성 논란에 따라, 분리했던 기관장평가제도와 기관평가제도를 다시 일원화했다. 이 밖에도 공공기관 경영평가제

이행실적 평가 결과는 공공기관장의 인사에 반영"된다(기획재정부, 2008b).

도를 운영하면서 제기되었던 다양한 문제들을 해소하기 위해, 경영평가제도를 대폭 개편했다(기획재정부, 2010).

기획재정부(2010)의 보도 자료를 토대로 2010년에 개편된 내용을 구체적으로 살펴보면, 첫째, 경쟁력 있는 글로벌 공기업을 육성하기 위해 기존의 전년도 실적 대비 개선도로 평가하던 방식에서 글로벌 선진 기업의 실적과 직접 비교 평가하는 방식으로 전환했다. 인천공항의 평가지표 변화를 예로 들면, <표 10-4>와 같다. 또한 주요 사업 중 해외사업(석유공사, 광물자원공사, 가스공사 등)에 대한 평가 비중을 확대했다. 예를 들어, '석유개발사업' 지표(계량)의 경우 2010년도 17점에서 2011년도 19점으로 비중이 확대되었다.

둘째, 공공기관의 사회적 책무성을 강화하기 위해, 이와 관련된 지표를 신설하고 기존에 있던 관련 지표의 가중치를 증대했다. 즉, 동반 성장, 공정사회 구현 등을 평가하는 '사회공헌' 지표를 신설하되, 기관 평가(비중: 2점)보다 기관장 평가(비중: 5점)에 그 비중을 높게 설정했다. 또한 장애인, 중소기업 등 사회적 약자의 권익을 제고하기 위해 채용·구매 관련 정부권장정책 이행 실적 평가를 더욱 강화(2점→5점)했다.

셋째, 공공기관의 평가 부담을 대폭 줄이기 위해, 기관·기관장 평가 체계를 통합하고, 지표 수를 39개 수준(기관 28, 기관장 11)에서 18개 수준으로 대폭 축소했다. 다만 기관장 평가의 효용성을 유지하기 위해 기관 평가지표 중 기관장의 역량 및 노력이 중요한 지표를 발췌하여 기관장의 성과를 평가하되, 기관장의 창의경영 유도를

표 10-4 인천공항 평가지표의 개편

평가지표	2010년도 지표	2011년도 지표
업무 효율성	노동 생산성, 자본 생산성의 전년도 실적치와 비교 평가	Global Top 5 공항(히드로, 샬드골, 프랑크푸르트, 스키폴, 책렙콕)의 자산수익률(Return on Assets: ROA)과 비교 평가
공항 운영사업	[사고 발생·외부 지적 수/공항 면적]을 전년도 실적치와 비교 평가	국제항공협회(Airports Council International: ACI) 발표 공항서비스품질(Airport Service Quality: ASQ) 3위 이내 기관의 개선도와 비교 평가
미래성장 사업	비항공사업 수익(상업시설 이용료 등)을 전년도 실적치와 비교 평가	Global Top 5 공항의 비항공 수익의 비중과 비교 평가

자료: 기획재정부(2010: 12).

위해 기관장의 역량 발휘가 특히 필요한 사업을 경영계획서에 제시하도록 하고 그 이행 실적을 평가하는 방식으로 전환했다.

넷째, 기관 유형 특성에 적합한 맞춤형 평가를 위해 공기업과 연기금형 준정부기관을 <표 10-5>와 같이, 세분화하고 관련 지표 내용을 차별화했다. 또한 기관별 맞춤형 지표는 기본적으로 공공기관의 선택을 존중하고, 평가단과 기재부가 평가의 형평성 및 기관 특성을 고려하여 결정하는 절차로 진행하기로 결정했다.

다섯째, 양 평가단을 '경영평가단'으로 통합 · 운영하고, 민간기업 CEO 등 참여 확대를 통해 평가단의 전문성을 제고하도록 했다. 특히 엄격한 상피제(연구용역, 친인척 근무)를 적용하고 도덕적 해이를 유발하는 평가위원은 평가 중이라도 해촉하는 등 평가단 책임을 강화했다. 또한 지속적인 평가 품질 향상을 위해, 경영평가 종료 후 공공기관을 대상으로 평가 품질에 대해 설문조사를 실시하여, 평가의 공정성 · 전문성에 대한 환류를 강화했다.

여섯째, 방만한 경영에 대한 비판이 끊임없이 제기되는 것과 관련하여(조택, 2007),

표 10-5 공기업, 연기금형 기관 세분화

	2010년도	2011년도	예시
공기업	하나의 유형으로 관리 (평가단 운영을 위해 공기업1, 2로 편의상 구분)	시장 개척 필요 (한국전력, 석유공사, 가스공사, 인천공항, 광물자원, 부산항만 등)	재무예산성과 지표 내용을 차별화 * 시장개척(자산회전율 등) * 재무구조 개선(부채 비율) * 일반(유동 비율 등)
		재무구조 개선 필요 (LH, 도로공사 등)	
		일반 공기업 (주택보증, 감정원, 마사회 등)	
연기금형 준정부기관	하나의 유형으로 관리 (평가단 운영을 위해 금융형, 비금융형으로 구분)	연금형 (국민연금, 공무원연금 등)	재무예산 성과 · 관리 대신 기금 운용 성과 · 관리로 평가하고, 기금 운영 성과 비중을 유형별로 차별화 * 기금 운영 성과 비중 –연금형(4점) –정책금융형(2점) –사업기금형(1점)
		정책금융형 (기보, 신보, 예보, 자산관리 등)	
		사업기금형 (체육 진흥, 중소기업 진흥 등)	

자료: 기획재정부(2010: 18).

이를 방지하기 위해 방만 경영 적발 시 평가에서 큰 불이익을 주는 방식으로 변경했다. 즉, 이전까지는 복리후생 과다 지출, 노조 전임자 과다 운영 등 정부지침을 위반한 경우 관련 평가지표에서 일부 불이익을 주는 수준이었던 반면, 개선안에 따르면 이러한 행태가 적발될 경우 해당 지표에서 최하점(E등급)까지 부여하는 방식으로 변경했다. 또한 방만 경영과 관련된 평가지표(조직 및 인적자원 관리: 3→4점, 재무예산관리: 3→4점, 계량관리업무비: 6→8점, 보수 및 성과관리: 6→8점, 리더십: 3→5점)의 비중을 19점에서 26점으로 확대했다.

일곱째, 주주·주인으로서 일반 국민들의 견해를 평가에 반영했다. 즉, 2010년도까지 서비스를 직접 이용하는 이용자를 대상으로 고객만족도 조사만 수행했던 반면, 2011년도부터는 고객만족도 조사뿐만 아니라 간접 고객(일반 국민)을 대상으로 국민경제 기여도, 윤리·투명성, 신뢰도 등에 대한 국민체감도 조사를 추가로 실시하도록 개편했다.

제 3 절 현 제도 및 운영 방식[10)]

1 전체 체계

공기업·준정부기관 경영평가제도는 현재 기관 경영실적 평가제도, 기관장 경영계약 이행 실적 평가제도, 상임감사·감사위원 직무 수행 실적 평가제도 등 세 개의 하위제도(sub-system)로 구성된다. 구체적으로 살펴보면, 첫째, '경영실적 평가제도'(근거 법령: 공운법 제48조)는 공기업·준정부기관의 경영 노력 및 성과를 매년 평가하는 제도로서, 평가 대상기관의 경영책임성 확보 및 경영 개선 도모를 그 목적으로 한다. 둘째, '기관장 경영계약 이행실적 평가제도'(근거 법령: 공운법 제15조, 제48조)는 기관장의 경영계약 이행 노력과 성과를 평가하는 제도로서, 최고경영자의 역할 및

10) 이 절은 기획재정부(2011a). 「2012년도 공공기관 경영평가편람」을 참조하여 작성했다. 즉, 2012년 경영평가제도를 기준으로 작성되었다.

기관 현안 과제에 대한 전문컨설팅 제공 및 피드백을 통해 기관장의 리더십을 높이는 것을 그 목적으로 한다. 셋째, '상임감사·감사위원 직무 수행 실적 평가제도' (근거 법령: 공운법 제36조)는 상임감사 또는 감사위원의 직무 수행 노력과 성과를 매년 평가하는 제도로서, 감사 직무 수행의 적정성 및 책임성을 제고하는 데 그 목적이 있다. 구체적인 내용은 이하 부분에서 좀 더 자세히 설명하도록 한다.

2 평가 대상기관의 분류

현재 공공기관 경영평가제도는 기관 간 평가의 형평성 제고를 위해 기관 특성 및

표 10-6 공공기관의 유형

유형		유형 구분 기준	대상 기관
공기업	공기업 I	「공공기관의 운영에 관한 법률」 제4조 내지 제6조에 따라 지정된 공기업 중 사회기반시설(SOC)에 대한 계획과 건설, 관리 등을 주요 업무로 하는 대규모 기관	인천국제공항공사, 한국가스공사, 한국공항공사 등 10개 기관
	공기업 II	「공공기관의 운영에 관한 법률」 제4조 내지 제6조에 따라 지정된 공기업 중 특정 분야의 산업에 대한 진흥을 주요 업무로 하는 기관, 중소형 SOC기관, 자회사 등	대한석탄공사, 대한주택보증(주), 부산항만공사 등 17개 기관
준정부기관	기금관리형	「공공기관의 운영에 관한 법률」 제4조 내지 제6조에 따라 직원 정원이 50인 이상이고, 「국가재정법」에 따라 기금을 관리하거나 기금의 관리를 위탁받은 기관 중에서 기금관리형 준정부기관으로 지정된 기관	공무원연금공단, 국민연금공단, 국민체육진흥공단 등 13개 기관
	위탁집행형	「공공기관의 운영에 관한 법률」 제4조 내지 제6조에 따라 직원 정원이 50인 이상이고, 기금관리형 준정부기관이 아닌 기관 중에서 위탁집행형 준정부기관으로 지정된 기관	건강보험심사평가원, 교통안전공단, 국립공원관리공단 등 19개 기관
	중소형	「공공기관의 운영에 관한 법률」 제4조 내지 제6조에 따라 위탁집행형 준정부기관으로 지정된 기관 중에서 정원이 500인 미만인 기관과 기금관리형 준정부기관으로 지정된 기관 중에서 자산 규모(위탁관리하는 기금자산 포함)가 1조원 미만이고 정원이 500인 미만인 기관	국제방송교류재단, 농업기술실용화재단, 독립기념관 등 50개 기관

출처: 기획재정부(2011: 9-10).

규모, 평가 수행의 경제성 등을 고려하여 공공기관을 분류하고 있다. 우선 공공기관을 법상 기관 분류 기준인 공기업과 준정부기관으로 크게 분류하고, 공기업은 다시 공기업 I, 공기업 II, 준정부기관은 다시 기금관리형, 위탁집행형, 중소형으로 세분하고 있다. 각 기관 유형의 정의 및 각 유형에 해당하는 기관은 앞의 <표 10-6>과 같다.

3 평가 절차 및 평가단 구성

공공기관 경영평가의 평가 절차는 평가편람의 작성으로부터 시작한다(공운법 제48조). 평가편람은 평가 기준, 평가 방법, 평가 결과에 따른 조치 사항 등의 내용을 담고 있어야 한다(동법 시행령 제27조). 이후 평가 대상기관인 공기업 및 준정부기관은 매년 3월 20일까지 전년도 경영 실적을 기재한 보고서(경영실적보고서) 및 기관장이 체결한 이행에 관한 보고서를 작성하여 기획재정부 장관 및 주무부처의 장에게 제출한다(동법 제47조). 특히 경영실적보고서 중 계량지표 관련 실적에 대해서는 해당 계량 실적에 대해, 공운법 제43조에 따라 선정된 회계법인 또는 감사(감사위원회)로 하여금 그 정확성에 대한 확인을 받아 기획재정부에 제출해야 한다.

이후 기획재정부 장관은 좀 더 객관적이고 전문적인 평가를 위해 대학교수, 공인회계사, 전 민간 CEO 등 공기업 경영평가와 관련한 전문가들로 평가단[11]을 구성할 수 있다.[12] 2012년도 평가(2011년 경영실적 평가)의 경우 2월에 149명의 전문가들로 경영평가단을 구성했다. 2012년도 경영평가단 구성을 전년도와 비교하면, 평가지표가 감소됨에 따라 그 규모(2011년도 168명→2012년도 149명)는 축소되었다. 그러나 여성(7.7%→10.1%), 지방 근무(16.1%→17.4%), 이공계(3.0%→4.0%), 민간 CEO 경력자(5.4%→6.0%) 비중을 높여 평가위원의 구성은 전년도보다 다원화되었다

11) 공운법 시행령 28조에 따르면, 평가단이 될 수 있는 자격이 있는 자는 다음과 같다: ① 공공기관의 운영 및 경영관리에 관한 전문지식이 있는 대학교수, ② 정부출연연구기관에 소속된 박사학위 소지자 및 이에 준하는 자격이 있다고 인정되는 자, ③ 5년 이상의 실무 경험이 있는 공인회계사·변호사 및 경영자문 업무에 관한 전문가, ④ 그 밖에 공공기관의 운영 및 경영관리에 관한 전문지식과 경험이 풍부하다고 인정되는 자.

12) 공운법 제48조 6항: "기획재정부 장관은 제1항에 따른 경영실적 평가의 효율적인 수행과 경영실적 평가에 관한 전문적·기술적인 연구 또는 자문을 위하여 공기업·준정부기관경영평가단을 구성·운영할 수 있다."

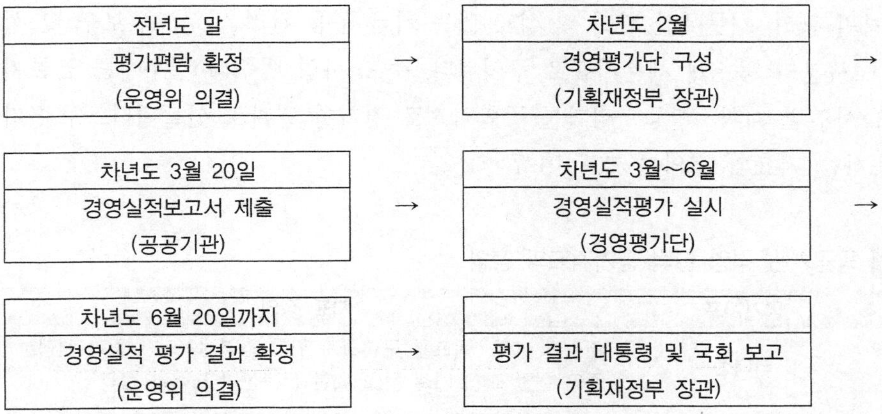

그림 10-1 공공기관 경영평가 평가절차

출처: 기획예산처(2007: 5).

(기획재정부, 2012a).

경영평가단은 경영 실적 평가를 위해 필요한 경우 추가 자료를 요구할 수 있고, 평가 대상기관은 추가 자료를 성실히 제출하도록 규정하고 있다. 경영평가단은 공기업, 준정부기관이 제출한 실적보고서 및 관련 자료를 기초로 하여 공기업, 준정부기관의 경영 실적을 평가하며, 필요한 경우 현장 방문, 공기업·준정부기관 임직원의 인터뷰 등을 하고 6월 20일까지 최종 평가 결과를 산출한다. 이후 공공기관운영위원회의 심의·의결을 거쳐 그 결과를 확정하고, 그 결과를 대통령 및 국회에 제출한다(동법 제48조).

4 평가지표 체계 및 평가 방식

1) 기관 경영실적 평가제도

기관 경영실적 평가제도는 리더십·책임경영, 경영 효율, 주요 사업 등 3개 평가 범주로 구성된다. 리더십·책임경영 평가 범주는 다시 리더십, 책임경영, 국민평가, 사회적 기여 등 4개 세부 지표로 구성되고, 경영 효율 평가 범주는 업무 효율, 조직 및 인적 자원 관리, 재무예산 관리 및 성과 또는 기금 운용 관리 및 성과, 보수 및 성과 관리, 노사관리 등 5개 세부지표로 구성된다. 주요 사업 범주의 경우에는 공공기관의 주요 사업별 계획·활동·성과를 종합적으로 평가한 결과로 산출된다. 각 평가 범주에 속하는 지표의 정의는 <표 10-7>과 같다.

표 10-7 공공기관 경영 실적 평가지표의 정의

평가 범주	평가지표		지표 정의
리더십·책임경영	리더십		기관의 비전·목표를 구현하기 위한 경영전략의 수립과 시행, 주요 현안 과제 해결 등을 위한 기관장의 노력과 성과
	책임경영		기관 운영의 투명성·윤리성 제고, 내부 지배구조의 활성화 등을 위한 자율·책임 경영 시스템의 구축 및 운영 노력과 성과
	국민평가		고객만족도 조사 결과와 국민체감도 조사 결과에 나타난 고객만족도와 국민체감도의 수준 및 개선 실적
	사회적 기여	사회 공헌	민간 부문의 일자리 창출, 공정사회 구현, 중소협력기업(기관) 등과 동반 성장, 기관의 특성에 부합하는 사회봉사 활동 등을 통한 사회 공헌 활동 노력과 성과
		정부 권장 정책	법령상 의무·권장 사항 및 주요 국가정책사업 등 정부권장정책에 대한 기관의 이행 실적
경영 효율	업무 효율		종합적인 업무 효율성 향상 실적
	조직 및 인적자원 관리		핵심 업무 수행을 위한 조직구조 및 인적자원 관리, 기능 조정 및 경영효율화, 출자·출연 및 부설기관 관리 등에 관한 노력과 성과
	재무 예산 관리 및 성과	재무예산 관리	지속 가능하고 건전한 재무구조 및 합리적 예산 운용을 위한 재무예산관리 시스템 구축 및 운영 노력과 성과
		재무예산 성과	기관의 경영 상황을 고려하여 재무(예산) 관련 안전성, 투자 및 집행효율성 등을 위해 중점관리가 필요한 사항에 대한 실적
		계량관리업무비	관리업무비 운용 실적을 평가한다. 계량관리업무비는 관리업무비를 매출액으로 나누어 산출
	보수 및 성과 관리	보수 및 성과관리	성과관리 체계의 구축 및 운영 노력과 성과, 보수 체계의 합리성 및 개선 노력과 성과
		총인건비 인상률	공기업·준정부기관 예산편성 지침의 총인건비 인상률 준수 여부
	노사관리		노사관계 합리성 제고를 위한 노력과 성과
주요 사업	주요 사업	비계량	주요 사업별 추진계획 수립, 집행 실적, 성과 및 환류의 적정성
		계량	주요 사업별 경영 성과의 목표달성도

출처: 기획재정부(2011a: 15-22).

각 지표의 가중치는 기관 유형별로 다르고 각 기관 유형별 지표의 구성 및 가중치는 <표 10-8>과 같다(중소형 준정부기관의 경우 부록 참조). 비록 기본적으로 지표별 가중치가 정해져 있기는 하나, 각 기관의 특성 및 처해 있는 상황에 맞는 평가를

표 10-8 공공기관 경영실적 평가지표 구성 및 가중치(중소형 제외)13)

평가 범주	평가지표	공기업		준정부기관							
				위탁 집행형		기금관리형					
						연금형		정책 금융형		사업 기금형	
		비계량	계량	비계량	계량	비계량	계량	비계량	계량	비계량	계량
리더십 · 책임 경영	1. 리더십	5		5		5		5		5	
	2. 책임경영	3		3		3		3		3	
	3. 국민평가		5		8		8		8		8
	4. 사회적 기여										
	–사회 공헌	2		2		2		2		2	
	–정부 권장정책		5		5		5		5		5
	소계	10	10	10	13	10	13	10	13	10	13
경영 효율	1. 업무 효율		8		6		6		6		6
	2. 조직 및 인적 자원 관리	4		4		4		4		4	
	3. 재무예산관리 및 성과										
	–재무예산관리	4		4		6		5		5	
	–재무예산성과		6		2		4		2		1
	–계량관리업무비		2		5		4		4		4
	4. 보수 및 성과관리										
	–보수 및 성과관리	4		4		4		4		4	
	–총인건비 인상률		4		4		4		4		4
	5. 노사관리	3		3		3		3		3	
	소계	15	20	15	17	17	18	16	16	16	15
주요 사업	소계	15	30	25	20	22	20	25	20	26	20
전체 합계		40	60	50	50	49	51	51	49	52	48

출처: 기획재정부(2011a: 13).

13) 중소형 유형의 평가지표 및 가중치에 대한 내용은 부록을 참조하기 바란다.

실시하기 위해 재무구조 개선이 필요하다고 판단되는 기관 등에 대해서는 경영효율 평가 범주에 속한 각 지표 및 그 지표의 가중치를 조정하여 설정할 수 있다. 예로, 한국토지주택공사(2012년 평가)의 경우 재무구조 개선을 위한 집중적인 노력이 요구된다고 판단되었고 그 결과 경영 효율 내 지표의 가중치를 조정했다. 즉, 별도의 부채 관련 평가지표(가중치 추가)를 추가 설정하고, 그에 따라 경영 효율에 속하는 평가지표의 가중치를 수정(일반지표 가중치 100점 + 부채 관련 평가지표 가중치 30점)하여 평가 결과를 도출했다. 또한 기금관리형 기관의 경우, '재무예산관리'와 '재무예산 성과' 지표 대신 '기금운용관리'와 '기금운용 성과' 지표를 적용했고, 중소형으로 구분된 기금관리형 준정부기관은 '재무예산 성과' 지표 대신 '기금운용관리 및 성과' 지표를 적용하여 평가했다.

각 지표별 점수는 평가점수에 가중치를 곱해 산출하고, 각 지표의 점수를 합산하여 기관의 종합 평가점수를 산출한다. 다만, 일부 지표를 적용할 수 없는 기관의 경우 그 지표에 대한 배점은 제외한 상태로 종합점수를 산출하고 이를 100점으로 환산한다. 예를 들어 고객만족도 및 국민체감도 조사 대상이 아니어서 리더십 · 책임경영 평가 범주의 평가지표 중 하나인 '국민평가' 지표(가중치: 8점)의 점수를 산출할 수 없는 위탁집행형 기관의 경우 92점 만점으로 평가한 후 이를 100점으로 환산한다. 기관의 종합평가 결과는 탁월, 우수, 양호, 보통, 미흡, 아주 미흡 등 6등급으로 구분

표 10-9 공공기관 경영 실적 평가 등급

등급	수준 정의
탁월	모든 경영 영역에서 체계적인 경영 시스템을 갖추고 효과적인 경영활동이 이루어지고 있으며, 매우 높은 성과를 달성하고 있는 수준
우수	대부분의 경영 영역에서 체계적인 경영 시스템을 갖추고 효과적인 경영활동이 이루어지고 있으며, 높은 성과를 달성하고 있는 수준
양호	대부분의 경영 영역에서 양호한 경영 시스템을 갖추고 있고 양호한 성과를 달성하고 있는 수준
보통	대부분의 경영 영역에서 일반적인 경영 시스템을 갖추고 있고 일반적인 경영활동이 이루어지고 있는 수준
미흡	일부 경영 영역에서 일반적인 경영 시스템을 갖추고 있지만 성과는 다소 부족한 수준
아주 미흡	대부분의 경영 영역에서 경영 시스템이 체계적이지 못하고 경영활동이 효과적으로 이루어지지 않으며 개선 지향적 체계로의 변화 시도가 필요한 수준

출처: 기획재정부(2011a: 47).

하며 (<표 10-9> 참조), 등급 구간은 기관 경영실적평가 평균점수 및 표준편차 등을 활용하여 평가 결과 확정 시에 공공기관운영위원회의 심의·의결로 결정한다.

2) 기관장 경영계약 이행 실적 평가제도

기관장 경영계약 이행 실적 평가제도의 경우에도, 기관 경영실적 평가제도와 마찬가지로, 리더십·책임경영, 경영 효율, 주요 사업 등 3개 평가 범주로 구성된다. 리더십·책임경영 평가 범주는 리더십, 책임경영, 국민평가, 사회적 기여 등 4개 세부지표로 구성되고, 경영 효율 평가 범주는 조직 및 인적 자원 관리, 보수 및 성과 관리, 노사관리 등 3개 세부 지표로 구성된다. 주요 사업 범주의 경우에는 공공기관의 주요 사업별 계획·활동·성과를 종합적으로 평가한 결과로 산출된다.

각 평가 범주에 속하는 지표 및 지표의 평가 결과는 일반적으로 기관 경영실적 평가제도의 지표 및 결과를 준용한다. 다만, '노사관리' 지표의 경우 기관과 기관장 간 노력 및 성과가 현저히 차이가 날 때에는 기관 평가 결과와 달리 평가할 수 있도록 규정하고 있다. 또한 기관 경영실적 평가제도에서 평가하지 않는 주요 사업 평가 범

표 10-10 기관장 경영계약 이행 실적 평가지표 구성 및 가중치

평가 범주	평가지표	가중치
리더십·책임경영	리더십	10
	책임경영	3
	국민평가	2
	사회 공헌	5
	소계	20
경영 효율	조직 및 인적 자원 관리	10
	보수 및 성과관리	10
	노사관리	20
	소계	40
주요 사업	주요 사업	30
	지속발전사업	10
	소계	40
전체 합계		100

출처: 기획재정부(2011a: 54).

주의 '지속발전사업' 지표의 경우 기관별 기관장 경영계획서에 따라 평가하되, 공기업·준정부기관 경영실적 평가의 비계량 평가 방법을 준용하여 "기관의 지속 발전에 기여할 수 있는 과제의 선정과 추진에 대한 기관장의 노력은 적정한가?"와 "추진 성과는 적절한가?" 두 개 질문 문항에 대해 평가를 한다. 각 평가지표의 구성 및 가중치는 앞의 <표 10-10>과 같다.

기관 경영실적 평가제도와 마찬가지로 각 지표별 평가점수는 지표별 평점에 지표별 가중치를 곱해 산출하고, 각 지표별 점수의 합으로 종합점수가 결정된다. 다만, 일부 지표의 점수를 산출하는 것이 불가능한 경우에는 해당 지표에 대한 배점을 제외한 상태에서 합계를 산출하고, 이를 100점으로 환산한다. 또한 총점은 다시 기관 경영실적 평가제도와 마찬가지로, 탁월, 우수, 양호, 보통, 미흡, 아주 미흡 등 6등급으로 변환되어 공표된다.

3) 상임감사·감사위원 직무 수행 실적 평가제도

상임감사·감사위원 직무 수행 실적 평가제도는 크게 감사활동의 적정성 및 직무성

표 10-11 상임감사 직무 수행 실적 평가제도 세부 지표 정의 및 가중치

평가지표	지표 정의	가중치
감사의 전문성·윤리성·독립성 확보	감사의 전문성·윤리성·독립성 확보 노력과 성과에 대해 평가한다.	15
내부통제 기능 강화	감사계획과 예방적 내부통제 진단활동의 적정성, 내부통제 시스템의 효과적인 운영과 성과, 감사결과물에 대한 공유 및 피드백 활동에 관해 평가한다.	15
내부감사 운영 성과 및 사후관리	감사원에서 수행한 자체감사활동 심사 결과를 반영	25
방만 경영 예방활동과 재발 방지	방만 경영 예방을 위한 관리 체계, 예방활동 실적, 방만 경영 사례에 대한 감사의 책임 이행 여부와 수준, 재발 방지를 위한 노력과 성과를 평가한다.	10
경영지침 준수 등에 대한 감사활동과 사후관리	정부의 경영지침 준수를 위한 효과적인 감사활동 노력을 평가하고, 위반 사항 등에 대한 감사의 책임 이행 여부 및 수준, 사후관리 노력을 평가한다.	10
투명·윤리 경영을 위한 노력	투명·윤리 경영을 지원하기 위한 감사의 활동 및 노력에 대해 평가하고, 기관의 청렴도조사 평가 결과를 함께 고려한다.	15

출처: 기획재정부(2011a: 63-64).

과(가중치: 90점)와 기관 경영평가 결과(가중치: 10점) 등 2개 평가 범주로 구성된다. 감사활동의 적정성 및 직무 성과는 다시 감사의 전문성 · 윤리성 · 독립성 확보, 내부통제 기능 강화, 내부감사 운영 성과 및 사후관리, 방만 경영 예방활동과 재발 방지, 경영지침 준수 등에 대한 감사활동과 사후관리, 투명 · 윤리 경영을 위한 노력 등 6개 세부 지표로 구성된다. 기관 경영평가 결과는 기관 경영실적 평가 결과를 준용한다. '감사활동의 적정성 및 직무성과' 평가 범주에 속하는 세부 지표의 정의 및 가중치는 <표 10-11>과 같다. 평가 방식 및 평가 결과 산출 방식은 위의 '기관 경영실적 평가 제도'와 동일하다.

5 평가 결과의 활용

공공기관 경영평가 결과는 크게 기관에 대한 관리상의 조치, 기관장에 대한 인사상 조치 또는 성과급 지급 등에 활용된다. 구체적으로 살펴보면, 첫째, 기관 경영실적 평가 결과 우수 기관에 대해서는 기획재정부 장관 표창 등 인센티브를 지급하는 반면, 부진 기관에 대해서는 차년도 경비예산을 삭감하는 등 불이익을 준다.[14] 또한 부진 기관에 대해서는 방만 경영의 원인을 분석하고 그 분석 결과를 토대로 기관의 서비스 경쟁력을 향상시킬 수 있도록 경영 컨설팅을 받도록 조치한다. 그리고 경영 컨설팅 결과에 따른 경영개선계획을 제출하고 이행하도록 조치한다.

둘째, 공공기관 경영평가 결과는 기관장에 대한 인사상 조치를 하는 데 활용될 수 있다. 즉, 기획재정부 장관은 기관 경영 실적이 부진한 기관의 기관장 또는 상임이사에 대해 공공기관운영위원회의 심의 · 의결을 거쳐 임명권자에게 해임을 건의할 수 있다. 또한 기관장 이행 실적 평가 결과가 '미흡'인 경우에는 경고 조치하고, 평가 결과가 '아주 미흡'이거나 2회 연속 경고 조치 대상인 경우에도, 공공기관운영위원회의

14) 2008년 경영평가 결과에 따라 전체 108개 기관 중 8개 유형별로 상위 2개 기관을 우수기관으로 선정하여 기획재정부 장관 표창을 수여하고, 차년도 경비예산을 기관별 여건을 고려하여 1% 이내에서 증액하여 편성하는 조치를 취했다. 반면, 15개 부진 기관(유형별 하위 20% 기관 중 평가점수가 66.7점 미만인 기관)에 대해서는 기관 경고 및 차년도 경비예산을 1% 삭감하여 편성했다. 또한, 경영 효율화를 위해 경영 컨설팅을 받도록 조치했으며, 경영 컨설팅 결과를 반영하여 경영개선계획을 제출하고 이행하도록 했다(기획재정부, 2008a).

심의·의결을 거쳐 기획재정부 장관이 임명권자에게 당해 기관장의 해임을 건의하거나 요구할 수 있다.

셋째, 공공기관 경영평가 결과는 기관 내 임·직원, 기관장 또는 상임감사·감사위원의 성과급을 결정하는 데 활용할 수 있다. 경영평가 성과급은 경영평가 결과에 따라 지급하되, 「공기업·준정부기관 예산지침」에 따라 편성된 예산 범위 내에서 지급한다. 성과급 지급률은 기관 경영실적 평가 결과, 기관장 경영계약 이행 실적 평가 결과, 상임감사·감사위원 직무 수행 실적 평가 결과 등을 고려하여 공공기관운영위원회 심의·의결을 거쳐 기획재정부 장관이 결정한다. 다만, '아주 미흡' 기관장은 성과급을 미지급하고, 2회 연속 경고를 받은 기관장은 당해 연도 성과급의 50%를 감액 지급한다.

넷째, 기관 경영실적보고서, 기관장 이행 실적 성과보고서, 상임감사·감사위원 직무 수행 실적 보고서 및 그 첨부서류 등을 제출하지 아니하거나 거짓으로 작성·제출한 경우에는 관련되는 지표를 '0점'으로 처리하고, 성과급도 허위 또는 오류에 대한 책임 정도를 감안하여 공공기관운영위원회 심의·의결을 거쳐 당초 결정된 수준보다 삭감할 수 있다.

제 4 절 제도의 성과와 한계 및 문제점

1 제도의 성과

공기업 경영평가제도는 1968년 경영실적평가제도를 시작으로 약 45년간 공기업의 경영효율성 및 서비스 품질 제고에 기여했다고 할 수 있다(기획재정부, 2010). 기획예산처(2004)에 따르면, 공공기관 경영평가제도 이전 정부투자기관 경영평가제도의 운영 성과는 <표 10-12>에서 보는 바와 같이 다섯 가지로 요약할 수 있다.

현재의 제도인 공공기관 경영평가제도는 이전 정부투자기관 경영평가제도를 수정한 제도로서 다음과 같은 기능을 수행할 수 있다.

표 10-12 정부투자기관 경영평가제도의 운영 성과

운영성과	주요 내용
경영평가지표를 통한 경영 향도 (feedforward)	평가지표를 통해 매년도 경영 목표를 구체적으로 설정하고 합리적 경영 방향을 제시하는 경영 향도의 역할을 했다. 노동생산성(1991), 노사관리의 합리화(1995), 구조조정 및 경영혁신 노력(2001), 고객만족도 향상(2001), 윤리경영 실천 노력(2004) 등
경영실적평가보고서를 통한 경영진단 및 환류(feedback)	전문가로 구성된 경영평가단에 의해 투자기관의 경영상 문제점을 지적(1999년~2001년: 4,444건의 문제점 및 권고 사항 제시)하고 지적된 문제점에 대한 시정 조치 노력을 다음 연도 평가에서 확인·점검하므로 대부분의 지적 사항을 개선하려고 노력함.
경영혁신 촉매 및 확산	투자기관 간 인위적인 경쟁 환경을 조성하여 효율성 및 공익성 제고 등 자발적인 경영혁신 제고를 촉진하고 탁월한 경영혁신 사례나 노하우에 대한 공유 및 확산 유도
공기업 경영의 효율성·공익성·투명성 제고	노동생산성, 주요 사업, 경영고정자본생산성 등의 계량지표가 대부분 통상적인 기대 수준 이상의 우수한 실적을 달성하고 고객 중심 경영 마인드 확산으로 고객만족도 수준이 매년 개선되었다. 또한 경영 실적에 대한 객관적인 자료를 국회, 대통령에게 보고하고 국민에게 공개해 경영투명성을 제고하는 데 기여했다.
국내 부문 평가제도를 선도	국내적으로 출연연구기관평가, 기금운용평가, 정부산하기관평가, 정부기관 평가제도 등 공공 부문 평가제도 확산에 기여했고 국제적으로 아시아, 남미 등 여러 나라로 경영평가제도가 확산되었다.

출처: 기획예산처(2004).

첫째, 정부와 공공기관의 역할을 명확하게 정의하고 명문화함으로써 정부의 무분별한 경영 개입에 따른 문제를 해소할 수 있다.

둘째, 공공기관 경영진이 창의성 및 기업가 정신을 발휘할 수 있는 제도적 여건을 조성한다.

셋째, 경영성과 평가를 통해 공공기관 경영자에게 경영효율성 제고에 노력하도록 동기를 부여할 수 있고, 조직구성원에게 목표 달성에 대한 책임 의식과 동기를 부여할 수 있다.

넷째, 경영평가제도는 공공기관 최고경영자의 경영 목표를 명확하게 설정함과 동시에 해당 기업의 상업적인 목적과 공익적인 목적의 조화를 통해 공공기관이 지닌 대리인의 행태를 효과적으로 통제할 수 있다.

다섯째, 공공기관의 비효율성이 발생하는 원인 중의 하나로 공공기관 내·외부로부터의 경쟁 압력이 결여되어 있다는 점을 지적할 수 있는데, 경영평가제도는 공공기관의 경영혁신을 위한 시장 원리와 경쟁 원리를 도입해 혁신적 기업가 정신을 촉발할 수 있다.

여섯째, 평가 결과가 공공기관의 경영에 환류되어 경영 개선을 유도하는 관리 순환의 과정을 구성하고 있어서 평가 과정에서 경영 현안에 대한 진단과 개선 방안이 도출될 수 있으며, 우수한 제도나 관리 시스템을 벤치마킹하는 노력을 촉진할 수 있다.

일곱째, 공공기관의 경영 투명성을 제고하는 데 기여할 수 있다(박석희, 2009: 1-2).

경영평가제도가 실제로 이러한 기능을 하는지를 살펴보기 위해, 박석희는 2008년도 공공기관 경영평가단의 평가위원 전체를 대상으로 e-메일 전수조사를 실시했다. 그 중 회수된 52명에 대한 설문조사(1부 부실로 제외) 결과는 <표 10-13>과 같다. 조사 결과, 각 사항별로 차이가 있기는 하나, 대다수의 평가위원은 공공기관 경영평가제도의 성과에 대해 긍정적으로 인식하고 있는 것으로 나타났다.

표 10-13 공공기관 경영평가제도의 운영 성과(7점 척도)

설문 문항	평균	표준편차
경영평가제도 통한 정부와 공공기관 간 역할 재정립 기여	5.39	1.34
경영진 경영 성과에 대한 사후평가 통한 책임경영 체제 구축 기여	5.29	1.35
경영진 경영효율성 제고와 구성원 목표 달성 책임 의식 제고 동기부여	5.18	1.40
최고경영자의 명확한 경영 목표 설정 및 대리인 형태의 효과적 통제에 기여	4.86	1.39
공공기관 상호간 및 내부의 조직과 개인 상호간 경쟁환경 조성 기여	5.14	1.44
관리 능력 향상 지침 제공 및 관리순환 과정에 대한 진단과 개선 방안 도출 기여	5.06	1.33
경영활동과 성과에 대한 공개성 및 투명성 제고 기여	5.39	1.22

출처: 박석희(2009: 3) 수정.

2 한계 및 문제점

공기업 경영평가제도는 이미 언급한 바와 같이, 공기업의 방만한 경영 방지, 경영 개선 등과 같은 다양한 순기능을 수행하고 있는 측면이 있다. 그러나 동시에 평가의 부담, 부적절한 평가지표, 평가의 공정성 등 다양한 문제가 끊임없이 제기되어 왔다(유훈, 1997; 권민정 · 윤성식, 1999; 김준기, 2001; 조택, 2007; 2008). 물론 1968년 경영

실적평가제도가 최초로 도입된 이후 45년간 제도가 진화되는 과정 속에서 상당 부분 문제가 수정되기는 했지만, 여전히 다양한 문제가 제기되고 있다(공동성 외, 2010; 곽채기, 2010; 김지영, 2010; 이오 · 유승현, 2010; 정성호 · 정창훈, 2010).[15] 이 절에서는 이전 연구에서 제기되었던 문제 중 2010년 제도 개편 이후에도 여전히 문제가 될 수 있는 과제들에 대해서만 기술한다.

첫째, 계속적으로 지적되어 오던 문제로 기관 유형화와 관련하여 평가의 타당성 또는 형평성은 여전히 문제시되고 있는 것으로 볼 수 있다. 이에 대해, 곽채기(2010)는 비록 현행 평가제도가 기관 간 유형화를 통해 평가의 타당성 및 형평성을 제고하고자 했으나, 평가지표 체계가 기관 유형과 상관없이 표준화되어 있어서 유형 분류의 실익이 없다고 지적했다. 즉, 예외적으로 일부 지표(재무예산관리, 재무예산성과, 자본생산성 등 3개 지표)를 제외하고는 대다수의 지표가 기관 유형과 상관 없이 동일하게 적용되고 있어서, 평가의 적실성과 타당성, 평가의 공정성과 공평성 측면에서 문제가 있다는 것이다.

둘째, '방만 경영 방지'라는 취지와 관련하여, 정성호 · 정창훈(2012)은 현행 평가지표 체계가 이를 담보할 수 없음을 지적했다. 즉, 그들에 따르면, 현행 지표 체계 하에서는 각 공기업의 재무건전성을 직접적으로 측정할 수 있는 지표가 존재하지 않고, 간접적으로 측정할 수 있는 재무예산관리와 재무예산성과 지표의 가중치도 총점의 5%에 불과해 경영 평가점수에 미치는 영향력이 매우 적다. 또한 두 지표 중 재무예산 관리지표는 재무예산관리 시스템 구축 여부 등을 평가함에 따라 재무건전성과 무관하게 평가되고, 재무예산성과 지표는 개별 기관에서 내부 경영 상황에 맞게 지표를 결정할 수 있도록 하고 있어 적실한 지표를 선정한다기보다는 높은 평가점수를 받을 수 있는 지표를 선정하는 전략적 행태가 나타날 수 있다. 예를 들어, 한국석유공사 등은 부채관리의 중요성을 인식하여 내부적으로 '부채 비율'을 성과지표로 관리하면서도 경영평가에서는 높은 평가점수를 얻기 위해 '총자산 회전율'을 성과지표로 선정

---

15) 예를 들어, 곽채기(2010)는 경영평가제도를 시행하면서 발생되는 문제를 다음과 같이 열 가지로 정리하고 있다: ① 공기업과 준정부기관 경영평가제도의 통합 · 분리 문제, ② 기관평가와 기관장평가의 통합 · 분리 문제, ③ 기관(평가) 유형 분류 문제, ④ 평가지표 체계의 특성화와 표준화 문제, ⑤ 평가지표 수의 간소화와 세부화 문제, ⑥ 계량지표 대 비계량지표의 비중 문제, ⑦ 평가(등급 부여) 기준 설정 문제, ⑧ 기본 점수 부여 문제, ⑨ 평가 결과 발표 방법의 문제, ⑩ 인센티브 상여금의 차별화 수준 및 지급 방식의 문제.

하는 행태를 보였다.

셋째, 평가 결과의 활용과 관련하여, 곽채기(2010)는 현재 인센티브 상여금(500%)이 공기업 구성원들의 동기부여에 영향을 미치기에는 너무 적어서 크게 기여를 하지 못하고 있다고 지적했다. 즉, 본질적으로 인센티브 상여금(500%)의 상당수 재원(300%)이 기존에 직원들에게 지급되는 기본 보수에서 할당되는 것이기에 최대로 받아도 결국 200%를 추가로 받는 것에 불과하지 않아 성과 향상 유인책의 기능을 하지 못한다는 것이다.

넷째, 현행 평가제도의 경우 임직원 간 인센티브 상여금의 차등 지급을 하나의 항목으로 평가하고 있고 이는 경영평가제도(공기업 관리자들에게 경영자율권을 부여하고 사후에 평가를 통해 책임을 묻는다)의 취지에 어긋나는 측면이 있다. 즉, 경영평가를 하는 이유는 관리자에게 인사·조직·예산 등에 대한 관리상 자율권을 부여하고, 성과에 따른 책임을 묻는 사후통제 기능에 있는데, 기관장 또는 관리자의 재량을 침해할 수 있는 항목으로 평가를 할 경우 관리상의 자율권이 침해될 수 있다. 또한 조직구성원 간 과도하게 성과급을 차등 지급할 경우 동기부여보다는 사기 저하를 일으킬 가능성이 높다. 실제, 한국가스공사 임직원과의 인터뷰 결과,[16] 현행 경영평가제도가 이 기관의 자체 성과관리제도 운영에 제약을 주고 있어 자율권이 침해되고 있다고 언급했다. 또한 본사 내 업무 간 성과를 비교하기 힘든 부서 간에도 성과급을 차등 지급함으로써 불만을 상당히 많이 제기하는 것으로 나타났다. 특히 임금의 역전 현상(상급자인 실장보다 하급자인 팀장의 연봉이 높은 현상)이 벌어지는 경우 상당한 사기 저하를 야기하고 있다고 진술했다.

다섯째, 계량화된 지표를 통한 평가가 공기업들로 하여금 좀 더 장기적이고 본질적인 목표 달성보다는 단기간의 지표 달성에만 치중하게 만드는 유인이 될 수 있다. 예를 들어, 부채 비율을 너무 엄격하게 적용시킬 경우, 장기적인 투자보다는 단기적인 수익률 개선에만 급급하게 만들 수 있다. 실제 한국가스공사 임원의 진술에 따르면, 경영평가제도에서 요구하는 부채 비율에 대한 평가가 실제 부채의 성격을 고려하지 않고 이루어지고 있어, 자칫 장기적인 투자를 저해하는 요인이 될 수 있다.

---

16) 저자는 2012년 7월 26일에 한국가스공사 임직원들과 가스공사 성과관리 체계와 관련하여 인터뷰를 실시했다.

이 밖에도 공동성 외(2010)는 공공기관 경영평가제도의 하위제도인 상임감사·감사위원 직무 수행 실적 평가제도는 감사원의 자체감사 활동 심사제도 간 유사성 및 중복성에 따른 평가 부담의 문제를 지적했다. 또한 김지영(2010)은 실제 성과정보를 평가지표의 점수로 간단화하는 과정에서 정보의 손실이 있음을 지적했다.

제 5 절 소결

이 장에서는 공기업의 성과관리를 평가하는 제도라고 할 수 있는 공기업 경영평가제도에 관해 알아보았다. 공기업 경영평가제도는 초기 예산 및 인사 등에 관한 사전적 통제로부터 각 기관에게 재량을 부여하고 사후에 그 결과를 평가함으로써 경영에 대한 책임을 묻는 방식의 사후적 평가의 방향으로 발전했다. 현재는 경영 실적뿐만 아니라, 리더십·책임경영 지표를 통해 국민 평가와 사회 공헌, 정부 권장 정책의 추구 등 다양한 목표에 대한 노력을 평가하고 있다. 이 밖에도 기관장 경영계약 이행실적 평가제도와 상임감사, 감사위원 직무 수행 실적 평가제도 등 다층적인 평가제도를 통해 적실성 있는 평가와 인센티브 제공, 효율성 제고를 위한 유용한 정보 제공을 도모하고 있다.

이러한 경영평가제도는 한편으로는 공기업 경영의 효율성, 공익성, 투명성을 제공하고 경영혁신에 유용한 정보를 생산하여, 공기업 운영에 대한 책임성을 담보한다는 차원에서 순기능을 하고 있다고 평가받는다. 그러나 다른 한편으로는 성격이 다른 기관에 동일한 지표를 적용하는 문제, 실질적인 재무건전성을 측정할 수 없는 문제, 관리자의 재량을 저해할 수 있는 문제 등의 한계들도 가지고 있다. 그럼에도 불구하고 공기업 경영평가제도는 이윤을 추구하는 사기업과 공공성을 추구하는 정부기관과 달리, 공익성과 수익성을 동시에 추구하는 공기업의 특성상 그 평가가 어렵지만 필수적인 제도라고 할 수 있다. 특히 현재의 경영평가제도가 한계를 가지고 있기는 하지만, 이 제도를 대체할 수 있는 방법이 없는 한, 지속적으로 문제점을 확인·보완하고 발전시킬 수 있도록 해야 할 것이다.

참고 문헌

공동성 · 이창길 · 공병천 · 고성철 · 윤기웅 · 김성원 (2010). 공공기관 자체감사에 대한 심사와 평가 일원화 방안 연구. 감사원.

곽채기 (2010). 공공기관 경영평가의 평가와 발전 방향. KIPF 공공기관 동향, 22-53.

권민정 · 윤성식 (1999). 정부투자기관의 규모와 특성에 따른 경영평가 결과의 차별화에 관한 분석. 한국행정학보, 33(1): 47-62.

기획예산처 (2004). 공기업 경영평가에 따른 인센티브 차등을 확대해야. 보도자료. 2004년 4월 14일.

――― (2005). 정부산하기관 경영평가에 따른 인센티브제도 실시. 보도자료. 2005년 3월 23일.

――― (2007). 공공기관 경영평가제도 혁신 방안 공청회 개최. 보도자료. 2007년 11월 28일.

기획재정부 (2008a). 공기업 · 준정부기관 2007년도 경영실적 평가 결과 및 후속 조치. 보도자료. 2008년 6월 20일.

――― (2008b). '08년도 기관장 경영계획서 이행실적 평가지침 시행. 보도자료. 2008년 8월 27일.

――― (2010). 공공기관 경영평가제도 대폭 개편. 보도자료. 2010년 12월 29일.

――― (2011). 2012년도 공공기관 경영평가편람.

김용우 (2006). 공기업원론. 형설출판사.

김준기 (1999). 공기업개혁과 민영화: 정책의 부재?. 한국정책학회보, 8(1): 207-229.

――― (2001). 공기업 경영평가제도의 성과와 향후 과제. 한국행정연구, 10(1): 97-123.

김지영 (2010). 경영평가제도와 공기업의 수익성. 재정포럼, 172: 26-46.

박석희 (2006). 공공부문의 성과관리와 조직역량: 차단된 시계열설계를 통한 13개 공기업의 실증분석. 한국행정학보, 40(3): 219-244.

――― (2009). 공공기관 경영평가제도의 최근 쟁점과 과제. 한국행정학회 동계학술발표논문집.

유훈 (1997). 정부투자기관 통제제도의 변모. 행정논총, 35(2): 205-219.

이상철 (2007). 한국 공기업의 이해. 대영문화사.

이석원 (2005). 조정성과지표를 사용한 공공기관의 성과측정: 정부투자기관 경영평가에의 적용. 한국행정학보, 39(4): 81-104.

이오 · 유승현 (2010). 공공기관 경영평가제도의 문제점 및 개선 방안 연구. 감사원.

정성호 · 정창훈 (2012). 공공기관의 재무건전성 제고 대안. 재정학연구, 5(2): 195-232.

조성봉 (2002). 공기업민영화정책의 평가와 향후 정책 방향. 공공경제, 7(2): 311-352.

조택 (2007). 공공기관의 경영평가지표 개편안에 관한 연구. 한국거버넌스학회보, 14(3): 285-313.

――― (2008). 준정부기관 경영평가제도의 변천과 개선 방향에 관한 연구. 한국거버넌스학회

보, 15(3): 155-178.
Bakker, K. J. (2000). Privatizing Water, Producing Scarcity: The Yorkshire Drought of 1995. *Economic Geography*, 76(1): 4-27.
Kornai, J. (1992). *The Socialist System: The Political Economy of Communism.* New Jersey: Princeton University Press.

〈부록〉 준정부기관 중 중소형 유형의 지표 및 가중치

평가 범주	평가지표	중소형	
		비계량	계량
리더십 · 책임경영	1. 국민 평가		8
	2. 정부 권장 정책		5
	소계		13
경영 효율	업무 효율		6
	2. 재무예산 성과 -재무예산 성과 -계량관리업무비		 2 5
	3. 총인건비 인상률		4
	소계		17
주요 사업	주요 사업 성과관리의 적정성	10	
	2. 주요 사업 성과		20
	소계	10	20
전체 합계		10	50

출처: 기획재정부(2011a: 14).

Chapter
11 자치단체 성과관리: 경상남도*

제 1 절 성과관리 도입 배경

1 도입 배경

1980년대 이후 행정개혁의 일환으로 신공공관리론(New Public Management: NPM)과 함께 성과관리에 대한 관심이 대두했고, 우리나라도 2001년 「정부업무 등의 평가에 관한 기본법」 제정을 계기로 중앙부처 및 지방자치단체에서 균형성과표(Balanced Scorecard: BSC) 도입 등 성과관리제도를 운영하고 있다.

특히 2005년 행정자치부(현 행정안전부)가 성과관리를 위한 균형성과표(BSC) 도입 등 지방자치단체에 성과관리제도 도입을 지원했고, 이에 따라 경상남도는 2008년부터 본청 및 산하기관에 BSC를 실시했다. 성과관리제도의 종류로는 목표관리제, 직무성과계약제, 자체평가, BSC 등이 있으나 대부분의 지방자치단체는 자체평가와 균형성과표를 시행하고 있다.

---

* 정국조: 국무총리실 정책분석평가실. 경상남도청 행정사무관

표 11-1 자치단체 성과관리제도 운영 현황(2011년 말 기준)

구분	평가 방식				시스템 도입 (전산화)	평가 실시 주체
	소계	자체평가 (평가지표 ×)	자체평가 (평가지표 ○)	BSC (성과/평가지표 ○)		
지자체 수	244	31 (13%)	131 (54%)	82 (34%)	83 (34%)	직접평가 : 232 외부위탁 : 12

* 16개 광역시도의 경우 16곳 중 15곳(94%), 기초자치단체의 경우 228개 중에서 68곳(30%) 정보 시스템 도입
* 출처 : 행정안전부 내부자료

2 추진 근거

「정부업무평가 기본법」(제18조 제1항)에서는 지방자치단체의 장은 그 소속기관의 정책 등을 포함하여 자체평가를 실시하도록 규정하고 있으며, 행정안전부 장관은 평

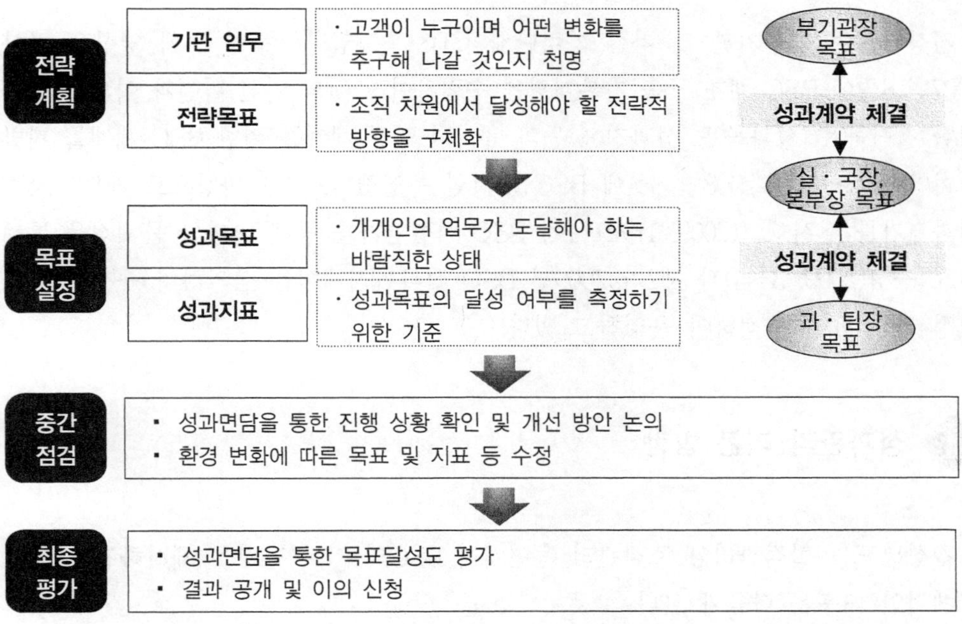

그림 11-1 성과계약평가의 흐름

* 출처 : 경상남도 성과관리시행계획(2011).

가의 객관성 및 공정성을 높이기 위해 평가지표, 평가 방법, 평가 기반의 구축 등에 관해 지방자치단체를 지원할 수 있도록 규정하고 있다.

평가 대상 실·국장 및 과장에 대해 「지방공무원 평정 규칙」(제6조)에 의거 연간 수행할 성과목표를 설정하거나 성과계약을 체결하도록 규정하고 있으며, 이는 기관의 책임자와 관리자 간에 공식적인 성과계약을 체결하여 성과목표 및 지표 등에 관해 합의하고, 당해 연도의 '성과계약'에 의해 개인의 목표달성도를 평가하여 그 결과를 인사관리에 반영하기 위한 제도이다. 운영에 필요한 세부적인 사항은 「지방공무원 성과평가 등에 관한 지침」(행정안전부 예규 제240호)에 의해 시행하며, 평가 실시 방향, 대상 업무, 평가 시기 등을 심의하기 위한 평가위원회 구성·운영에 관해서는 「경상남도 업무 등의 평가에 관한 규칙」(규칙 제2976호)을 두고 있다.

3 성과관리제도 연혁

경상남도는 정부기관 및 다른 자치단체의 BSC 도입 및 운영 등에 영향을 받아 2007년 8월에 BSC 체계 구축 기본계획을 수립하여 조직의 미션 비전과 이의 실현을 위한 전략목표, 성과목표, 성과지표 등의 유기적 연결 체계를 위한 BSC 체계를 개발하여(2007. 9~12), 2008년 8월에 BSC를 시험 운영했다. 이를 바탕으로 제1차 BSC 성과평가를 실시했고(2009. 1~2), 1차 BSC 시범평가를 통해 나타난 문제점을 통해 지표 수정(2009. 3~4)과 제2차 2009년 BSC 성과관리계획을 심의하여 수정된 목표 설정 및 지표를 수정하여 운영하고 있다.

4 성과관리 기본 방향

경상남도는 실적관리와 조직관리 측면에서 BSC의 기본 방향을 제시하고 있으며, 구체적인 내용은 다음과 같다

첫째, 조직 실적관리 체계 구축을 위한 성과관리 방안이다. 경상남도는 BSC를 조직 실적관리의 중심 체계로 파악하여 성과측정 및 관리의 중심 도구로 활용하고 도

정 우수 시책 선정 및 간부공무원의 실적평가에 BSC 실적 결과를 반영하도록 했다.

둘째, 조직관리 도구이다. 경남도는 BSC를 조직관리에 효율적으로 두루 활용하기 위해 고객 관점·업무 관점·내부 운영 관점·학습 성장 관점에서 지표를 개발하여 조직의 장·단기 목표 실현과 조직 역량을 동시에 제고했다. 또한 업무 추진 현황의 상시 모니터링으로 정책의 추진 과정 및 결과에 대한 지속적 관리를 강조하고, 평가 결과의 공개를 통한 행정책임성을 강조하고 있다.

이러한 운영의 기본 방향은 결과 지향적 성과지표 설정으로 산출지표 및 결과지표가 대부분을 차지하고, 그 외 투입 및 과정 지표의 비중은 낮다.

제 2 절 직무성과 평가 운영

최근 직무성과 평가 운영을 분석하기 위해 2011년과 2012년의 직무성과 평가를 분석했다.

1 2011년

1) 성과관리 목적

민선5기 도정 비전인 대한민국 번영 1번지를 체계적이고 효과적으로 달성하기 위한 전략목표와 성과목표·지표를 개발하여 도정 성과를 균형적으로 관리하는 것을 목표로 두었다. 동시에 조직의 전략목표 및 성과목표를 활용하여 4급 이상 간부 공무원의 직무성과계약을 체결함으로써 개인과 조직의 성과를 연계했다.

2) 추진 개요

성과평가의 자체평가 실시는 「정부업무평가 기본법」 제18조에, 성과계약의 체결 등은 「지방공무원 평정 규칙」 제6조, 성과계약 등 평가는 「공무원 성과평가 등에 관한 규정」 제4조 및 제7조에 그 근거를 두고 있다.

평가 대상은 도의회사무처와 시·군소방서를 제외한 도 본청(10개 실·국·본부, 50개 과)과 직속기관(3), 사업소(12)이다. 평가 기간은 2011년 1월 1일~12월 31일이며, 평가 시기는 2012년 1월로 연도말 기준 연 1회 평가를 실시한다.

평가 결과는 우수부서 표창 및 시상과 함께 4급 이상은 성과연봉에 반영하고 평가 결과도 도 홈페이지 공개, 정책 및 서비스 개선에 반영한다.

3) 전년도(2010)와 달라진 점

부서별 성과지표 수를 축소하는 평가의 간소화를 통해 부서 부담을 경감시켰다. 이에 따라 2010년에는 고유지표 417개, 실행 과제 1,366개였으나, 2011년에는 고유지표를 담당별로 1~2개를 설정하여 560개를 만들었으며 실행 과제는 추진하지 않았다. 또한 실적 입력 주기도 분기별에서 반기별로 조정했고, 공통지표는 정책기획관실에서 일괄 입력하도록 하여 부서 부담을 줄였다.

성과관리 결과의 공개와 도민 참여를 활성화하기 위해 성과관리 전문가를 업무평가위원으로 위촉하여 위원회에서 활동하도록 했으며, 도민 만족도 조사 결과와 부서별 성과관리 결과도 홈페이지에 공개하여 도민의 의견을 수렴했다.

'목표 대비 실적'으로만 평가하면 목표를 낮게 설정한 지표가 높게 평가되는 경향이 있으므로 공정성 확보를 위해 정성평가 지표를 확대하고, 지표에 대한 대표성·난이도·도전성 등 심사위원 평가를 늘렸다.

또한, 원만하고 효율적인 평가를 수행하기 위해 성과관리 시스템과 온나라 시스템을 연계하여 전자문서를 증빙자료로 바로 첨부할 수 있도록 개선하여 실적 입력에 따른 직원 부담을 줄이고 평가의 공정성과 신뢰성을 확보했으며, 예산 조기 집행 실적 향상을 위한 조기 집행 실적을 전 부서 성과지표로 관리하고, 행정제도 선진화 제도 개선 과제 발굴을 성과지표에 추가했으며, 공개 협업 참여도를 공통지표로 추가하는 등 새로운 공통지표를 개발하여 활용했다.

4) 운영조직 및 절차

BSC 성과관리 운영조직의 구성은 업무평가위원회, 분야별 소위원회, 성과관리 담당자로 구분한다. 이에 앞서 평가의 기본 단위는 본청 및 직속기관의 과 단위를 평가 기본 단위로 하며 평가 단위 조직에서 성과관리 담당자를 지정하여 성과지표를 관리하도록 했다. 운영 조직별 역할은 다음과 같다.

첫째, 업무평가위원회의 설치 근거를 「정부업무평가 기본법(제18조)」, 「경상남도 업무 등의 평가에 관한 규칙」에 의거하고, 설치 목적은 평가의 공정성과 객관성 제고에 있다. 위원 수는 위원장 2인을 포함한 25명으로 행정부지사와 민간위원 1인을 공동위원장으로 하고 분야별 소관 외부 전문가를 위원으로 구성한다. 업무평가위원회의 역할은 평가 제도 기본 방향 및 운영 방안 심의 및 결정, 결정된 평가 등급 및 평가점수에 대한 최종 확정, 평가 결과에 대해 소명이 제기된 조직에 대한 심의 및 결정 등을 수행한다.

둘째, 분야별 소위원회는 업무평가위원회 평가위원 전문 분야별로 설치하여 비계량지표에 대한 정성적 평가를 수행하여 업무의 중요도 및 난이도에 대한 평가 등급을 부여하는 기능을 가지며, 일반행정, 보건복지, 문화관광, 지역경제, 농림수산, 건설도시, 환경산림 등 7개 분야로 구성되어 있다.

셋째, 성과관리 담당자는 각 실・과에서 성과관리 담당자를 지정하여 해당 부서의 성과관리, 목표치 설정, 가중치 산정 및 최종 성과물에 대한 검증작업을 수행하고 BSC 시스템에 성과 데이터를 입력한다.

BSC 성과관리 운영 절차는 당해 연도 기본 계획을 수립한 후 모든 실・국 및 과에서 성과관리 시행계획을 수립하여 성과지표를 개발하고 확정한다. 이어 「공무원 성과평가 등에 관한 규정」에 의거, 도지사와 실・국장 및 과장 간 성과계약을 체결한다. 해당 부서에서는 성과관리 시스템에 성과 실적을 입력하고 성과관리 부서인 정책기획관은 이를 검증한다. 그리고 성과지표에 대한 정량적인 평가 이외에 평가의 신뢰성을 확보하기 위해 내・외부 평가단을 구성하여 정성평가를 실시한다. 내부 평가단은 부서별 주무담당 또는 선임 주무관 1명씩 추천을 받아 구성하고, 외부 평가단은 업무평가위원의 참여로 실시하게 된다.

모든 부서에서는 해당 업무의 성과를 스스로 평가하고 자체평가보고서를 기술하며, 총괄부서에서는 주요 과제별 평정 결과와 실・과별 자체평가보고서를 참조하여 추진 성과, 문제점 및 개선 방안 등을 종합 정리한다. 평가 결과 최종보고서는 자치단체장에게 보고하고 필요한 조치를 이행한다. 후속 조치로 평가 결과가 우수한 부서에 대한 시상과 4급 이상 간부 공무원에 대한 성과연봉 반영 등을 실시하여 평가에 대한 부서장과 직원의 관심도를 향상시켰다.

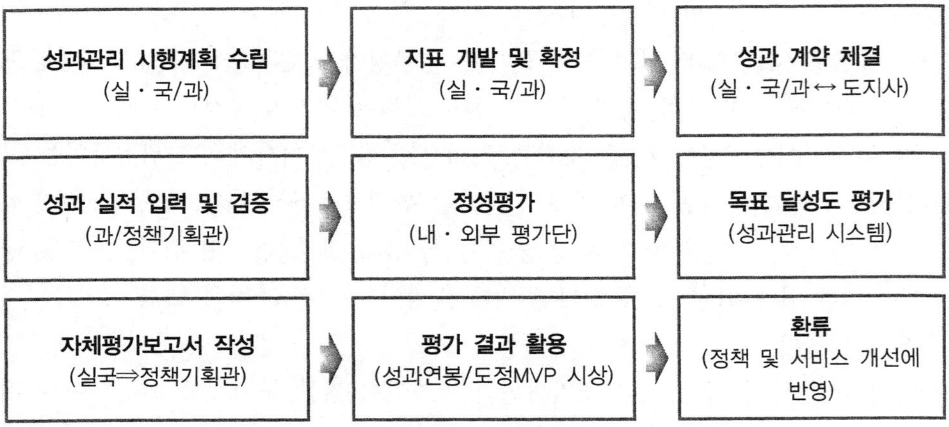

그림 11-2 BSC 운영 절차

* 출처 : 경상남도 성과관리시행계획(2011).

5) 성과관리 체계

2011년 경상남도의 성과관리 체계는 미션과 비전, 전략목표, 성과목표, 성과지표로 구성되었다.

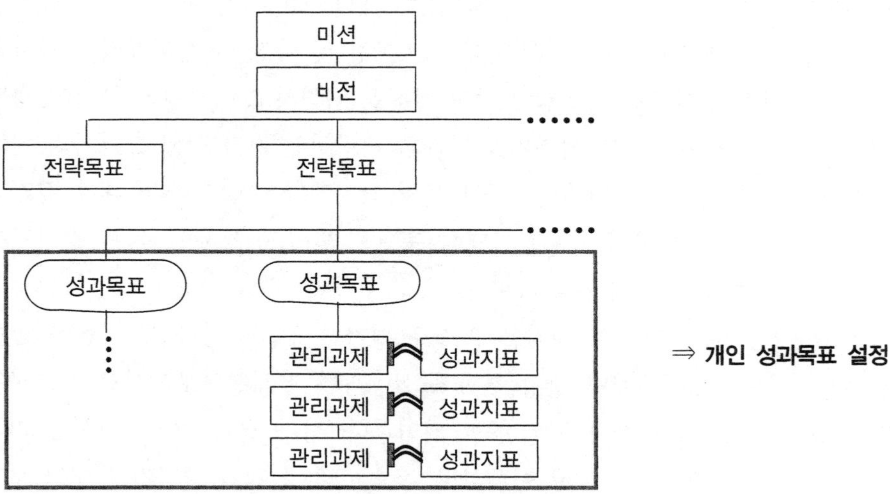

그림 11-3 성과관리 체계도

* 출처: 경상남도 성과관리시행계획(2011).

(1) 미션

경상남도의 2011년 미션은 "매력과 희망이 넘치는 인간 · 환경 · 문화 중심의 경남"으로 수립했다.

(2) 비전과 전략목표

비전은 "대한민국 번영 1번지 경남"으로 선정했다. 이를 위해 다섯 개의 전략목표를 수립했다. 전략목표는 조직의 미션과 비전을 감안하여 해당 기관이 최대 중점을 두고 지향하거나 추진해야 할 내용으로 ① 일자리 창출 및 미래 신성장 동력 육성, ② 다 함께 행복한 보편적 복지 실현, ③ 기회와 희망을 나누는 균형 발전, ④ 쾌적하고 풍요로운 생활환경 조성, ⑤ 소통과 공개, 참여로 열어가는 자치 경남 조성으로 설정했다.

(3) 성과목표

해당 연도의 성과목표로서 '전략목표' 달성을 위한 수단으로 전략목표-성과목표-관리과제 간의 연계성이 확보될 수 있도록 하며, 최종적인 효과를 파악할 수 있도록 결과 지향적으로 설정했다. 공약 사항, 주요 업무계획, 도지사 지시 사항 등에서 해당 부서가 중점을 두고 당해 연도에 추진해야 할 내용을 반드시 포함했다.

(4) 관리과제

성과목표 달성을 위한 수단으로서 개별 정책 또는 사업 단위를 의미하며, 예산 · 비예산 정책 · 사업을 포괄하며, 관리과제는 성과목표 달성을 위해 성과관리가 필요한 정책 · 사업을 대상으로 선정했다.

[사례] 성과목표에 따른 관리과제

- 성과목표: 우수 인력을 선발 · 육성하고 안정적인 근무 여건 조성으로 도정 경쟁력을 강화한다. (인사과)
- 관리과제: ① 전략적 인사관리를 통해 효율적인 인력 운영(인사 담당)
  ② 개방과 경쟁 중심의 공정하고 투명한 채용제도 개선(고시교육 담당)
  ③ 상생 협력의 건전 노사문화 정착(공무원단체 담당)
  ④ 공무원 후생복지 지원(후생 담당)
  ⑤기록물의 효율적 관리(기록정보 담당)

(5) 성과지표

성과목표와 이의 달성을 위해 추진하는 개별 정책 또는 사업 단위인 관리과제별로 최소한 1개 이상의 성과지표 제시가 원칙이며, 성과목표별 성과지표는 의도한 성과를 통합적 시각에서 파악할 수 있도록 가급적 관리과제별 성과지표와 구별되는 대표성 있는 성과지표를 제시했다.

[예시]

구분		성과지표
성과목표	청년 고용을 촉진한다.	• 청년 고용률
관리과제	청년 취업 및 중소기업 인력 확보 지원	• 중소기업 취업 알선 인력 수
	대학 취업 지원 기능 강화	• 취업 지원 프로그램 수 및 참여율

6) 평가 체계

기본적으로 조직의 성과를 개인의 성과에 연계하도록 평가 체계를 구성했다. 성

표 11-2 평가 체계(2011년)

평가 분야	구분	배점	평가 내용	평가 주체
성과지표 평가	고유 지표	50점	• 부서별 성과지표 달성도 측정	정책기획관
	공통 지표	20점	• 도민만족도, 공개 협업 참여도 • 예산 조기 집행 실적 • 행정제도 개선 과제 발굴 • 상시 학습 시간 • 연가활용도, 전화 친절도	정책기획관 예산담당관 열린행정과 인사과 열린행정과
	내부평가단	10점	• 업무의 중요도, 노력도, 난이도	내부직원
	업무평가위원	20점	• 성과지표에 대한 대표성, 난이도, 도전성	업무평가위원
가감점 평가	가점평가	5	• 정부합동평가, 기관 표창, 우수 부서 선정, 예산 절감, 도 제안 채택, 훈포장 등	정책기획관
	감점평가	−5	• 감사 결과 징계, 의원 요구 자료 기간 내 미제출, 도지사 공약 사항 및 지시 사항 전산 입력 및 추진 지연	정책기획관
조정평가		±3	• 조직관리 능력 및 업무 추진력	행정부지사
		±5	• 도정 성과 기여도	도지사

＊ 출처 : 경상남도 성과관리시행계획(2011).

과지표 중의 하나인 고유지표 평가는 성과관리 시스템을 활용하여 실적 입력, 검증 및 평가가 이루어지며, 달성도 평가는 실적/목표 × 100 × 가중치의 합으로 계산했고, 이때 평가점수 및 적용 달성률은 100점으로 제한했다.

공통지표 평가는 평가부서 주관으로 평가 기준(방법, 순위 결정 등)에 의해 실시하고, 평가 결과를 정책기획관실에 송부하며 업무평가위원 평가와 내부 평가단 평가는 정성평가로 이루어지며, 도전적이고 창의적인 지표 설정을 유도하고 목표 하향 설정을 예방하기 위해 부서별 고유 지표를 대상으로 실시했다. 업무평가위원은 지표 대표성, 지표 난이도, 목표 도전성을 평가했고, 내부평가단은 업무의 중요도와 업무의 난이도를 평가했다.

7) 결과 활용

성과관리 결과의 효용성을 높이기 위해 성과평가 결과가 우수한 주요 지표를 가진 부서에 대해 도정 MVP로 선정 표창했다. 최우수 1개, 우수 2개, 장려 3개 등 총 6개 부서를 선정하여 1천만 원을 시상했다. 이에 따라 시책 추진 성과 우수 부서의 사기가 높아졌고, 성과평가에 대한 인센티브 부여로 도정 성과 향상에 기여했다.

4급 이상 일반직 및 별정직 공무원, 소방정, 4급 상당의 연구·지도관, 4호 이상의 계약직(개방형)을 대상으로 간부 공무원 성과연봉을 지급했다. 평가는 성과지표 평가(100점) + 상훈, 징계 등 가감점(±5점) + 업무 추진, 도정 성과 기여도 등 조정평가(행정부지사±3, 도지사±5)의 합산 점수로 했다.

2 2012년

1) 성과관리 목적

민선5기 도정 비전인 "대한민국 번영 1번지 경남"을 체계적이고 효과적으로 달성하기 위한 전략목표와 성과목표·지표를 개발하여 도정 성과를 균형적으로 관리하는 것을 목표로 두었다. 동시에 조직의 전략목표 및 성과목표를 활용하여 4급 이상 간부 공무원의 직무성과계약을 체결함으로써 개인과 조직의 성과를 연계했다.

2) 추진 개요

평가 대상은 도의회 사무처와 시·군 소방서를 제외한 도 본청(10개 실·국·본부, 50개 과)과 직속기관(3), 사업소(12)이다. 평가 기간은 2012년 1월 1일~12월 31일이며, 평가 시기는 2013년 1월로 연도말 기준 연 1회 평가를 실시한다.

평가 결과는 우수 부서 표창 및 시상과 함께 4급 이상은 성과연봉에 반영하고 평가 결과도 도 홈페이지 공개, 정책 및 서비스 개선에 반영한다.

3) 전년도(2011)와 달라진 점

성과평가가 목표달성도 평가에 치중함에 따라 계량화하기 어려운 주요 현안 및 공약·지시 사항 등 주요 정책과제는 평가 반영에 미흡했었다(2011년 부서평가에 공약 140건 중 60건에서 2012년 경우 90건 반영). 이에 따라 주요 정책과제는 추진 과정의 충실성 및 문제 해결 정도 등 정성평가 위주로 평가함으로써, 주요 업무 추진 성과를 높이도록 유도했다.

도 홈페이지에 성과관리 공개 시스템을 보완하여 반기별로 실적을 공개했다. 또한,

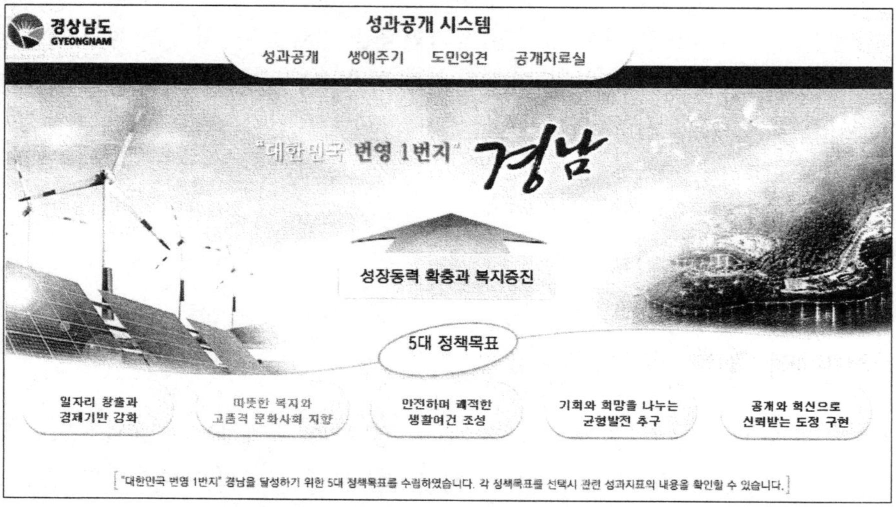

그림 11-4 성과공개 시스템 화면

* 출처: 경상남도 성과관리시행계획(2011).

성과지표 중 도민의 생활과 밀접한 관련이 있는 분야별 지표를 공개하고, 도민 의견을 실시간으로 듣기 위해 게시판 기능도 추가했다.

평가의 공정성을 높이기 위해 성과관리 시스템에 의한 목표달성도 평가를 축소(70→60%)하고, 정성평가를 확대(30→40%)하여 목표치 하향 설정 경향을 방지했다. 부서장의 경우 부서평가에서 우수한 점수를 받아도 부서장 연봉 반영 외에는 인센티브가 없었던 점을 보완하기 위해 도정 MVP와 함께 성과평가 우수 부서 시상도 추가했다. 이때는 본청 · 직속기관 · 사업소를 분리 평가하여 직속기관 · 사업소에도 폭넓게 수상 기회를 제공했다.

4) 운영조직 및 절차

BSC 성과관리 운영조직의 구성과 절차는 전년도와 유사하다.

5) 성과관리 체계

2012년 경상남도의 성과관리 체계는 미션과 비전, 전략목표, 성과목표, 성과지표로 구성되었으며, 이는 전년도와 유사하다.

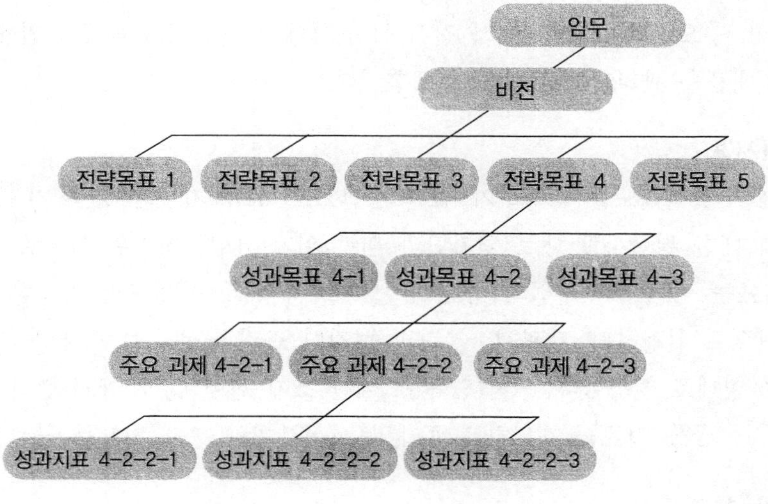

그림 11-5 성과관리 체계도(2012년)

* 출처: 경상남도 성과관리시행계획(2012).

(1) 미션

경상남도의 2012년 미션은 "성장 동력 확충과 복지 증진"으로 정하고, 그에 따라 성과관리 시행계획을 수립했다.

(2) 비전과 전략목표

비전은 "대한민국 번영 1번지 경남"으로 선정했다. 이를 위해 다섯 개의 전략목표를 수립했다. 전략목표는 조직의 미션과 비전을 감안하여 해당 기관이 최대 중점을 두고 지향하거나 추진해야 할 내용으로 ① 일자리 창출 및 경제 기반 강화, ② 따뜻한 복지와 고품격 문화사회 지향, ③ 안전하고 쾌적한 생활 여건 조성, ④ 기회와 희망을 나누는 균형 발전 추구, ⑤ 공개와 혁신으로 신뢰받는 도정 구현으로 설정했다.

(3) 성과목표

전략목표를 구체화하는 하위 목표로서 당해 연도에 달성하고자 하는 내용으로 설정하되 부서별로 정했다. 성과목표는 당해 연도 동안 성과의 개선 수준을 성과지표를 통해 확인할 수 있을 정도로 구체적이고 명확하게 수립했다. 또한 성과목표는 일반적·추상적 표현이 아닌 구체적 내용으로 작성하며 표현 방식은 표어 형태로 수립했다.

(4) 관리과제

공약 사항, 주요 업무계획, 도지사 지시 사항 등에서 해당 성과목표와 연계하여 추진해야 할 내용을 관리과제로 반드시 포함했다.

(5) 성과지표

성과목표의 달성정도를 측정하기 위한 수단으로 고유 지표와 공통 지표가 있고, 성과지표에 대한 평가자로 내부 평가단과 외부 평가단(업무평가위원)으로 구성되었다. 성과지표는 정책이나 사업의 목표 달성도를 측정할 수 있도록 가능한 한 객관적·정량적으로 설정하되, 객관적·정량적 설정이 곤란한 경우는 최대한 이를 담보할 수 있는 형태로 설정했다. 도민 만족도, 예산 조기 집행 실적, 공개 협업 실적, 전화 친절도 등 공통 지표를 제외하고 70개 부서 471개의 고유 지표를 구성했다.

6) 평가 체계

2012년 평가성과지표는 주요 정책과제, 고유 업무 과제, 공통 과제, 가감점 등 일곱

표 11-3 평가 체계(2012)

평가 분야		배점	평가 내용
부서 평가	주요 정책 과제	30	• 과별 주요 정책 과제 평가 – 실과 1개(공약 · 지시 사항 위주)
	고유 업무 과제	50	• 부서별 관리과제 평가 – 과별 4~6개(400개 정도) – 목표달성도 60%, 정성평가 40%
	공통 과제	20	• 도민 만족도(6), 예산 조기 집행 실적(6), 공개 협업 실적(5), 전화 친절도(3)
	가감점	±7	• 정부 합동평가 결과 (±3), 외부 청렴도 측정 결과 (±3) • 연가 미달(−1), 상시학습 미달(−1) • 정책개발 우수(0.3) • 징계(−0.3), 기관 표창(0.3)

* 출처: 경상남도 성과관리시행계획(2012).

가지로 구성했다. 주요 정책과제는 공약 · 지시 사항 및 주요 정책을 부서장의 명확한 임무로 부여하여 도정 주요 사업에 대한 책임성을 확보하여 성과를 창출할 수 있도록 했다.

평가 대상은 실국별 실과별로 공약 · 지시 사항 · 주요 핵심 업무 중 1개를 선정하도록 하여 실국은 성과관리 시행계획상 전략목표 14개, 과는 성과관리 시행계획상 성과목표 70개를 운영했다.

평가는 정량적 추진 성과와 함께 추진 노력도, 과정상의 난이도 등 질적 · 정성적 평가에 중점을 두었다. 실국 주요 정책과제 평가는 연 1회 업무평가위원회에서 평가하며, 평가 기준은 세 가지로서 추진 과정의 충실성은 계획 수립 및 사업 추진 과정의 충실성으로, 정책 추진 노력도는 문제 해결을 위해 적극적 사업 추진 노력도로, 목표달성도는 정책 목표달성도를 측정 항목으로 하여 평가했다. 과 주요 정책과제 평가는 실 · 국 · 원 본부장이 소속 부서 추진 성과에 대해 상대평가를 실시하는 것으로서 소속과 사업소 인원별 평가 등급 인원을 부여해 S, A, B, C등급으로 평가를 실시했다.

고유 업무 과제의 평가 대상은 성과관리 시행계획상 관리과제로, 성과관리 시스템을 활용하여 실적을 입력하고 검증하여 평가했다. '실적/목표 × 100 × 가중치의 합'으로 목표치 달성도(60%)를 평가했고, 업무평가위원과 내부 평가단의 정성평가(40%)를 수행했다.

공통 과제의 평가 항목은 '도민 만족도(배점 6점, 목표치 100점), 예산 조기 집행률(배점 6점, 목표치 60%), 공개 협업 참여도(배점 5점, 목표치 30점), 전화 친절도(배점 3점, 목표치 95점)'의 4개 항목이다.

도민 만족도는 사업의 직접 수혜자인 민원과 고객을 상대로 하는 사업 부서와 내부 지원 부서를 대상으로 각 부서 핵심 업무에 대한 만족도를 고객 관점에서 평가했다. 이를 위해 부서별 핵심 업무, 민원·고객명단을 외부 전문기관에 제공하여 조사를 실시했다. 참고로, 2011년에는 모든 부서를 대상으로 무작위 추출된 200명을 대상으로 만족도 조사를 실시했으나, 2012년에는 부서별 차별화된 고객을 대상으로 설문조사를 실시했다.

예산 조기 집행률는 6월 말 집행액을 기준으로 하여 부서별 조기 집행 목표액 달성도를 평가했다. 공개 협업 참여도는 평가 항목이 ① 사전공표 행정정보 목록 공표실적(10점), ② 행정정보 공개 건수(5점), ③ 공무원 제안 실적(15점)이다. 전화 친절도는 전화 문의에 대한 신속성, 정확성, 태도 등의 친절도를 조사하는데, 외부의 전문모니터 요원을 통해 민원 고객을 가장하여 전화 통화를 실시했다.

7) 결과 활용

성과지표 최다 득점 15개 중 업무평가위원회의 선정으로 도정 MVP 우수 시책 1개를 선정하여 2013년 1~2월 중 시상한다.

또한, 4급 이상 일반직 및 별정직 공무원, 소방정, 4급 상당의 연구·지도관, 4호 이상의 계약직(개방형)을 대상으로 간부공무원 성과연봉을 지급하며, 평가는 실국원장(2~3급)은 실국 주요 정책과제 평가(30%), 소관 부서 부서평가 평균점수(70%), 조정점(행정부지사 ±3, 도지사 ±5)의 합산 점수로 하며, 과장급은 부서평가 +조정점(행정부지사 ±3, 도지사 ±5)으로 한다.

참고 문헌

경상남도청 (2011). 경상남도 성과관리시행계획.

———(2012). 경상남도 성과관리시행계획.

국무총리실 (2011). 정부업무평가 기본계획. 국무총리실.

———(2012). 정부업무평가 기본계획. 국무총리실.

Chapter 12

자치단체 성과관리: 전라북도*

제1절 직무성과 평가 체계 구축 과정

「정부업무평가 기본법」 제정(2006) 이후 통제 지향적인 평가에서 통합 성과관리 체계로 평가 방향이 전환되면서 중앙부처를 시작으로 대부분의 자치단체가 균형성과표(BSC)[1]를 도입 운영하고 있다.

전라북도는 2005년에 행정자치부로부터 시범기관으로 선정되어 2006년 11개 부서 시범 운영을 시작으로 2007년 상반기에는 73개 전 부서를 대상으로 시범 실시했으며, 하반기에는 직무성과 평가를 6급 이하 전 직원으로 확대하고 다면평가 실시 등 평가 방법을 보완하여 성과관리를 한층 업그레이드했다.

2008년부터는 전국 최초로 개인별 직무성과 평가와 BSC 부서평가를 통합, 다원화된 평가 업무를 단일 시스템화하여 개인과 조직의 성과를 연계함으로써 단위 업무에 대한 결과 중심 평가 방식에서 과정과 효과에 대한 관리 중심 평가 방식으로 전환하고, 도민의 성과 체감도 측정 결과를 평가에 반영, 수요자 중심의 책임행정을 구현할

---

* 성제훈: 국무총리실 정책분석평가실. 농촌진흥청 연구관
김철태: 전라북도 기획관리실 성과관리과

1) 균형성과표(BSC)는 네 가지(고객, 재정, 내부 과정, 학습 성장) 관점의 균형적 결합을 통해 조직의 비전과 전략을 달성하기 위한 장·단기 핵심 성과지표를 도출하고 성과지표 간의 인과관계를 규명함으로써 효율적으로 조직의 성과를 관리하기 균형적 성과관리 방법이다.

수 있는 기반을 마련했다.

특히 다른 시·도의 경우 BSC를 단순히 부서 단위만 평가하여 4급 이상 성과급에 활용하고 있으나, 전라북도는 통합 방식에 의한 모든 직원에 대한 평가 결과를 인사와 성과상여금 지급에 활용하는 등 한 단계 발전된 성과관리제도를 운영하고 있어 다른 시·도는 물론 민간기업의 벤치마킹 대상이 되고 있다.

또한 평가의 공정성 및 수용성 제고를 위해 전 직원 설명회, 설문조사, 노조 협의, 기업체·중앙부처 벤치마킹, 전문가 포럼, 성과관리연구회 등 다양한 채널을 통해 지속적으로 평가 체계를 보완함으로써 공정성·객관성이 확보된 도정의 전략관리 수단으로 자리매김하고 있다.

제 2 절 직무성과 평가 운영

최근 직무성과 평가 운영을 분석하기 위해 2011년과 2012년의 직무성과 평가를 분석했다.

1 2011년

1) 성과관리 전략 체계

(1) 미션

전라북도의 2011년 미션은 "도민의 역량을 결집하여 기업 투자를 적극 유치하고, 첨단 신산업 육성으로 신성장 동력 및 좋은 일자리를 창출 도민 경제를 활성화시키고, 저탄소 녹색성장 중심, 새만금 명품 복합도시 조성, 친환경 고품질 농업 육성, 적극적인 생활 공감형 행정 서비스를 통하여 고루 잘 사는 따뜻한 복지를 실현하고, 매력적인 문화관광자원을 개발함으로써 도민의 행복지수를 향상시키고 활력 있는 전북을 건설한다"로 수립했다.

(2) 비전

비전은 "첨단 미래산업과 일자리 창출로 앞서가는 전북, 도민이 함께 잘사는 따뜻한 전북"으로 선정했다.

(3) 전략 체계도

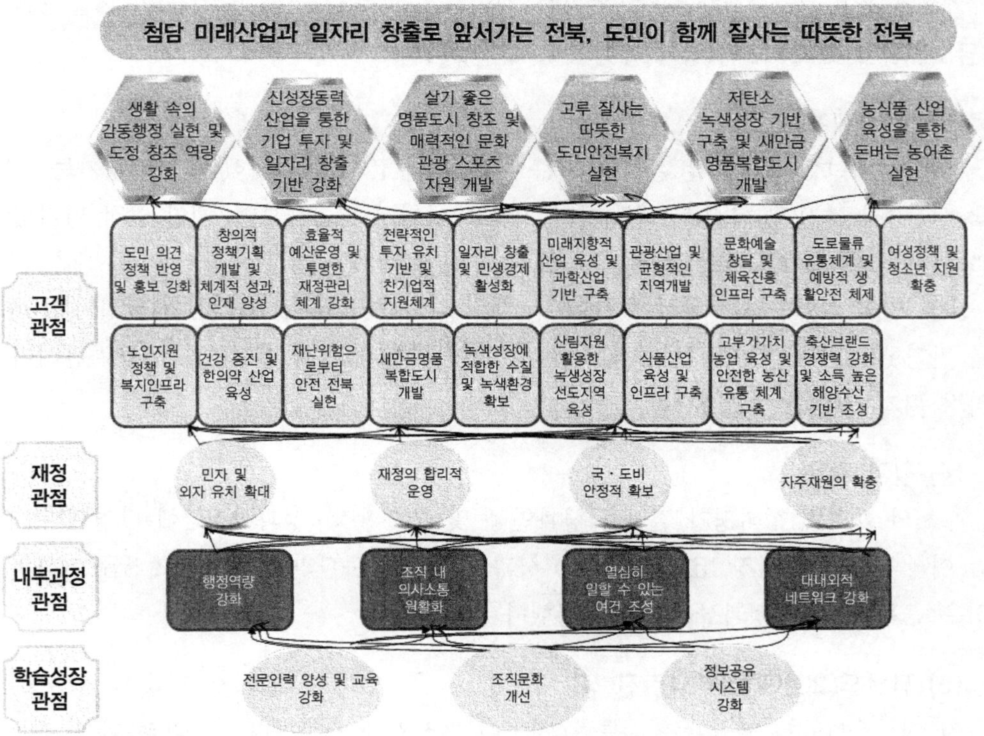

그림 12-1 전라북도 2011년 성과관리 전략 체계도

출처 : 전라북도 성과관리시행계획(2011).

2) 평가 개요

(1) 평가 목표

2011년 평가의 목표를 '조직 차원의 비전과 전략 달성에 중점을 둔 부서평가를 개인평가에 연계하여 도정의 추진 동력 가속화 및 효율성 제고'와 '일과 성과 중심의 평가 체계 운영으로 공정성 및 수용성 확보'에 두고 추진했다.

(2) 평가 대상

의회 사무처와 소방서는 자체 성과평가를 실시하므로 평가 부서에서 제외하고 70개 부서(본청 43, 직속기관 13, 사업소 13, 경제자유구역청 1)를 평가 부서로 결정했다.

개인 평가의 경우 장기교육 파견자를 제외한 1,606명(실국장 15, 4급 74, 5급 255, 6급 이하 1,262)을 개인 평가 대상자로 결정했다.

(3) 평가 체계

평가는 매년 5·11월 말 실적을 기준으로 6월과 12월에 실시했다. 부서평가는 고객 설문, 지표 실적, 부서환경 세 가지 지표로 나눠서 평가했으며, 개인 실적 평가와 관리자 역량 평가를 실시했다.

5급 이상 직원의 경우 부서평가 50%, 개인 실적 평가 40%, 관리자 역량 평가 10%를 반영했고, 6급 이하 직원의 경우는 부서평가 40% + 개인 실적 평가 50%, 관리자 역량 평가 10%를 반영했다.

(4) 결과 활용

부서와 개인별 성과평가 결과는 성과연봉 및 근무평정·성과상여금에 반영했다. 4급 이상의 경우(실국장 15, 실과장 74) 성과연봉 및 인사관리에 반영했고, 5급 이하의 경우 근무평정 및 성과상여금에 반영했다.

(5) 전년도(2010년)와 달라진 점

전 직원을 대상으로 설문조사를 실시하여 개선점을 도출했다. 그 결과 먼저 부서별로 S등급 비율을 최대 35% 이내로 제한하여 평가 관대화(寬大化)를 방지한 점을 들 수 있다. 또한, 성과 가점 반영 분야를 당초 국정시책 합동평가 등 중앙평가에서 국정시책 합동평가·부분평가 등 중앙평가로 확대했고, 성과 가점 반영 대상도 당초 해당 분야 담당에서 해당 분야 담당·담당자로 확대했다. 동시에, 부서평가 감점제(penalty)를 시행하여 도지사 지시 사항 관리 소홀 부서에 대해 감점을 주는 제도를 도입했다.

3) 평가 세부 추진계획

(1) 평가의 공정성 확보

평가의 공정성을 확보하고 불필요한 오해를 막기 위해 개인별 평가 순위와 평가 결과(순위, 등급)를 내부 온라인망에 공개했다. 또한 우수 성과자 및 소수 직렬 직원의 구제를 위한 이의신청제를 운영하여 1차 실국 단위 조정위원회를 거쳐 2차 성과관리위원회 의결을 통해 구제할 수 있는 제도를 만들었다.

고객명단을 외부 고객과 내부 고객으로 구분했다. 외부 고객은 부서별 유관기관, 단체, 위원회 전문가 중심으로 구성했고, 내부 고객은 부서 근무 경험자를 2배수 확보하여 무작위로 추출했다. 이를 통해 고객 설문평가의 수용성을 높였다.

앞에서 서술한 '전년도(2010년)와 달라진 점'에서 언급한 것처럼 전 직원 설문조사를 반영하여 부서별 S등급 비율을 제한하는 것과, 부서 감점제를 도입하고, 가점 반영 대상을 확대했다.

(2) 연공서열 극복을 위한 성과 중심의 평가 시스템 확립

관리자의 평가 성향을 지속적으로 분석하여 온정적·연공서열 위주의 평가자에게 '이메일 경고'를 하고, 실국장이 관리자 평가 시 실·과 내 순위를 변경할 수 없게 하는 등 엄격하게 관리하고 있다. 동시에 성과가 우수한 부서(현장 행정 추진 실적, 일자리 창출 실적)와 개인(중앙 단위 평가, 공모 유치 실적, 신규 일자리 창출 등 시책 발굴·제안 채택·규제개혁 과제 발굴)에게는 가점 부여했고, 성과가 우수한 10개 부서에 대해 포상을 실시했다.

(3) 전략목표별 역량 집중을 위한 부서 간 횡적 평가 체계 운영

도정 역점 과제인 '일자리 창출'과 '민생 안정 시책'을 부서 간 협력 지표로 설정하여, 부서별 성과지표의 인과관계 분석→공동 협력 대상 선정→관련 부서 간 성과지표 공동 개발→추진 실적을 해당 부서의 부서평가에 반영이라는 과정을 통한 횡적 평가 체계를 운영했다.

4) 평가 체계

기본적으로 조직의 성과를 개인의 성과에 연계하도록 평가 체계를 구성했다. 특

표 12-1 전라북도 2011년 성과관리 평가 체계

구분	내용
실국장	· 산하 부서평가 평균 50점(실적평가 70%+고객설문평가 30%+부서환경 역량평가 10%) · 100대 핵심 정책과제가 포함된 개인지표 실적평가 40점 · 부지사 평가 5점 · 도지사 평가 5점
실과장	· 부서평가 50점(실적평가 70%+고객설문평가 30%+부서환경 역량평가 10%) · 100대 핵심 도전 과제 및 국정시책 합동평가지표가 포함된 개인지표 실적평가 40점 · 실국장 평가 2.5점, 부지사 평가 2.5점 · 도지사 평가 5점
5급 상당	· 부서평가 50점(실적평가 70%+고객설문평가 30%+부서환경 역량평가 10%) · 부서지표 중 담당하는 개인지표 실적평가 40점 · 실과장 평가 5점 · 실국장 평가 5점
6급 이하	· 부서평가 40점(실적평가 70%+고객설문평가 30%+부서환경 역량평가 10%) · 실과장책임 직무실적평가(5급 담당급+실과장) 50점 · 실과장 평가 5점 · 실국장 평가 5점

출처: 전라북도 성과관리시행계획(2011).

히, 5급 이상은 조직의 리더로서 부하 육성, 관리책임 등 부서평가를 중시하고, 6급 이하는 관리책임보다는 개인의 능력을 중시한 개인 성과를 중시하도록 체계를 구성했다.

5) 평가 요소별 세부 내용

(1) 부서평가

단기 성과 중심의 2~3개 개인 지표 달성도 평가를 개선하여, 개인과 조직의 성과를 연계하도록 했다. 이를 위해 조직 차원의 비전과 전략을 달성하기 위한 성과지표를 설정, 도민 체감도 · 만족도 등을 반영하는 평가 항목으로 부서 협력 강화를 통한 조직의 효율성을 제고하고자 했다.

평가는 지표실적평가 70점(성과지표 달성도 23.5% + 실행과제 달성도 23.5% + 지표성격평가 23%)과 고객설문평가 30점(지표 기여도 15% + 과제 적절성 15%), 부서환경 역량평가 10점을 합했다.

지표실적평가는 성과지표와 실행과제의 목표달성도를 평가하기 위해 성과지표 및 실행과제 달성도 평가를 한 후, 외부 전문가에 의한 정성평가 및 목표 도전성, 난이도, 타당성, 외부 환경 요인 등 지표별 성격평가 결과를 종합했다.

고객 설문평가는 부서별 정책고객을 대상으로 성과지표와 추진 과제에 대한 도민 체감도·만족도 등을 설문하여 평가했다. 기존 자체평가 방식에서는 달성도 100% 이상의 성과가 있음에도, 실제 도민의 성과 체감도가 낮게 나타나는 것을 보완하고자 고객을 직접 행정성과평가에 참여시키는 방법을 고안했다.

부서환경 역량평가는 지표 실적평가와 고객 설문평가의 합으로 나타난 평가 결과에 영향을 미치는 부서환경 역량 정도를 반영함으로써 부서별 평가환경의 출발선을 조정할 수 있도록 했다. 이를 위해 평가자는 과장급 이상의 관리자와 타부서 직원 중 해당 부서 근무 경험자 중에서 선정했고, 평가 항목은 부서별 내부 환경(인력·예산 등), 업무난이도, 외부 환경(업무 성격·규제·수혜), 부서 이미지(선입견·긍정적·부정적) 등을 지표로 고려했다.

(2) 개인 평가

조직의 목표와 개인 목표를 유기적으로 연계하기 위해 부서 지표 내에 개인별로 2~3개의 지표를 두었으며, 부서 평가점수가 낮아도 우수한 개인 지표 성과로 보완받을 수 있게 했다.

구분된 업무 수행이 가능한 5급 이상은 BSC 담당 지표에 의해 직무평가 결과를 반영했고, 6급 이하는 실과장 책임 직무평가 결과를 반영했다.

(3) 관리자 역량평가

현안 사업에서 최대한 노력했음에도 불가피한 사정으로 목표를 달성하지 못해 직무성과 평가 결과가 낮게 평가된 것을 보완하기 위해 조직을 전반적으로 파악하고 있는 관리자의 의견을 반영하여 평가를 조정할 수 있도록 했다.

(4) 가·감점 반영

표 12-2 평가 요소별 가점 및 감점 반영(2011년)

구분			반영 대상	배점	반영 기준	비고
가점	부서	현장행정 추진 실적	해당 부서 전 직원	최대 0.2점	• 도지사 및 행정·정무부지사 참여 실적에 따라 등급별(S, A, B, C) 차등 부여 - S등급 0.2점 - A등급 0.15점 - B등급 0.1점 - C등급 0.05점	기존
		일자리 창출 실적	〃	최대 0.5점	• 실적에 따라 등급별(우수, 보통, 미흡) 차등 부여 - 우수(15부서) 0.5점, 보통(53부서) 0.2점 - 미흡(8부서) 0.1점	〃
	개인	중앙평가 수상 실적	해당 분야 담당·담당자	최대 1점	• 수상 실적에 따라 부여 - 가등급(최우수) 상당 : 각 0.2점	〃
		공모사업 유치 실적	공모사업 담당·담당자	최대 1점	• 중앙단위 공모사업 선정 시 사업비 규모 등을 감안 개인별 차등 부여	〃
		제안 채택 신규 시책 발굴 규제개혁 실적	우수 시책 발굴 직원	최대 1점	• 일자리 창출 등 신규 우수 시책 1건당 각 0.2점 • 창안·제안 채택 시 1건당 각 0.2점 • 규제개혁 과제 발굴·채택 시 각 0.2점	〃
감점	부서	도지사 지시 사항 관리 소홀	해당 부서 전 직원	무제한	• 추진 실적 1회 미등록 시마다 0.1점	신규

출처: 전라북도 성과관리시행계획(2011).

6) 2011년 말 직무성과 평가 주요 내용

앞에서 설명한 직무성과 평가 운영으로 2011년 말에 전라북도에서는 아래와 같은 성과를 거뒀다.

(1) 전국 최고 수준의 성과관리 운영

한국경제신문과 글로벌 컨설팅 기관인 웨슬리퀘스트가 공동으로 주관하는 '2011년 대한민국 BSC 전략실행 대상'을 수상했다. 또한, 지자체에서는 유일하게 행안부에서 주관하는 성과관리 운영 우수기관에 2년 연속 선정되었다. 이러한 성과를 벤치마킹하기 위해 문화부 등 50여 기관이 전라북도를 방문하여 성과관리를 벤치마킹했다.

(2) 성과 중심의 평가 체계 개선

주무부서의 S등급 편중 현상을 줄이기 위해 비율상한제를 도입하여 부서별로 S등급 비율을 최대 35% 이내로 제한했고, 도정 현안 홍보 실적을 부서별 실적에 따라 등급별로 차등하여 부서 가점을 반영했으며, 전임계약직 공무원에게도 성과평가 시스템을 전면 도입했다.

(3) 평가의 공정성 및 수용성 향상

평가의 공정성과 수용성을 높이기 위해 전 직원을 대상으로 설문조사를 실시하여 개선 사항을 도출한 결과 직무성과 평가 직원 만족도가 63.9%(2008년)에서 74.7%(2011년)로 상승했으며, 주무부서의 S등급 편중 현상도 47.9%(2008년)에서 31.4%(2011년)로 개선되었다. 이에 따라 연공서열·보직 위주의 평가에서 성과 중심의 평가로 개선되어 일하는 분위기가 조성되고 도정 전반이 역동적으로 전환되었다는 평가를 받았다.

2 2012년

1) 성과관리 전략 체계

(1) 미션

전라북도의 2012년 미션은 "도민의 역량을 결집하여 기업 투자를 적극 유치하고, 첨단 신산업 육성으로 신성장 동력 및 좋은 일자리를 창출 도민 경제를 활성화시키고, 저탄소 녹색성장 중심, 새만금 명품 복합도시 조성, 친환경 고품질 농업 육성, 적극적인 생활 공감형 행정 서비스를 통해 고루 잘사는 따뜻한 복지를 실현하고, 매력적인 문화관광자원을 개발함으로써 도민의 행복지수를 향상시키고 활력 있는 전북을 건설한다"로 수립했다.

(2) 비전

비전은 2011년과 동일하게 "첨단 미래산업과 일자리 창출로 앞서가는 전북, 도민이 함께 잘사는 따뜻한 전북"으로 선정했다.

(3) 전략체계도

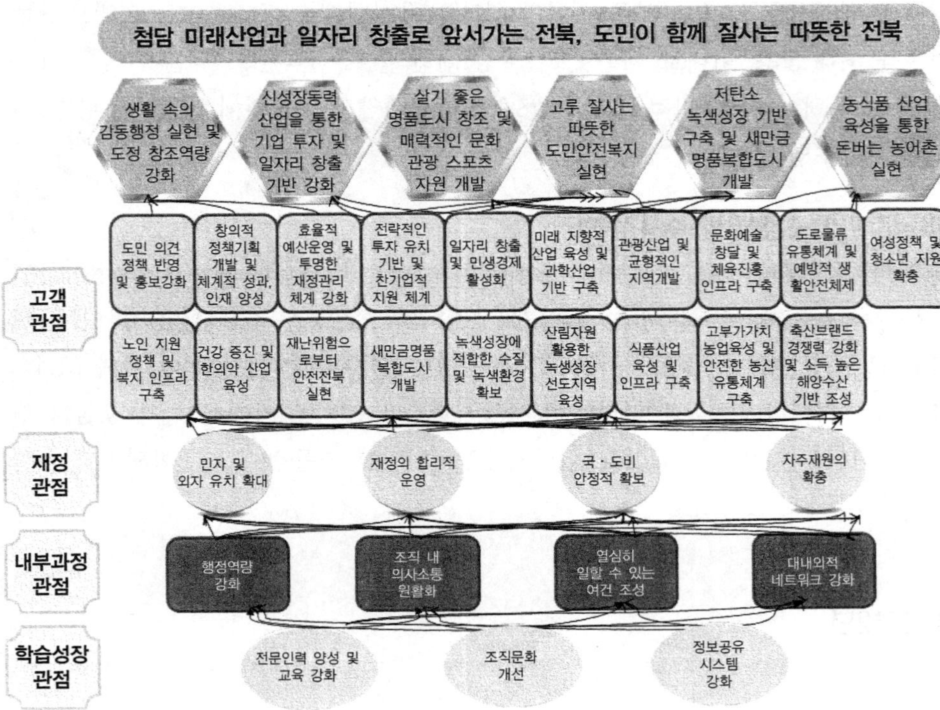

그림 12-2 전라북도 2012년 성과관리 전략 체계도

출처: 전라북도 성과관리시행계획(2012).

2) 평가 개요

(1) 평가 목표

2012년 평가의 목표를 2011년과 동일하게 '조직 차원의 비전과 전략 달성에 중점을 둔 부서평가를 개인 평가에 연계하여 도정의 추진 동력 가속화 및 효율성 제고'와 '일과 성과 중심의 평가 체계 운영으로 공정성 및 수용성 확보'에 두고 추진했다.

(2) 평가 대상

의회 사무처와 소방서는 자체 성과평가를 실시하므로 평가 부서에서 제외하고 72개 부서(본청 45, 직속기관 13, 사업소 13, 경제자유구역청 1)를 평가 부서로 결정했다.

개인 평가의 경우 장기교육 파견자를 제외한 1,623명(실국장 14, 4급 75, 5급 267, 6급 이하 1,267)과 계약직 41명(가급 15, 나급 10, 다급 12, 라급 4)을 개인 평가 대상자로 결정했다.

(3) 평가 체계

평가는 5월과 11월 말 실적을 기준으로 6월과 12월에 실시했다. 부서평가는 고객설문, 지표 실적, 부서환경 세 가지 지표로 나눠서 평가했으며, 개인 실적평가와 관리자 역량평가를 실시했다.

5급 이상 직원의 경우 부서평가 50%, 개인 실적평가 40%, 관리자 역량 평가 10%를 반영했고, 6급 이하 직원의 경우는 부서평가 40% + 개인 실적평가 50%, 관리자 역량 평가 10%를 반영했다.

(4) 결과 활용

부서와 개인별 성과평가 결과는 성과연봉 및 근무평정·성과상여금에 반영했다. 4급 이상의 경우(실국장 14, 과장 75) 성과연봉 및 인사관리에 반영했고, 5급 이하의 경우 근무평정 및 성과상여금에 반영했다.

(5) 전년도(2011년)와 달라진 점

고객 설문평가 평가단 구성 방법을 현행 부서별 정책 고객(100%)에서 부서별 정책 고객(50%) + 외부 전문가(50%)로 개선했다. 전임 계약직(나급 이하) 관리자평가 배점도 조정하여 도지사의 조정평가를 폐지했다. 그와 함께 도정 주요 시책 과제와 직무성과 평가의 연계를 강화하여 도정 주요 시책 과제를 성과지표(또는 실행과제)에 100% 반영했다.

3) 평가 세부 추진계획

(1) 평가의 공정성 확보

평가의 공정성을 확보하고 불필요한 오해를 막기 위해 개인별 평가 순위와 평가 결과(순위, 등급)를 내부 온라인망에 공개했다. 또한 우수 성과자 및 소수 직렬 직원의 구제를 위한 이의신청제를 운영하여 1차 실국 단위 조정위원회를 거쳐 2차 성과관리위원회 의결을 통해 구제할 수 있는 제도를 만들었다.

앞에서 서술한 '전년도(2011년)와 달라진 점'에서 언급한 것처럼 전 직원 설문조사를 반영하여 전임 계약직 관리자 평가 배점을 조정하여 도지사 평가를 폐지했고, 청렴도 및 문제 해결 역량 강화를 위한 공통 과제를 신규로 설정했다.

(2) 연공서열 극복을 위한 성과 중심의 평가 시스템 확립

관리자의 평가 성향을 지속적으로 분석하여 온정적 · 연공서열 위주의 평가자에게 '이메일 경고'를 하고, 실국장이 관리자 평가 시 실 · 과내 순위를 변경할 수 없게 하는 등 엄격하게 관리하고 있다.

동시에 성과가 우수한 부서(현장행정 추진 실적, 도정 현안 홍보 실적)와 개인(중앙 단위 평가, 공모 유치 실적, 신규 시책 발굴(일자리 창출 등) · 제안 채택 · 공무원 직접 용역 수행 실적 등)에게는 가점을 부여했고, 성과가 우수한 10개 부서에 대해 포상을 실시했다.

(3) 전략목표별 역량 집중을 위한 부서 간 횡적 평가 체계 운영

도정 역점 과제인 삶의 질, 민생, 일자리, 새만금 관련 시책을 부서 간 협력 지표로 설정하여, 부서별 성과지표의 인과관계 분석→공동 협력 대상 선정→관련 부서 간 성과지표 공동 개발→추진 실적을 해당 부서의 부서평가에 반영이라는 과정을 통한 횡적 평가 체계를 운영했다. 동시에 도정 책임관리 과제, 공약, 대표 통계, 국정시책 합동평가 과제를 성과지표화하고 전략목표에 대한 책임자를 지정하여 운영했다.

4) 평가 체계

기본적으로 조직의 성과를 개인의 성과에 연계하도록 평가 체계를 구성했다. 특히, 5급 이상은 조직의 리더로서 부하 육성, 관리책임 등 부서평가를 중시하고, 6급 이하는 관리책임보다는 개인의 능력을 중시한 개인 성과를 중시하도록 체계를 구성했다.

표 12-3 전라북도 2012년 성과관리 평가 체계

실국장 (계약직 포함)	• 산하 부서평가 평균 50점(실적평가 80%+고객설문평가 20%+부서환경 역량평가 10%) • 도정 주요 시책이 포함된 개인 지표 실적평가 40점 • 부지사 평가 5점 • 도지사 평가 5점

실과장 (계약직 포함)	• 부서평가 50점(실적/성격평가 80%+고객설문평가 20%+부서환경 역량평가 10%) • 도정 주요 시책, 공약, 대표통계, 국정시책 합동평가지표가 포함된 개인 지표실적평가 40점 • 실국장 평가 2.5점, 부지사 평가 2.5점 • 도지사 평가 5점
5급 상당	• 부서평가 50점(실적/성격평가 80%+고객설문평가 20%+부서환경 역량평가 10%) • 부서지표 중 담당하는 개인 지표 실적평가 40점 • 관리자평가 10점 – (일반직) 실과장 평가 5점, 실국장 평가 5점 – (계약직) 실과장 평가 2.5점, 실국장 평가 3점, 부지사 평가 5점
6급 이하	• 부서평가 40점(실적/성격평가 70%+고객설문평가 30%+부서환경 역량평가 10%) • 실과장책임 직무실적평가(5급 담당급+실과장) 50점 • 관리자평가 10점 – (일반직) 실과장 평가 5점, 실국장 평가 5점 – (계약직) 실과장 평가 2점, 실국장 평가 3점, 부지사 평가 5점

출처: 전라북도 성과관리시행계획(2012).

5) 평가 요소별 세부 내용

(1) 부서평가

단기 성과 중심의 2~3개 개인 지표 달성도 평가를 개선하여, 개인과 조직의 성과를 연계하도록 했다. 이를 위해 조직 차원의 비전과 전략을 달성하기 위한 성과지표를 설정, 도민 체감도·만족도 등을 반영하는 평가 항목으로 부서 협력 강화를 통한 조직의 효율성을 제고하고자 했다.

평가는 지표실적평가 60점(성과지표 달성도 40점+실행과제달성도 20점)과 지표성격평가 20점, 고객설문평가 20점, 부서환경 역량평가 10점을 합했다.

지표실적평가는 성과지표와 실행 과제의 목표달성도를 평가하기 위해 성과지표 및 실행과제 달성도 평가를 한 후, 외부 전문가에 의한 정성평가 및 목표 도전성, 난이도, 타당성, 외부 환경 요인 등 지표별 성격평가 결과를 종합했다.

고객설문평가는 부서별 정책고객을 대상으로 성과지표와 추진 과제에 대한 도민 체감도·만족도 등을 설문하여 평가했다. 기존 자체평가 방식에서는 달성도 100% 이상의 성과가 있음에도, 실제 도민의 성과 체감도가 낮게 나타나는 것을 보완하고자 고객을 직접 행정 성과 평가에 참여시키는 방법을 고안했다.

부서환경 역량평가는 지표실적평가와 고객설문평가의 합으로 나타난 평가 결과에 영향을 미치는 부서환경 역량 정도를 반영함으로써 부서별 평가환경의 출발선을 조정할 수 있도록 했다. 이를 위해 평가자는 과장급 이상의 관리자와 타부서 직원 중 해당 부서 근무 경험자 중에서 선정했고, 평가 항목은 부서별 내부 환경(인력 · 예산 등), 업무난이도, 외부 환경(업무 성격·규제·수혜), 부서 이미지(선입견 · 긍정적 · 부정적) 등을 지표로 고려했다.

(2) 개인 평가

조직의 목표와 개인 목표를 유기적으로 연계하기 위해 부서 지표 내에 개인별로 2~3개의 지표를 두었으며, 부서 평가점수가 낮아도 우수한 개인 지표 성과로 보완받을 수 있게 평가 항목을 구성했다.

구분된 업무 수행이 가능한 5급 이상은 BSC 담당 지표에 의해 직무평가 결과를 반영했고, 6급 이하는 실과장 책임 직무평가 결과를 반영했다.

(3) 관리자 역량평가

현안 사업에서 최대한 노력했음에도 불가피한 사정으로 목표를 달성하지 못해 직무성과 평가 결과가 낮게 평가된 것을 보완하기 위해 조직을 전반적으로 파악하고 있는 관리자의 의견을 반영하여 평가를 조정할 수 있도록 했다.

(4) 가 · 감점 반영

표 12-4 평가 요소별 가점 및 감점 반영(2012년)

구분			대상	배점	반영 기준
가점	부서	현장행정 추진 실적	해당 부서 전 직원	최대 0.2점	• 도지사 및 행정 · 정무부지사 참여 실적에 따라 등급별(S, A, B, C) 차등 부여 - S(0.2점), A(0.15점), B(0.1점), C(0.05점)
	개인	중앙평가 수상 실적	해당 분야 담당 · 담당자	최대 1점	• 수상 실적에 따라 부여 - 가등급(최우수) 상당: 각 0.2점
		공모사업 유치 실적	공모사업 담당 · 담당자	최대 1점	• 중앙 단위 공모사업 선정시 사업비 규모 등을 감안 개인별 차등 부여
		제안 채택 신규 시책	우수 시책 발굴 직원	최대 1점	• 일자리 창출 등 신규 우수 시책 1건당 각 0.2점 • 창안 · 제안 채택 시 1건당 각 0.2점

		발굴 규제개혁 실적			• 규제개혁 과제 발굴 · 채택 시 각 0.2점
		공무원 직접 용역 수행	해당 용역을 직접 수행한 담당 · 담당자	최대 1점	• 공무원이 직접 용역 수행 시 1건당 각 0.2점
		이월사업 발생	실 · 국 · 원장	최대 0.1점	• 전년도에 이월액이 있는 실 · 국 · 원 중 당해 연도에 이월액이 발생하지 않은 경우
감점	부서	도지사 지시 사항 관리 소홀	해당 부서 전 직원	무제한	• 추진 실적 1회 미등록 시마다 0.1점
	개인	이월사업 발생	실 · 국 · 원장	최대 0.5점	• 실 · 국별 당해 연도 본예산 중 이월액 비율에 따라 차등 반영 ① 지원 부서(기획, 대외, 소방, 교육원, 보건환경) – 0.10% 이상(0.5점) – 0.08% 이상(0.4점) – 0.06% 이상(0.3점) – 0.04% 이상(0.2점) – 0.01% 이상~0.04% 미만(0.1점) ② 사업 부서(나머지 실 · 국 · 원) – 3.0% 이상(0.5점) – 2.4% 이상(0.4점) – 1.8% 이상(0.3점) – 1.2% 이상(0.2점) – 0.01% 이상~1.2% 미만(0.1점)
		직무명령 위반	직무명령 위반자 본인	최대 3점	• 각각 1회 불참(적발) 시마다 0.1점 감점 – 전북 경제살리기 다짐의 날 – 국 · 도정 시책 등 특별교육 – 기념행사(3 · 1절, 8 · 15광복절) – 간부공무원 공식행사(간담회, 오 · 만찬 등) – 비상소집(을지연습, 재난재해 비상근무) – 기타 전 직원이 참여하는 정례 · 연례 행사 (사전 행정지원관실과 협의한 경우)

출처 : 전라북도 성과관리시행계획(2012).

참고 문헌

국무총리실 (2011). 정부업무평가 기본계획. 국무총리실.

——— (2012). 정부업무평가 기본계획. 국무총리실.

전라북도청 (2011). 전라북도 성과관리시행계획.

——— (2012). 전라북도 성과관리시행계획.

찾아보기

ㅂ

ㅅ

ㅇ

ㅈ

저자 약력

공동성 (dkong@skku.edu)
미국 애리조나주립대 행정학 박사
미국 캘리포니아주립대(SJSU) 정치학과 교수(1991-2005)
UN Project Office on Governance 자문위원
전, 한국행정학회 부회장
기획재정부 국고보조사업 운용평가단장 (2011, 2012)
현, 성균관대학교 행정학과 · 국정관리대학원 교수
현, 성균관대학교 사회과학연구원장

고관규 (kkk3118@pmo.go.kr)
중국 북경과기대학 행정학 석사
총무처, 행정자치부, 금융감독위원회, 국무조정실 근무
국무총리실 정책분석평가실 평가관리관실
현, 국무총리실 총무비서관실

김민정 (mjkim0513@korea.kr)
현, 행정안전부 성과급여기획과

김월중 (kimwj73@korea.kr)
한림대학교 법학과
현, 국무총리실 정책분석평가실

김철태 (hammer@korea.kr)
현, 전라북도 기획관리실 성과관리과

박희정 (hugepark2005@gmail.com)
성균관대학교 행정학박사
한국지방행정연구원 연구부장
현, 감사원 감사연구원 연구부장

서현정 (seju@pmo.go.kr)
연세대학교 행정학과
경남도청 행정사무관
현, 국무총리실 정책분석평가실

성제훈 (jhsung@korea.kr)
전남대학교 농학박사
농촌진흥청 국립농업과학원 농업연구관
현, 국무총리실 정책분석평가실

심오택 (otaegs@hanmail.net)
연세대학교 행정학 박사
국무총리실 정책상황실장, 정책분석평가실장
한국정책분석평가학회 부회장
현, 국무총리실 사회통합정책실장

윤기웅 (lycos7998@gmail.com)
성균관대학교 국정관리대학원 행정학 박사
현, 성균관대학교 사회과학연구원, 선임연구원

이석문 (moon65@customers.go.kr)
성균관대학교 국정관리대학원 석사
관세청 심사정책국 심사정책과
현, 관세청 정보협력국 정보기획과

이진원 (dleorjs@pmo.go.kr)
영국 랭커스터대학교 경제학 박사 수료
국무조정실 규제개혁실, 경제조정관실
국무총리실 정책분석평가실

성과관리총괄과장
현, 국무총리실, 정책홍보과장

이태성 (leeftc@naver.com)
한양대학교 정치외교학 석사
통계청 경제통계국장
기획재정부 성과관리 심의관
현, 기획재정부 재정관리국 국장

정국조 (bb11@korea.kr)
경남도청 행정사무관
현, 국무총리실 정책분석평가실

최창원 (choicw@pmo.go.kr)
일본 정책과학대학원 정책학 석사
국무총리실 정책관리총괄과장, 인사과장
녹색성장위원회 기획국장
현, 국무총리실 평가관리관

홍자은 (ghdwkdms@korea.kr)
현, 행정안전부 성과고객담당관실

성과관리
한국 제도편

펴낸날 / 제1판 제1쇄 2013년 3월 20일
엮은이 / 공동성
펴낸이 / 임춘환
펴낸곳 / 도서출판 대영문화사
주소 / 서울 용산구 청파동 1가 178-2 ㉾ 140-869
등록 / 1975년 12월 26일 제3-16호
전화 / (02)716-3883, (02)714-3062
FAX / (02)703-3839
홈페이지 / http://www.dymbook.co.kr

ISBN 978-89-7644-432-5
ISBN 978-89-7644-434-9(전2권)

〔값 18,000원〕